# 중국의 미스터리

–부(富)의 대탄생에 얽힌 비밀–

# 중국의 미스터리

-부(富)의 대탄생에 얽힌 비밀-

가오창(高强) · 위이(於一) 공저 / 이지은 역

다산출판사

## [머리말] 중국식 모델이 낳은 중국식 기적의 미스터리

태평성세라는 굵은 글자 아래로, 세상은 희비가 교차되며 복잡다단한 색채로 빠르게 물들어 간다.

눈을 어지럽힐 정도로 화려한 번영의 그림자 속에 들리는 희미한 울음소리. 언젠가 한번 본 적 있었던 장면이라며 옛 기억을 주억거리는 동안, 울음소리는 재빨리 윤회라는 운명 속으로 사라진다. 익숙하면서도 왠지 낯선 시간의 파편이 순간 한 치의 틈도 없이 겹쳐지다가도 사방으로 잘려나간다. 사전 리허설 없이 상연되는 공연을 한 편 보는 것 같다.

무대 위에서 한여름 밤의 꿈처럼 기분 좋은 장면이 펼쳐지는 동안, 무대 아래에서는 그 화려함에 취해 안개 속을 걷는 것처럼 몽롱한 표정으로 진실을 가려내지 못한다. 다양한 미스터리가 차곡차곡 쌓여 있다가 순식간에 얼굴을 바꾸는 중국 전통 기예인 변검(變臉)처럼 세월이라는 거대한 손에 의해 깨끗하게 지워졌다가 다시 새로운 모습으로 나타나고 있다. 기존의 물음에 대한 대답을 듣기도 전에 '화면'이 순식간에 정지하더니 새로운 물음이 쏟아진다. 중국이라는 거대한 무대에서 한창 '상영' 중인 역사의 장면이다. 기껏해야 지척에 있거나 수십 미터 떨어져 있는 것처럼 보이는 장면이지만 그 사이에는 천 년이라는 거대한 시간의 장벽이 우뚝 서 있다. 게다가 누구도 그 장면을 함부로 지울 수 없고, 정리하려고 해도 이내 엉망이 되고 만다.

한때 가난하고 나약한 동아병부(東亞病夫 ; 동아시아의 병든 사내라는 뜻으로, 무능했던 근대 중국 사회를 가리킨다.-역주)라는 꼬리표를 달고 있었던 중국은 지난 30여 년 동안 서방 경제가 200년 간 일군 경제 기적을 재연하는데 성공했다. '대국이 붕괴했다'는 일부 서양 세력의 비웃음을 비웃기라도 하듯 중국은 그 어느 때보다도 화려하게 비상했다. 통화가 과도하게 쏟아져 나오고 있지만 어찌된 영문인지 인플레이션도 그다지 우려할 수준은 아니다. '너그러운 하느님'이 부지런하면서도 용감한 중국인에게 밤낮없이 과도하게 발행된 통화를 흡수할 수 있는 신비한 '블랙홀'을 주셨기 때문이다. 전통적인 경제학자는 경제의 전체적인 흐름과 증시를 억지로 한데 묶어 분석하려는 경향이 있지만 이러한 방식으로는 현재의 중국을 이해할 수 없다. 중국 증시는 경제 성장과 상관없이 롤러코스터를 탄 것처럼 한시도 가만히 있지 못하고 요동치고 있기 때문이다. 부동산 시장 역시 시장화라는 '허가'를 받아낸 뒤로 고삐 풀린 말처럼 날뛰고 있고, 경제 대책도 요란스레 추진되고 있다.……

미스터리라고 해서 무조건 나쁜 것만은 아니다. 좋은 것도 있고, 나쁜 것도 있다. 또 화려하기 짝이 없는 것도 있지만 말로 표현할 수 없을 만큼 참담한 것도 있다. 30여 년간 추진된 개혁은 중국과 그 속에서 살아가는 중국인에게 지워지지 않는 낙인을 찍었다. 재미(在美) 역사학자 탕더강(唐德剛)은 《만청(晚清) 70년(원제 : 晚清70年)》[1]에서 중국이 거대한 역사의 소용돌이에 휘말리는 전환기로 2040년을 지목했다. "시간이 얼마가 걸리든 역사라는 거대한 물줄기는 언젠가는 반드시 이날을 거치게 될 것이다. 역사의 필연적 운명이기 때문에 그 누구도 이를 방해할 순 없다. 그때가 되면, '맑은 날 강 건너 한양 평원의 울창한 나무, 무성한 풀은 앵무새 섬(鸚鵡洲)을 덮고 있네.(晴川歷歷漢陽樹, 芳草萋萋鸚鵡洲 ; 당(唐)나라 시인 최호(崔顥)가 황학루(黃鶴樓)에 올라 지은 시의 한 구절-역주)'와 같은 감상을 읊어낼 수 있으리라. 뜨거운 갈채 속에 기세 좋게 돛을 올리고 강을 따라 동쪽으로 나아가다 보면 하늘처럼 드넓은 태평(太平)이라는 바다를 만나게 될 것이다."

수천 년에 이르는 문화를 자랑하면서도 부지불식간에 들이닥치는 외래문화를 녹여낼 정도로 범상치 않은 소화력을 지닌 중국은 새로운 도전을 받아들일 수 있는 역사적 전환점에 거침없이 뛰어들었다. 얕은 물에서 신중하게 발을 내디디며 건너가든, 깊은 물에서 무거운 돌덩이를 짊어지고 건

1) 탕더강(唐德剛), 《만청 70년》, 악록서점(岳麓書店), 1999년

너가든 간에 언제고 역사라는 거대한 물줄기에서 손쉽게 빠져나온 적이 있던가? 방심해서 발을 헛디디기라도 했다가는 순식간에 스쳐 지나가는 그림자로 전락할 수 있다.

현재 중국이 만들어 내고 있는 **'중국식 모델'**은 살얼음판 위를 걷는 것처럼 신중하게 추진해야 한다. 알 수 없는 수많은 복잡한 사건으로 둘러싸인 여정 속에서 출구를 찾으려면 겉으로 드러나는 현상에 한 눈 팔지 말고, 그 속에 숨겨진 비밀을 찾아내야 한다. 주변 경치에 정신이 팔려 구경만 하다가는 구불구불한 산길에서 길 잃는 것은 순식간이다.

**중국식 모델**

혹자는 '차이나 로드(China Road)' 혹은 '베이징 컨센서스(Beijing Consensus)' 등으로 부르기도 하는데, 특히 중국의 경제 성장 방식을 가리키는 데 주로 사용된다. 중국식 모델이라는 말이 가장 먼저 등장한 곳은 서구 사회였다. 세계 근현대사의 동서양 국가와는 전혀 다른 모습으로 갑작스레 굴기(崛起)하고 평화롭게 굴기(和平崛起 ; 후진타오(胡錦濤)로 대표되는 중국의 4세대 지도부가 추구하는 외교 노선으로, 개혁 개방을 통한 국력 신장과 동시에 고도성장의 위험을 방지하며, 대외적으로 우호와 번영을 추구하는 전략을 가리킨다. – 역주)하는 중국이 아시아, 나아가 전 세계에 활기를 불어넣었다고 주장한다.

중국 경제의 진실이라는 답은 어쩌면 순수한 경제 문제가 아닐 수도 있다. 실제로 경제라는 이름을 뒤집어 쓴 모든 문제에 대해 진실공방을 벌이다 보면 때로는 경제라는 법칙만으로 답을 찾을 수 없다는 사실을 알게 될 것이다. 서방 경제학자의 눈에 비친 중국은 아무리 봐도 수수께끼다. 그들은 자신들이 알고 있는 지식이나 상식으로는 도저히 중국이라는 미스터리한 존재를 알 수 없기에 깊은 고민에 빠진다. 중국을 '100% 무균실'이라는 환경에 놓고 정치·문화적 고리를 단절시킨 채 제아무리 현미경을 들이대 봐야 결과는 매한가지다. 왜냐하면 중국은 그들이 숭상해 마지않는 기존 경제학과는 전혀 다른 길을 걷고 있기 때문이다.

중국이 질적으로나 양적으로 철저하게 환골탈태할 수 있도록 사람들은 뜨겁게 시장을 부르짖고, 시장이 중국 전역에 속속 파고들어 중국인의 머리부터 발끝까지 잠식하기를 바란다.

그렇다고 해서 경제 문제가 정치 문제로 발전됐을 때 자체적으로 해결되도록 시장에 일방적으로 책임을 전가할 것이 아니라, 필요하다면 정치와 행정 명령을 동원해야 한다. 그리고 정치와 행정만으로 어려운 문제를 해결해야 할 때는 좀 더 탄력적으로 대처할 수 있도록 다양한 방법을 동원해 운신할 수 있는 공간을 마련해야 한다.

중국식 성장 모델에는 마음대로 행동할 수 있는 자유와, 엄격한 통제, 그리고 무질서가 혼재되어 있다. 중국인은 그 속에서 살아가는 동시에, 그 밖에 서 있기도 하다. 과연 자신이 중국식 모델의 수혜자인지, 피해자인지, 아니면 방관자인지 그것도 아니면 세 가지 경우가 모두 혼재된 것인지 알지 못한다. 그렇다고 해서 **양수명(梁漱溟)**이 던진 세기의 화두, '중국은 과연 좋아질 것인가?'라는 문제를 놓고 우물쭈물해서는 안 된다. 이 질문에 대한 대답은 한 치의 의심할 바도 없이 그렇다는 것이다. 중국은 좋아질 것이라고 확신에 찬 대답을 내놓을 정도로 지금의 중국인은 과거 선조들이 한 번도 경험해 보지 못했던 행운, 기분 좋은 출발선에 서 있다. 기쁨과 불안, 그리고 당혹감 속에서도 전통이 자신에게 남겨둔 재화를 성실하게 계승하고 새로운 길을 향해 쉬지 않고 나아가고 있다. 그 누구도 걸어본 적이 없는 길이지만 중국은 결코 되돌아보지 않은 채 용감하게 걸어가고 있다. 모든 것이 확실해질 때까지 말이다.

**양수명(梁漱溟)**

유명한 사상가, 철학자, 교육자, 사회 활동가, 애국자, 유명 학자, 국학(國學)의 대가로 주로 민생과 사회 문제를 연구했다. 현대 신유교의 초기 발전을 이끌던 대표적인 인물 중 한 명으로, '중국에 남은 마지막 유학자'라고 불리기도 한다. 태주(泰州)학파로부터 영향을 받은 양수명은 중국에서 농촌 건설 운동을 주도하는 등 다양한 경험을 쌓았다. 서방 정치 제도를 중국에 적용하는 방법에 심취한 양수명은 군주입헌제를 주장하기도 했다. 동맹회에 가입한 양수명은 신해혁명(辛亥革命)에 투신한 뒤 중국 전통문화에 뿌리를 두고, 낡은 중국을 개조해 신중국을 건설하는 방법을 찾는 데 주력했다.

# 차 례

## 제1장 중국 경제를 이해하지 못하는 사람들



## 제2장 200년 동안의 경제 기적을 30여 년 만에 재연할 수 있었던 비결

## 제3장 중국에서 벼락부자가 대거 등장한 까닭



## 제4장 요동치는 중국 증시



## 제5장 부자 중국, 가난한 중국인

## 제6장 민간기업이 중앙기업보다 훨씬 활력적인 비결



## 제7장 위대한 개혁이 위대한 기업을 배출하지 못하는 까닭



## 제8장 잡기 어려운 집값

MYSTERY OF CHINA

# 제1장

# 중국 경제를 이해하지 못하는 사람들

그것이 바로 중국이다. 상당수의 서방 국가가 소화해 내지 못했던 문제를 단번에 속 시원하게 소화해 낸 것은 물론, 서방 세계가 꿰뚫어 보지 못하는 굴기의 비밀을 지닌 주인공 말이다. '중국의 미스터리'는 놀라운 속도를 자랑하며 평화롭게 굴기하는 모습으로 화려하게 피어났다. '중국의 경제 개혁에 실행 가능한 방안을 제시한다면 노벨 경제학상을 수상할 자격이 되거나 혹은 반드시 받아야 한다고 생각한다.'

# 존재 자체가 미스터리인 중국의 기적

## 서구 세계의 최신 유행어 : 중국이라는 수수께끼

광활한 영토와 심오한 문화를 지닌 중국이라는 나라는 서방에게 줄곧 신비스럽고 매력적인 대상이었다.

1942년 조셉 니덤(Joseph Needham, 중국명 리위서(李約瑟)), 당시 케임브리지대학교 생물화학자는 뿌연 초연을 뒤집어 쓴 채 주권을 보호하기 위해 민족 전체가 목숨을 걸고 뛰어다니던 동방의 땅에 서서 심오한 질문을 하나 던졌다. "현대 과학이 중국(혹은 인도) 문명이 아니라 하나같이 유럽 문명사에서 발전한 이유는 무엇인가? AD 1세기부터 AD 15세기 동안 중국 문명은 자연 지식의 확보와 실제 사람의 삶에 적용하는 데서 서구 문명보다 월등한 성적을 거두지 않았던가!"

짧은 두 마디 문장에 불과하지만, 화자의 복잡한 심정을 고스란히 담아내고 있다. 과거의 화려했던 시절과는 정반대로 현대 과학사에서 중국이 '실종'된 것에 대한 질문을 단도직입적으로 꺼내놓는 한편, 과거에 이룩한 성과에 대해 진심 어린 경탄을 쏟아냈기 때문이다. 하지만 조셉 니덤이 살던 당시의 중국은 열강에 휘둘려야 했던 암울한 색채에 물들어 과거의 영광이나 주억거릴 뿐 아무 대답도 들려주지 못했다.

그런 점에서 '중국은 과연 좋아질 것인가?'라는 양수명(梁漱溟)의 질문과 조셉 니덤의 물음은 훌륭한 하모니를 이룬다. 중국인, 서양인 할 것 없이 실망과 불안, 미래에 대한 의문에 휩싸여 있다. 중국은 왜 뒤처졌는가? 중국은 과연 좋아질 수 있을까?

조셉 니덤이 질문을 던진 지 70여 년이 지난 오늘날, 그가 한때 살았던 땅에 거대한 변화의 물결이 찾아왔다. 특히 개혁개방 이후 30여 년 동안, 중국은 눈을 의심케 할 만한 속도로 경제 성장을 일구었다. 거침없이 치솟는 GDP, 전 세계를 뒤덮은 'Made in China', 변화를 선도하는 선부론(先富論)의 수혜자…. 오랜 시간 동안 역경을 묵묵히 견디며 뼈를 깎는 진통 끝에 '변신'에 성공한 중국은 평범한 대화나 전문 용어, 혹은 직접적이거나 함축적인 표현으로도 모두 설명할 수 있을 만큼 누구도 부정할 수 없는 성과를 거두었다. 하지만 아쉽게도 이러한 성장은 주로 경제적인 분야에서만 목격됐다.

**GDP**

국내 총생산(Gross Domestic Product)의 준말로, 일정 기간(보통 1분기 혹은 1년) 동안 한 국가 혹은 지역의 경제가 생산한 최종재와 노동 가치의 총합을 가리킨다. GDP는 거시 경제에서 가장 큰 비중을 차지하고 있는 통계 데이터로, 국가 경제의 건전성을 가늠할 수 있는 최고의 지표로 평가받고 있다. 국가의 경제적 성과를 대변할 뿐만 아니라, 해당 국가의 국력과 재화를 고스란히 반영한다. 일반적으로 GDP는 소비, 개인 투자, 정부 지출, 순 수출액으로 구성된다.

이처럼 중국은 꾸준히 변하며 자신의 존재감을 알리고 있지만 서양인에게 중국은 여전히 신비의 베일에 둘러싸인 존재다. 그들은 과거 조셉 니덤의 고민을 제대로 곱씹지도 못한 채 과거 200년 동안 자신들이 일군 경제 기적이라는 성과를 중국이 단 30여 년 만에 일궈낼 수 있었던 비결을 찾아내기 위해 갖은 애를 쓰고 있다. 이보다 그들을 곤혹스럽게 하는 문제는 1인당 보유 자원, 기술 아이디어와 지적 재산권 개념이 부족하고 경제와 사회 곳곳에 파고든 계획경제의 숨결이 여전히 남아 있는 중국에서, 대외에 국문(國門)을 완전히 활짝 열어젖히지 않았음에도 개혁개방이 시작됐다는 점이다. 그런 중국의 모습은 그들에게 어설프게 비쳐질 수밖에 없었고, 그런 중국을 그들은 비관하거나 심지어 조롱하기도 했다. 하지만 현재 그들의 눈앞에 펼쳐진 중국의 모습은 깊은 잠에서 깨어난 위풍당당한 사자와도 같다. 잠에서 깨어난 사자가 맹수의 왕으로서의 본능과 위용을 서서히 드러내며 자국을 뛰어넘는 상황을 그들은 두 눈으로 똑똑히 목격하고 있다.

오랜 경제사를 자랑하는 서구의 경제학 이론은 깊이와 너비 면에서 상당한 존재감을 자랑하고 있지만 중국 경제의 굴기를 설명할 수 있는 마땅한 이론을 제시하지 못했다. 쉽게 말해서 그 어떤 서구 경제학 이론도 중국의 경제 기적을 설명하기에 역부족이다. 그래서 중국의 미스터리라는 신조어가 등장했다. 여기서 말하는 중국의 미스터리란 중국 경제의 미스터리를 가리킨다.

1993년 로널드 매키넌(Ronald McKinnon)이 많은 사람을 당혹스럽게 했던 중국 특유의 금융 상황을 설명하며 '중국의 미스터리'라는 표현을 처음 사용했다. 중국 특유의 금융 상황이란 재정이 위축된 중국 정부가 부지런히 윤전기를 돌려 순식간에 어마어마한 통화를 시장에 공급했음에도 심각한 인플레이션이 발생하지 않은 상황을 가리킨다. 그에게 '심각한 재정 적자에 시달리며 통화 공급이 과도하게 이뤄지는 상황에서도 안정적인 가격을 유지하는' 중국 경제의 모습은 도저히 파악하기 어려운 수수께끼와도 같았던 것이다.

하버드대학교의 휘트만 교수 역시 그 대열에 동참했다. 동유럽과 구소련의 개혁 과정을 연구한 서구 경제학자는 사회주의 국가가 개혁을 실시하면 필연적으로 경기가 침체한다는 '법칙'을 발견했는데, 어찌된 영문인지 유독 중국에서만 이 법칙이 통하지 않는다는 것이었다. 즉, 중국에서는 개혁이 고도의 경제 성장과 동시에 추진됐다고 지적했다.

피터 놀런(Peter Nolan) 영국 케임브리지대학교 경제학자 역시 주류 경제학의 이론적 논리에 따르면 중국은 결코 지금과 같은 화려한 성과를 거둘 수 없다고 주장했다. 노벨 경제학 수상자 부캐넌(James M. Buchanan Jr.)은 중국의 미스터리의 정수는 겉으로 보기에는 비합리적이지만 실제 적용이 가능하다는 데 있다고 설명했다. 중국 경제에 '남다른 애정'을 가진 경제학자 밀턴 프리드먼(Milton Friedman)은 심지어 중국의 미스터리를 파헤치는 사람에게는 노벨 경제학상을 수여해야 한다고 말하기도 했다. "중국의 경제 개혁에 실행 가능한 방안을 제시한다면 **노벨 경제학상**을 차지할 충분한 자격을 갖추었다고 평가하거나 혹은 노벨 경제학상을 반드시 수여해야 합니다."

이처럼 여러 경제학자를 고민에 빠뜨리게 하는 당혹

**노벨 경제학상**

노벨(Alfred Bernhard Novel)이 유언으로 남긴 5대 수상 부문 중 하나가 아니라 1968년에 스웨덴 은행이 노벨을 기념하기 위해 신설한 수상 분야로, 정식 명칭은 '알프레드 노벨 스웨덴 은행 경제학상'이다. 2011년 10월 10일에 미국인 토마스 서전트와 크리스토퍼 심스가 정책 수단 및 그에 따른 경제적 영향에 대한 연구의 공로를 인정받아 2011년도 노벨 경제학상을 차지하는 영광을 누렸다.

스러운 존재가 바로 중국이다. 짧은 시간 동안 여태껏 인류사에 등장한 적 없는 용기와 힘으로 경제 번영이라는 달디 단 성과를 맛본 중국은 한마디로 '위대(胃大)'하다 하겠다. 수많은 서구 국가가 소화해 내지 못한 까다로운 문제를 한입에 덥석 집어 삼킨 중국은 서구 세계가 결코 이해할 수 없는 굴기라는 미스터리를 하루하루 만들어내고 있다.

## 중국에게도 중국은 미스터리다

중국은 서양인뿐만 아니라, 자국민인 중국인에게도 알 수 없는 존재다.

누구도 부정할 수 없는 놀라운 속도로 하루가 다르게 굴기하는 중국을 떠올리며 대다수 중국인은 '굴기'에 대한 순수한 기쁨과 함께 '대국'으로 떠오르는 조국의 모습에 자연스레 자부심을 느낀다. 물론 13억 중국인을 선도하는 GDP는 추상적인 데이터로, 그 속에서 개개인의 공헌과 노력을 직접적으로 체감하기는 어렵지만 많은 사람이 고공행진을 하는 GDP를 보며 대국이라는 자부심 속에서 살아간다.

하지만 이와 동시에 현재의 중국인은 즉각적인 해결을 요하는 새로운 혼란에 휩싸여 있다. 이러한 혼란은 대부분 국가와 국민 간의 '엇박자'에서 비롯된다는 특징을 보인다. 다시 말해서 중국이라는 국가가 성장함에 따라 국민 중 일부는 재빨리 시대의 흐름에 편승해 경제적 풍요로움을 만끽하고 있지만, 편승은커녕 오히려 시대의 흐름에 역행하는 이들도 발생한 것이다. 국가는 하루가 다르게 부유해지고 있지만 국민은 가난해지는 모순과 갈등이 지속적으로 등장하고 있다.

개혁개방은 중국이라는 땅에 정식으로 시장을 '소개'했지만 정치는 여전히 시장의 가장자리를 배회하고 있다. 이를테면 서민을 울고 웃게 만드는 부동산은 줄곧 비이성적이라고밖에 표현할 수 없는 높은 몸값을 자랑하다가 정치권의 강력한 의지와 압력을 이겨내지 못하고 점차 이성을 되찾고 있다. 이에 따라 국가 전체 경제가 흡족할 만큼의 성장을 거두면서, 중국 서민의 삶도 의식주 해결이 최대 관심사이던 '원바오(溫飽)'에서 더 나은 삶을 추구하는 **'샤오캉(小康)'** 상태로 진입했다.

눈을 멀게 하는 화려함과 웅장함으로 뒤덮인 이 시대에 거시 경제에서부터 미시 경제, 다시 사회 구성원에 이르기까지 미묘한 변화가 목격되고 있다. 서서히 그 모습을 드러내고 있는 이러한 변화는 과거에도 있었고 지금도 일어나고 있으며 동시에 미래를 결정하게 될 것이다. 알 수 없는 상황이 지속적으로 출현하면서 우리는 진실을 찾기 위해 더 많은 노력을 기울이고 있다. 하지만 진실을 좇는 무리 중에는 시대의 증인이라며 '카메라'를 들이대는 감정적 색채에 물든 로맨티스트도 있고, 입에 풀칠하느라 카메라를 들고 거리에 나선 **'파파라치'**도 있다. 어쨌든 진실이 우리에게 다가올수록 시대의 먼지에 뒤덮여 완전히 모습을 감추진 못할 것이다.

**샤오캉(小康)**

유교의 이상 중 이른바 '정교청명(政教清明)', '사람을 부유케 하고 안락하게 만들자'는 사회적 측면을 가리키는 표현으로, '다퉁(大同)'보다는 한 차원 낮은 형태의 이상을 의미한다. 샤오캉이라는 단어는 훗날 주로 중국 내 안정, 사회 경제적 상황이 개선된 상황을 설명하는 데 동원됐다. 샤오캉의 어원을 살펴보면 대략 다음과 같다. 《진서(晉書) · 손초전(孫楚傳)》에는 '산과 능(陵)이 견고하니 중하(中夏; 과거 중국을 지칭하던 표현–역주)는 소강(小康)하다.'라는 표현이 등장했고, 《자치통감(自治通鑒) · 후당명종장흥사년(後唐明宗長興四年)》에는 '(명종이) 즉위한 이래 해마다 풍년이 들어 군사를 먹이기도 넉넉하고 평화로우니 5대(五代)에 비해 다소 소강하다.'라는 내용이 실려 있다. 지금은 중국식 사회주의 경제 발전이 특정 기간 동안 추구하는 목표를 가리킨다.

**파파라치**

1958년에 처음 등장한 직업인 이탈리아어 '파파라치(Paparazzi)'를 중국에 처음 소개한 것은 홍콩으로, 중문명으로는 '狗仔隊(거우자이두이)'라고 한다. 거우자이두이를 직역하면 '개떼들'이라는 다소 과격한 표현으로 풀이될 수 있다. 이런 표현이 등장하게 된 데는 이탈리아어 Paparazzi와 영어의 Puppy와 발음이 비슷한 탓도 있지만, 화젯거리를 쫓아다니는 기자들의 모습이 마치 시끄러운 개와 비슷하다고 해서 이름 붙여진 것이다. 그 후 '거우자이두이'로 자리 잡으며 타이완을 비롯한 해외 화교 사회에 널리 퍼져 나갔다.

# 그 누구도 풀지 못한 중국의 미스터리

한 민족의 정신적 수준, 문화 수준, 사회 구조 및 정책이 추구하는 행위 방식, 그리고 이보다 훨씬 많은 것이 재정사에 기록된다. 재정사는 역사가 품고 있는 수많은 정보를 어떻게 읽어야 할지 가르쳐줄 뿐만 아니라, 그 무엇보다도 세계를 경악케 하는 놀라운 소식을 더욱 또렷하게 '미리' 들려준다.

—조셉 슘페터(Joseph Alois Schumpeter)

## 억울한 서구학자

개인이나 국가 모두 운명이라는 족쇄에 발목 잡힌 채 그 속에서 벗어나기 위해 온갖 노력과 뜨거운 열정을 쏟아내지만, 의지와 달리 번번이 운명에 사로잡히고 만다.

경계 안의 '아군'이든 경계 밖의 '타인'이든 모두 쉬지 않고 중국의 이모저모를 두루 살피며 세계의 중심이라 자처했던 화려한 과거에서부터 초라하고 비참했던 시대, 그리고 다시 화려하게 부활한 지금에 이르기까지 한 치의 오류도 허용치 않는 치밀한 논증에서 빈틈을 파헤치고 화려함 뒤에 숨겨진 비밀을 찾으려 했지만 항상 진실 앞에 무릎 꿇고 말았다.

거대한 인구, 복잡한 국내 사정, 장대한 역사와 끈질긴 생명력을 가진 국가에서 겹겹이 베일에 싸인 비밀을 파헤치기란 결코 쉬운 일이 아니다.

상당수의 서구 경제학 이론가들은 서구의 시장경제 시스템을 절대적으로 신뢰한 나머지, 시장경제 시스템에 '**보편적(普世)**'이라는 꼬리표까지 붙였다. 그들이 찬

**보편적(普世)**

가치, 쉽게 말해서 세계적으로 통용될 수 있으며 인류 사회를 이롭게 하는 최고의 가치를 가리킨다. 보편적 가치는 '민주, 자유, 법제, 인권'을 표현하는 또 다른 이름이다.

양해 마지않는 서구의 시장경제 시스템과 전혀 다른 방향으로 성장한 중국의 굴기가 시장경제 제도라는 틀 안에서 달성된 것이라면 그들의 경제 이론적 성과가 완벽하다는 것을 보여주는 둘도 없는 증거가 될 것이 분명했다. 하지만 '서구 경제학이라는 닭이 먼저 있었기에 중국 경제 발전이라는 달걀도 있을 수 있었다'는 그들의 지나친 자신감은 오히려 이론에 눈이 멀어 진실을 왜곡시키고 말았다. 책상 앞에 앉아 학술지를 펴놓고 뜨거운 열기를 내뿜는 것도 모자라 얼굴까지 벌겋게 달아올라 논쟁을 펼치는 그들이 '중국의 미스터리'에 상대적으로 설득력 있는 답변을 주기는 어려울 듯싶다.

세계 발전 문제로 유명한 제프리 삭스(Jeffrey Sachs)는 중국이 구소련, 동유럽을 능가하는 경제적 성과를 거둔 것은 중국 특유의 경제 구조 때문이라고 지적했다. 요컨대 중국 내 농촌이라는 거대한 경제체가 노동력의 원천으로 활약하며, 국내 일부 부문에서 나타난 부정적 효과가 경제 전체로 확대되기 전에 점진적 개혁을 통해 대량의 노동력을 공업 분야로 이전시킴으로써 경제 성장을 촉진했다는 것이다.

토마스 로스키(Thomas Rawski)로 대변되는 경제학자는 노동력 이동만으로 중국 경제의 전체 성장을 설명하기엔 부족하다며 국유 기업을 포함한 중국 경제의 생산성 향상이야말로 중국 경제의 쾌속 성장을 가능케 한 '디딤돌'이라고 주장했다.

일부 경제학자 중에는 심지어 중국 경제는 미스터리가 아니며, 신고전경제이론으로 충분히 설명될 수 있다고 주장하기도 한다. 노벨 경제학상 수상자인 폴 크루그먼(Paul Krugman)은 중국 경제의 고속 성장은 높은 저축률과 투자율 때문에 가능했다고 평가했다.

서양인에게 중국이라는 미스터리는 점점 신비스러운 존재로 비치고 있다. 그들은 깊은 잠에서 깨어난 중국이라는 거대한 거인이 서양의 경제학적 이론이라는 '옷'을 걸쳐주기를 간절히 기대하며 열심히 머리를 쥐어짜고 있다. 하지만 신자유주의든 **케인스주의**든 서양과는 다른 중국 고유의 복잡하고 신비스러운 상황에 대한 제대로 된 답변을 제시하지 못하면서 일부 경제학자가 저마다의 의견을 피력하기도 했다.

중국 특유의 제도는 한때 일부 서구학자들에게 비웃음을 샀다. 그들은 인도(人道), 인권, 민주, 자유 등 형형색색의 기치를 내세워 오랜 동방의 국가를 비웃으며, 현대 문명 특히 현대 정치 문명에서 크게 낙후됐으며 방향을 잃고 헤매게 될 것이라고 전망했다. 조용하지만 뜨거운 열정으로 가득 찬 일부 학자와 예리한 안목을 지닌 일부 전문가는 이와 달리 중국의 제도를 극찬하며 제도적 우위를 확보했다고 평가했다.

**케인스주의**

존 메이너드 케인스(John Maynard Keynes)의 저서 《고용 · 이자 및 화폐의 일반이론(*The General Theory of Employment, Interest and Money*)》의 사상적 기저에 바탕을 두고 있으며, 국가는 확장 위주의 경제 정책을 취해야 한다고 주장한다. 수요 확대를 통한 경제 성장을 주장하는 케인스주의는 경제 자극, 경제적 풍요를 유지하려면 정부 지출의 확대를 통한 재정 적자를 실시해야 한다고 강조한다.

중국은 여러 국가가 직면했던 도전을 눈 하나 깜짝하지 않고 덥석 집어삼키고 남김없이 소화시킬 만한 '위대(胃大)함'을 자랑한다. '위에서부터 아래로'를 외치는 정부와 '아래에서부터 위로'를 강조하는 대중의 합작으로 중국 사회의 안정성은 성공적으로 계승됐을 뿐만 아니라, 경제 분야의 개혁도 가져왔다. 존 나이스비트(John Naisbitt)는 이러한 변혁을 '수평형 중국식 민주주의'라고 부르며 구체적인 설명을 곁들였다. "정부가 국민에게 '숲'을 만들자는 계획을 제시하면, 중국인은 그 계획을 현실로 만들어낸다. 이를테면 시장경제에서 정부가 시장경제라는 큰 방향을 그리면, 중국 국민은 머리를 맞대고 창의력을 발휘해 시장경제를 현실화시킨다."

그렇지만 여전히 많은 사람이 중국의 미스터리를 이들 경제학자가 풀 수 있다고 생각하지는 않는다.

중국을 주요 관심국으로 다루고 있는 국제 정치가 **키신저**는 서구에서 최초로 신중국을 이끄는 지도층과 접촉한 인물로, 수십 년 동안 중국에서 일어나는 작은 변화에도 남다른 관심을 보였다. 서구 정치가들이 입에 달고 사는 표현을 인용해 그는 중국에서 현재 일어

**키신저 (Henry Alfred Kissinger)**

유태계 미국인으로 유명한 외교가이자 국제 문제 전문가, 미국의 전임 국무장관으로 활약했다. 1973년 노벨평화상을 수상한 키신저는 위대한 인물이 역사를 만들 수 있다고 주장했다. 그가 세계적으로 인지도를 쌓을 수 있었던 것은 이른바 세력균형론 덕분이었다. 1994년에 출판된 《대외교(*Diplomacy*)》에서 키신저는 무려 70만 개의 단어를 동원해 리슐리외(Armand Jean du Plessis de Richelieu)에서부터 레이건 시대에 걸친, 약 300년 동안 펼쳐진 대국 관계를 배경으로 하는 외교 전략 문제를 다루었다. 또한 냉전 후 세계에 나타나게 될 새로운 질서에 대해 독특한 견해를 제시했는데 서방 외교이론과 실천의 '교과서'로 평가받고 있다. 이 책 한 권을 본 것만으로도 책 4만 권을 읽은 효과를 볼 수 있다고 격찬한 이도 있다.

나는 변혁을 설명했다. "지금 결론을 내리기에는 시기상조입니다."

게다가 연구 대상인 중국조차 '열정'으로 가득 찬 이들 경제학자가 만들어낸 열쇠가 대단할 것이라고는 기대하지 않는다. 중국의 비밀을 풀 열쇠를 만들기란 쉬운 일도 아닐뿐더러 전혀 다른 지리 · 문화 · 역사 · 가치관을 지닌 서양인들이 문화적 차이를 뛰어넘어 내놓는 결론에는 한계가 있을 수밖에 없기 때문이다. 그리고 중국의 미스터리를 풀 수 있는 열쇠의 주인공을 선보이거나 그 안을 들여다볼 수 있는 '대문'을 여는 데만 힘을 쏟는 바람에 정작 중국의 미스터리가 풀어지기를 기대하는 이들에게 속 시원한 답변을 제공하지 못했다.

## 동방의 시각

> **동방**
> 근동 아시아, 중동 아시아, 극동 아시아를 포함하는 아시아를 가리키는 말로, 유럽 중심의 지리적 · 정치적 의미의 '서방'과 구분된다. 또한 냉전시대 사회주의 국가에 대한 통칭이기도 하다.

복잡다단한 이야기는 중국 특유의 나선형 상승세에 숨겨진 채 다양한 시기에 갑작스레 등장하며 수많은 이성적인 혹은 비이성적인 서방학자를 무작위로 출현시키고 있다. 그러다 보니 희망과 우려의 목소리가 한데 뒤섞인 채 소란스레 들려오는 상황이 계속해서 되풀이되고 있다. 여기에 중국 내 여러 인사도 가만히 있지 않고 방관자 혹은 당사자의 입장에 서서 중국의 미스터리를 해석하려 든다.

머리에 흰 서리가 내렸지만 단단한 체구에 날카로운 눈빛을 지닌 경제학자 장우창(張五常)은 체면 따위는 안중에도 없다는 듯 서방 경제학자를 향해 거침없이 일격을 날렸다. 요컨대 중국의 사례를 봤을 때 수많은 경제학적 이론은 맞지 않으며, 소위 거시 경제학 역시 완전히 틀렸다는 사실이 입증됐다고 지적했다. 중국은 사유재산을 깨끗하게 배제한 상태에서 권력을 하급기관에 넘겨주며 지역 간 치열한 경쟁을 유도하는 제도를 보유하게 됐는데, 이는 역사상 전례가 없는 제도로 여태껏 자신이 목격한 가장 완벽한 경제제도라고 극찬했다.

완다산(完達山)에서 7년 6개월 동안 사냥을 하던 노련한 사냥꾼 저우치런(周其仁)(완다산은 흑룡강 성에 있는 실제 지명으로, 저우치런이 하강한 후 그곳에서 실제 사냥을 했다고 한다. -역자)은 중국 경제가 고속 성장할 수 있는 비법을 제도비용의 감소에서 찾았다. "개혁은 지식에 대한 중국인의 배움의 열정에 불을 지폈고, 개방은 배움의 비용을 감소시켰다. 요컨대 기존의 비용 우위에 개혁개방으로 낮아진 제도비용, 노동력 비용까지 가세하며 한데 뭉쳐진 결과 중국 경제의 경쟁력을 탄생시켰다. 그중에서도 제도비용이 대폭 감소된 것이 중국의 성공을 결정짓는 가장 중요한 비밀이라 하겠다."

2011년 전혀 다른 관점을 지닌 작품이 연이어 출간됨에 따라 중국의 미스터리, 특히 경제 발전의 미스터리에 대한 관점과 입장을 두고 재차 뜨거운 논쟁이 벌어졌다.

**장웨이웨이(張維爲)**의 《차이나 쇼크: '문명형 국가'의 굴기(원제: 中國震撼: 一个文明型國家的崛起)》는 '중국식 모델'을 찬양해 마지않는 추종자의 견해와 경험, 관점을 대변하고 있다. 중국의 경제 발전은 끊임없이 개방하는 시장, 주요 업종에 대한 정부의 철저한 관리와 떼려야 뗄 수 없는 관계에 있다고 주장한 이 책은 공유제 기업의 효율을 기대해서는 안 된다는 전통적인 관점을 완전히 뒤집어 놓았다. "현재 중국의 집권당은 천명(天命)을 달성한 집단이다. 그들의 천명은 바로 세계라는 무대에서 중국인의 자리, 세계적인 대국으로서의 지위를 되찾는 데 있다."

**장웨이웨이(張維爲)**

현임 제네바 외교 및 국제관계 아카데미 교수로, 제네바대학교 아시아 연구 센터의 연구원이다. 〈환구시보(環球時報)〉, 〈인민망(人民網)〉 등의 시사평론가로 활약하고 있다.

**황야성(黃亞生)**은 《중국식 모델의 특징(원제: 中國模式到底有多獨特)》에서 '중국식 모델'의 매력을 벗겨내는 시도를 선보였다. "중국 경제의 발전 모델은 전혀 독특하지 않다고 생각한다. 중국은 그저 가격 자유화, 기업의 공유화 금지만을 실시했을 뿐이다. 그런데 이것이 바로 시장경제 모델이다. 다시 말해서 중국 역시 시장경제의 길을 걷고 있다고 볼 수 있다." 경제학자 장웨이잉(張維迎)과 황야성은 주거니 받

**황야성(黃亞生)**

1987년부터 1989년 당시 세계은행 고문이자 미시간대학교 교수로 활약했다. 1997년 하버드대학교 와튼 스쿨에 합류해 상업, 정부와 국제경제 관련 부교수로 강단에 선 그는 중국 경제 연구에 매진하고 있다.

거니 하며 중국식 모델을 맹신해서는 안 된다는 입장을 밝히고 있다.

중국의 경제 발전 모델에 대한 전혀 다른 입장 차이에는 이데올로기 간 상반된 입장 차가 분명히 드러난다. 치열한 설전이 오가고 흑백 논리가 분명한 입장 차이에서 비롯되는 논쟁에는 짙은 이상주의적 색채가 드러나지만 이들 주장 모두 현실과의 접점을 찾는 데 실패했다. 장웨이웨이 교수의 책은 민족적 자신감을 불어넣어 준다는 측면에서 국민권장도서로 선정해야 한다고 농담 삼아 이야기하는 이도 있지만 말이다.

황야성 등은 지나치게 신격화된 '중국식 모델'이 보다 고차원적 개혁으로의 이행을 거부하게끔 할 수 있다는 점을 우려하며, 확신에 찬 목소리로 "고도로 집중화된 중국의 정치 시스템, 눈부신 경제 성장률과 독특한 유교 문화적 전통이 중국식 모델의 성공 비결로 자리 잡았다."는 주장을 제시했다. 그 밖에 '보편적 가치'와 '기본 원칙'이라는 그럴듯한 말로 치장한 서방 경제학자의 원리는 상황에 따라 말을 바꾸기는 하지만 여전히 중국 경제를 향해 끊임없이 회의적인 평가를 내놓고 있다. 다양한 목소리가 동시에 쏟아져 나오고 있지만 서방과 중국의 문화적 뿌리가 전혀 다르다는 점을 간과해서는 안 될 것이다. 이 점을 망각한 채 서방 경제학을 중국 경제 변혁의 '금과옥조'로 받아들이는 행위는 무척 위험하다.

**중국 경제**의 '높이뛰기'가 서방의 방식을 100% 따라 했는지의 여부는 사실 가장 중요한 것이 아니다. 정작 중요한 것은 바로 현재 중국이 높이 뛰어오르고 있지만(물론 누군가의 눈에 그 방식이 괴상하고 졸렬하게 비칠지라도) 어떤 형태로든 간에 '후유증'이 분명히 나타날 것이며 앞으로 얼마나 높이 뛰어오를 수 있느냐다.

**중국 경제**

홍콩 〈대공보(大公報)〉에 따르면 세계은행 수석 경제학자이자 부행장인 린이푸(林毅夫)가 중국 경제는 적어도 20년 동안 눈부신 속도로 발전할 것이라고 전망했다고 한다. 2030년이 되면 중국의 1인당 국민소득이 미국의 50%에 육박할 것이며, 구매력 평가로 본 전체 경제 규모는 미국의 2배에 달할 것이라며 중국이 세계에서 가장 부유한 국가가 될 것이라고 전망했다.

# 중국은 '쟁기'뿐만 아니라 '검'도 휘둘렀다

그 어떤 종류의 가치관이나 문화도 역사적 경험과 단합된 민족의 뿌리와 긴밀하게 작용하며 중국인을 하나로 단단히 묶어냈다.

–조너선 스펜스(Jonathan D. Spence), 《첸무와 치팡챠오 세계(원제: *Qian Mu and The world of seven mansions*, 중국 제목: 錢穆與七房橋世界); 첸무(錢穆)는 중국 근대 4대 역사학자 중 한 명으로, 홍콩 신아서원(新亞書院)을 설립했으며 타이완 중국문화대학교 교수로서 주자학(朱子學) 연구에 전념했다. 치팡챠오(七房橋)는 그가 태어난 장쑤(江蘇) 성 우시(無錫) 성에 위치해 있다.–역주》

## '노동자의 쟁기'와 '병사의 검'

프랑스 청년 알렉시스 드 토크빌(Alexis de Tocqueville)은 **《미국의 민주주의(*De la démocratie en Amérique*)》**라는 책에서 대국이 인류사에 어떻게 '데뷔'하고 '존재감'을 드러내는지 자세히 소개했다.

**《미국의 민주주의(*De la démocratie en Amérique*)》**

토크빌이 쓴 《미국의 민주주의》는 세계 학술계가 미국의 사회, 정치 제도와 민족적 정서를 사회학적으로 연구한 최초의 작품이자, 민주주의 제도를 다룬 최초의 전문 서적이다. 19세기 가장 유명한 사회학 작품 중 하나로 평가받는 이 책은 당대 지식 청년의 '필독서'로 불리기도 했다.

"현재 세상에는 전혀 다른 출발선에서 나왔지만 똑같은 목표를 향해 달리는 두 민족이 있다. 그 주인공은 바로 러시아인과 영국계 미국인으로…… 미국인이 자신들을 방해하는 자연과 치열한 투쟁을 벌인 데 반해, 러시아인은 사람과 전쟁을 벌였다.

구체적으로 말하면, 미국인이 거친 황무지, 야만(비문명화)과 사투를 벌이는 동안 러시아인은 완전무장한 문명과 격전을 벌였다. 그 결과 미국인은 노동자의 '쟁기'로 자연을 정복했고, 러시아인은 병사의 '칼'로 정부를 세워 전쟁에 나섰다.

자신의 목적을 추구하기 위해 미국은 노력한 만큼 성공을 맛볼 수 있다며 끊임없이 개인이라는 존재를 자극했다. 요컨대 더 나은 삶을 추구하는 인간(개인)의 욕망을 '발판' 삼아 개인 스스로 역량과 지혜를 마음껏 펼쳐보이도록 독려한 것이다. 이와는 대조적으로 러시아인은 사회의 거의 모든 권력을 한 사람의 손에 맡겼다. 전자가 개인의 자유를 중요한 행동 원칙으로 삼는다면 후자는 노역(奴役)을 강조한다."

중국은 미국처럼 개인이라는 존재를 통해 자국의 역량과 지혜를 발휘한 것도 아니고, 사회의 모든 권력을 한 사람에게 집중시키는 행동도 따라 하지 않았다. 그보다는 '노동자의 쟁기'와 '병사의 검'의 중간쯤에서 자리 잡았다 하는 게 옳겠다. 하지만 '개인이라는 존재에 기대 역량과 지혜를 발휘하는 방향'으로 접근하고 있다는 현실은 무척 고무적이다. 미국의 지속적인 번영과 한때 눈부신 성장을 거듭했던 구소련의 급작스런 붕괴만큼 미국의 성장 모델이 구소련보다 활력 넘치고 합리적이라는 사실을 입증하는 확실한 증거도 없으리라. 미국이 지금과 같은 성과를 누리게 된 것은, 일개 국민으로부터 비롯된 발전이 국가 전체의 발전이라는 형태로 업그레이드 됐기 때문이다. 이와 달리 구소련은 그저 국가에만 기대 성장을 추구했다. 이처럼 전혀 다른 성장 방식은 오늘날 두 국가에게 전혀 다른 운명을 선사했다.

'세상에는 완전히 똑같은 잎사귀는 없다'는 오랜 철학적 깨달음에 대해 많은 이들이 굳건한 믿음을 가지고 있지만 또 다른 한편에서 다른 목소리를 내고 있다. 사람들은 지속적으로 각국의 외형적 성장 방식을 탐색한 끝에 한 가지 결론에 도달했다. 요컨대 후진국(후발주자)이 일부 선진국을 맹목적으로 흉내 내며 그들의 '성장 스킬'을 부지런히 '연마'하고 있다는 것이다. 이들 국가가 어떤 가치관과 생각을 가지고 있든 부정할 수 없는 한 가지 사실은, 인류의 경제 발전은 오랜 철학적 가르침의 테두리 밖으로 단 한 번도 나간 적이 없다는 것이다.

동일한 경제학적 원칙이 적용되는 상황에서 어떤 정책을 선택할 것인가를 두고 고민할 사안이 한두 가지가 아니다. 솔직히 말해서 경제학적 원칙이라는 것도 무척 애매모호한 개념이다. 그도 그럴 것이 시장, 재산권, 계약, 보너스 등은 모두 민중에게 좀 더 많은 부(富)를 창출할 수 있는 자유를 선사하도록 보장하고 있기 때문이다.

그런 점에서 하버드대학교 경제학자 대니 로드릭(Dani Rodrik)의 관점은 우리에게 새로운 깨달음을 줄 수 있다고 생각한다. 그 내용을 간략하게 소개하면 다음과 같다.

"가장 기본적인 경제 원칙, 이를테면 재산권 보장, 계약의 정확한 집행, 공정한 시장 경쟁, 성과에 따른 정직한 보너스, 안정적인 통화, 지속적인 채무 확보 등이 유일한 정책적 조합으로 간주되어서는 안 된다. 올바른 제도란, 위에 열거한 1차 원칙이 충분히 발휘될 수 있도록 효과적으로 보조해야 한다. 그렇기 때문에 올바른 제도의 기능과 형식 사이에 유일한 대응관계(고정법칙)란 결코 존재할 수 없다고 주장하는 것이다. 개혁가란 무엇인가? 다양한 정책을 구사할 수 있는 광대한 여건을 확보한 상태에서 현지의 제약 조건과 현지를 충분히 파악할 수 있는 기회를 통해 남들이 쉽게 생각할 수 없는 독창적인 방법으로 이들 원칙을 제도라는 디자인에 덧입히는 사람을 가리킨다. 그런 점에서 성공한 국가란, 바로 정책적 공간을 효과적으로 활용할 수 있는 국가라 하겠다."[1)]

## 눈부신 영광 뒤에 숨은 어두운 그림자

눈부신 영광 뒤에는 길지도 그렇다고 짧지도 않은 접속사 '하지만'이라는 꼬리가 항상 붙어 있게 마련이다. 평생 행복하게 살 수 있다는 **'유토피아'**, '이상향'이 '땅'이든 '바다'든 간에 한때 선동자들이 지척에 있다고 부추겼던

---

1) 대니 로드릭(미국), 장쥔쿼(張軍擴), 허우융즈(侯永志) 옮김, 《더 나은 세계화를 말하다(*One Economics, Many Recipes*)》, 중신(中信)출판사, 2009-06-01

대상에 손을 뻗었지만 남은 것이라고는 낭만적 색채로 가득한 거품뿐이다.

그런 점에서 '땅 많은 지주치고 여유 식량이 넉넉지 않다'는 중국식 유머는 도원향(桃園鄉)은 한낱 꿈에 불과하다는 점을 풍자한다. 많은 사람이 동경해 마지않는, 월스트리트 주변 가로수의 나뭇잎에서도 돈의 향기를 맡을 수 있다는 미국조차 금융위기에 휘말려 '경제 대국'으로서의 체면을 구기지 않았던가?

계획경제와 이별하고 개혁을 추진하는 중국에도 적지 않은 풍파가 밀어닥쳤다. 2003년 **런중이(任仲夷)**는 중국의 개혁은 여전히 커다란 관문을 넘지 못했다고 지적했다. "혁명은 여전히 성공한 게 아니니 동지 여러분 좀 더 노력하십시오!" 사회적 자원의 우위를 효과적으로 통합하고 있지만 그 뒤에 숨겨진 어두운 그림자, 요컨대 부패, 빈부 격차와 같은 문제를 보고도 못 본 척해서는 안 될 것이다.

**새로운 상업 질서**가 등장함에 따라 기술 혁명의 물결이 사회 전체를 뒤덮으며 보다 견고한 생태 시스템을 탄생시켰다. 구체적으로 말해서 지금의 중국인은 굴기의 영광을 지켜보는 한편, 여기에 수반되는 불안과 고통의 시간을 보내고 있다. 마치 동전의 양면처럼 재빨리 뒤집히며 어정쩡한 빛을 내뿜고 있다. 전혀 다른 상황이 순식간에 번갈아 나타나는 상황에서 하늘의 뜻을 읽어낼 수 있는 혜안을 지니려면 시간의 흐름에 맞춰 부지런히 밭을 일궈야 한다. 즉 시간이라는 거대한 물결 속에서 눈에 보이는, 그리고 눈에 보이지 않는 실마리를 하나하나 찾아내야 한다.

**유토피아(Utopia)**

'존재하지 않는 땅' 혹은 '아름다운 곳'이라는 의미를 가리키는 유토피아를 중국에서는 '우투오방(烏托邦)'이라고 부른다. 각각의 의미를 살펴보면 '우(烏)'는 '존재하지 않는다', '투오(托)'는 의탁할 수 있다, '방(邦)'은 국가라는 뜻을 가리킨다. 이 세 글자가 합쳐진 '우투오방'은 '공상의 국가'로 풀이된다. 토머스 모어(Thomas More)는 《유토피아》에서 풍부한 상상력을 동원해 한 항해사가 우연히 '유토피아'라는 곳을 발견해 그곳을 여행하며 겪게 되는 에피소드를 생생하게 그려냈다. 그곳은 모두가 함께 재산을 공유하고 평등한 권리를 누리는 곳으로 묘사됐으며, 비밀투표로 관리를 선출한다.

**런중이(任仲夷)**

중국 개혁사에서 절대 빠질 수 없는 인물로 진리 기준 대토론부터 광둥(廣東) 개혁개방에 이르기까지 시대를 이끈 선구자로서 개혁사에 큰 획을 그었다.

**새로운 상업 질서**

다양한 소비 시스템이 상대적으로 독립되어 있으면서도 상호 의존적인 관계를 유지하고 있다. 소비자와 브랜드는 강한 유대감을 형성하고 있으면서도 적대적인 관계에 놓여 있다. 새로운 모델에 맞는 법칙이 의심할 바 없는 확실한 증거가 되면서도 동시에 의심을 산다. 상업 신뢰도는 때로 모호해졌다가도 때로는 분명하게 나타난다. 소비자와 브랜드의 관계가 쉴 새 없이 재정의된다.

# 자주부강은 최종 미스터리인가?

어두컴컴한 하늘 아래 동쪽에서 거대한, 인간 세상에서 보기 드문 아름다운 장밋빛 구름이 떠오른다. 세간의 구속에서 벗어나 홀로 유유히 하늘로 떠오르는데 그 모습이 마치 따스한 미소와 같다. 낯선 곳에서 온 안부인사와도 같다.……

—로자 룩셈부르크(Rosa Luxemburg), 《옥중서신(*Letters and Paper from prison*)》

## 중국식 미스터리 중 최고의 걸작 : 자주(自主)

부국(富國)이 제아무리 견고한 껍데기를 뒤집어쓰고 있다고 해도 그 안에는 나약하고 민감한 개인이 숨어 있다. 그런 점에서 앞으로의 삶을 동경하고 지금보다 더 나은 삶을 영유할 수 있는 것이야말로, 즉 서민이 잘 사는 것이야말로 국부(國富)의 궁극적인 목표라 하겠다.

사실 **'서민이 잘 사는 세상(藏富於民)'**이라는 목표로 향하는 길은 셀 수 없이 많다. 이를테면 체제 변혁, 법치주의 건설, 올바른 가치관 마련, 문화로의 복귀, 대외개방 모두 '서민이 잘 사는 세상'을 탁상공론에서 현실 무대로 이끌어 내는 데 성공했다. 하지만 모든 요소가 다 자주적이지 않다는 것이야말로 중국의 미스터리 중에서도 가장 커다란 미스터리라 하겠다.

**서민이 잘 사는 세상(藏富於民)**

예로부터 존재하던 경제 이론으로, 백성을 부유케 해야 한다는 고대 경제학설의 확장판이라고 할 수 있다. 서민이 잘 사는 세상은 현대 동서양 선진국의 주요 특징으로, 현대 문명의 궁극적 가치관이자, 민주적이고 부강한 국가의 상징이라고 할 수 있다.

길고 긴 시간이라는 흐름 속에서 끊임없이 분화하며 싹이 틔어나고 가지가 생겨난다. 그 과정에는 선택과 계승, 반역이라는 요소가 등장하는데, 시간이라는 기준으로 가늠할 수 있는 모든 잣대를 '자주'라는 두 글자 아래 구속시키려 한다. 쉽게 말해서 국가가 잘 살든, 국민이 부유하든 혹은 경제 또는 정치 분야의 발전 모두 대중의 자주적인 창조에 기반을 두고 있다는 뜻이다.

제도적인 관대함은 자유의 발전을 촉진한다. 탁 트인 개방된 공간에서 사람들이 보다 자유롭게 손발을 내뻗게 되면 무겁게 가라앉았던 혹은 발목 잡혔던 각종 자원이 꿈틀거리며 모습을 드러내기 마련이다. 아무 제약 없이 마음대로 창업할 수 있다면 도둑질하듯 남몰래 사업을 추진하거나 구렁이 담 넘어가듯 소리 소문 없이 몸집을 불리는 일 따위는 일어나지 않을 것이다. 물론 쉬쉬하며 제 브랜드를 만들어내는 일 또한 없을 것이다.

이와 함께 원하는 직업을 선택할 수 있는 자유가 확대됨에 따라 경직된 사회 제도 및 분위기가 어느새 한결 완화되고, 한때 수많은 가정의 '철 밥그릇'을 상징했던 '배급'이라는 단어도 점점 자취를 감추고 있다. 그 결과 **'이직(跳槽)'**이라는 단어가 중국 사회에서 흔히 볼 수 있는 단어로 자리 잡았다. 그전까지 업무에 영향을 주던 온갖 요소들, 이를테면 계급, 출신성분이라는 말은 점차 사회적 무대에서 사라지고 그 자리를 학력, 재능과 기술이라는 단어가 메우기 시작했다.

**이직(跳槽)**

**'跳槽'**는 원래 '다른 구유로 가서 먹이를 먹다'라는 뜻이지만 현재는 새로운 분야로 뛰어드는 이직을 가리킨다. 기원(妓院) 등 유흥가에서 처음 등장했으며 명청(明淸)시대에는 난봉꾼이 원래 데리고 놀던 기녀를 버리고 다른 기녀의 품에 안긴다는 비슷한 뜻으로 사용됐다. 당시 기원에서 기녀를 품는 일을 '풀을 먹다(吃草)'라고 하는데, 풀(기생)을 먹다 질리면 말(난봉꾼)이 다른 구유로 간다는 뜻을 가리킨다.

## 더 많은 공간이 개방되기를 기대한다

자유를 주장하면서 얻게 되는 가장 큰 성과는 눈에 보이는 각종 문턱이 점차 낮아지고, 점점 더 많은 사람이 명목상이지만 문 안으로 들어갈 수 있는 '입장권'을 받게 된다는 데 있다. 물론 이것만으로는 여전히 부족하겠지만 말이다.

제 손으로 부를 일굴 수 있는 자유와 자주적 환경은 일찌감치 존재하고 있었을 뿐만 아니라, 한때 무의식적이었지만 사회적 공감대로 탄생하기도 했다. 하지만 특정 이익이나 정서와 맞부딪혔을 때는 여전히 후퇴하고 만다. 이를테면 권력에 사로잡혀 소수의 재벌이 다수의 재화를 차지하는 불공정한 자본주의를 탄생시키기도 한다. 그런 점에서 중국에서의 자유로운 창업, 자유로운 경제 활동은 여전히 **'그림의 떡(畵餠充飢)'**에 불과한지도 모르겠다. 정책적으로 이성을 좇고 있다고는 하지만 현실적으로는 여전히 얇은 유리벽 안에 갇혀 있다는 뜻이다.

**그림의 떡(畵餠充飢)**

진(晋)나라 진수(陳壽)의 《삼국지(三國志)·위지(魏志)·노육전(盧毓傳)》에 등장한다. '재능 있는 인재를 얻고 못 얻음은 경에게 달렸소. 인재를 선발할 때는 명성만 봐선 아니 되오. 명성이라는 것은 땅바닥에 그려진 떡과 같소. 먹지 못하는 것이라오.(選擧莫取有名, 名如畵地作餠, 不可啖也.)'

자유로운 경제 활동이 중국에서 온갖 문제에 직면했다는 점에서 정부는 자유라는 창구를 보다 활짝 열어야 할 것이다. 정책적인 측면의 공감대와 지원 문제에서 더욱 과감한 행보를 지속적으로 보여주어야 한다. 그 밖에 기존에 정책적으로 확립됐다 하더라도 현실적인 관점에서 실현 가능성을 꾸준히 강화함으로써 정책적 번복을 최대한 피해야 한다. 정책이 번복된다면 미래에 대한 낙관적인 기대를 무너뜨리고 제 손으로 부를 일구겠다는 자신감과 열정에 찬물을 끼얹을 뿐이다. 정치 개혁이 제아무리 어렵다 하더라도 확고한 의지를 가지고 꾸준히 추진해야 한다. 자본과 권력 사이의 불공정한 연계를 과감히 끊어내고 권력이 본래의 역할로 돌아갈 수 있도록 응원해야 한다. 또한 법률을 통한 시장경제 운영이라는 시스템을 구축할 수 있도록 법률에 힘을 실어줘야 함도 물론이다.

중국을 찾은 한 외국인의 감상을 잠시 소개해 보겠다. "……돌이켜 보면 여전히 꿈속에 있는 것 같다. ……수많은 평범한 중국인이 더 나은 삶을 위해 열심히 나아가고 있는 모습을 똑똑히 목격할 수 있었다. ……혼란으로 가득한 이 땅에 뚜렷한 목표의식이 생긴 것이다. ……"

**'앵두가 붉게 익으니 파초(芭蕉)는 푸르네(紅了櫻桃, 綠了芭蕉)'** 중국인이 미래에 강한 자신감을 보일 수 있는 까닭은 시간이라는 거대한 흐름 속에서 언젠가 자

**앵두가 붉게 익으니 파초(芭蕉)는 푸르네(紅了櫻桃, 綠了芭蕉)**

남송(南宋) 시인 장첩(蔣捷)의 시 '일전매·주과오강(一剪梅·舟過吳江)'의 마지막 구절로, 봄을 감상하던, 타지를 오랫동안 떠돈 나그네가 고향을 그리워하는 감정을 묘사했다. 앵두와 파초의 대비되는 색조로 추상적인 시간이 유수같이 빨리 지나가고 있음을 담아냈다.

유라는 모습이 완연히 모습을 드러낼 것이며, 그때가 되면 달빛이 성 안을 환히 비추듯 모든 것이 분명해질 것이라는 사실을 확신하고 있기 때문이다.

MYSTERY OF CHINA

# 제2장

# 200년 동안의 경제 기적을 30여 년 만에 재연할 수 있었던 비결

중국의 역할이 변할 때마다 서방 세계는 30여 년이라는 짧은 시간 동안 중국이 서방 세계가 200여 년 동안 피땀 흘려 일군 경제 기적을 재연할 수 있었던 비결을 찾고자 머리를 쥐어짰다. 양적인 면이나 질적인 면에서 타의 추종을 불허하는 서방의 경제학 이론에서 중국 경제가 굴기할 수 있었던 원인을 제시하지 못한 까닭은 무엇인가? 깊은 잠에 빠져 있던 중국이라는 거대한 몸집의 사자가 잠에서 깨어나 앞을 향해 점점 빠르게 달려 나가는 모습을 서방 세계는 똑똑히 목격하고 있다.

# 중국의 굴기는 경제학적 이단에 속한다

## 세계를 쥐락펴락하는 대국의 굴기

한학(漢學) 연구가 시에허나이(謝和耐)의 눈에 비친 중국은 인생의 쓴맛, 단맛 모두 맛본 허약해질대로 허약해진 '오래된 제국'으로, 꿈에도 그리던 '피와 침략'에 대한 누군가의 열망을 꽃피울 수 있는 그야말로 안성맞춤인 공간이었다.

하지만 지금의 중국은 과거와는 전혀 다르다. 특히 30여 년간 쉬지 않고 달려온 개혁개방으로, 중국의 정치, 경제, 문화 등에서 과거 천 년 동안 볼 수 없었던 거대한 변화의 물결이 출렁이고 있다. 가난과 구태에 찌든 중국인은 과거와 이별을 고하고 고삐 풀린 망아지처럼 경제 번영이라는 목적지를 향해 거침없이 달려 나가고 있다.

중국의 GDP는 서양 학자의 눈을 번쩍 뜨이게 할 만큼 놀라운 속도로 성장하고 있다. '10%'라는 경이적인 숫자는 '유사 이래 주요 경제체 중 가장 빠른 성장 속도'라고 불리며 약 4억 명을 빈곤에서 구제하고 1인당 소득을 7배 가까이 끌어올렸다. 경제학자 제프리 사스는 중국이야말로 세계 역사에서 가장 성공적인 발전 모델이라며 상황을 '깔끔하게' 정리했다.

2000년 세계 8위의 경제 규모, 1인당 GDP 849달러를 기록한 중국은 '1차 샤오캉'이라는 목표를 달성한 뒤 2020년까지 경제 규모를 2배 이상 확대하고 1인당 GDP를 3,000달러까지 끌어올리겠다는 새로운 목표를 향해 달려 나갔다. 중국의 경제 성장은 헛된 이상에 불과하다는 주변의 '비웃음'을 뒤로 하고 목표를 수립한 지 8년 만에 중국은 1인당 GDP 3,000달러라는 목표를 쉽게 달성해 냈다.

물론 굴기는 중국에서만 목격되는 현상은 아니다. 일본도 굴기했고 **'아시아의 네 마리 용'** 역시 경제 성장의 기적을 일궈냈다. 인도 역시 무섭게 치고 나오고 있고 아프리카 역시 뒤질세라 맹추격 중이다. 하지만 지구상에 있는 그 어떠한 국가도 중국처럼 놀랍고, 무서운 속도로 경제를 성장시키진 못했다.

**아시아의 네 마리 용**

1960년대부터 수출 주도형 경제 성장 정책에 힘입어 한국, 싱가포르와 타이완, 홍콩이 세계 경제 무대에서 두각을 나타내기 시작했다. 노동 집약형 중심의 가공업을 발판 삼아 단기간 내 비약적인 경제 성장을 일궈낸 이른바 '동아시아 모델'이 세계적인 관심을 받았는데, 이들 국가를 가리켜 '아시아의 네 마리 용'이라고 부른다.

나라가 위태롭고 흔들릴 때마다 사람들은 쉬지 않고 아름다운 미래를 상상한다. "모든 구속에서 벗어나 케케묵은 과거를 청산한 뒤 그 위에 새로운 세계를 건설하자." 개혁개방 이후 더욱 눈부시고, 뚝심 있는 모습으로 중국은 현실이라는 무대에서 옛 모습을 되찾고 점차 존재감을 드러내고 있다.

## 시선을 끄는 '반역자'

넓디넓은 경제학 이론에 머리를 박은 채 중국 경제의 비밀을 풀 열쇠를 찾기 위해 많은 경제학자가 애를 태우고 있지만 그러한 마음과 달리 이론과 현실이 어긋나는 안타까운 상황만 되풀이되고 있다.

중국 경제가 직면한 상황은 초기 서방 경제보다 훨씬 복잡했다.

18세기 산업혁명 당시 영국 본토 인구는 인구가 많다는 중국의 일개 성(省)보다 적은 1천여만 명에 불과했던 반면, 본격적으로 산업화가 진행된 중국의 당시 인구는 10억 명을 넘어섰다. 당시에도 여전히 인구 대국이었던 중국은 향후 50년 내 산업화에 진입해야 했지만 인구가 워낙 많다 보니 사회 계층 간의 갈등, 복잡한 사회적 문제 등을 피할 수 없었다. 쉽게 말해서 성별, 연령, 교육 수준, 가정 배경의 다양성 때문에 정치, 경제에 대한 기대치가 다를 수밖에 없었고, 이는 사회적 결속력에 심각한 타격을 입혔다.

서방 국가가 직면한 자원 환경 역시 중국은 갖지 못했다. 요컨대 서방 경제는 '선(先)발전-후(後)관리'라는 길을 걸었다. 서방 경제의 산업화는 지구의 소중한 자원과 환경의 희생이라는 토대 위에서 구축된 것이기 때문에 산업화 후에야 이들 국가는 자원 부족과 환경오염이라는 문제를 동시에 떠안아야 했다. 아울러 산업화를 위해 사용한 에너지 고갈과 환경오염에 따른 대가를 치를 필요가 없었던 이들 국가는 비용을 제 손으로 감당하는 것이 아니라 '외부 이전'할 수 있었다. 이와는 대조적으로 중국은 비용을 외부로 전가할 수 있는 기회를 이미 잃었다. 산업화 초기, 중국은 자원 부족과 환경오염이라는 족쇄에 발목 잡히고 말았다. 특히 자원의 과도한 개발로, 자원 때문에 치러야 할 비용은 초기 서방 국가의 것과는 비교도 안 될 정도였다. 이는 중국이 앞으로 더 많은 산업화 비용을 지불해야 한다는 것을 의미한다. 환경 문제에서도 중국은 '**선(先)오염-후(後)관리**'라는 길을 결코 가서는 안 된다. 환경오염과 자원 낭비는 중국의 생존 환경뿐만 아니라 지구의 자원과 환경에도 위협이 될 수 있기 때문이다.

> **선(先)오염-후(後)관리**
> 경제가 발전하는 과정에서 어쩔 수 없이 환경을 오염시킬 수밖에 없고, 환경오염에 따른 고통을 감내해야 하지만 경제가 어느 수준까지 성장했다면 효과적으로 관리할 수 있다는 주장이다. 결론적으로 '선오염-후관리'는 객관적인 규칙성을 지니고 있다고 주장한다. 이에 대해 비평가들은 '선오염-후관리'라는 객관적인 규칙성 탓에 사회가 환경 보호에 대한 강한 의지를 저버린 채 방임하고 있다고 지적한다. 요컨대 경제 발전이 환경 보호의 전제 조건이 되어서는 안 되며, 반드시 그리고 충분히 동시에 실천할 수 있다고 주장한다. 손 쓸 수 없을 정도로 환경오염이 심각해진 상태에서 부랴부랴 관리에 나선다 한들 환경을 되살리는 데 수십 배의 경제적 대가가 필요하다는 것이다. 전혀 다른 입장을 가진 두 주장은 여전히 치열한 공방전을 펼치고 있다.

일부 냉소주의자들은 중국의 초기 개혁개방 당시 채택한 발전 모델이 전혀 '중국스럽지' 않다고 가차 없이 비난한다. 요컨대 재화에 눈이 먼 나머지 일종의 '경계'를 넘었다는 것이다. 이를테면 온갖 법률과 양심, 정책적 금기를 마구잡이로 위반하는 등 말 그대로 '갈 데까지 갔다'는 것이다. 하지만 수단 방법 가리지 않고 덤벼들던 초기 산업화 시절의 서방 경제에 비하면 새 발의 피라고 할 수 있다. 서방 경제는 다양한 사회적 문제를 쉴 새 없이 해결하는 방식을 통해 실력을 키워 왔다. 예를 들어, 영국은 오스트레일리아와 아프리카에 각각 죄수와 실업자를 '수출'하는 방식을 선택했고, 미국 역시 한 치의 망설임도 없이 합법이라는 명분을 앞세워 수천만 명의 흑인 노예와 쿠리(苦力; 중국 노동자-역주)를 '사용'했다. 이들에게는 풍부한 원자재, 무한정 제공되는 노동력, 탄탄한 국내외 시장이라는 강력한 성장 우위가 있었다.

이들과 달리 중국은 각종 사회적 문제를 편법으로 해결하는 방식으로 세력을 확장하지도 않을 것이고, 할 수도 없다. 오로지 합법적인 경제 무역을 통한 확대만이 가능할 뿐이다. 상대적으로 현재 중국이 직면한 여건은 그리 녹록지 않다. 우선 국제 경쟁력 부문에서 무척 까다로운 시험을 이겨내야 한다. 사과 한 알을 유럽에 수출하려고 해도 다른 누군가 제정한 수십여 개의 기술 및 심사를 통과해야 하는데 그중 대다수가 **보호무역주의**에 속한다.

**보호무역주의**

대외무역에서 수입을 억제하고, 자국의 상품이 국내 시장에서 외국 상품과의 경쟁에서 피할 수 있도록 보호하는 행위를 가리킨다. 또한 국제 경쟁력 강화라는 주장과 정책을 내세워 자국 상품에 각종 우대 정책을 제공하는 것을 가리킨다. 수입 제한의 경우, 주로 관세 장벽이나 비관세 장벽이라는 두 가지 조치를 취하는 형태로 나타난다.

수십 년이라는 짧은 시간 동안 과거의 세계는 낯설고 멀어지고 있는데 특히 1978년은 획기적인 분수령이 되는 해였다. 경제와는 그다지 접점이 없었던 역사가 이때를 기점으로 쉬지 않고 돌아가는 카메라의 렌즈처럼 당시의 열기와 정열을 재빨리 담아내기 시작했다. 물론 서방 경제학의 곤혹스러운 모습도 놓쳐서는 안 될 것이다. 다시 말해서 서방 경제학의 공식대로라면 '뿌리'가 약한 중국에서 개혁개방이라는 '*N*차 방정식'이 얼마나 커지든 거대하면서도 지속적인 속도로 발전하는 중국을 기대할 수 없다는 것이 그들의 결론이었다. 게다가 산업화를 시작한 이래 무섭게 커진 중국의 경제 성장세는 일찍이 서방 국가가 다른 나라를 식민 지배하던 시절에조차 이뤄내지 못한 성과였다. 실제로 1820년부터 1870년까지 영국의 GDP 성장률은 2%에 불과했고, 같은 기간 미국 역시 4.2%를 기록하는 데 그쳤다.

이러한 현상에 대해 미국 학자 아서 헨더슨 스미스(Arthur Henderson Smith)는 심오한 예언을 내놨다. "적자생존이 역사의 교훈이라면, 이를 중국에 적용했을 때 범접할 수 없는 활력을 배경으로 한 중국 앞에 위대한 미래가 펼쳐질 것이라고 자신 있게 이야기할 수 있다."

원인이 있으면 그에 걸맞은 결과가 있으리라는 것이 세상의 법칙이다. 천부적인 재능이나 타고난 비결 등은 하느님의 편애 탓이 아니다. 우리를 구할 구세주 역시 우리 자신뿐이다.

# 봇물 터지듯 쏟아진 집단적 열망 : '부자 되세요'

"영광은 평생 자신을 만들고 지켜온 테르모필레 사람들의 것이다.
자신이 해야 할 일을 그들은 결코 모른 체하지 않았다.
그들에게는 더 큰 영광이 어울린다.……"

—카바피스(Cavafy), 《테르모필레(*Thermopylae*)》

## 보통 사람들의 보통 바람

물질에 굶주렸던 '허기'에서 비롯된 성장에 대한 열망과 기쁨이 제아무리 천박하다 비난받는다 할지라도 중국에 '굴기'라는 부정할 수 없는 개혁을 가져다주었다.

**마틴 자크(Martin Jacques)**
런던 경제 아카데미의 고급 객원 연구원으로 중국 런민(人民)대학, 싱가포르 국립대학에서 교편을 잡았을 뿐만 아니라, 적극적으로 집필 활동에 매진하고 있다. 주요 작품으로는 《중국이 세계를 지배하면(*When China rules the world: the end of western world and the birth*)》, 《대처리즘(원제: *The Politics of Thatcherism*)》 등이 있다.

**마틴 자크(Martin Jacques)**는 1993년 광저우(廣州)의 농촌 마을이 너 나 할 것 없이 생산에 몰두하던 모습을 떠올리며 감격스러운 듯 입을 열었다. "손에 농산물을 든 여인네들이 가축을 끌며 길거리에 나섰죠. 자전거나 삼륜차를 탄 농민들도 너 나 할 것 없이 바삐 발걸음을 옮겼습니다. 하지만 검은색 메르세데스나 렉서스를 탄 도시의 부자들은 선팅된 자동차 유리 안에 숨어 있었죠. 그 외에도 소형 봉고차나 고물 트럭, 화물차와 소형 버스가 도로를 메우고 있었답니다. 도로 옆에 펼쳐진 논밭에서 농민들은 소를 끌며 손바닥만한 논을 갈고 있었죠. 그 모습은 마치 200년의 역사를 한 장면에 몽땅 모아놓은 것 같았어요. 빠르게 변화하는 중국에서 현재를 살아가는 사람들은 열심히 기회를 찾고, 또 잡았습니다. 마치 지금 잡지 못하면 영원히 그 기회를 잡지 못하는 것처럼요. 전 이러한 끊이지 않는 열정, 창의력, 의지 때문에 중국이라는 나라에 점점 매료됐습니다."[1)]

도시에 발을 들여놓는 순간, 또 다른 모습이 눈길을 사로잡는다. 귀를 찢는 불도저의 요란한 소리가 하늘이 어둑어둑해지도록 멈출 줄 모르고, 공장에서는 뿌연 먼지를 연거푸 토해 낸다. 손으로 코를 막은 채 바삐 발걸음을 재촉하는 사람들은 제 갈 길만 찾느라 길가에 늘어선 분양 광고를 지나치기 일쑤다. "물 위의 집. 베니스가 바로 당신 곁에 있습니다. 말도 안 되는 가격에 드립니다.……" 소자본으로 '대박'을 칠 수 있다는 광고가 먼저 사람들의 눈길을 사로잡는다. 눈 깜짝할 사이에 노골적인 방식으로 소비자를 유혹하는 마케팅 광고가 사방에 포진해 있다. 광장 안을 가득 메운 노점상, 포장마차, 호객꾼의 얼굴에는 삶에 대한 열정으로 가득하다. 지나가는 사람들에게 품질이나 가격 면에서 백화점 상품 못지않다고 자랑하지만, 화려한 겉모습과 달리 장난감 총의 칠은 엉망으로 뭉쳐져 있고 알록달록한 홍콩식 티셔츠는 어깨솔기가 터져 있다. 아디다스 로고가 선명하게 그려진 싸구려 양말은 얼핏 봐도 몇 번 신고 나면 닳을 것이 뻔할 정도로 조악하다. 길 양쪽에 거미줄처럼 뻗은 골목 어느 곳에 들어가 봐도 상점, 슈퍼마켓, 액세서리 가게, 옷 가게, 호화용품 가게, 전자제품 판매점 등 온갖 상호를 내건 간판이 거리 전체를 화려하게 수놓고 있는 것을 볼 수 있다. 그리고 귀가 터져라 볼륨을 키운 온갖 유행가가 상점에서 흘러나온다. 유행가에 귀를 가만히 기울이고 있다보면 시공을 초월한 듯한 느낌을 받을 수 있다. 중국의 '심수봉'이라고 불리는 덩리쥔(鄧麗君)의 노래 '커피에 술 한 잔 타서'의 한 구절인 '또 두 번째 술잔을 들었네.'라는 가사가 울려 퍼지면 Beyond(홍콩 밴드-역자)의 노래 '아름다운 세월(光輝歲月)' 중 '누가 마음대

1) (영국) 마틴 자크, 《중국이 세계를 지배하면》, 중신(中信)출판사, 2010년 1월

로 세상에서 날개를 펼 수 있다고 하던가? 천진한 예언일 뿐…'이라는 가사가 그 뒤를 잇는다.

**조금만 벌어도 행복하다(小富卽安)**

1990년대 말기, 일부 농민들이 현실에 만족하거나 기본적인 생활수준(이를테면 저축 등)을 보장받게 되면서 굳이 별도의 노력을 기울이지 않아도 편하게 살 수 있다는 태도를 가리키는 말이다. 훗날에는 먼저 부를 쌓은 개인이나 업체가 눈앞의 성과에 쉽게 만족한 채 더 나아갈 생각을 품지 않는 안일한 태도나 마음을 가리키는 뜻으로 확대됐다.

사람들을 감싼 공기에는 변화와 열정이 떠다니고, 어서 빨리 부자가 되겠다는 바람이 재빨리, 그리고 지속적으로 '발효'된 나머지 '**조금만 벌어도 행복하다(小富卽安)**'는 소박한 꿈은 어느새 사람들의 뇌리에서 잊혀졌다. 또한 신분이나 인성을 가늠하는 '잣대' 역시 경제적 능력으로 바뀐 지 오래다. 이러한 모습은 중국의 여러 지역, 그리고 여러 시대에 걸쳐 끊이지 않고 상연되고 있다.

## 부를 향한 변질된 욕망

순진한 농민마저 재화에 대한 '굶주림'을 앞다투어 드러내자, 사람들은 망설이지 않고 부자가 되자며 정부가 외쳐댄 개혁개방이라는 거대한 역사의 문을 향해 달려가기 시작했다. 너무 오랫동안 속박받다 보니 일단 운신할 공간이 생기자마자 더 이상 나아갈 곳을 찾지 못하던 부에 대한 뜨거운 열망이 봇물처럼 일시에 터져 나온 것이다. 믿기 어려울 만큼 부에 대한 남다른 안목과 후각을 갖춘 사람들이 질풍처럼 미래를 향해 달려 나갔다.

그렇다고 해서 모든 사람이 역사적 사명 같은 숭고한 의식에 사로잡힌 것은 아니었다. 거기에는 세상을 경영하고 효율적으로 만들자는 실용주의와 세상을 구하겠다는 낭만주의의 물결이 뒤섞여 있었다. 부를 쌓은 상당수의 사람에게 사실 거창한 사명감 따위는 없었다. 그들의 바람은 지극히 단순했다. 잘 먹고 잘 입고, 좋은 차를 굴리며 멋들어진 집에서 편안하게 사는 것이 전부였다. 이처럼 단순한 바람에 애매모호한 각종 정서와 생각이 더해지면서 다양한 사회적 정서가 중국 사회로 빠르게 침투하기 시작했다. 이를테면 '가화만사성'이라는 전통적인 이상주의, 승부에 집착하는 허영, 배금주의를 껴안은 뜨거운 열정……. 천박하기 짝이 없어 보이는 물질에 대한 바람과 기대가 여태껏 중국 역사에서 전례를 찾아볼 수 없는 부에 대한 사람들의 열망에 불을 붙인 것이다.

인민공사(人民公社; 1958년 이래 중국에서 추진된 농업과 기타 사업을 포함한 집단 조직-역주) 시절, 정치적으로 농민에 대한 일괄적인 지배를 시도하며 집단 노동이라는 방식으로 공산주의를 실현하려는 '블루맵'이 등장했다. 하지만 이상적인 공산주의와 집단식 제도 사이에는 건너기에는 너무 넓은 '괴리'가 존재했고, 이는 결국 더욱 열심히 일해야 한다는 열정과 필요성을 농민에게 효과적으로 설파하지 못했다. 요란한 구호나 투쟁만으로 차곡차곡 쌓인 도덕의 제도적 결함을 더 이상 메울 수 없게 되자, 지도자와 권력 수호자에 의해 무려 20년간 강제적으로 집행된 인민공사는 결국 역사의 무대에서 '퇴출'되고 말았다.

당시 이러한 상황을 가장 단적으로 보여주는 것으로는 중국 록음악의 대부 **추이젠(崔健)**의 노래 '일무소유(一無所有; 아무것 하나 가진 것 없네-역주)'가 있다. "나와 언제쯤 함께할 것이냐고 쉬지 않고 물었지만 아무것 하나 가진 것 없다며 항상 내게 웃는구나." 그의 노랫말은 많은 사람의 가슴을 울렸다. "넓은 바다를 바라보며 아름다운 꽃이 피는 따뜻한 봄날을 기다리네."라는 시구로는 목에 칼이 들어와도 아무것 하나 내놓을 수 없는, 존엄성에만 기댈 수 없는 냉혹한 현실의 벽에 많은 사람이 좌절했다. 중국 사회는 주머니 '탈탈' 털어도 동전 한 닢 떨어지지 않으니 제아무리 마음씨 고운 아가씨라도 눈길 한 번 주지 않는 것이야 당연하다고 비웃는다. 요컨대 물질적 기반이 없다면 존엄이라는 단어가 발붙일 여지조차 없다는 것이다. 물질에 대한 지나친 굶주림 탓에 경제적으로 지금 당장 성과를 올리기 위한 전쟁, 즉 '상업 전쟁'이 본격적으로 전개되기 시작했다. 이제 막 등장한 지도에서 보물을 찾으려는 개혁이라는 이름의 탐험이 '상해(商海)'라는 거대한 무대를 배경으로

> **추이젠(崔健)**
> 1961년 조선족 가정에서 태어난 '중국 록 음악의 대부'로, 1986년에 발표한 '일무소유'로 커다란 사회적 반향을 불러 일으켰다. 그 가사 중 일부는 다음과 같다. "발밑 땅을 걸어가네, 주변의 물은 변함없이 흐르지만 내게 아무것도 없다며 너는 항상 웃는구나……."

펼쳐졌고, 용감한 탐험가들은 과감히 몸을 던졌다.

흙투성이가 된 손을 미처 씻지 못한 농민, 정부 기관에서 '차를 홀짝거리며 신문을 뒤적이던' 체재 내 인사, 하강(下岡; 국유기업의 구조조정 등으로 직장을 일시휴직(Lay-off)하는 것을 가리킨다.-역주)의 아픔을 지닌 노동자, 상아탑에서 빠져나온 혈기 넘치는 젊은 대학생……. 그들은 입에서 단내가 나도록 굶주렸던 삶 대신 '매일 기름진 고기를 먹을 수 있는' 삶을 동경했다. 베이징, 상하이, 광저우 등 대도시를 가득 메운 '돈 냄새'는 '품격' 있는 삶을 영위하고자 하는 많은 사람을 상업 대전으로 몰아넣었다. 명품 옷을 입고 다니며 호텔 레스토랑에서 식사를 즐기고, 틈틈이 세계 곳곳을 다니며 기념사진을 찍는 그런 삶을 말이다. 그동안의 억압에 질린 많은 사람들이 이러한 시대에 '매료'됐고, '간판'을 따기 위해 소중한 시간을 보내는 대신 과감하게 뛰어들어(下海) 저만의 사업에 몰두하기 시작했다. 동네 구멍가게를 여는 것을 시작으로 과감한 창업에 이르기까지…….

그들 중 대부분은 어쩌면 이러저러한 성격적 결함이 있을지도 모르겠다. 눈물을 흘리면서도 다른 사람에게 상처를 주거나 누군가를 배신하면서까지 번 돈을 세며 흥분과 함께 불안에 시달릴지도 모른다. 세상을 바꿀 힘이나 재주 따위는 더욱 기대하기 어려울지도 모르겠지만 분명한 것은 더 이상 가난에 찌들어 죽지 않겠다는 사람들의 확고한 의지다. 황천길로 가는 길목에 여관을 차리고, 연옥으로 가는 길에 노점을 세우겠다는 용기와 기백으로 무장한 사람들이 무서울 것 하나 없다며 덤벼들자, 상업주의의 싹은 마구 자라나 결국 화려하게 피어나기 시작했다.

피터 헤슬러(Peter Hessler)라는 미국인이 베이징에서 빌린 차 한 대로 중국의 농촌마을에서부터 화려한 대도시를 거침없이 질주한 끝에 **《중국을 여행하며(尋路中國, *Country Driving*)》**라는 책을 발간했다. 그 내용을 가만히 살펴보면, 원저우(溫州) 지역의 한 마을이 단

**《중국을 여행하며(*Country Driving*)》**

《중국을 여행하며》는 잡지 〈뉴요커〉의 기자 하웨이(何偉; 피터 헤슬러의 중국식 이름-역주)가 2001년부터 2007년까지 차를 타고 중국 전역을 여행하며 겪은 에피소드와 감상을 담은 책이다. 책에서는 평범한 시골 농부가 장사꾼으로 변신하는 여정, 농촌이 도시로 발전하는 과정을 자세히 묘사하고 있는데, 1978년 개혁개방 이후 중국에서 나타난 가장 중요한 변화를 객관적으로 담아내고 있다.

일 상품만을 생산하고 있다며 놀라움을 표현한 대목을 볼 수 있다. 단일 상품이지만 해당 마을의 제품이 중국 국내 시장의 점유율을 거의 점령하고 있었기 때문이다.

"챠오토우(橋頭) 진(鎭)의 전체 인구는 6만 4,000명이지만 공장은 무려 380여 개나 된다. 그리고 이들 공장에서는 중국 의류업계의 70%에 해당하는 제품을 생산하고 있다. ……한때 농민이었던 사람들이 '영업사원'으로 변신해 팔고 있는 것은 다름 아닌 단추다. 단추를 실어 나를 때는 25㎏짜리 포대에 담는데, 쌀이니 밀가루니 하는 단어가 종종 찍혀 있다. 한때 곡물을 담던 포대가 분명하지만 그 안을 채운 것은 형형색색의 단추다."

저장(浙江)에서는 단일 제품만을 생산하는 마을을 쉽게 찾아볼 수 있다. 그 원인은 간단하다. 이들 농민은 정식 교육을 받은 적이 없기 때문에 기술이나 자금 사정이 상대적으로 까다롭지 않은 상품을 중심으로 사업에 뛰어들 수밖에 없었고, 그것이 결국 돈을 벌 수 있는 최적의 '콘텐츠'가 된 셈이다. 이를테면 우이(武義) 현(縣)에서 연간 생산하는 포커 카드는 100만 세트로, 중국 시장 점유율의 절반에 해당하는 수치다. 이우(義烏) 시는 전 세계 빨대의 25%를 공급한다. 용캉(永康)에서 생산되는 **저울(衡器)**의 중국 내 생산율은 무려 95%에 달한다. 다탕(大唐)은 세계 양말 공급량의 3분의 2를 담당하고 있고, 성저우(嵊州)는 세계 넥타이 생산량의 절반을 책임지고 있다. ……

**저울(衡器)**

훅의 법칙(Hooke's law)이나 힘의 지렛대 원리를 이용해 물체의 무게를 측정하는 도구다. 하중을 측정하는 시스템(저울 접시)과 전달력 전환 시스템(지렛대의 전달력 시스템), 무게 표시 시스템(눈금판)으로 구성된다. 저울은 구조 원리에 따라 기계저울, 전자저울, 기계와 전자 측정 기능이 합쳐진 저울의 3가지 형태로 구분된다.

사람을 쥐락펴락하는 물질의 힘은 전설 속 그 어떤 명검보다도 날카롭고 위력적이다. 적자생존이라는 냉엄한 생존 법칙으로 사람들은 보다 적극적인 마인드로 사회 개편에 적응할 것이다. 물론 그중에는 비열한 수단과 어리석은 행동을 보여주는 사례도 적지 않을 것이다. 눈앞의 이익에 정신이 팔려 사기를 치거나 다른 사람을 제 발밑에 두려는 기회주의, 서방 경제를 제대로 '소화'하지도 못한 채 무조건 따라 하고 보는 '맹신'……. 그렇다고 해서 이들 문제가 개혁개방을 거부할 수 있는 핑계는 되지 못한다. 중국은 가난이라는 남루한 모자를 던져버렸다. 물질적인 풍요를 얻기 위해서는 오랜 세월 동안 세심한 경영과 고된 수련이 필요하다. 그래야 정치, 문명이 화려하게 꽃피어날 수 있는 기름진 물질적 토양을 제공할 수 있기 때문이다.

사람들은 예전과 다름없이 태어나고 늙어가며 죽음을 맞이한다. 하지만 최초의 '굶주림'은 해소됐고 더 나은 삶을 추구하려는 끊임없는 노력이 다양한 형이상학적 이상주의와 민족주의로 승화되고 있다. 초라했던 과거는 깨끗이 사라지고 개인과 민족적 자신감이 한데 어우러진 현재 중국의 자신감은 일상적인 삶 속의 밑거름이 됐다. 이렇게 해서 오랜 세월 동안 억압받던 모두의 바람이 봇물처럼 터져 나오며 중국 경제에 활력을 불어넣고 있을 뿐만 아니라, 자연스레 더 나은 삶을 위한 '응원'으로 자리 잡았다. 과거 왕조보다 더 많은, 더 화려한 번영을 다시 구가할 것이라는 힘찬 응원 말이다.

# 제도 완화 : 계획경제 체제의 와해

적절한 체제 없이 시장경제가 불가능하다는 점에서, 중국이 해야 할 일은 비슷한 체제를 구축하는 것이다. 체제를 마련했다면 더 이상 사유화를 걱정할 필요 없다. 무엇을 제공할지 알 수 있다면, 그리고 무엇을 필요로 하는지 알게 된다면 정부가 관여할 필요가 전혀 없다는 뜻이다. 대신 정부는 양측에게 권리와 의무를 분명히 알려줘야 한다. ……선진화된 방법이 있다면 서두르지 말고 천천히 진행해라. 빠르다는 것이 반드시 좋다고는 할 수 없다. 중국의 한 명언을 들려주겠다. "코끼리로 다리를 건널 때는 일단 멈춰서 코끼리를 먼저 건너게 해야 한다." 수천 년 전 중국의 현인(賢人)이 남긴 명언이다.

–노벨 경제학상 수상자 게리 베커(Gary S. Becker)

## 공감대 : 권리는 '작지만' 책임은 '막중한' 사회를 구축해라

어떻게든 가난에서 하루빨리 벗어나려는 마음에 장밋빛 미래만 꿈꾸며 앞만 보고 달려왔다. 하지만 그동안 기대와 희망이라는 아름다운 그림에 가려진 채 차곡차곡 쌓여 있던 정치적 혼란이 산산조각 난 채 무너져 내리기 시작했다. 구호와 폭력으로 선동된 만족감과 부에 대한 맹신, 뜬구름 같던 옛일마저 한데 뒤엉키면서 중국은 커다란 혼란에 휩싸였다. 다행히도 한때 중국 사회를 벼랑 끝까지 몰고 갔던 정치적 광풍이 수그러들면서 중국에도 새로운 분위기와 시대를 원하는 커다란 목소리가 울려 퍼지기 시작했다.

한편, 태평양 건너 먼 곳에 자리 잡은 서방 세계에서는 본격적으로 현대화의 물결이 윤곽을 드러내고 있었다. 비록 자세한 사정은 알 수 없었지만 대략적으로 드러나는 윤곽을 보며 중국인은 새로운 것에 대한 왠지 모를 동경을 품게 됐다.

여태껏 경험하지 못한 상황에 직면한 중국 정부는 어쩔 수 없이 시대의 물음에 답해야 했다. '정치적 광풍과 막연한 미래에 대한 불안함을 감추고 중국은 앞으로 어떠한 면모를 갖춰야 할 것인가?'

**하이에크**는 《치명적 자만(*The Fatal Conceit*)》에서 이렇게 기록했다. "강제적 역량을 지닌 국가가 과거 부락과 가장 다른 점은 더 이상 공동체 전체를 위해 일괄된 목표를 제정할 필요가 없으며 목표를 달성하기 위해 재화를 모을 필요가 없다는 것이다. 자신의 역할을 공공안전 제공과 재산권 및 공정한 규칙의 보장을 실천하는 데로만 제한해야 한다.……"

**하이에크**
**(Friedrich August von Hayek)**

오스트리아계 영국 경제학자(1899~1992)로, 신자유주의의 대표적 인물로 평가받는다. 오랫동안 케인스의 이론과 정책은 하이에크로부터 비난의 화살을 받았다. 좋은 사회를 가늠할 수 있는 기준은 경제적 복지가 아니라 인간의 자유에 있다고 주장한 하이에크는 특히 경제적 복지를 이상사회의 잣대로 삼는 행위를 반대했다. 경제적 복지라는 목표를 추구하다 보면 반드시 국가가 경제에 관여할 수밖에 없다고 설명한 그는 이상사회는 법치를 통해서만 실현 가능하다고 판단했다. 인간의 사상을 자유롭게 해방시키려면 국가를 숭상하는 현대 반문명주의의 구속에서 벗어나 이상 실현의 필요성을 깨닫게 하고 이를 쟁취해야 한다고 주장했다.

'권리는 작지만 책임이 막중한' 사회를 구축하자는 주장은 이미 확고한 사회적 공감대로 자리 잡았다. 정부는 권력 이양을 통해 역량을 마음껏 펼칠 수 있는 보다 넓은 공간을 제공함으로써 대중에게 부를 창출하거나 삶을 여유롭게 즐길 수 있는 공간 속에서 자신의 노력만으로 현실의 처지를 바꿀 수 있는 기회를 마련해 주어야 한다. 또 다른 한편으로 정부는 민생을 책임지고 사회 공정과 정의를 수호함으로써 사회적 약자에게 안정적인 삶을 보장해 주며, 나아가 의료, 교육 및 주택 등에서 기본적인 권리를 보호해 주어야 한다.

계획경제 체제하에서 정부는 모든 것을 책임져야 한다. '선수'로서의 역할뿐만 아니라 '코치'이자 '심판'으로서 활약해야 하는 상황에서 정치에 모든 것을 거는 행위는 지극히 위험한 승부가 될 수 있다. 중국이 체제를 완화하기 시작하면서 개혁의 발걸음이 조금씩 뒤엉키고 있다. 과거의 개혁은 뒤이을 개혁의 싹을 미리 잉태하고 있고, 앞으로의 개혁은 과거의 개혁이 남긴 찬란한 유산을 발견할 수 있다. 이처럼 끊임없이 새로운 의지로 가득 찬 순환이 되풀이되면서 계획경제 체제가 조금씩 와해되고 있다.

### 무너져 내리는 제도들

1978년 개혁이라는 두 글자가 수면 위로 떠오른 뒤로 중국에서 제도 완화 현상이 목격되기 시작했다. 1978년 제11차 삼중전회(三中全會; 중앙위원회 3회 전체회의)에서는 계급투쟁을 주요 강령으로 삼되 '무산계급에 의한 지속적인 혁명'을 종결하기로 확정짓고, 사회주의 현대화 건설로의 이행을 중점적으로 추진하기로 합의했다. 1984년 제12차 삼중전회에서는 '계획적인 상품 경제'를 구축하라는 주문을 제시했고, 1992년 '14대(大)'[2]에서는 '사회주의 시장경제'를 발전시키기로 단호히 결정했다. 1997년 '15대'[3]에서는 '공유제를 주체로, 다양한 종류의 경제 공동 발전'이라는 새로운 기치를 더더욱 높이 세우며 중국의 기본적인 경제 제도로 선정했다.

제도가 완화됨에 따라 정치에만 목매달던 답답한 상황이 막을 내리고 상당수의 경제 조직이 독립을 선언했다. 쉽게 말해서 정부의 손을 거치지 않은 채 시장을 통해 선순환하는 자원이 점차 증가함에 따라 정부는 점차 중재자, 서비스 제공자로서의 역할로 복귀했다.

중앙정부는 경제와 정치 분야의 결정권을 포기함으로써 경제 발전에 한

2) 1992년에 개최된 중국 공산당 제14차 전국대표대회에서는 중국 경제 제도의 개혁 목표를 사회주의 시장경제 체제 구축으로 확정했다. 이른바 중국 특유의 사회주의 이론이 한 단계 도약하는 순간이었다. 사회주의 시장경제 체제 구축은 기초 경제와 그 위에 구축되는 다양한 경제 영역을 아우르는 것으로, 이를 위해서는 체제 개혁 및 정책 조정이 수반되어야 한다. 계획적이고 체계적으로 실천될 수 있도록 전체 계획을 제정해야 한다.

3) 1997년에 개최된 중국 공산당 제15차 전국대표대회에서는 덩샤오핑(鄧小平) 이론을 당의 지도 이념으로 확정하고, 법률에 의거해 국정 운영의 기본적인 방침으로 확정했다. 그 밖에 공유제를 주체로, 다양한 종류의 경제 발전을 지속적으로 추진하고, 땀 흘린 만큼 부를 분배하는 방식을 기본으로, 다양한 분배 방식이 병존하고 있음을 인정함으로써 사회주의 초기 단계를 향한 기본 경제 제도와 분배 제도를 확립했다.

결 다양하고 유리한 조건을 제공해야 한다. 제도라는 것이 눈에 보이지도, 손으로 만질 수 있는 것도 아니지만 비용이 투입되어야 하기 때문이다. 제도 경제학(Institutional Economics)은 제도의 우위를 판단하는 중요 지표로 시장 발전에 유리한 거래의 발생, 발전 여부를 적극적으로 참고한다. 경제가 선순환하려면 무엇보다도 상호개방, 상호경쟁, 다양한 상품과 주요 요소 간 자유로운 이동 등의 전제 조건을 구비해야 한다. 그렇지 않고 가는 곳마다 주요 요소와 번번이 충돌한다면 기술에 대한 사람들의 동경과 일에 대한 열정은 크게 수그러들 것이다. 정치와 경제 체제의 변혁은 상품과 요소 시장의 자유로운 거래를 가로막는 벽을 무너뜨리고, 일에 대한 열정과 적극적인 업무 처리 능력을 주문할 것이다.

신규 기업을 차리거나 확장하는 데 필요한 구속 조건이나 강제적인 요구가 줄어든다면 기업 경영주의 안정성과 기업의 지속적인 창의력 개발은 최대한 보장될 수 있다. 기업 경영주로서는 정치적 부담이 크게 줄어든 덕분에 보다 자신 있는 태도로 사업을 개척하거나 마음껏 실력을 발휘해 부를 쌓을 수 있는 자유를 얻을 수 있다. 이러한 생산적 활동이 탄력을 받고 사회로부터 재화의 존재에 대해서도 인정받는다면, 미래에 대한 투자를 확대하는 데도 한결 안정적인 자세를 취할 수 있을 것이다. 아울러 경직된 노동력의 계획적 배분 역시 개선된다면, 즉 노동력 시장이 시장이라는 마법 지팡이의 지휘에 따라 자유를 되찾게 된다면 시커멓게 고여 있던 물이 항상 신선한 공기로 가득 찬 물로 변하게 될 것이다.

옛날에는 달걀 몇 개나 부추 몇 움큼 정도 훔친 걸 가지고 사람들로부터 '자본주의의 개'라는 손가락질을 받아야 했다. 실력으로 부를 일군 사람들은 도덕과 정치적 성향을 의심받으며 심각한 탄압에 시달려야 했지만 제도가 완화되면서 강제적으로 억눌려 있던 '내 것'에 대한 열망이 각성되며 깊은 잠에 빠져 있던 중국 경제가 잠에서 깨어나기 시작했다. 요컨대 경제적인 성과가 더 이상 권력이 아니라 경쟁을 통해 결정되는 것이다. 개인과 기업 모두 성패에 연연하지 않고 자유롭게 자주 경영을 선택할 수 있고, 개인의 권리는 존중되고 역량 역시 마음껏 발휘할 수 있게 됐다.

30여 년 동안 중국이 경제적 성과를 거둘 수 있는 결정적 요인에 대해 경제학자 **우징롄(吳敬璉)**은 개혁개방 과정에서 상황에 따라 체제와 정책을 탄력적으로 취한 덕분이라고 평가했다. 또한 '명령'으로만 이뤄지던 행정 명령의 속박에서 벗어나 직업 선택과 창업에 대한 자유로운 권리를 확대함으로써 당초 억눌려 있던 잠재된 에너지가 마음껏 발휘되도록 독려했다는 데 비결이 있다고 덧붙였다.

아마도 시장경제는 최고의 선택은 아닐 것이다. 하지만 '인류가 실행한 제도 중에서는 가장 나쁘지 않은 제도'라고 할 수 있다. 바로 이러한 경제 체제하에서 정부, 자유, 이익과 정의, 양지(良知) 모두 한계를 지니고 있지만 서로 공생공존하면서 시너지를 발휘한 끝에 중국 사회에 점진적으로 개혁의 활력을 주입시키고 있다. 비록 그 길이 복잡하고 험하기 짝이 없지만 언제나 전진하고 있다는 점만은 틀림없다.

**우징롄(吳敬璉)**

현대 중국 경제학자로, 유명한 시장경제 학자이자 중국 경제학계의 권위자로 평가받고 있다. 중국 증시를 '도박판'에 비유한 우징롄은 시장의 법칙 및 민생 안정을 주장하며 매스컴과 대중으로부터 뜨거운 주목을 받기 시작했다. 구정 기간 기차표 값 인상을 주장한 우징롄은 도시 내 빈민촌 철거 시 시가대로 보상금을 지불해서는 안 된다는 주장 등을 제시하며 중국 사회에서 뜨거운 감자로 떠올랐다. 현임 국무원 발전연구센터 연구원 등 다양한 직책에서 활동 중인 우징롄은 잡지 〈개혁〉, 〈비교〉, 〈홍범(洪氾)평론〉 등의 편집자로, 홍콩 뱁티스트(Hong Kong Baptist)대학교, 홍콩대학교 명예 사회과학 박사이기도 하다. 5회 연속 중국 '쑨예팡(孫冶方) 경제과학상'을 수상했으며 2005년 제1회 '중국 경제과학상 공로상'을 수상하는 영광을 차지했다.

# 부자 되세요 : 한솥밥에서 개인 주택 투자붐에 이르기까지

개혁의 목표에서 재산권과 소유권의 등장은 필연적일 수밖에 없다. 어느 한쪽의 편만 들거나 다른 한쪽의 권리를 침범해서는 안 된다. 경제 자유 역시 다른 사람의 자유를 침범하면 안 된다는 원칙이 있다. 그렇지 않으면 시장이나 사회 질서가 존재할 수 없는 것은 물론이거니와 사회로부터 인정받을 수 없다.

—저우치런(周其仁), 《재산권의 재정의(원제: 重新界定産權之路)》

## '네 것', '내 것' 그리고 '우리의 것'

인민공사 당시 현실은 매스컴에서 묘사한 것처럼 열정과 땀내 가득한 현장과는 상당히 거리가 멀었다. 땅을 일굴 때는 미적거리기 일쑤였고, 일할 때는 수다를 떨거나 꾸물거리는 게 일상다반사였다. 그런데 어찌된 영문인지 일할 때는 세월아, 네월아 했던 사람들이 임금을 받을 때만은 벌 떼처럼 맹렬하게 달려들었다. 저장 성 용자(永嘉) 현에는 당시의 상황을 보여주는 노랫말이 있다.

*일하러 갈 때는 눈밭을 헤매는 백로처럼 유유자적하게*(出工鷺鷥探雪),
*돈을 받을 때는 달을 좇는 유성처럼 빠르게*(收工流星赶月),
*농사일을 할 때는 이규*(李逵)*처럼 힘들다는 말을 입에 달지만*(幹農活李逵說苦),
*돈 벌러 갈 때는 호랑이를 맨손으로 때려잡은 무송*(武松) *같네*(掙工分武

松打虎).

1978년 겨울 당시 안후이(安徽) 성 서기였던 완리(萬里)는 농촌 방문길에서 솜옷을 걸친 한 청년을 만났다. 솜옷을 입었지만 그 안에는 맨몸인데다 옷 안쪽은 구멍이 숭숭 뚫려 솜이 허옇게 터져 나와 있었다. 그런 그를 보며 뭐가 필요하냐고 묻자, 청년은 솜옷을 활짝 젖히고는 납작한 배를 두드렸다.

"배 터지게 먹었으면 여한이 없겠소!"

"별것도 아니군. 그거보다 좀 더 고귀한 바람은 없나?"

그러자 청년은 다시 솜옷을 활짝 펼친 채 배를 두드렸다.

"고구마 말린 걸 식량으로 바꿔주시오!"

수많은 자동차가 바쁘게 오가는 화려함을 꿈꿨지만 현실은 그렇지 못했다. 손바닥을 뒤집자마자 모든 것은 재로 변했고 결국에는 비참한 현실과 마주해야 했다. 농민들의 이익과 인민공사의 정치적 이상이 충돌함에 따라 도시 내 기업 역시 근로자의 노동 의욕 저하, 활력 부족 같은 어려운 문제에 봉착하게 됐다. 게다가 기업이라고 해봤자 모조리 국유기업이거나 집단 체제하의 기업이었기 때문에 상급 기관의 행정 명령에만 복종하는 공장장 외에 차가운 머리와 뜨거운 열정을 지닌 진정한 의미의 기업가는 눈 씻고 찾아도 찾을 수 없었다. 그뿐만 아니라 '공유'라는 낙인이 찍힌 생산 자료는 넘쳐났지만 재산권에 대한 명확한 구분이 없었고, 어마어마한 노동력이 존재했지만 자질이나 가격을 논할 정도로 제대로 된 인력 자본을 형성하지는 못했다.

계획경제 체제하에서 권리에 대한 명확한 정의가 이루어지지 못하면서 능력과 노력으로 돈을 벌겠다는 사람들의 의지가 크게 꺾였다. **'평균주의'**와 '한솥밥(大鍋飯)'이라는 개념은 일한 만큼 번다는 사회주의의 원칙

**평균주의**

평균적으로 모든 사회적 재화를 공유하자는 사상으로, 역사 유심주의(唯心主義)의 평등 관념에 뿌리를 두고 있다. 평등 관념은 경제 관계의 산물로, 모든 경제적 조건과 경제적 관계를 초월하는 절대적 평등이란 존재하지 않는다고 주장한다. 한 국가 지도자는 이렇게 이야기했다. "평균주의 경향은 경제적 효과를 감소시키고, 근로자의 적극적 의지를 억누르기 때문에 공유제에 대한 일부 인사의 반감을 유발하거나 심지어 부정당한 수단으로 사리사욕을 채우려는 욕망을 자극시킬 수 있다."

을 심각하게 훼손했고, '유토피아'라는 이상 역시 점차 헛소리로 취급받았다. 결론적으로 말해서 재산권 정의에 관해 중국은 잘못된 길을 걸었다.

모든 경제 제도를 규정하는 기본 요소로서 재산권에 대한 명확한 정의는 시장 거래의 전제조건이라 할 수 있다. 일반 대중에게 '공(公)'과 '사(私)'에 대한 의미가 전혀 다른 것처럼 재산권 구분에 따른 경제적 효과는 중요하게 작용한다. 요컨대 내 것이 아닌 것을 무슨 권리로 다른 사람에게 팔 수 있단 말인가? 내 것이 될 수 없는 것 때문에 열심히 일해야 하는 까닭은 또 뭐란 말인가?

**장우창(張五常)**

국제적으로 유명한 경제학자로, 신제도경제학과 현대 재산권 경제학의 창시자 중 한 명이다. '소작농 이론'과 '꿀벌의 신화'라는 글로 학계에 이름을 떨친 장우창은 자칭 노벨상을 아직 수상하지 못했지만 노벨 수상식에 초청된 경제학자다. 가짜 골동품 판매, 탈세 및 허위 금융정보 등록 등 13개 죄목으로 미국 사법부로부터 지명 수배를 받기도 했다. 2003년부터 중국 대륙에 머무르고 있는 장우창은 연신 놀라운 발언을 쏟아내고 있다.

1981년 경제학자 **장우창(張五常)**은 《'자본주의'로 가고 있는 중국(원제: 中國會走向資本主義嗎?)》이라는 책에서 이렇게 설명했다. "재산권 구조에는 다양한 구속과 제한 조건이 포함되어 있다. 사회의 모든 구성원은 이러한 구속과 조건에 적응하기 위해 서로 경쟁하고, 서로에게 영향을 준다. 제도가 바뀌었다면 경쟁의 원칙 역시 변해야 한다. 그러므로 '주의'니 '자본'이니 하는 말로 중국이 앞으로 걸어 나아가야 할 방향에 대해 이러쿵저러쿵 떠드는 것보다 차라리 재산권 제도의 변화에 대해 이야기하는 것이 현명하리라. 중국은 아마도 영원히 '자본주의' 국가라고 자처하지 않거나 심지어 '사유 재산권'이라는 단어를 절대로 사용하지 않을 수도 있다. 내 예상이 틀리지 않는다면, 중국이 앞으로 취할 재산권 구조는 사유 재산권 제도와 상당히 비슷할 것이다."

## 더욱 명확하게 드러나는 재산권에 대한 정의

중국의 개혁개방은 재산권 제도가 변화하는 일련의 과정이라고 정의할 수 있다. 개인 생산 책임제와 재산권의 사유화 추세는 현재 농업 분야에서 비농업 분야로 확대되고 있으며, 농촌에서 도시로 퍼져나가며 중국의 경제 발전을 촉진하는 중요 제도의 디딤돌로 자리 잡았다.

재산권 변혁의 움직임은 농촌에서 최초로 목격됐다. 당시 농촌 지도자의 눈에는 아름답고 풍요로운 농촌의 모습이 들어올 여유 따위는 없었다. 그도 그럴 것이 모내기, 보리 수확, 과일 따기, 양식 같은 생산 활동이 정부 윗선에 제출하는 보고서의 '주석(註釋)'으로 활용됐기 때문이다. '포간도호(包幹到戶; 경지를 생산대(生産隊)로부터 청부받아 완전한 경영권을 갖는 것으로, 토지 이외의 생산 수단도 개인 소유가 되며 파종 계획이나 생산 투자까지도 각호가 담당한다. 집단농 체제인 인민공사를 해체하고 농가 생산 책임제를 통해 가족농 체제로의 전환을 핵심으로 하는 중국의 농촌 개혁에서 포간도호는 농가 생산 책임제의 기본적 형태가 됐다.-역주)'라는 농촌의 모험은 리스크가 크다는 '함정'을 교묘히 피하며 중국 농촌 사회에서 조용히 반향을 일으켰다.

국가와 집단에 의존하던 기존의 추상적인 소유제가 개혁을 통해 구체적이면서도 현실적인 개인 권리로 세분화되며, 책임 계약제라는 형식을 통해 개인에게 책임과 의무를 명확히 했다. 약정한 조건에 따라 자원을 개인에게 할당, 사용토록 하는 이름뿐인 공유제이기는 했지만 토지, 공장과 같은 특정 생산 자료의 사용권, 수익권 심지어 양도권마저 모두 장기적으로 개인에게 지급됐다.

책임제라는 형식으로 확보한 공동의 자원은 기존 조건이나 환경 탓에 강한 배타성을 지닐 수밖에 없었고 이는 중국 특유의 **재산권에 관한 정의**로 굳어졌다. 그리고 재산권은 계약과 힘을 합쳐 중국의 시장경제를 변방에서 무대 중심으로 이끌었다.

**재산권에 관한 정의**

재산권에 관한 정의는 국가가 법에 근거해 재화의 소유권과 경영권 등의 재산권 귀속을 구분하고, 다양한 재산권 주체가 권리를 행사할 수 있는 범위와 관리 권한을 명확하게 파악하도록 돕는 일종의 법률적 행위를 가리킨다. 중국에서의 재산권에 대한 정의는 기본적으로 '투자한 사람이 재산권을 갖는다'는 원칙을 준수하고 있다.

농촌 가정을 연결하는 책임제가 장족의 발전을 거둠에 따라 토지의 지급 기한이 1년에서 2년, 15년, 30년으로 확대됐다. 기업 책임제 역시 괄목할 만한 성과를 거뒀는데, '마(馬) 책임제'라는 별명을 지닌 마성리(馬勝利)는 자신이 운영하는 업체는 물론, 적자를 기록한 약 100여 개의 공장으로부터 하청을 받는 데 성공했다.

1992년은 중국의 재산권 변혁이 분수령을 맞는 해였다. 국유기업의 개혁 이념에 획기적인 변화가 나타나면서 재산권 제도 변혁은 개혁의 중심으로 떠올랐고, 이름뿐이었던 기존의 재산권 제도는 재산권을 개인에게 판매할 수 있는 형태로 전환됐다. 산둥(山東) 성 주청(諸城) 시 위원회 서기인 천광(陳光)은 1992년부터 1997년까지, 5년이라는 짧은 시간 동안 주청 내 270여 개 이상의 국영 및 집체(集體) 기업을 일곱 가지 방식을 통해 개인에게 판매했다. 천광이 지은 타유시(打油詩; 민간 해학시-역주)에서 재산권 개혁에 관한 심오한 내용을 접할 수 있다.

*십 년 개혁으로 이것저것 고쳐졌다지만, 기업(찬밥 취급을 받은 근로자와 달리 공장은 집행을 거부할 권리가 있었고 기업은 손해를 봐도 아무 책임도 지지 않았다)은 여전히 정부의 품 안에 안겨 있다. 하지만 이제는 달라질 것이다. 기업이 신청하면 내가 허가하고, 기업이 돈을 벌면 내가 세금을 걷는다. 기업이 돈을 벌면 나는 환호성을 지를 것이고, 기업이 법을 위반하면 나는 조사에 나설 것이다. 그리고 기업이 파산하면 나는 가엽다 여길 것이다.*

1993년에 개최된 제14차 삼중전회[4]에서 재산권에 대한 명확한 정의, 권리와 책임의 엄밀한 구분, 정경분리, 과학적 관리를 주장함에 따라, 정부의 재산권 개혁 추진이라는 서막이 본격적으로 오르기 시작했다.

12년 동안 무려 4차례에 걸쳐 '공산주의(紅帽子; 붉은 모자를 뜻하며 색깔

4) 1993년 11월 11일부터 14일까지 개최된 중국 공산당 제14차 삼중전회에서는 '사회주의 시장경제 체제에 관한 중국 공산당의 일부 결정'에 동의했다. 회의에서는 사회주의 시장경제 체제는 사회주의 기본제도와 함께 결합된다고 지적했을 뿐만 아니라, 사회주의 시장경제 체제 구축을 통해 국가의 거시적 조정이라는 틀 안에서 자원 배분에 관한 시장의 기본적 역할을 발휘토록 해야 한다고 설명했다. 그 밖에 국유기업의 경영 모델을 적극적으로 전환하기 위해 시장경제의 주문에 맞는 체제를 구축해야 하며, 재산권에 관한 명확한 정의, 권리와 책임의 엄밀한 구분, 정경분리, 과학적 관리 같은 현대적 기업 제도를 마련해야 한다고 제시했다.

론에 따라 공산주의자로 해석됐다.-역주)'라는 모자를 썼다 벗었다 해야 했던 위안둥(遠東) 그룹은 재산권 변혁의 '파고'에 따라 운명이 결정됐던 민영기업 및 국유기업의 비극적인 현실을 보여준다. 1992년 보다 많은 자원을 확보하기 위해 자영업 성향의 위안둥 그룹은 향진기업에 '소속'된 채 '붉은 모자'를 썼다. 그러던 중 1994년 현지 정부의 지시에 따라 주식제 시범 경영이라는 물결에 맞춰 위안둥 기업의 직원들은 속속 주식 매입에 나섰다. 1997년 국유기업과 합자 및 공동 출자에 성공한 위안둥 그룹은 업계, 산업, 지역 및 소유제의 격차를 모두 뛰어넘은 최초의 혼합소유제 기업으로 태어났다. 하지만 2002년 위안둥 그룹은 재차 '붉은 모자'를 벗어던지고 온전한 법인 구조를 갖춘 이사회, 감사회 등의 조직을 구축함으로써 신규 민영 기업으로 재탄생했다.

다년간에 걸친 재산권 개혁을 통해 책임제의 개인 사용권이 양도권으로 진화했다. 이와 함께 근로자의 능력, 기업가의 재능 등의 생산 재료가 새롭게 각광받았다. 요컨대 근로자는 자유롭게 자신의 노동력을 처분할 수 있으며, 기업가 역시 중국 정부로부터 다시 부름받았다. 결국 다양한 형태의 개인 재산권이 동시에 시장에 진입하면서 계약을 근거로 한 공산(公産; 사회 일반인들의 재산-역자)주의를 형성했다. 한 가지 다른 점이 있다면 이번 공산주의는 집단이 아닌 개인이 중심이 된다는 것이다.

2007년 3월 16일 제10차 전국인대(全國人代; 전국인민대표회의의 약칭으로, 중국의 국가 의사결정기관이자 집행기관이다.-역주) 5차 회의에서 압도적인 찬성표로 '**물권법**'과 '**기업 소득세법**'이 통과되면서, 개인 재산에 대한 법률·제도적 정의와 보호가 한 단계 더 업그레이드됐다. 사실 이전까지 소유자는 각급 행정 부서의 애매한 태도를 가장 두려워했다. 그도 그럴 것이 이들은 정부 부서라는 간판을 내세우며 언제든지 법률과 법규

**물권법(物權法)**

'중화인민공화국 물권법'은 국가의 기본적인 경제 제도, 사회주의 시장경제 질서 수호, 물질의 귀속을 분명히 밝힘으로써 권리인의 물권을 보호하는, 헌법에 근거해 제정된 법규다. 2007년 3월 16일 제18차 전국인민대표대회 5차 회의에서 통과된 해당 법규는 2007년 10월 1일부터 정식으로 시행됐다.

**기업 소득세법**

'중화인민공화국 기업 소득세법'은 제10차 전국인민대표대회 5차 회의에서 2007년 3월 16일에 통과된 뒤 2008년 1월 1일부터 시행됐다. 신규 기업의 소득세법이 가진 최대 장점 중 하나는 소득이 많지 않은 소형 기업의 세금 부담이 대폭 감소됐다는 점이다.

를 수정할 수 있었을 뿐만 아니라 각종 조례와 문건을 마음대로 집행할 수 있는 권리를 지니고 있기 때문이었다. 하지만 '물권법'과 '기업 소득세법'이 등장하면서 법률적으로 사유 소유자를 보호하는 제도적 틀이 한결 견고해졌다. 여기에 용기를 얻은 많은 학자가 재산 보호의 권리를 기본적인 헌법 원칙으로 삼아야 하며, 어떤 권력 주체라 해도 마음대로 공민(公民)의 재산권을 침해할 수 없도록 규정함으로써 시장경제 운영을 위한 기본적 환경을 마련해야 한다고 호소하기도 했다.

재산권이 보호되고 재산권에 대한 정의가 명확해짐에 따라 노력을 통해 부를 창출하려는 적극적인 의지가 크게 향상됐고 더욱 많은 잠재력이 발휘되면서 기업가의 창업 권리가 보장되고 시장경제의 활력도 크게 두드러졌다.

물론 모든 것이 순탄하지는 않았다. 재산권 변혁 과정 중에서 법제, 도덕과 가치 평가상의 모호함, 모순과 혼란 현상이 여러 차례 나타났고, 지금도 여전히 농지 강제 동원, 환경오염, 산림 경영권, 행정 독점 등의 적지 않은 '꼬리'가 남아 있다. 그 때문에 개혁이 지나치게 온정에 사로잡혀 제대로 자리 잡지 못했다는 비판을 받기도 했다.

어떠한 개혁도 파레토 최적(Pareto optimality)[5]이 될 수는 없다는 점을 간과해서는 안 될 것이다. 모든 제도 변화는 그에 따른 대가를 지불해야 하며 기득권을 가진 세력과 충돌할 수밖에 없다. 중국 각 지역에 흩어진 기득권층은 자신들의 이익을 보호하기 위해서라면 언제든지 힘을 모아 싸울 태세를 갖출 만큼 단단한 연계를 유지하고 있다. **개혁**이 무리하게 진행될 경우, 세상을 바

**개혁**

'개혁(改革)'이라는 단어는 《후한서(後漢書)·황경전(黃瓊傳)》에서 등장했다. "여러 차례에 걸친 시험으

5) 이탈리아의 경제학자 파레토(Vilfredo Pareto)의 이름을 딴 게임이론으로, 파레토가 주창했다고 해서 파레토 최적(Pareto optimality) 혹은 파레토 효율(Pareto efficiency)이라고 부른다. 자원 배분 상태를 가리키는 파레토 최적은 어떤 인간도 불리한 상황에서는 누군가의 처지를 개선시키기 위해서 공정하고 효율적인 '이상왕국'을 세우지 않는다는 것을 가리킨다.

꾸기는커녕 심한 견제로 옴짝달싹하지 못하고 '요절'할 수도 있다. 지나치게 폭력적인 방식으로 체제의 환골탈태를 유도하다가는 오히려 치명상을 입을 수 있다는 점을 잊어서는 안 될 것이다.

슬며시 등장해 조용히 진행되는 세부적인 개혁은 시간이라는 세례를 연거푸 맞으며 더 크게, 누구도 거스를 수 없는 대세로 자리 잡게 된다. 번개 소리 없이도 구름은 하늘 위를 유유자적하게 흐르면서 사람들의 마음에 조용히 '그림자'를 새기고, 세상을 새롭게 만들 만큼 거대한 빗줄기가 쏟아진 후에야 사람들은 그 존재를 알아채고 지극히 자연스러운 것으로 받아들이게 되는 것처럼 말이다. 사전 준비가 철저할수록 사람들은 개혁이라는 세례를 당연한 것으로 인식하게 된다. 이러한 변화가 조금씩 쌓여 점점 힘을 발휘할수록 개인의 이익이라는 작은 물줄기가 민심이 모이는 큰 바다로 나아갈 수 있다.

로, 맑고 탁함을 깨끗이 씻어내고, 거짓을 자세히 조사해, 적당하지 않은 것을 고쳐야 한다.(覆試之作, 將以澄洗清濁, 覆實虛濫, 不宜改革)" 추근(秋瑾)이 지은 사(詞)에서도 개혁을 찾아볼 수 있다. "궁혜(弓鞋; 중국에서 전족을 한 여인이 신는 작은 외코 가죽신–역주)가 3촌(寸)이 된다 해도 크게 문제될 것 없으니, 이는 마땅히 고쳐야 한다.(算弓鞋三寸大無爲, 宜改革)" 중국 개혁개방의 총설계사라고 불리는 덩샤오핑 역시 개혁으로 양극화 현상이 나타났다면, 그 개혁은 실패한 것이라고 이야기했다.

# 세계화라는 거인의 어깨에 서서

> 폐쇄된 국가는 실패할 운명을 타고 난다. 왜냐면 창의력이라는 존재 앞에서는 항상 무릎 꿇기 때문이다. 창의력은 경쟁력을 통해 사람들의 경쟁심을 부추겨 보다 나은 결과를 도출하도록 유도한다. 우리는 바로 그 과정에서 한 가지 문제에 대해 진지하게 반성해야 한다. 지나치게 국가의 그늘에 의존하는 경제는 충분한 발전을 거둘 수 없다는 점이다.
>
> –프랑스 뤼미에르대학(Université Lumière) 교수 피에르 도크스(Pierre Doakes)

## 제3의 물결

**아서 헨더슨 스미스 (Arthur Henderson Smith)**
명은박(明恩溥)이라는 중국식 이름을 가진 미국 출신(1845~1932) 선교사로, 기독교 회중교회(Congregational Church)에서 중국으로 파견됐다. 1872년에 중국 땅을 밟은 스미스는 처음에는 톈진에 머물다가 노(魯) 서북쪽의 수해 지역으로 거처를 옮겨 선교 활동을 시작했다. 은현(恩縣) 총장(寵庄)에서 처음 교회를 세운 뒤 이 지역에서 소학교, 중학교와 병원을 건립하는 동시에 상하이 〈자림서보(字林書報)〉의 통신원으로 활약하

100년 전 미국의 선교사 **아서 헨더슨 스미스**는 중국은 언제, 어디서든 머나먼 과거에서부터 이어져 온 '어둠'에 직면해야 하는 상황에 익숙하다고 설명하며, '외부의 도움' 없이 중국을 개혁하기란 바다 위에서 배를 만드는 것이나 다름없다고 지적했다. 그러면서 거센 해풍과 물결이 제대로 배를 만들 수 있도록 내버려 두지 않는다는 점을 강조했다.……시종일관 기계 한 대의 힘으로는 중국이라는 거대한 기계를 끌고 갈 수 없다고 주장했다.[6]

6) (미국) 아서 헨더슨 스미스 지음, 친위에(秦悅) 옮김, 《지나인의 기질(*Chinese Characteristics*); 최초의 번역명으로 당시 일본으로부터 식민통치를 받던 근대 중국의 위기를 비판하고 이를 잊어서는 안 된다는 경고 차원에서 '지나'라는 표현을 사용했다. '지나(支那)'는 일본이 중국을 폄하해서 부르는 말이다.–역주》, 학림(學林)출판사, 2001년 5월

다가 1905년 선교 활동을 그만 뒀다. 스미스 등의 추천으로 1908년 미국은 정식으로 '경자배상(경자(庚子)년에 의화단(義和團) 사건으로 청나라 조정에서 미국 등에 배상했던 돈-역주)'의 절반을 돌려줬다. 미국에 유학 중인 학생들에 대한 재정적 지원 차원에서 약 1,160억 달러를 중국에 돌려준 것이다. 제1차 세계대전 이후 스미스는 미국으로 돌아갔다.

스미스의 발언이 한쪽으로 치중됐다는 점은 부정할 수 없지만, 그렇다고 해서 모두 틀렸다고 보기는 어렵다.

1963년 미국의 기상학자 에드워드 로렌츠(Edward Norton Lorenz)가 뉴욕 과학원에 제출한 논문 중에는 '나비효과(Butterfly Effect)' 이론이 포함되어 있었다. 나비 한 마리가 브라질에서 날갯짓을 하면 한 달 뒤 미국 텍사스에 태풍이 분다는 이 이론은 일종의 시스템 이론으로, 우리에게 지극히 기본적인 상식을 일러준다. 즉 생명 시스템이 정상적으로, 균형 있게 운영되려면 반드시 외부 세계와 연결된 수많은 길을 구축해야 하며, 그래야만 에너지 전송과 신진대사가 원활하게 이뤄진다는 것이다.

건국 후 30년이라는 시간 동안 바깥세상을 향한 중국의 발걸음은 여전히 위태로웠다. '미 제국주의와 그 앞잡이'의 사탕발림에 된통 당하거나 '소련 수정주의와 그 대리인'의 손에 위험에 처할 수도 있다고 판단한 중국 정부는 결국 자급자족이라는 전략을 선택했다.

1978년 이후 중국의 내부 개혁이 서서히 진행되면서 경직된 제도에 조금씩 '금'이 가기 시작했고, '담 너머'에서는 거대한 세계화가 발 빠르게 진행되고 있었다. 개혁이라는 큰 흐름에 순응하고 개혁을 가로막던 장벽이 흔들거리면서, 한 치의 빈틈도 허용치 않을 듯한 철옹성에도 '시도'라는 자그마한 틈이 생겨나기 시작했다. 그리고 그 틈을 따라 세계 시장이라는 햇빛이 쏟아져 들어왔다.

당시 세계는 중국의 발전에 한결 견실한 기반을 제공해 주었다. 중국은 세계화와 각국 제도 간 단일화 경향이라는 두 '거인'의 어깨 위에 우뚝 섰다.

특유의 논리, 규칙, 암묵적인 변화로 세계화는 모든 국가의 정치, 경제에 직접 혹은 간접적인 영향을 주었다. 그 결과 경제 단일화라는 거대한 물결 속에서 지구상에 거주하는 모든 인간은 세계적인 경쟁에 참여할 수 있었다. IT, 정치와 경제 혁명이 경제 단일화 추세에 따라 온갖 장벽을 무너

**《제3의 물결(*The Third Wave*)》**

20년 전 출간된 《제3의 물결》은 당시 국문을 이제 막 열기 시작한 중국인에게 커다란 충격과 함께 무시할 수 없는 영향력을 선사한 작품이다. 책에서 엘빈 토플러는 인류 사회를 크게 3단계로 구분했다. 제1의 물결은 농업 단계로, 약 1만 년 전에 시작됐다. 공업시대로 대표되는 제2의 물결은 17세기 말엽에 시작됐고, 정보화(혹은 서비스화)로 정의되는 제3단계는 1950년대 후반부터 본격적으로 전개됐다. 오랜 시간이 지난 후, 엘빈 토플러의 책을 접했던 젊은 세대는 중국 경제 건설의 중심축으로 활약하고 있으며, 그의 사상이 '새로운 미래를 만들자'는 가치관에 영향을 주었다.

뜨리면서 여러 국가 사이에서 더 이상 '국경'이라는 경직된 개념을 찾아볼 수 없었다.

그리고 세계 질서는 규칙이 없던 고대의 야만시대에서, 침략을 일삼던 어제의 제국시대를 거쳐 규칙이 모든 것을 지배하는 지금의 문명시대로 변신했다.

엘빈 토플러(Alvin Toffler)는 **《제3의 물결》**에서 제3의 물결이 세계에 가져다주는 충격을 추상적으로 묘사했다.

*제3의 물결은 기존과는 전혀 다른 생활 방식을 선사하고, 다양화, 재생에너지를 출현시킬 것이다. 새로운 생산 방식으로 대다수 공장에서는 거미줄처럼 얽힌 전선줄이 사라지고, 새로운 형태의 비(非)핵심 가정이 등장할 것이다. …… 새로운 문명은 우리에게 새로운 삶의 법칙을 가져다줄 것이고, 규격화라는 틀에서 우리를 해방시킬 것이다. 이와 함께 우리를 동일화 · 집중화시켜 집약된 에너지, 돈과 권력에서 벗어나도록 도울 것이다.*

*새로운 문명은 기존 문명에 도전하며 관료 제도의 전복을 시도하고 국가의 부담을 덜어줌으로써 후제국주의의 세계에서 반(半)자동화된 경제를 구축할 것이다. 지금의 정부보다 단순하면서도 강력하고 민주적인 정부를 필요로 하는 새로운 문명은 특유의 세계관을 지니고 있을 뿐만 아니라, 시간, 공간, 논리, 인과(因果)를 처리하는 자신만의 방법을 자랑한다.*

*제3의 물결 속에서 문명은 생산자와 소비자 사이에, 오랫동안 존재했던 상처를 보듬고 내일의* ***'프로슈머*** *(產消合一, Prosumer)*[7]*에 의한 경제를 만든다.*

**프로슈머(Prosumer)**

유명한 미래학자 엘빈 토플러가 자신의 저서 《제3의 물결》에서 처음 언급한 프로슈머는 생산 활동에 참여하는 소비자를 가리킨다. 요컨대 이들은 소비자이자 생산자이다. 2006년 토플러는 《부의 혁명(*Revolutionary wealth*)》에서 생산과 소비가 동시에 진행되는 경제를 언급했다.

7) (미국) 엘빈 토플러 지음, 황밍젠(黃明堅) 옮김, 《제3의 물결》, 중신출판사, 2006년 6월

각국의 제도가 단일화됨에 따라 다국적 무역에 소요되는 비용이 줄어들면서 다국적 시장이 급속히 발전했다. 과감하게 국제무역에 참여할 수 있는 기회가 발생하면서 국제자본과 기술 역시 자유롭게 세계 각지를 출입할 수 있는 '합법적인 허가증'을 받는 데 성공했다.

## 세계 문명의 규칙이라는 어깨 위에 서서

제3의 물결 속에서 중국은 상당한 수혜를 입었다.

200여 년 동안 롤러코스터를 방불케 하는 복잡다단한 게임을 거치며 탄생된 국제적인 게임의 법칙을 통해 선진국은 '위대(胃大)함'을 자랑했다. 끝이 보이지 않는 '블랙홀'처럼 선진국을 위시한 세계 시장은 중국의 공장에서 만든 상품을 마구잡이로 집어삼켰다.

화려한 자태로 세계 판도에 융합한 것은 비단 중국 제품만은 아니었다. 적극적으로 해외에 진출한 중국의 기업도 그러했다. 태생적으로 기업은 대외 지향적 혹은 대외 확장적인 본능을 지니고 있다. 그런 점에서 기업은 남보다 더욱 높은 자리에 앉기 위해 존재한다고 해도 지나치지 않을 것이다. 천재(天災), 전쟁, 예측 불가능한 정치적 문제와 물과 기름처럼 전혀 다른 성질의 문명 모두 밖으로 나가려는 기업의 본능과 열정을 가로막지 못한다. 세계화라는 거대한 물결 속에서 기업은 최대한 세계 구석구석으로 뻗어나가며 영향력을 키우고 있다.

중국 기업도 해외로 나가려면 멀리 내다볼 줄 아는 전략을 갖춰야 한다. 이 점은 현대를 살아가는 기업이라면 결코 외면할 수 없는 선택이라 하겠다. 하지만 현실적으로 중국에서 창업하기란 결코 녹록한 일이 아니다. 사업을 하려면 수많은 자원이 필요한데, 1인당 자원이 터무니없이 부족하다 보니 풍족한 자원은커녕 자급자족조차 버거울 지경이다. 그렇다고 남의 것을 억지로 빼앗을 수도 없는 노릇이다. 오늘날 식민 통치, 전쟁처럼 강제적인 자원 배분 방식은 시대적 흐름에 역행하는 것은 물론이거니와 도덕적인 설득력을 확보하는 것 역시 어렵다. 그러므로 중국은 평화롭게 굴기(和平崛起)해야 한다. 그 밖에 중국 현지 기업 중에는 제 집 안마당에서 다국적 기업과 충돌하는 일을 피하기 위해 적극적으로, 또 그만큼 신중하게 '해외 원정'에 나서는 사례가 점차 증가하고 있다. 2011년 4월 27일 제5차 중국기업 다국적 투자 포럼에 참석한 콩링룽(孔令龍) 국가발전개혁위원회(National Development and Reform Commission, 國家發展和改革委員會) 대외 자본부 부장은 현재 중국의 연간 해외 투자 규모는 세계 5위에 해당하는 600억 달러에 육박했으며, 개도국 중에서는 1위를 차지했다고 밝혔다. 중국의 주요 투자국 및 지역은 177개로, 해외에 1만 3천 개의 지사를 거느리고 있으며 국민경제의 모든 부문을 아우르는 분야에서 적극적으로 투자에 참여하는 것으로 나타났다. 국무원(國務院) 연구 센터 역시 비슷한 결론을 제시했다. 2009년 말 현재 중국 기업의 대외투자는 약 2,460억 달러이며 해외 총자산은 1조 달러를 뛰어넘었다.

## 이리를 제 집으로 끌어들이는 데 모두 찬성했는가?

중국이 공격적으로 해외에 상품, 기술, 인력 및 기업 브랜드를 수출하는 것처럼, 해외 기업과 자본 역시 거대한 경제적 에너지를 품고 있는 중국이라는 신흥 시장을 예전부터 '호시탐탐' 노리고 있다. 이러한 상황에서 중국에 유입된 '박래품(舶來品)'은 알록달록하고 화려한 색상뿐만 아니라 눈길을 사로잡는 음식, 상품, 자본, 경영, 브랜드 및 시장 규칙도 함께 가져왔다. 국제무역과 다국적 투자를 발판 삼아 이들 수입품은 서방 세계에 대해 잘 모르거나 적개심을 가진 중국의 여러 도시에 속속 입성했다.

"합자 경영에 대해서는 일언반구하지 않고 주야장천 기술 도입만 이야기하는 까닭이 뭡니까?" 1978년 초청으로 중국을 찾은 미국 GM의 경영주 토마스 머피가 이번 초청에서 접대를 담당한 리란칭(李嵐淸)에게 던진 질문이다. 당시 서방 세계는 중국에 잔뜩 기대하고 있었다. 거대한 내수 시장을 가진 중국은 그들에게는 미개척지나 다름없었고, 그 시장을 선점한다면 치열한 미래 경쟁에서 확고한 지위를 차지할 것이 분명했기 때문이다. 하지만 여유가 없기는 중국 역시 마찬가지였다. 중국은 외국 자본을 도입해 중국 경제에 즉각적인 변화를 가져다주기를 기대했다. 그런 바람은 덩샤오핑의 발언에서도 고스란히 나타난다. "외국과 사업을 하려면 크게 해야 합니다. 한 500억 달러 정도로……. 자본주의의 위기를 잘 이용해야 합니다. 기회를 반드시 잡으세요. 과감하게, 그리고 대담하게 움직이세요. 탁상공론에만 몰두하지 말고 목표를 정확히 보고 움직여야 합니다. 내일부터 당장 시작합시다. 수백 가지의 사업에 과감하게 손을 댑시다. 탄광, 비철금속, 석유, 발전소, 전자, 군수품, 교통 수송에서부터 사료, 가공업에 이르기까지 내년부터 당장 생산을 시작해야 합니다." 현재의 관점에서 봤을 때 500억 달러라는 당시 목표가 다소 현실성이 떨어진다는 점은 부정하기 어렵다. 해외와 체결한 일부 계약이 취소되거나 연기됐지만 대외개방에 대한 중국 지도자의 결심이 얼마나 단호하고 확고한지는 분명히 알 수 있다.

일본 재벌과 코카콜라, 나이키 등 세계적인 유명 업체가 앞다투어 중국으로 쏟아져 들어오면서, 1980년대 중반부터 1990년대 초반까지 중국의 개방 물결은 이미 연해 지역에서 내륙 지역으로 서서히 퍼져 나가기 시작했다. 1992년 남순강화(南巡講話; 광둥 성 선전 등을 찾은 덩샤오핑은 개혁개방을 강조하면서 본격적으로 시장경제 체제 구축의 길을 열었다.-역주)에 나선 덩샤오핑은 외국 자본의 장점을 정확하게 그리고 과감하게 이용할 것을 주장하며, 외국 자본의 대중국 투자 붐에 다시 한 번 활력을 불어넣었다. 이를 계기로 상당수의 다국적 기업이 중국에 진출하기 시작했고, 그 결과 1992년부터 1997년까지 외국 기업의 대중국 투자액은 무려 3,799억 4천만 달러를 기록했다.

2001년 **WTO** 가입으로 중국의 개혁개방은 한결 심층적이고 광범위한 경제 발전 영역으로 진화했고, 중

**WTO**

세계무역기구(World Trade Organization)의 약자로, UN에서 독립된 영구적인 국제 조직이다. 1995년 1월 1일 정식으로 운영되면서 세계 경제와 무역 질서에 대한 관리를 담당하고 있으며, 본부는 스위스 제네바 레만 호수(Lake Leman)에 자리 잡고 있다. 법인 자격을 갖춘 국제조직으로서 회원국의 분쟁 해결에서 남다른 권위와 탁월한 실력을 자랑한다.

국에 대한 외국 자본의 연평균 투자액도 1천억 달러를 넘어섰다.

1981년 4월 코카콜라가 베이징 우리디엔(五里店) 중량(中粮, COFCO; 중국 최대의 식량 및 식품 관련 국영기업-역주) 그룹 산하 베이징 지사에서 운영하는 베이징 덕 영업소에 입점했다. 미 자본주의 상징이라 불리던 코카콜라의 등장에 '어르신들'은 무척이나 불쾌한 심정을 드러냈다. "외국인이나 마시는 탄산음료를 중국인이 마셔야 하는 이유가 뭔가? 중국인이라면 중국인이 만든 탄산음료를 마셔야지!"

이러한 질문에 대해 코카콜라 사의 파트너 중량 그룹은 다음과 같은 답변을 전했다.[8]

1. 코카콜라는 음료로서, 성공적인 마케팅으로 유명세를 얻었다. 미국에서 아프리카에 이르기까지 전 세계가 코카콜라를 마신다. 개혁개방 후 중국을 찾는 외국인이 늘어나면 코카콜라가 반드시 필요하다.
2. 코카콜라를 배합하는 데는 중국산 카시아 기름(Cassia Oil)이 들어간다.
3. 중국은 보틀링(Botlling) 기술을 제대로 장악하지 못했으므로, 해당 시설을 유치해 기술 발전을 지원해야 한다.
4. 미국 코카콜라 본사로부터 농축액을 구입하는 데 매년 30만 달러를 지불해야 하지만, 중국에 유치하면 30만 달러보다 2~3배 많은 이윤을 벌어들일 수 있다.
5. 베이징 공장을 제외한 중국 내 어떤 공장에서도 코카콜라를 취급하지 않는다. 게다가 베이징 공장 역시 정부로부터 규제받는다. 이를테면 정책적으로 코카콜라의 연간 생산량이 중국산 음료 전체 생산량의 5% 이상을 넘지 않도록 규제하고 있으며 공장을 세우기 전에 심사 수속을 모두 완료토록 규정하고 있다.

---

8) 마리칭(馬力誠), 《30년 전쟁: 개혁개방의 4대 논쟁에 대한 기록(交鋒三十年: 改革開放四次大爭論親歷記)》, 봉황전매(鳳凰傳媒) 그룹, 강소(江蘇) 인민출판사, 2008년 10월

**메기효과(Catfish Effect)**

특정 수단 혹은 조치를 통해 기업의 활기를 불어넣고 시장에서 적극적으로 경쟁에 참여토록 유도함으로써 시장 내에서 동종업계를 활성화시키는 것을 의미한다. 실질적으로는 부작용이라 할 수 있지만 기업의 임원진이 근로자의 사기를 높이는 효과적인 방법 중 하나다. 크게 두 가지 형태로 나타나는데, 하나는 '새로운 피'를 쉬지 않고 공급함으로써 혈기 넘치고, 재빠른 젊은 근로자를 기존 작업팀에 배치하는 것이다. 나머지 하나는 지속적으로 신규 기술, 신규 설비, 신규 관리 개념 등을 도입함으로써 생존력과 적응력을 끌어올린다.

중국으로 물밀 듯 쏟아진 외국 자본은 중국의 발전에 필요한 자본, 기술, 관리 등 상업 자원을 제공했을 뿐만 아니라, 대량의 노동력에 일자리를 제공함으로써 중국의 취업난 해소에 일조했다. 그 밖에도 **메기효과(Catfish Effect)**를 일으켜 중국 내 동종기업의 경쟁의식과 경쟁력을 크게 자극해 중국의 개혁개방에 끊이지 않는 원동력을 제공했다.

1979년 경제학자 장우창은 광저우에서 제일 좋다는 동팡(東方)호텔에 머무르는 며칠 동안 찬밥 취급을 당한 것은 물론, 말로 다 하지 못할 만큼 심하게 고생했다. 그 후로 중국 호텔이라면 진절머리를 내던 장우창은 우연한 기회에 그랜드호텔에 대한 소문을 접했다. 1984년 홍콩 출신 사업가 여섯 명이 세운 중국 그랜드호텔이 세심한 서비스로 명성이 자자하다는 것이다. 일부러 시간을 쪼개 호텔을 찾은 장우창은 소문이 거짓이 아님을 몸소 체험했다. 호텔 이곳저곳에서 눈에 보이는, 혹은 보이지 않는 세심한 배려를 경험할 수 있었기 때문이었다. 호텔 로비를 장식한 화강암은 언제나 반들반들 윤이 났으며, 객실 내 옷장 서랍도 어느 한 군데 틀어지는 곳 없이 깔끔하게 들어맞았다. 그가 가장 감탄했던 부분은 다름 아닌 아침 식사였다. 활달하고 싹싹한 웨이트리스가 생글생글 웃는 얼굴로 맞이해 주는 것도 모자라, 마시던 커피가 절반 정도 남자 즉각 리필해 주었기 때문이다. 고객을 먼저 생각하는 세심한 배려에 감동한 고객 사이에서 입소문이 나면서 그랜드호텔을 찾는 사람들의 발길이 줄을 이었고, 이는 중국 내 동종업계에 경종을 불러일으켰다. 국영호텔인 동팡호텔 역시 손님을 안중에도 두지 않던 기존의 오만한 태도를 버림으로써 훗날 서비스의 질이 크게 개선됐다는 호평을 받았다.

보이지 않는 상업이라는 거센 파도가 두터운 갑문(閘門)을 무너뜨리고 갑문 안에 감춰져 있던 것들을 완전히 새롭게 환골탈태시켰다. 파도가 무섭게 몰아칠 때면 상당한 고통을 감내해야 했지만 중국은 이미 세계와 운명을 함께하며 새로운 문명이 인류에게 가져다준 혜택을 함께 누리기 시작했다. 물론 **극단 민족주의**자가 예언했던 이리를 제 집으로 끌어들였다가 결국 산 채로 잡아먹혔다는 상황도 벌어지지 않았다. 2006년 12월 WTO 총간사인 라미(Pascal Lamy)는 중국의 WTO 성과에 대해 'A+'라는 후한 점수를 매겼다.

**극단 민족주의**

극단 민족주의와 세계 평화주의는 정반대되는 개념이다. 정치적으로 다른 국가의 이익을 희생하거나 상이한 가치관을 무시하는 방식으로 자신이 속한 민족의 이익만을 좇는 이념이나 행위를 가리킨다.

# 제 손으로 부를 쌓는 일이야말로 경제 굴기의 든든한 버팀목이다

중국은 인구 대국이다. 이뿐만 아니라 좀 더 구체적으로 이야기해서 사실상 농업인구 대국이라 해야 옳겠다. 거대한 숫자를 지닌 농업인구를 이끌고 산업화로 전환하는 일은 세계에서 유례를 찾을 수 없는 과감한 실험이자 도전이었다. 서방의 산업화 과정을 살펴보면 이처럼 거대한 농촌 인구를 자랑하는 국가가 어떤 모습으로 바뀌었는지에 대한 경험을 찾아볼 수 없다. 요컨대 중국은 오로지 자신만의 산업화 여정을 거쳤다고 할 수 있다.

–베이징(北京)대학교 인구연구소 교수 정샤오잉(鄭曉瑛)

## 인적 자본에서 비롯된 천부적 소질

아침 7시부터 늦은 밤까지 저장(浙江)과 주산자오(珠三角) 일대의 경제 발전 지역에서 공통된 현상을 목격할 수 있다. 해당 지역에 있는 정거장, 임시로 세운 인력 사무실, 농수산물 시장 입구 등이 일손을 구한다는 전단지 혹은 구인팻말로 빽빽이 도배되어 있다는 점이다. 얼마나 급하게 찍어냈던지 잉크가 미처 마르지도 않아 손에 묻는 경우도 종종 있었다. 눈길을 사로잡을 만큼 커다란 글씨로 채워진 전단지나 팻말이 등장하기 무섭게 그 주변에서 진을 치고 있던 농민공(農民工; 농촌 출신 노동자–역주)이 달려들어 업무 조건이나 임금에 눈과 귀를 집중시키고 있다.

얼마 안 되는 임금이라도, 아무리 열악한 업무 환경이라고 해도, 허접한 소재로 만들어진 조악한 구인 광고판이라고 해도 농민공에게는 거부할 수 없는 매력을 자아낸다. 농촌 청년들은 고향이나 현지 인력 사무소의 소개로 어릴 때 학교를 그만두고 짝을 맺거나 혹은 혈혈단신으로 가방 하나 덜렁 지고 수백 리 심지어 수천 리나 떨어진 공장으로 향한다. 오랫동안 단순 반복 노동에 참여하는 이들은 형형색색의 의류, 장난감, 액세서리 등을 생산한다.

온종일 서서 일하다 보니 저녁 무렵이 되면 다리가 쑤셔오기 일쑤다. 우동 면발처럼 퉁퉁 부은 두 다리를 이끌고 허겁지겁 대충 허기를 달랜 후에 기숙사로 '귀환'한다. 자기 계발이나 문화생활이라는 말을 미처 꺼내볼 새도 없이 머리를 베개에 대자마자 단잠에 빠져든다. 이튿날이 되면 또 어제와 같은 일상이 시작되고, 1년 365일 다람쥐 쳇바퀴 돌 듯 지루한 일상을 반복한다. 운 좋게 사장님이 '자비'를 베풀어 하루 휴가라도 줄라치면 쌍쌍이 짝을 이뤄 길거리를 쏘다니며 맛난 것도 먹고 그동안 쌓였던 스트레스를 풀기도 한다. 간혹 흥이 과해 주먹이 오가기도 하고, 눈살을 절로 찌푸리게 할 만큼 고성방가를 내지르기도 한다. 평소 고향에서 부릴 수 없는 객기도 부리고 일상과 다른 용기를 볼 수 있을 만큼 이들의 청춘은 뜨겁다.

30년 전, 20년 전, 그리고 10년 전 심지어 몇 년 전만 해도 이런 장면을 중국 곳곳에서 쉽게 볼 수 있었다. 노동력 저지대에 따른 효과가 이처럼 중국에는 확연히 존재한다. 실제로도 상당수의 홍콩, 마카오, 타이완 및 해외 투자자는 뒤질세라 중국 대륙으로 달려와 인구 보너스(Demographic Bonus; 고령인구 비율이 낮은 상황에서 출산율이 저하되더라도 전체 인구에서 차지하는 경제활동인구 비율이 높아 노동력이 증가하고 궁극적으로 경제성장을 이끄는 현상-역주)에 따른 혜택을 톡톡히 누렸다.

하루라도 빨리 농촌을 떠나려는 농민들 외에도 국유기업에서 퇴출된 근로자, 이제 막 학교 문을 나선 어린 학생들……거대한 '후방부대'가 중국의 노동력 시장을 구성하고 있다. 해마다 수많은 노동력이 쏟아지다 보니 기존의 근로자는 고개를 숙이고, 혹은 기존보다 더 낮은 자세로 일자리를 구할 수밖에 없었다. 요컨대 제아무리 열악하고 위험한 일이라고 해도 불평

한마디 없이 묵묵히 일해야 한다. 배나 곯지 않으면 다행이고, 쥐꼬리만한 임금만 받아도 자신을 행운아라고 생각한다.

중국 투자 기회에 관한 포럼에서 한 장비업체의 사장이 당당하게 해외 학자들과 이야기를 나누던 중 임금 문제에 관한 질문을 받자 한심한 듯한 표정을 지으며 반문했다. "중국의 임금 문제를 걱정할 처지던가요? 지난 10년 동안 중국 근로자의 임금은 오르지 않았습니다. 그리고 앞으로 10년 동안에도 임금을 인상해야 할 이유가 전혀 없다고 봅니다."

저임금, 심지어 사회보험금을 낼 필요가 없을 정도로 수준 낮은 복지는 염가의 노동력, 즉 인구 보너스를 만들어 냈고, 이는 중국 경제, 특히 민영 경제 활성화에 있어서 중요한 경쟁 우위로 작용했다. 근래에 유래를 찾아볼 수 없을 만큼, 양(근로자 수)이나 질(임금 등)에서 상당한 경쟁력을 갖춘 중국의 노동력 우위는 기술적으로 취약한 중국 경제의 약점을 상당 부분 보완했다. 아울러 기타 요소의 가격마저 낮은 편이라 다수의 중국 기업이 해외 진출 시 기존의 세계 상업 무대에서 안정적인 포지셔닝을 자랑하던 해외 기업과 한 치의 망설임도 없이 육박전을 펼쳐도 지지 않을 만큼 생산 비용을 대거 낮추는 데 공헌했다. 저가의 중국산 제품이 해외 시장을 거의 휩쓸다시피 하자, 서방 산업계는 바다 건너 온 '귀찮은 동양 제품' 때문에 밤잠을 설칠 만큼 공포에 질렸다. 왜냐하면 '자사 상품의 판매가를 30% 인하하지 않으면 고객을 모두 잃을 위기'에 내몰렸기 때문이었다.

## 서방 기업의 가치 저지대 효과

매혹적인 인구 보너스 효과로 중국은 서방 기업이 앞다투어 달려드는 가치 저지대 효과(Value Lowland Effect; 이른바 저지대 효과란, 물이 높은 곳에서 낮은 곳으로 흐르는 것처럼 자본이 거래비용이 낮은 곳으로 몰려든다는 것을 의미한다. 저지대 효과가 확대된 형태의 가치 저지대 효과는, 자본이 부가가치가 높은 산업에서 낮은 산업으로 몰려드는 것을 의미한다. 쉽게 말해서, 저부가가치 산업

**다보스 포럼 (Davos Forum)**

다보스 포럼, 즉 세계경제포럼(WEF: World Economy Forum)은 비정부 국제조직으로 스위스 제네바에 본부를 두고 있다. 매년 1월 말에서 2월 초에 스위스 다보스에서 개최되기 때문에 흔히 다보스 포럼이라고 불린다. 평범한 작은 마을이었던 다보스는 그 때문에 매년 초 세계적인 주목을 받으며 유명세를 떨치고 있다. 1979년부터 중국은 초청을 받아 다보스 회의에 대표단을 파견하고 있다. 리펑(李鵬), 주룽지, 우방궈(吳邦國) 등 다수의 국가 지도자가 초청으로 다보스 포럼에 참석한 적이 있다.

중심의 투자라고 볼 수 있다.-역주)에 따른 혜택을 톡톡히 누리고 있다. 2004년 스위스에서 열린 **다보스 포럼**에서 이러저러한 논쟁이 있었는데 그중 한 가지를 소개하면 참석자 중 한 명이 '미래는 인도의 소프트웨어, 중국의 하드웨어가 장악할 것이다'라는 예언을 내놓으면서 시작됐다. 세상모르는 '철없는' 예언을 듣던(중화주의적 색채-역자) 칭화(淸華)대학교 교수가 이를 조목조목 반박했다. "중국에는 몸만 놀리는 근로자만 있는 것이 아니라 두뇌도 있습니다." 고요한 적막이 내려앉은 가운데 한 인도 사업가가 분위기 수습에 나섰다. "공장을 폐쇄한 뒤 조국을 떠나 중국에서 새로운 투자를 벌이고 있습니다. 적어도 그곳에서 안심하고 일할 수 있습니다. 트집을 잡으려는 사람도 별로 없고 지나친 정부 간섭도 없으니 말입니다. 그리고 뛰어난 재능을 갖춘 우수한 노동력을 찾아냈습니다." 이 사업가가 분위기를 수습하려던 것이 조국인 인도 때문이었는지, 아니면 중국 때문이었는지 알 수는 없지만 서방 기업가들로부터 뜨거운 박수갈채를 받았다. 이들은 일찌감치 결단을 내렸고, 그 결과 대중국 투자로 인도보다 몇 배 심지어 10배 이상 많은 수익을 챙기는 성과를 올렸다.

13억이라는 숫자는 국내 시장에도 상당히 매력적으로 다가온다. 중국 런민(人民)대학교 사회 및 인구 대학 학장 디전우(翟振武)는 "13억에 달하는 **인구**가 생존하려면 먹고 마시고 살 곳이 필요하다는 점에서 그 자체만으로도 거대한 소비 시장이라고 볼 수 있다. 경제적으로 시장을 보유해야만 생산이 가능하다는 점에서 전체 인구수가 많다는 것, 상당한 인구 규모를 갖췄다는 것은 해당 경제에 거부할 수 없는 매력을 부여해 주는 것이다."라고 밝혔다.

**인구**

UN 보고서에 따르면 세계 인구는 2011년 10월 31일 70억 명을 돌파했다고 한다. 1987년 당시 50억이었던 인구가 1999년에는 60억, 2011년에 70억 명을 돌파하면서 인구 10억 명이 늘어나는 데 겨우 12년밖에 걸리지 않았다. 전망에 따르면 21세기 중반, 세계 인구는 90억 명을 돌파할 것이며 21세기 말에는 100억 명을 넘어설 것이라고 한다.

일부 호사가는 제아무리 지금 잘 나간다고 해도 언

젠가는 내리막길을 걷게 될 것이라고 말한다. 특히 '화려한 봄날'을 보낼수록 그 말로는 비참하다고 한다. 저임금이라는 인구 보너스가 '약발'을 다하게 되는 날, 'Made in China'로 위시되는 저임금 기업은 제 손에 들린 검의 날에 얼룩덜룩 녹이 슨 것을 발견하게 될 것이다. 하지만 단일하고 눈부신 붉은색 일색의 염가의 노동력은 앞으로 인력 자본에 의해 대체될 것이다. 건강, 체력, 기술, 지식, 재능 심지어 외모 등 다양한 경제적 함의를 지닌 색채가 쏟아져 나와 인력 자본을 화려하게 물들일 것이다.

**중국의 굴기**에 대해 많은 이들이 별다른 비밀은 아무것도 없다고 이야기한다. 하지만 정부는 사회와 개인에게 공간을 내주기 위해 부분적으로 물러났고, 나아가 물질에 대한 굶주림이라는 경적을 울려댔다. 중국이 굴기할 수 있었던 비결을 찾기 위해 심오하기 짝이 없는 경제학 원리를 파헤쳐 봤자 정답을 찾을 수 없거니와, 경제학의 한 학파만 주야장천 좇을 필요도 없다. 다만 한 가지 분명한 것은, 거대하지만 고독한 국가가 수많은 이야기, 갈등이 뒤엉킨 복잡한 상황 속에서 30여 년이라는 짧은 시간 동안 숨차게 변신의 변신을 거듭한 끝에 장밋빛 미래에 대한 환상에 사로잡혀 있다는 것이다. 비록 환상이라고 하지만 현실이라는 어깨 위에 굳건히 서서 눈에 보이는, 그리고 손으로 만져볼 수 있는 미래를 말이다.

**중국의 굴기**

중국의 굴기는 세계 경제, 정치 및 IT 등 다양한 분야에서 중국의 영향력이 확대되는 현상을 가리킨다. 눈부신 속도로 중국이 성장하고 있음은 부정할 수 없는 사실이지만 여전히 경제, 사회, 정치 등 다양한 분야에서 극복해야 할 많은 숙제를 떠안고 있다. 현재 UN 및 세계무대에서 중국의 입김은 미국이나 러시아만 못하다.

MYSTERY OF CHINA

# 제3장

# 중국에서 벼락부자가 대거 등장한 까닭

통화의 대량 발행은 초반에는 무척 긍정적인 효과를 가져 온다. 빳빳하게 인쇄된 새 돈이 시장에 쏟아지면 누구든 손쉽게 돈을 벌 수 있기 때문이다. 하지만 시간이 지나면 상품 공급이 둔화되고 물가가 치솟으면서 인플레이션이 닥쳐온다. 쌍수를 들고 환영해 마지않았던 통화의 대량 발행이 결국에는 '부자는 더욱 잘 살고, 서민은 더욱 못 사는' 마태효과를 불러온다.

# 고성장, 저인플레이션이 만든 황금시대

역사적으로 통화는 이처럼 줄곧 인류를 곤혹스럽게 만들었다. 통화량이 늘어나면 통화에 대한 사람들의 신뢰는 떨어지고, 신뢰를 되찾으려면 통화량이 줄어들어야 하기 때문이다. 이 두 가지 상황 중 하나를 반드시 선택해야 한다.

—존 K. 갤브레이스(John Kenneth Galbraith), 《불확실성의 시대(*The Age of Uncertainty*)》

## 중국의 블랙홀

어둡고 긴 터널을 빠져나온 중국은 가슴 아픈 역사적 상처를 뒤로 하고 새로운 시대로 과감하게 뛰어들었다. 순식간에 활짝 열린 변화의 문 사이로 과거 쉬쉬하던 부에 관한 온갖 일화를 쏟아 내거나 쉴 새 없이 새 시대 새로운 주인공을 출현시키는 등, 중국 경제는 현재 중국 사회에서 막강한 영향력을 자랑하고 있다. 경제적 성과에 따른 눈부신 번영은 한 폭의 비단처럼 사람의 자존감과 자신감을 화려하게 물들였다.

완연한 봄날의 어느 따스한 날, 중국은 아무도 모르는 성공 신화를 써 내려가고 있다. 그 흥미로운 행보에 많은 사람들이 커다란 관심을 보이고 있는데, 그중에서도 가장 주목할 만한 것은 중국의 인플레이션이다. 2001년 이후 중국 경제는 도무지 말이 안 되는 행보를 보이고 있다. 즉 경제가 빠르게 발전하고 있는데도 인플레이션이 일어날 기미를 거의 찾아보기 어렵다는 것이다.

중국에서 오랫동안 인플레이션이 나타나지 않았다는 객관적 현상이 엄연히 존재하지만 경제 이론 분야에서 나름 유명세를 자랑하는 여러 경제학자는 이러한 현실을 부정하며 반박할 수 있는 자그마한 흔적이라도 찾기 위해 안간힘을 쓰고 있다. 하지만 경제적 법칙에 따르면, 중국의 **CPI**는 제대로 형체도 갖추지 못할 만큼 저조한 수준은 아니다.

2000년 이후 중국은 고속성장을 거듭하며 GDP 성장률 10%라는 성적을 꾸준히 유지하고 있지만 그렇다고 해서 모두가 행복하게 잘 살았다는 해피엔딩으로 끝나지는 않았다. GDP 성장률보다 통화 증가 속도가 월등히 높은 것으로 나타났기 때문이다.

2010년 베이징 사범대학교 금융연구센터 교수 종웨이(鍾偉)는 노후 연금이라는 **판도라의 상자**를 열었다.

> *1987년부터 2007년까지 M2(은행 시스템 외에 유통되는 현금+기업 단위의 보통 예금+기업 단위의 정기 예금+주민 저축 예금)와 M1(은행 시스템 외에 유통되는 현금+기업 단위의 정기 예금)의 연평균 성장률이 각각 19.8%와 17%를 기록했다. 1990년 M2, M1과 유통 중인 현금 잔액이 각각 1조 5,300억 위안, 6,950억 위안과 2,644억 위안이었지만 2007년에는 각각 40조 위안, 15조 2,000억 위안과 3조 1,000만 위안을 기록했다. 20년도 안 되는 시간 동안 26배, 22배, 그리고 12배 성장한 셈이다. 젊은 시절부터 한푼 두푼 열심히 저축하지만 나이가 들고 나면 돈벌이가 쉽지 않아 노후에 여유로운 삶을 보내기란 그리 쉬운 일이 아니다.* [1)]

일반적인 경제 법칙에 따르면 일단 M2가 빠르게 상승하면 인플레이션이 3개월 혹은 6개월 안에 발생하며, CPI의 상승폭이 M2와 GDP 성장률

**CPI**

소비자물가지수(Consumer Price Index)의 약어로, 주민 생활과 관련된 상품 및 노동 가격을 바탕으로 통계된 물가 변동 지표로서 흔히 인플레이션을 가늠하는 중요 지표로 활용된다. 세계 각국이 보편적으로 제정한 지수로서 시장 가격을 분석하는 기본 자료다. 또한 정부가 물가 정책과 임금 정책을 결정하는 데 중요한 자료로 활용된다.

**판도라의 상자**

'판도라'는 제우스가 만든 최초의 여인으로, 인류에게 복수의 칼을 휘두르는 캐릭터로 주로 등장한다. '판도라'라는 이름은 고대 그리스어로 '모든 천부적 재능을 두루 갖춘 여인'이라는 뜻이다. 신화에 따르면 판도라는 호기심에 이끌려 마법의 상자를 열었는데, 그 안에 봉인된 온갖 사악한 존재, 이를테면 탐욕, 허무, 비방, 질투, 고통 등이 쏟아져 나와 인류를 괴롭혔다고 한다. 놀란 판도라가 상자를 다시 닫았을 때 남은 것은 '희망'뿐이었다.

1) '베이징 사범대학교 교수: 1,000만 위안으로는 편안한 노후를 보낼 수 없다', http://news.163.com/10/0407/03/63KURQPL0001124J.html

격차와 일치한다. 하지만 중국에서는 정반대의 상황이 나타났다. M2의 성장세가 GDP와 CPI의 성장세보다 훨씬 높은 것으로 조사됐다. 예상치 못한 결과에 경제학자들은 당혹해하며, 거액의 자금을 흡수한 신비한 '블랙홀'의 정체를 알아내기 위해 머리를 쥐어짰다.

이러한 문제에 대해 미국의 경제학자 매키넌은 과도하게 발행되는 통화를 쉬지 않고 흡수하는 자본의 블랙홀로 중국의 은행 시스템을 지목했다. 아울러 거액의 부실채권이 중국 금융계의 시한폭탄으로 떠오름에 따라 중국 정부는 금융계를 위한 전용 통화 루트를 설치해야 한다고 강조했다. 거액의 불량자산이 시중 은행을 파업의 낭떠러지로 밀어넣을 수 있다는 것이 그들의 주장이었다. 다시 말해서 전용 루트를 통해 과도하게 남발된 통화를 우선 은행으로 흘려보낸 뒤, 시장에 유입된 전체 통화량이 실제 발행된 전체 통화량보다 초과하지 않도록 수위를 조절해 가며 부실채권이라는 함정에 빠지지 말아야 한다고 설명했다.

**부실채권**

기업의 부실채권은 기업이 미처 처리하지 못한 자산의 순손실과 잠재된 (자본) 손실, 재무회계 제도에 따라 미지급된 자본을 지급할 때 가치하락에 따른 다양한, 예상된 자산 손실금을 가리킨다.

금융개혁이 추진됨에 따라 은행의 **부실채권**은 점점 감소하고, 블랙홀의 영향력 역시 줄어들었지만 신비한 경제 현상은 여전히 존재한다. 쉽게 말해서 중국 경제는 악성 인플레이션에 휘말리지 않은 상태에서 고속성장을 구가하는 미스터리를 여전히 고수하고 있다.

# 분명히 말해서 그것은 인플레이션이다

제대로 관리되지 못한 국가가 보유한 가장 효과적인 만병통치약은, 첫째 인플레이션, 둘째 전쟁이다. 인플레이션과 전쟁 모두 일시적인 번영을 가져다주지만 평생 지워지지 않을 상처를 남긴다. 동시에 인플레이션과 전쟁 모두 정치와 경제 분야의 기회주의자를 위한 방패막이로 작용하기도 한다.

—어니스트 헤밍웨이(Ernest Miller Hemingway)

## 인플레이션=통화 남발

정부의 권위와 신뢰라는 보호막으로 겹겹이 몸을 감싼 통화는 백전불패의 신화를 자랑하는 듯하지만 실제로는 무척 취약하다. 한 번 걸리면 제대로 몸을 추스르기도 어려운, 심지어 죽을 수도 있는 심각한 병을 앓고 있기 때문이다. 도대체 어떤 병이길래 생사마저 운운한단 말인가? 바로 인플레이션이다. 인플레이션 때문에 당장이라도 손에 잡힐 듯한 희망이 순식간에 허망한 물거품으로 사라질 수 있다.

통화는 종이를 매개로 한 일종의 계약이다. 즉 일정한 액면가를 지닌 돈으로, 시장에서 액면가에 맞는 상품과 서비스로 교환할 수 있다. 시장 거래에서 특정 상품과 필요한 수량을 확보하려면, 우리는 자신의 상품, 노동 혹은 서비스를 팔아 돈으로 교환받아야 한다. 또한 가치에 상응하는 상품과 서비스를 사전에 가늠해 볼 줄 알아야 한다. 이 과정에서 손실을 피하려면 통화 증가 속도가 상품 증가 속도보다 빠를 경우 통화의 구매력이 하락한다는 사실을 명심해야 한다. 다시 말해서 수중에 쥔 돈의 가치가 예전만 못하게 되어 가치와 상품 혹은 서비스 사이에 부등가(不等價) 현상이 나타난다.

**《화폐적 폐해(*Money Mischief*)》**

노벨 경제학상 수상자 밀턴 프리드먼은 자신의 저서《화폐적 폐해》에서 돌, 깃털, 황금에 이르기까지 가치가 어떻게 발생하는지 설명했다. 통화의 지배적 속성과 함께 통화가 어떻게 인플레이션을 유발 혹은 심화시키는지 구체적인 상황을 예시로 들며 화폐 경제학에 대한 오해가 불러온 화폐의 폐해를 증명했다. 평범하지만 현실을 고스란히 담아낸 말로 통화 시스템이 개인의 임금, 예금과 세계 경제에 미치는 영향력을 구체적으로 풀어냈다.

밀턴 프리드먼은《**화폐적 폐해**(*Money Mischief*): 원제의 번역은 '화폐적 폐해'지만 국내 출판사에서는 '돈의 이야기', '화폐경제학'으로 출간됐다. 우선은 원제를 1991년 소개된 버전의 제목을 사용했다. -역자》에서 인플레이션을 이렇게 설명했다.

*인플레이션은 통화량이 눈에 띄게 증가하는 것을 가리킨다. 통화 속도가 상품의 생산량 증가 속도보다 빠를 때 발생하는* ***인플레이션****은 단위별 생산량과 대응되는 통화량이 빠르게 증가할수록 덩달아 오른다. 경제학에서 이보다 더 확실한 명제는 아마도 없을 것이다.*[2)]

## 인플레이션에 드리워진 베일

**인플레이션**

인플레이션은 지폐가 유통되는 조건하에서 통화 공급이 실제 수요보다 많은 경우를 가리킨다. 다시 말해서 현실적 구매력이 생산된 공급량을 뛰어넘는 바람에 통화가 평가절하되고 일정 기간 동안 물가가 지속적, 그리고 보편적으로 오르는 현상을 의미한다. 인플레이션의 실질적 의미는 사회 전체 공급이 사회 전체 수요를 초과하는 것이다.

인플레이션을 이해하기 위해서는 몇 가지 개념을 정확히 구분할 필요가 있다.

인플레이션은 상품 혹은 서비스 가격의 단순 인상과는 다른 개념이다. 정부가 통화를 추가 발행해도 상품 가격, 이를테면 물가, 임금 및 예금을 포함한 대상의 가격이 2배 오른다면 이는 서민의 삶에 아무런 영향도 주지 않는다. 사람들의 손에 들린 돈의 가치는 예전만 못하겠지만 통화량이 늘어난 만큼 구매할 수 있는 상품 수량 역시 증가한다면 진정한 의미의 인플레이션이라고 보기 어렵

2) (미국) 밀턴 프리드먼,《화폐적 폐해》, 상무인서관(商務印書館), 2006년 7월

다. 가격 인상 현상이 인기상품에서 가장 먼저 발생했을 때야말로 제대로 된 인플레이션이라 하겠다. 여기서 말하는 인기상품이란 대체성이 낮고 수요가 높은 상품, 즉 돼지고기, 달걀, 곡물, 소금, 주택 등을 가리킨다. 일부 인기상품의 가격이 미친 듯이 치솟는 데 반해, 사람들의 손에 들린 재화, 예를 들어 저축은 옴짝달싹하지 않고 주식 투자는 주춤한다. 여기에 임금마저 인상 가능성이 어둡다면 '돈 가치가 예전만 못하다'는 뜻으로 이해할 수 있다. 힘겹게 쌓아올린 재화가 허무하게 사라진다고 해서 누군가는 인플레이션을 시장의 '강도'라고 주장하기도 했다.

가격 관리제 철폐 이후 목격된 물가 인상 현상 역시 인플레이션은 아니다. 중국 정부는 행정적 수단을 동원해 특정 단일 상품 혹은 다수 상품의 가격을 인위적으로 관리했다. 시장은 마치 꼭두각시처럼 정부로부터 가격을 통제당한 채 상품의 가치를 제대로 반영하지 못했다. 하지만 가격 관리에 대한 정부의 강도가 낮아짐에 따라 시장에서 강한 반발이 일어났다. 상품 가격이 수요에 따라 자유롭게 뛰어오르기 시작한 것이다. 하지만 이 역시 인플레이션 현상이 아니라 원래 가치로 되돌아가는 지극히 정상적인 현상이었을 뿐이다.

인플레이션은 현재와 미래에 대한 평가와 전망을 '동시에' 아우르고 있다. 현실적 개념이란, 특정 시간 동안 일반적인 물가 상승의 백분율을 의미하는 것이고, 미래에 대한 전망은 물가 상승률(%)이 새로운 현실적 개념으로 구체화되기까지 지속적으로 오르는 것을 의미한다. 이러한 과정이 반복되면서 인플레이션이 나타나게 된다.

제아무리 복잡한 시장이라고 해도 일단 시장 내 통화량이 과도하게 늘어나면 결국 '민낯'을 드러내는 법이다. 설상가상으로 이른바 '카더라'통신에서 비롯되는 별별 소식이 하루가 멀다 하고 시장에 쏟아진다. 요컨대 출처를 알 수 없는 쓸데없는 소식, 이야기, 소문이 특정 상품의 가격을 두 눈을 의심케 할 정도로 끌어올리는 경우가 적지 않다. 대표적인 사건으로는 '천하의 사기꾼' **장우번(張悟本)**이 퍼

**장우번(張悟本)**
'녹두가 만병통치약이다'라는 주장을 내세운 장우번은 중국 내 녹

두 가격 폭등을 일으킨 주범이다. 2010년 5월 28일 중국 위생부(衛生部)는 자칭 '위생부 최초의 고급 영양 전문가'라는 장우번의 주장을 부인하고, 중국 내 유명 한의학·양학 전문가를 초빙해 장우번의 '녹두 웰빙법'을 반박했다. 일부 변호사는 장우번이 법률을 위반한 채 의료행위에 종사했다고 주장하기도 했다.

뜨린 '녹두 웰빙법'이 있다. 녹두만 먹으면 어떤 병도 치료될 수 있다는 말도 안 되는 주장이었지만 시장에서 녹두 웰빙법이 크게 유행하더니 끝내 중국 내 녹두 가격이 걷잡을 수 없을 정도로 치솟았다. 통화량이 포화 상태라면 '손짓'—그 손짓이 의도적으로 치밀하게 계산된 '작전'이든, 무의식적으로 나온 행동이든 관계없다—하나만으로도 인플레이션을 유발할 수 있다. 요컨대 인플레이션은 작은 자극에도 민감하게 굴며, 재화를 심각하게 위축시킬 수 있다. 제아무리 냉정하고 이성적인 사람이라도 인플레이션 앞에서는 겁에 질리기 십상이다. 그만큼 인플레이션은 고(高)전염성 현상에 속한다.

인플레이션에 민감하게 반응하는 주요 지수로 CPI가 있는데, 적지 않은 결함이 있다는 지적이 끊이지 않는다. 그중에서도 가장 심각한 문제는 시대상을 제대로 반영하지 못한다는 데 있다. 그도 그럴 것이 CPI는 1992년 당시 지역 네트워크와 상품 종류에 기반을 두고 있기 때문이다. 설상가상으로 1992년부터 현재까지 중국의 경제와 소비 구조는 상상 이상의 성장세를 보여주었다. 1992년 중국의 부동산 시장은 백지상태나 다름없었고 자동차 시장 역시 손님을 찾아볼 수 없을 정도로 썰렁하기 그지없었다. 하지만 현재 중국의 부동산 시장이나 자동차 시장 모두 전성기를 구가하고 있다. 소비 구조에 근본적인 변화가 나타난 상황에서 CPI 같은 케케묵은 자료에 의지하면서 오류가 없다는 것이 오히려 이상할 지경이다. 실제로 주택과 관련된 소비가 CPI에서 차지하는 비중이 13% 정도에 불과하며 규모 자체도 상당히 미미하다는 잘못된 정보 때문에 주택과 관련된 소비 자료에 심각한 오류가 생겨나고 말았다.

2011년이 되어서야 국가 통계국에서 CPI 관련 자료를 수정했는데 그 결과 주택 관련 소비 비중이 4.22‰ 상승한 반면, 식품 관련 소비가 2.21‰ 감소하면서 주택 관련 소비가 주요 생활 지출항목임이 확인됐다. 주택 비중에 대한 자료가 수정되면서 CPI와 실제 인플레이션 사이의 연계성이 한층 강화됐다.

물가는 상쇄효과가 크기 때문에 인플레이션의 진실을 찾는 사람들 사이에서도 때로 전혀 다른 결론이 나오기도 한다. 단순한 물가 숭배주의자들은 물가가 이미 크게 올랐다고 생각지 않는다. 전체적인 물가 수준을 놓고 봤을 때, 물가 전체가 무섭게 치솟은 것이 아니라 다양한 상품과 서비스 간에 단순한 상쇄효과가 존재한다는 것이 그들의 주장이다. 물가 인상은 약속이나 한 듯 일괄적으로 오르지 않는다고 주장하는 그들의 의견에 따르면, 부동산, 식량, 에너지 등 대형 원자재 상품은 가격 변화에 따른 탄성이 낮기 때문에 가격이 가장 먼저 오른다고 한다. 또한 중국 내 투자 환경이 크지 않은 데다 '쌀 때 사서 비쌀 때 팔자'는 투기심리까지 가세하면서 자본이 단기간 내 쉽게 모여들어 상품 가격을 끌어올린다고 설명한다.

또한 일반 서비스업과 달리 제조업 분야는 가격 인상폭이 크지 않거나 심지어 침체된 상태라 물가가 높지 않다고 판단해 악성 인플레이션이 발생하더라도 상품과 서비스 가격 인상이 절대적으로 동시에 나타나지 않고 점진적으로 나타날 것이라고 전망한다.

인플레이션을 바라보는 관점은 다르지만, 인플레이션을 키우는 원흉이 통화량의 증가라는 점에서 인플레이션을 뿌리 뽑기 위한 가장 근본적인 대책이 통화량을 제한하는 일이라는 데는 아무도 이견을 제시하지 못한다. 결론적으로 말해서 화려하기 짝이 없는 정책이나 대책을 동원한다고 해도 통화량 제한 없이는 결국 인플레이션으로 신음하게 된다.

# 누가 남발된 통화를 먹었나?

> **경제** 안정화라는 임무를 수행하려면 경제를 마음대로 다루되 지속적이면서도 높은 일자리 창출이라는 길에서 멀어지지 않도록 해야 한다. 취업률이 너무 높아도 인플레이션이 나타나고, 낮아도 경제 쇠퇴라는 문제에 봉착하게 되기 때문이다. 적극적이고 신중한 재정정책과 통화정책은 우리가 전혀 다른 두 길 사이에 놓인 '좁디좁은 길'을 통과할 수 있도록 안내해 준다.
>
> –존 케네디(John F. Kennedy)

## 통화와 환율제도 변혁의 위력

**'경제'**

그리스어에서 기원한 경제의 원뜻은 한 집안을 관리하는 사람을 가리키는데, 크세노폰(Xenophon)은 자신의 저서 《경영론》에서 '가정'과 '관리'를 의미하는 단어를 합쳐 경제라고 이해했다. 경제를 반복해서 표현했을 경우, '생계'로 풀이된다. 우리에게 흔히 알려진 '경제(經濟)'라는 표현을 처음 사용한 것은 일본인으로, 당시 일본에서 유학 중이던 쑨원(孫文)이 훗날 중국에 소개했다.

"다양한 이름을 지닌 시대는 모두 저마다의 길을 가는데, 그 길이 사람들에게 널리 읽힌 뒤에도 여전히 사랑받는지, 아니면 뇌리에서 잊히는지에 따라 최종 가치가 결정된다는 점에서 개성 만점의 시와 같다." 영국의 전기 작가 리튼 스트레치(Lytton Strachey)의 발언을 현재 중국 경제에 대입시킨다면 '고성장–저인플레이션'이라는 황금시대를 구가하고 있다고 해도 과언이 아닐 것이다.

인플레이션이 가장 심각하게 기승을 부렸던 1993년으로부터 20여 년이라는 시간이 흘렀다. 그때부터 중국의 인플레이션 강세는 멈칫거리더니 어느 순간 자취를 감췄다. 이러한 상황이 나타날 수 있게 된 배경의 중심에는 1993년부터 2003년까지 추진된 통화 및 환율제도의 변혁이 있다.

통화제도는 통화와 관련된 중요 요소, 통화 유통의 조직 및 관리 등에 관해 정부 규정에 바탕을 둔 제도를 가리킨다. 제대로 정비된 통화제도는 통화와 통화 유통의 안정성을 보장할 뿐만 아니라, 통화가 정상적으로 제 기능을 발휘하도록 지원한다. 이 같은 통화제도는 상품 경제의 발전에 따라 점진적으로 생성, 발전한다.

1993년 중국 내 각 성에서 '더 높이, 더 빠르게' 성장하자는 목소리가 봇물 터지듯 쏟아져 나왔다. 그 열기가 얼마나 뜨거웠던지 중앙정부가 우려를 표명할 정도였다. "물론 하루빨리 성장해야 하지만 손해를 보지 않도록 안정성도 확보해야 한다. 특히 대규모 피해를 입지 않도록 주의해야 한다." 냉기마저 느껴지는 정부의 반응에 각 지방정부는 재빨리 상황을 파악하고 앞다투어 제 입장을 변호하기 바빴다. "(경제 발전에 대한 열망이) 우리는 그다지 뜨겁진 않습니다.", "*XX* 성도 뜨겁지 않다고 하지만 우리에 비하면 열기가 대단하죠.", "우리 성에는 아예 열기조차 없습니다."……

경제 발전이라는 호기를 잡기 위해서는 무엇보다도 새하얀 '은자(銀子)'가 필요했다. 사람들은 은행에서 돈을 얻는 것보다 중앙정부에 돈을 달라고 조르는 편이 훨씬 빠르고 효과적이라는 사실을 발견했다. 그 결과 각 은행에서 비축한 돈이 무너진 둑에서 쏟아져 나오는 물처럼 경제 발전이라는 거대한 물결 속으로 콸콸 흘러들어 갔다. 통화와 신용대출에 대한 인민은행(人民銀行)의 통제 역시 더 이상 효과를 기대할 수 없었다. 은행에서 흘러나온 '은자'의 뒤를 이어 무서운 기세로 인플레이션의 물결이 몰아닥쳤다. 눈 깜짝할 사이에 중앙정부가 나서야 하는 상황으로 전개되고 만 것이다.

국무원은 다양한 압박 조치에 나서며 인플레이션의 '숨통'을 조이기 시작했다. 그중에는 한도액을 넘어선 대출을 회수하는 작업을 포함해 인민은행의 기능 개혁, 외환 보유제도 개혁 등 이른바 3대 조치가 동시에 추진되며 인플레이션 규제에 커다란 영향력을 발휘했다.

중앙정부의 강력한 조치에도 지방정부에서는 계속해서 무리한 행동에 나섰다. 중국 인민은행 행장이 일곱 번 연속 경고하며 제지에 나섰지만 지방정부를 등에 업은 일부 대형은행은 여전히 제 마음대로 행동했다. 상황이 이렇게 되자 국무원에서도 더 이상 가만히 있지 않았다. 팔을 걷어붙인 국무원은 금융 시스템 내 고착화된 불법 및 부패 행위를 엄격하게 규탄하기 시작했다. 그 결과, 중국 농업은행 헝수이(衡水) 센터 지점장 자오진룽(趙金榮)이 구류됐다.[3] 법도, 하늘도 무서운 줄 모르고 거액의 자금을 모은 션타이푸(沈太福)는 사형에 처해졌고,[4] 국가과학위원회 부의장은 뇌물수수로 20년 형을 선고받았다. ……7월 국무원에서는 각 대형은행의 행장을 소집해 앞으로 40일 내에 계획 외 대출과 어음을 전액 회수할 것을 요구했다. "행장들이 열심히 일하지도 않고 흥청망청 돈만 쓰기 바쁘다. 하라는 일은 하지 않고 사방에 '연줄' 대는 데만 정신이 팔려 있으니 국가의 소중한 자산이 안중에나 들어오겠는가? 그러면서도 높은 자리에 앉아 서류만 뒤적거리며 보고만 받고 있다. 아래에서도 좋은 말이 나올 리 만무하다. 무능한 상사의 말을 아랫사람이라고 제대로 듣겠는가? 한 귀로 듣고 한 귀로 흘려보내기 마련이다. 문제가 된 사람을 제대로 처리하지 않고 그저 복지주의만 앞세운 채 마구잡이로 퍼주기만 하는 일처리 방식이 자리 잡게 되면, 이보다 더 위험한 일은 없다." 각 대형은행의 행장은 아무 소리 하지 못하고 얼굴에 철판을 깐 채 고객에게 대출 상환을 요구하기 시작했다. 그 결과 중국 은행권에서는 돈을 융통할 수 있는 환경이 거의 자취를 감췄다.

**중국 인민은행**의 개혁은 국무원이 꺼내 든 또 하나의 '히든카드'였다.

1993년 12월 25일 국무원은 중국 인민은행에 '제대로 일할 줄 아는' 중

---

3) 1994년 4월 1일 중국 농업은행 헝수이 센터 지점장 자오진룽 등은 취소가 불가능한 대신 양도 가능한 100억 달러 규모의 예비 신용장 200장을 월권으로 불법 발급한 뒤 미국 뉴욕에 회사를 등록했던 두 사기꾼에게 넘겼다.

4) 1993년 초, 장청(長城) 기계 기술 개발사 사장인 션타이푸는 에너지 절약형 신기술 개발에 성공했다는 소식을 퍼뜨려 미친 듯이 자금을 긁어모으기 시작했다. 중국 내 20여 개 지사와 100여 개의 기관에서 직원을 3,000여 명 정도 고용해 무려 10억 위안도 넘는 거액을 모았다. 사방에서 정신없이 자금을 빨아들이고 있다는 소식을 접한 주룽지 전 총리는 철저한 조사를 주문했고, 같은 해 4월 8일 션타이푸는 법의 심판을 받은 끝에 사형을 선고받았다.

앙은행으로서의 면모를 되찾아주기 위해 '금융 시스템 개혁에 관한 국무원 결정'을 발표했다. 그전까지 중국 인민은행과 국가재정지출은 줄곧 긴밀한 관계를 유지해 왔는데, '주머니'가 얄팍해진 국가재정에서 걸핏하면 중앙은행에 SOS 신호를 보내는 바람에 1993년 말 국가재정이 중국 인민은행으로부터 받아낸 대출금이 무려 557억 1,000만 위안에 달했다. 설상가상으로 '고양이한테 생선을 맡긴 격'이라 인민은행은 대출금 대부분을 상환받지 못했다. 하지만 업무 개혁을 통해 중국 인민은행은 재정부에 대한 대출 업무를 일체 중단했다. 그리고 국가재정 예산에서 적자가 발생했을 경우, 인민은행이 직접 인수하거나 국채 및 기타 정부 채권을 일괄 매입하는 방식이 아니라 민간 부분에서 채권 발행 등을 통해 자금을 모집하도록 유도했다. 요컨대 국가재정이 제아무리 '배고파 죽겠다'며 통사정을 해도 중앙은행은 더 이상 '퍼주기' 같은 임시방편으로 구제에 나서지 않겠다는 확고한 결심을 드러낸 것이다. 문제는 중앙은행이 '마음'만 너무 앞선 나머지 힘겨운 모습을 드러냈다는 것이다. 중앙은행이 권력과 돈 접대를 모두 거부하면서 지방정부의 관리 혹은 관상(官商)과의 연계가 모두 끊어졌기 때문이다.

**중국 인민은행**
중화인민공화국의 중앙은행으로서, 중화인민공화국 국무원에서 구축한 부서 중 하나다. 1948년 12월 1일 탄생한 중국 인민은행은 국무원의 지도에 따라 법에 근거해 독립적으로 통화 정책을 추진하고, 직책을 이행하며 업무를 추진한다. 지방정부, 각급 행정 부서는 물론 사회단체와 개인으로부터 자유롭다.

게다가 고정자산용 정책적 대출과 기초 통화의 연계 역시 중단됐다. 1993년 이전까지 중앙은행은 고정자산 투자와 기업 자금을 지원하는 든든한 후방부대였다. 고정자산과 기업 자금 모두 곤경에 처하면 중앙은행에 도움의 손길을 내밀었고, 중앙은행은 이를 매몰차게 거절하지 못하고 어쩔 수 없이 기초 통화의 투입을 늘렸다. 그 결과 기업의 정상적인 경영 운영에 필요한 자금이 오히려 독점되는 양상이 벌어졌다. 1993년 하반기부터 중앙은행이 고정자산과 관련된 정책적 대출을 제공했던 루트를 점진적으로 폐쇄하면서 고정 투자의 확대 역시 효과적으로 줄어들기 시작했다.

대신 중앙은행은 점차 관리 감독 기관으로서의 역할에 몰두하기 시작했다. 금융기관 및 통화 시장에 대한 관리 감독과 함께 독립된 통화 정책을 실시함으로써 거시 경제에 대한 영향력을 확보했다. 아울러 통화정책 역시 쉬지 않고 변신의 변신을 거듭했다. 대출 규모, 현금 발행 등 직접 관리에서 대출 한도금, 재할인, 금리 등에 대한 직간접적인 관리로의 변신을 꾀했다.[5)]

1994년 실시된 외환 관리 시스템 개혁 역시 중요한 의미를 갖는다. 1993년 11월 개최된 중국 공산당 제14차 삼중전회에서는 '사회주의 시장경제 시스템 건설을 위한 중국 공산당의 결정'을 승인하며, 외환 시스템 개혁, 위안화의 지위 확립(태환 가능한 통화)을 주장했다. 1994년 1월 1일 시장 공급을 기초로 한, 일괄된 변동 금리 정책이 실시되면서 그전까지 5.7 : 1이었던 달러화에 대한 위안화의 공식 환율이 8.72 : 1을 기록하며 정부의 가격 고시제도와 시장의 자율 가격이 공존하는 쌍궤제가 안정적으로 추진될 수 있었다. 이번 개혁을 통해 위안화는 시장에 따라 가격이 결정되는 '궤도'로 진입하는 데 성공했다.

'몸집 줄이기'에서 '체질 개혁'에 이르는 개혁 과정 내내 강력한 정책이 실시됨에 따라 그 위에 세워진 중국 통화제도의 틀이 원천적으로 통화의 과도한 남발을 억제하는 데 성공했다. 그 결과 향후 성공적인 인플레이션 해소에 긍정적인 제도적 토양을 제공했다. 이처럼 지속적인 제도 변혁을 통해 대량의 **'가치 저지대 효과'**가 발생하며 남발된 통화를 쉴 새 없이 빨아들였다. 다시 말해서 제도 변혁이 통화 소비를 위한 긍정적인 '블랙홀'로 등장했다고 평가할 수 있다.

**가치 저지대 효과**

최근 2년 동안 중국에서 크게 유행한 단어로, 경제학의 재정분석과 관련된 내용에서 쉽게 찾아볼 수 있다. 약세장에서 블루칩으로 평가받던 주식이 치솟을 때, 동태적 수익률과 평균 수익률을 비교하는데, 여기서 가치 저지대 효과가 발생한다.

5) 1993년 12월 국무원은 '금융 시스템 개혁에 관한 결심'을 발표했다. "법정 지급 준비율, 중앙은행 대출, 재할인율, 공개시장 조정, 중앙은행의 외환 관리, 대출 한도액, 중앙은행의 예금 금리는 통화 정책의 주요 도구다."

## 개혁은 좋은 것이다

시장화 확대 및 재산권 개혁을 추진하기 전까지 토지, 광산 등의 자원은 모두 정부 소유였다. 해당 자원의 상당 부분은 '가치가 없거나 혹은 저가'로 평가받으며 행정 지급 등의 방식으로 물려 내려오거나 시장 가격보다 저렴한 가격으로 거래됐다. 그 결과, 가치 저지대 효과가 나타나면서 지속적으로 개혁을 추진한 결과, 토지 · 광산 등의 자원이 점차 시장화됐고, 가격 역시 기존의 '0'에서 다소 인상되거나 혹은 원래 가격대로 돌아오기 시작했다. 이처럼 시장 거래라는 테두리 밖을 한참 떠돌던 자원이 남발된 통화를 대거 '먹어치우기' 시작했는데, 그중에서도 부동산 개혁은 가장 많은 통화를 흡수한 일등공신이라 하겠다. 정부가 손에 쥐고 있는, 경매 가능한 토지와 복리방(福利房; 서민을 위한 공공임대주택-역주)의 상품화 개혁은 시장에서 상품으로 포장된 채 거래되며 통화를 대거 흡수했다.

제도적 변혁으로 일부 경제 요소의 시장 가치가 인정받았을 뿐만 아니라, 새로운 재화가 머물 수 있는 공간이 탄생했다. 이를테면 국유기업의 주식제 개혁으로 시장화를 통한 자원 배분이라는 재산권 제도가 구축됐고, '유상(有償)'으로 사회에 양도된 일부 국유 자산이 거대한 민간자본의 참여를 유도했을 뿐만 아니라 자본 시장을 한층 살찌웠다.

중국의 자본 시장은 30년이라는 시간을 거치며 풀 한 포기 나지 않던 허허벌판에서 푸른 산림으로 변신했다. 그 과정에서 개인, 자금을 대거 유치하며 **자금류(資金流)**라는 새로운 물길이 생겨났다. 증권감독위원회가 밝힌 데이터 통계에 따르면 2002년부터 2010년 8월까지 중국 증권시장의 국내 융자 규모는 2조 7,000억 위안으로, 그중 2007년 국내 융자액만 8,000억 위안을 육박한다고 한다. 재화에 대한 사람들의 뜨거운 갈망이 구체화되면서, 사이버 금융시장은 새로운 시대의 새로운 재테크 방식으로 각광받았다. 실제로도 거액의 통화가 주식 시장에 몰리고 있다.

**자금류(資金流)**
마케팅 시스템을 구성하고 있는 구성원 사이에서 상품의 실물과 소유권의 이전에 따라 발생하는 자금의 이동 프로세스를 가리킨다.

**블랙홀**

강한 인력(引力)을 지닌 천체로, 그 어떤 물질이라도 블랙홀에 빨려 들어가면 다시는 빠져나올 수 없는 것으로 알려져 있다. 블랙홀이라는 이름은 우주에 뚫린, 끝이 보이지 않는 검은 구멍이 연상된다고 해서 붙여졌다. 빛조차 통과할 수 없기 때문에 그 안을 직접 관측할 수 없는 블랙홀은 빠져나올 수 없는 상태라는 뜻으로 두루 사용되기도 한다.

하지만 현재 남발된 통화를 흡수하는 '**블랙홀**'에 대한 이야기는 지나간 세월의 것처럼 낯설고 요원하게만 느껴진다. 남발된 통화가 '블랙홀의 청춘'을 갉아먹으면 통화는 더 이상 아무 존재감도 드러내지 못하고, 블랙홀 역시 더 이상 무한대로 빨아들일 수 있는 '소화력'을 자랑하지 못한다. 그 결과, 통화 강세와 자본 시장 약세라는 모순은 끝내 해결되지 못하고 시장바구니 위에 찍힌 가격표를 타고 터져 나올 것이다.

# 감출 수 없는 혹

> 자본주의 체제를 무너뜨릴 수 있는 가장 효과적인 방법에 대해 레닌은 자본주의를 떠받치고 있는 통화를 파괴하는 것이라고 답했다. 지속적으로 인플레이션을 부추기면 정부는 다른 공민이 보유한 재화를 조용히 몰수할 수 있다.
>
> -존 메이너드 케인스(John Maynard Keynes)

## 점점 힘을 잃는 '블랙홀 효과'

**존 메이너드 케인스 (John Maynard Keynes)**

케인스(1883~1946)는 현대 서방 경제학계에서 가장 큰 영향력을 자랑하는 경제학자 중 한 명으로, 그가 주창한 거시 경제학과 프로이트가 창시한 정신분석법, 아인슈타인이 발견한 상대성 이론을 20세기 인류가 거둔 3대 지식 혁명이라고 부른다.

고된 몸을 간신히 이끄는 아흔 살 노인이 예전이 훨씬 살기 좋았다고 한탄할 만큼 우리를 둘러싼 광경은 하루가 다르게 변하고 있다. 현재에 대한 평가는 제각각이지만 '블랙홀 효과'가 조금씩 우리에게서 멀어지고 있다는 것에는 누구도 이의를 제기하지 못할 것이다. 바닥이 보이지 않았던 '블랙홀'도 언젠가는 사라지게 마련이다. 한때는 경제를 떠받치는 기둥이라는 신분으로 '경제 기적'과 같은 자리에 나란히 서서 박수갈채와 꽃다발을 받았던 시절도 있었지만 결국에는 쇠퇴할 수밖에 없다.

시장화 개혁 초기, 혼란과 무질서 등이 뒤엉켜 불안을 가중시켰지만 성공에 대한 뜨거운 열망, 자손에게 보다 나은 환경을 제공해 주려는 간절한 바람이 더해지면서 사회는 조금씩, 그리고 갑자기 변하기 시작했다. 한 치 앞도 분간하기 어려운 혼란 속에서 중국 경제는 이리저리 헤매다 '통화 소비'라는 블랙홀을 만나면서 통화 유동성 범람 현상이 다소 완화되는 효과를 얻을 수 있었다.

특히 질적인 면에서 개혁의 입김이 강하게 몰린 부문을 중심으로 30여 년 전 '계획경제 시대'가 남긴 낡은 유산은 점차 자취를 감췄지만, 이와 동시에 눈부신 '후광'을 제공해 주던 다양한 자원 역시 빛을 잃었다.

줄곧 두툼해진 주머니 덕에 어깨에 힘이 잔뜩 들어갔던, 현금을 흡수하는 달인이라 불렸던 자본시장이 주춤거리자, 중국 증시는 연거푸 바닥을 치고, 치고 또 쳤다. 계속되는 '추락'에 겁을 집어먹은 중국의 주식 투자자들은 그저 하늘의 뜻을 따르겠다며 지친 기색을 숨기지 않았고, '한몫 단단히 건지겠다'는 투자 의욕이나 과감한 모험 정신마저 모두 버렸다.

토지와 주택은 가격만 슬쩍 봐도 욕이 절로 나올 지경까지 치솟았고, 두 눈을 의심케 할 만큼 가파른 상승세를 거듭했다. 거품에 기댄 거래가 이뤄지면서, 한때 저가였던 토지와 주택의 몸값이 순식간에 치솟더니 급기야 꾸준히 상승세를 유지하는 '대박'을 터뜨렸다.

이러한 현상이 나타나게 된 데에는 크게 두 가지 원인이 있는데, 하나는 주택 공급 조건이 제한적이었다는 것이고 나머지 하나는 지나치게 비싼 가격 탓에 시장의 구매력이 심각한 타격을 받으면서 그전까지만 해도 '현금'을 먹어치우는 데 탁월한 소화력이 약화됐기 때문이었다.

'블랙홀 효과'가 감소하면서 가뜩이나 남발된 통화의 추가 발행에 아무런 '제동'도 걸리지 않으면서, 중국 경제에서 줄곧 안정적인 운영 상태를 보였던 통화의 흐름이 어느 순간, 예상치 않게 어느 한 곳으로 '툭' 하고 불거지기 시작했다. 정부 정책으로 불거져 나온 곳을 내리누르면, 다른 곳에서 '툭' 하고 튀어나오며 사방에서 쉴 새 없이 문제가 터져 나오기 시작한 것이다.

## 통화라는 폭주 기관차

중국의 전체 통화 공급량은 줄곧 폭발적인 성장세를 이어 왔다. 그 결과, 2010년 말 광의통화(M2)공급량 잔여액이 GDP의 1.8배에 해당하는 72조 6천억 위안[6]을 달성했다.

**통화 남발** 현상이 나타나게 된 주요 원인은 크게 두 가지로, 하나는 정부가 실시한 상대적으로 느슨한 통화정책, 나머지 하나는 무역 흑자 때문이었다.

**통화 남발**

2011년 11월 4일 칭화대학교 금융과 주임 리따오쿠이(李稻葵)는 통화 남발 현상에 대해 이렇게 이야기했다. "통화를 '수출'하는 방법은 크게 세 가지로 나뉜다. 첫째 물가, 둘째 자산 가격이다. 그리고 세 번째 방법은 은행에서 잠자고 있다. 그 때문에 통화 남발로 유동성이 확대되어도 물가가 반드시 오를 것이라고 단정 지어 이야기할 수 없다."

중국의 경제 성장을 떠받치는 3대 기둥으로 투자, 소비와 수출이 지목된다. 다소 둔화세를 보이는 최근 중국 내 소비는 오랫동안 내수 진작을 외쳐댔지만 전체 인구의 대다수를 차지하는 일반 소비자는 차마 겁이 나거나 혹은 여력이 안 돼 지갑을 열지 못했다. 이에 반해 투자와 수출은 중국의 경제 성장에 지대하게 공헌했다.

경제 위기가 발생하면, 정부는 일반적으로 느슨한 통화 정책을 취하기 마련이다. 실제로 유럽과 미국 등에서는 경제 위기 때마다 열심히 윤전기를 돌려 돈을 찍어냈고, 중국의 통화 발행 속도 역시 만만치 않은 속도를 자랑했다. 금융위기가 발생한 이후 중국 정부의 통화 정책이 기존의 '긴축'에서 '완화'로 돌아서자, 2009년 중국의 신규 신용대출이 역사상 최고치를 기록했으며 중국의 M2 증가세가 GDP, 심지어 미국이나 기타 주요 경제체의 M2보다 월등한 것으로 나타났다.

중국 내 신규 신용대출이 대폭 증가했다는 것은 회복 심리, 경기 침체의 역전이라는 상황을 보여준다는 점에서 중요한 의미를 지니지만, 이는 그저 통화가 보여주는 '신기루'에 불과하다. 타는 목마름에서 잠시나마 희망을 보여줬던 오아시스가 사실은 신기루에 불과하다는 것이 밝혀지는 순간 온

6) 출처: 중국 인민은행 사이트

갖 악재가 꼬리에 꼬리를 물고 등장하는데, 이를테면 인플레이션, 자산 거품 빠지기, 자산의 질 하락 등과 같은 리스크가 발생할 수 있다. 이러한 상황에서 중앙은행은 경제 성장을 든든하게 지탱하는 한편, 안정적인 외환 거래를 위해 반드시 통화를 추가 발행해야 한다.

오랫동안 중국은 줄곧 세계적인 무역 흑자국으로 우뚝 서 왔다. 대대적인 수출에 힘입어 중국 기업은 거액의 외화를 벌어들였고 시중은행에서 이를 결제했다. 시중은행은 절대다수의 외환을 중앙은행에 판매함으로써, 외환은 외환 보유고라는 풀(Pool)로 유입됐다. 중국 기업의 경우 외환을 위안화로 태환해야 하는데, 환율 안정화, 특히 달러화에 대한 위안화 환율을 안정시키기 위해 중앙은행은 끊임없이 기초 통화를 발행한다. 이때 시장의 공급-수요 상황을 바탕으로, 통화 바스켓(Currency Basket; IMF의 특별인출권(SDR)에 있어서 주요국 통화가치를 가중평균하여 새로운 통화 계산 단위를 만드는 방식으로, 채택되는 통화 가운데 어느 한 가지 통화의 상대적 가치가 떨어져도 다른 통화의 가치가 올라가기 때문에 계산 단위의 가치는 비교적 안정된다는 특징을 가지고 있다.-역주)에 대한 조절 및 변동 환율의 체계적인 관리 등을 참고해 외환을 매입해야 한다. 다시 말해서 외환을 얼마나 구입할지는 중앙은행이 아니라 중국 기업이 벌어들인 외환 규모에 따라 결정된다.

위안화의 과도한 범람을 막기 위해 중앙은행은 여러 종류의 단기 채권을 발행해 남발된 기초 통화를 매입하지만 중앙은행의 채권만으로는 과도하게 풀린 **기초 통화**를 100% 회수할 수 없다. 중국 인민은행 부행장이자 국가외환관리국 국장 이강(易綱)이 2010년 말 중국의 외환 누적 보유액이 2조 8,500억 달러에 달한다고 발표하자, 중앙은행은 20조 위안에 육박한 금액을 들고 '전면 회수'에 나섰다. 약 80%를 회수하는 데 성공했지만 추가 발행된 20%의 위안화는 여전히 '제도권 밖'에서 떠돌고 있다. 완전무결하게, 100% 회수되지 못한 이유가 뭐냐고 묻는다면, 중앙은행의 정책이 자칫 잘

**기초 통화**

본원 통화(Monetary Base), 강력 화폐, 고출력 화폐라고 불리는 기초 통화는 전체 통화 공급량을 크게 늘리거나 감소시키는 능력을 갖추고 있다고 해서 고권 화폐(High-powered money)라고 불리기도 한다. 은행에서 발행하는 채무 증서로, 시중은행의 예금 준비금과 일반인이 보유한 통화로 구성된다.

못하면 경제 전체에 타격을 줄 수 있기 때문이다. 다시 말해서 기초 통화의 회수는 경제의 '맥'이 아니라 민생의 '근원'을 해칠 수 있다. 이처럼 온갖 이익 충돌이 산재하다 보니 중앙은행도 마음 놓고 채권을 발행할 수 없다.

## 장 보러 나선 '자본가'들

중국 경제가 무서운 성장세를 자랑하며 굴기하자, 그 기회를 노리고 국내외 핫머니가 중국 경제 성장에 따른 '쾌속 열차'에 올라타기 위해 총력전을 펼쳤다.

중국의 환율이 상대적으로 안정된 데다 다양한 우대 정책, 위안화 평가절상에 대한 기대치가 한데 모아지면서 대규모 국제 핫머니가 다양한 루트를 통해 중국으로 대거 유입됐다. 해당 자금은 마찬가지로 중국의 시중은행을 통해 위안화로 태환됐다.

그 밖에 민간의 재테크 의식에도 변화가 찾아왔다. 돈을 투자할 곳이 마땅치 않아 울며 겨자 먹기로 은행에 입금해 두었지만 은행 금리가 줄곧 통화율보다 낮은 상황이 계속되자 소비의식 역시 빠르게 전환됐다. 다시 말해서 소비 행태가 은행에 돈을 맡겨두고 이자만 챙기는 식이 아니라, 투자나 소비 활성화로 확대됐다. 그 결과 저축 위주의 소비 의식은 자취를 감추고 통화의 회전율이 크게 강화됐다.

이러한 중국과 달리 미국은 다른 행보를 선보였다. 미국은 달러 남발을 통해 전 세계에 인플레이션을 수출하고 교묘하게 타국의 재화를 약탈했다. 그런 점에서 지나치게 빠른 중국의 통화 발행 역시 자국 국민의 재화를 대폭 축소시킬 수 있다는 점에서 무척 우려스럽다. 대량의 자금이 부동산 시장, **증시** 등으로 쏟아져 들어오면 자산 가격은 롤러코스터를 타게 될 것이다. 다시 말해서 인플레이션이라는 유령이 시도 때도

**증시**

이미 발행된 주식의 양도, 매매와 유통이 이뤄지는 장소로, 거래소 시장과 장외 거래시장 두 곳으로 크게 구분된다. 발행시장(Primary Market; 자금을 필요로 하는 기업, 국가, 공공단체 등이 발행주체가 되어 주선기관 또는 인수기관을 통해 자금 공급자인 투자자에게 증권을 매각하여 자금을 조달하는 시장-역주)에 기반을 두고 있어 유통시장(Secondary market; 이미 발행된 유가증권이 투자자들 사이에서 매매, 거래, 이전되는 시장-역주)이라고 불리기도 한다.

없이 나타나 겁을 줄 것이다.

미국 등이 중국에 인플레이션을 수출하면서 핫머니가 기승을 부리기 시작했다. 여기에 완화된 통화정책이 실시되면서 중국 내 물가는 인플레이션으로 크게 오를 가능성이 크다. 그런 점에서 인플레이션은 중국 정부가 추진하는 거시 조정책의 효과를 가늠케 하는 시험 무대가 될 것이다.

존 메이너드 케인스는 '말을 듣지 않는 통화'의 위험에 대해 지적한 바 있다. "현존하는 사회의 기반을 무너뜨리려면 해당 사회의 통화를 파괴하는 것보다 더 효과적이고 안전한 방법도 없을 것이다. 그 과정에서 경제 규칙의 파괴성에 숨겨져 있던 모든 힘이 쏟아져 나오기 때문이다."

인플레이션에 대해 상당수 중국인은 이중적인 태도를 보인다. 하나는 인플레이션이 있어야 중국에서 판매하는 상품의 가격이 인상된다는 점에서 호감을 드러낸다. 여기서 판매되는 상품은 중국인이 생산에 참여했거나 혹은 서비스를 제공해 발생된 결과물을 가리킨다. 나머지 하나는 구입하려는 상품의 가격이 인상되기 때문에 인플레이션을 무척 우려스럽게 바라보며 그저 가격이 내려가기만을 바란다.

하지만 하느님이 아닌 이상 현실은 종종 우리의 바람을 저버린다. 실망스럽게도 현실은 우리의 기대와 180도 다르다. 한 발만 삐끗해도 인플레이션으로 뜨거운 눈물을 쏟아낼 수 있다.

# 남발된 통화는 중국에 약인가, 독인가?

과도한 통화가 경제와 시장에 유입되면 상품이 증가하기는커녕 전체 물가의 상승을 100% 유발한다. 폐쇄된 한 국가에서 누군가 헬리콥터를 탄 채 현금을 마구 뿌리면 모든 이들은 2배 늘어난 현금을 손에 쥘 수 있다. 그런 뒤에는 어떤 상황이 펼쳐질까? 그곳의 모든 이들은 기존보다 2배 많은 상품을 얻게 될까? 아니면 물가가 2배 뛰어오를까?……후자를 정답으로 선택했다면 축하한다는 인사를 먼저 건네야겠다. 통화주의의 대가인 프리드먼도 당신이 옳다고 여길 것이다.

—저우치런

## 독이 든 성배

통화 발행량이 늘어나면 왠지 모르게 가슴이 설렌다. 시퍼런 돈이 시장으로 쏟아질수록 기업은 많은 수익을 올리고, 주식 시장에 유입되는 자금이 증가하면 주가가 수직 상승하며 수익률이 개선되어 투자가 더욱 활성화되기 때문이다. 경영주의 지갑에 들어오는 돈이 늘어나면 근로자의 임금도 올라 예전보다 훨씬 두툼한 월급봉투를 만질 수도 있으리라. 통화 발행에 따른 장점이 드러나면서 일자리 창출에도 도움이 되자, 정부도 체면이 선다. 경제 일간지 등 신문 1면에서는 앞다투어 '고속 성장에 힘입어 실적 향상과 임금 인상으로 이어지는 선순환'에 대해 찬양하기 시작한다.

하지만 안타깝게도 이는 겉으로만 드러나는 현상일 뿐이다. 통화 발행량의 증가는 약이 아니라 독이기 때문이다. 발행 초기 통화는 화려한 성배와도 같다. 눈부신 모습에 사람들이 희망을 품으며 투자를 확대하고 경제 성장을 자극한다. 하지만 발행량이 증가하고 시간이 지날수록 화려함은 빛을 잃고, 성배 안에 든 독을 마셔야 할 순간이 찾아온다. 즉 상품 공급이 주춤하면서 물가가 오르며 인플레이션이 찾아온다.

그런 점에서 인플레이션은 술에 취하는 과정과 비슷하다. 인플레이션은 자신만의 스킬과 노하우를 자랑하며 독이 든 성배를 들이킨 사람을 취하게 한다. 안에 든 것이 뭔지는 잘 모르겠지만 화려한 잔에 들어 있으니 남에게 체면도 서고 왠지 모르게 어깨가 절로 으쓱해지기도 한다. 하지만 시간이 지날수록 고통이 찾아온다. 술에서 깨면 더부룩함, 숙취, 두통에 시달려야 하는 것처럼 말이다.

## 인플레이션 시대의 팍팍한 살림살이

다양한 이익 집단은 인플레이션 시대를 맞이해 다양한 처지에 놓이게 된다. 미국의 경제학자 머레이 로스바드(Murray Rothbard)가 내놓은 인플레이션에 대한 정의는 위와 같은 상황을 정확히 묘사하고 있다. "인플레이션은 특정 이익 집단의 희생을 통해 다른 이익 집단에 이익을 제공하는 것이다." 물에 가까이 있으면 먼저 얻을 수 있다는 이야기(송(宋)나라 시인 소린(蘇麟)의 시 중 "물에 가까이 있는 누각이 먼저 달의 아름다움을 즐길 수 있다(近水樓臺先得月)"는 시구-역주)처럼, ATM에 가까운 곳에 서 있는 사람일수록 먼저 대출을 받고 인플레이션이 오기 전에 미리 돈을 쓸 수 있다. 여기서 말하는 돈을 쓴다는 의미는, 단순한 소비 지출 외에도 투자와 같은 행위도 포함된다. 이들은 통화의 평가절하가 일어나기 전에 앞다투어 돈을 소비한 뒤, 낚시터에 앉아 조용히 통화가 평가절하되기를 기다리는데 그 모습이 마치 일부 예술품 투자자를 떠올린다. 서예가나 예술가의 나이가 지긋해지면 수집가들은 앞다투어 그들의 작품을 매입하는데, 예술적 수준이 갑작스레 향상되어서 작품을 구입하는 것이 아니라 이들이 죽은 후 작품 가격이 천정부지로 치솟기 때문이다.

중국에서 일단 인플레이션이 발생하면 기득권층인 부동산 개발업자, 지방정부와 국유 독점 기업은 타고난 시스템적 우위를 이용해 정책, 자원 등을 독점함으로써 은행에서 가장 먼저 대출을 받거나 염가로 대량의 자원을 매입하는 '혜택'을 누린다. 게다가 이들 기업은 산업 피라미드의 최상위층에 있기 때문에 가격 결정권을 장악하고 있다. 쉽게 말해서 실제로 인플레이션이 일어난다고 해도 이들은 마음대로 가격을 조정할 수 있다. 이와는 대조적으로 시장은 울며 겨자 먹기로 상황을 받아들이는 것 외에 별다른 선택권이 없다.

은행이라는 ATM 주변을 빼곡히 둘러싼 개인이나 조직은 자신의 재화를 보호할 수 있는 다양한 루트를 확보할 수 있을 뿐만 아니라 '인플레이션을 통한 재화'도 창출할 수 있다. 이와 달리 통화 시스템에서 가장 하부에 자리한 개인이나 조직에게는 별다른 행운이 따르지 않는다. 얻을 수 있는 정보가 적기 때문에 통화 자원을 독점할 수 있는 기회나 능력 자체를 구비조차 못한다. 상황이 그러하다 보니 통화가 기업의 비용, 시장바구니와 저축통장에 마구잡이로 침투하는 상황을 두 눈 시퍼렇게 뜬 채 지켜볼 수밖에 없다.

대표적인 사례로 중국의 제조업이 그러하다. 산업 사슬에서 사실상 말단에 처해 있는 제조업은 원자재 등에서 가격 결정권을 장악하지 못한 채, 그저 원자재 가격 인상에 따른 고통을 묵묵히 참아내고 있다. 게다가 경쟁이 가열됨에 따라 비용 부담을 소비자에게 전가하기 어렵게 되자, 기업의 수익이 자연스레 감소하며 당장 내일 일을 알 수 없을 만큼 기업의 생존권은 위협받고 있다.

일반 서민 역시 인플레이션이라는 강도에게 희생되는 피해자라 하겠다. 폐쇄적인 호적 제도, 기업의 고용 제도 및 사회 보장 제도 등에 대한 정비가 제대로 이뤄지지 않은 상태에서 대량의 자원이 특정 엘리트 그룹에게 독점된다면 가뜩이나 얼마 안 되는 일반 서민의 투자 방식은 저축 위주로 고착될 가능성이 크다. 그 밖에 의료, 노후, 교육 등 낙후된 제도에 따른 불안감이 팽배해지면서 생활비가 대폭 늘어났다. 생활비를 감당하기에도

**마태효과(Matthew Effect)**

마태효과는 강자는 더욱 강해지고 약자는 약해지는 현상을 가리키는데, 사회 심리학, 교육, 금융, 과학 등에서 광범위하게 사용된다. 경제학적으로 풀이하면, 빈익빈 부익부 현상이라고 이해해도 무방하다. 《신약성경》 중 마태복음에서 이름을 딴 마태효과는 '평행이론'과는 대립되는 개념으로, '20 : 80 법칙'과 상당히 유사한 자연법칙이다.

벅찬 서민은 예금이라는 재테크 방식 외에 별다른 대안을 찾지 못했다. 이러한 상황에서 인플레이션이 터지면 은행에서 잠자던 돈의 가치가 급락해 평생 피땀 흘려 모은 서민의 소중한 재화는 결국 줄어들게 된다.

모두가 두 팔 벌려 환영했던 인플레이션이 결국 **마태효과**(Matthew Effect)를 탄생시킨다.

# 중국 통화 정책의 향방

> 시장은 경제 활동을 조직할 수 있는 무척 효과적인 방법이다.
> 하지만 그러려면 성숙한 관리 감독 기구가 있어야 한다.
>
> —〈월스트리트 데일리〉 전문기고가 데이비드 웨슬(David Wessel)

## 딜레마에 빠진 신용대출 규제

주룽지(朱容基) 전 총리의 과감한 정책을 참고해 신용대출을 직접 규제하는 방식으로 인플레이션을 규제하면 즉각적인 효과를 거둘 수 있다고 주장하지만 상황은 항상 변하게 마련이다. 1993년 당시 중국 경제가 직면한 문제는 권력에 기댄 신용대출이 급증하면서 시장 내 통화가 크게 범람하는 현상이었다. 이와 달리 지금의 시장화 개혁은 이미 고차원적인 분야마저 진행되어 있기 때문에 제아무리 구체적인 목표를 정하고 추진한다고 해도 규제하기가 결코 쉽지 않다. 그 때문에 정부 역시 특정 분야, 혹은 특정 기업에 대한 통화의 취사 여부를 판단하기 어렵다. '신용대출 규제'라는 잣대를 무작정 들이밀었다가 '비양심 기업'은 물론이거니와 '착한 기업'마저 억울한 피해를 입을 수 있기 때문이다.

상당수 기업, 특히 중소기업에게 2011년은 투쟁과 갈등으로 얼룩진 한 해였다. 이들이 직면한 도전은 100년 만에 처음 겪는 **금융위기**보다도 심각했다.

> **금융위기**
> 금융 리스크라고도 부르는 금융위기는 특정 국가나 지역의 전체 혹은 상당수 지역의 금융 지표, 이를테면 단기 금리, 통화 자산, 증권, 부동산이 급속히, 임시적, 그리고 비정기적으로 악화되는 현상을 가리킨다. 금융위기는 통화위기, 채무위기, 은행위기 등으로 구분된다.

전국공상연합회(全國工商聯)의 통계에 따르면 전체 중소기업 중 90%에 해당하는 업체가 은행으로부터 아무런 대출도 받지 못했다고 한다.[7] 제법 괜찮은 인지도를 자랑하는 소액 대출업체마저 악전고투를 벌였다. 합법적인 융자 루트가 막히자, 돈이 궁한 사람들은 민간대출에 의존할 수밖에 없었다. 이로 인해 민간 부문의 대출 금리가 미친 듯 치솟았는데, 원저우(溫州)를 예로 들어 살펴보겠다. 원저우의 민간대출 금리는 평균적으로 기준 금리보다 4배 이상 높은 것으로 나타났으며, 장기 대출 금리가 보통 월 3부 혹은 4부를 기록하기도 했다. 한 달 기준 단기 대출 금리는 심지어 8부를 기록하기도 했다. 이처럼 높은 대출 금리를 가뜩이나 수익률이 감소한 중소기업으로서는 받아들이기 어려울 수밖에 없었다.

통화의 흐름에 '제동'이 걸리면서 콸콸 흐르던 '돈줄'이 하루가 다르게 바짝 마르기 시작했다. 그 결과, 일반 기업은 물론 기관, 개인 너 나 할 것 없이 자금을 구하느라 발 벗고 나서야 했다. 이 과정에서 이른바 '빽' 있고 '연줄' 있는 기업만 자금을 '독식'했고 '장자(長子)'인 국유기업은 '굶어 죽게 생겼다고 떼를 쓴 덕분에' 정부로부터 부스러기라도 얻어먹을 수 있었지만 중소기업은 배고프다고 아무리 난리를 쳐도 그저 손가락만 빨아야 했다.

## 가격 규제의 후유증

**가격 규제**

가격 규제는 기업의 폭리 및 공공이익 손실을 막기 위해 정부가 자연적으로 독점적 위치에 있는 기업의 가격을 규제하는 것을 가리킨다. 가격 규제에서 가장 어려운 문제는 최적화된 규제된 가격을 확정하는 일이다. 실제로 가격 규제가 실시된다고 해도 문제는 여전히 산적해 있다. 정부가 가격을

**가격 규제**가 만병통치약은 아니다.

중국 정부가 실시한 가격 규제는 크게 두 가지로 구분되는데, 하나는 임시 규제책으로 정부가 단기적으로 상품 가격을 규제하는 경우를 가리킨다. 금융위기가 터진 후 중국의 CPI가 상승하자, 인플레이션을 잡기 위해 중국 정부는 임시로 가격 규제에 나섰다. 이를테

7) 출처: '전국공상연합회: 전체 중소기업 중 90%가 자금난에 시달리고 있다. 경영 환경이 지속적으로 악화일로를 걷고 있다', http://www.iceo.com.cn/shangye/37/2011/0824/228251.shtm

면 국가 보유고를 시장에 풀거나 비축용 쌀이나 면화 등을 매수해 시장 내 투기 단속에 나섰다. 그 밖에도 ETC 개통, 대형 유통시장과 농가 연계를 강화해 식량, 채소, 돼지고기 등 농산물 관련 비용을 낮추는 등 다양한 노력을 기울였다.

제한할 수는 있지만 독점자는 여전히 정상보다 많은 이윤을 취할 수 있기 때문에 사회적 불만을 유발할 수 있다. 게다가 특정 상품에 대한 가격 규제는 단기적으로 효과가 있지만 장기적으로 봤을 때는 그 효과를 장담하기 어렵다.

다른 하나는 장기 대책으로, 주로 석유, 전력, 식량 등 에너지 혹은 국가 보안과 관련된 대형 원자재 상품에 대한 가격 규제를 가리킨다. 두 정책 모두 문제를 해결할 수 있는 열쇠를 거시 경제의 균형을 잡는 데서 찾기 시작했다는 공통점을 보이고 있다.

정부의 가격 규제책 중에서 가장 대표적인 것으로 1980년대 추진된 '가격 쌍궤제(雙軌制)'가 있다. 가격 쌍궤제란 특정 상품 특히 생산 원자재에 두 가지 다른 가격을 부여하는 것을 가리키는데, 여기서 말하는 두 가지 가격 중 하나는 국가가 규제하는 계획 내 가격(정부 고시 가격)이고 나머지 하나는 시장화된 계획 외 가격(자율 가격)을 가리킨다. 계획 외 가격의 상품은 물량도 적을 뿐만 아니라 가격 역시 비싼 편이라 정부에 '연줄'이 있거나 자원('돈이나 인맥' 등–역자)을 보유한 사람만 이용이 가능했다. 그들은 우위를 이용해 거침없이 재화 창출에 나섰고 정책적 경계를 교묘하게 넘나들며 불법이익을 취하는 **'투기꾼(倒爺)'**으로 재탄생했다. 그 붐을 타고 판매 계약서가 마치 튤립 거품(Tulip Mania; 17세기 네덜란드에서 벌어진 과열 투기현상으로, 최초의 거품경제 현상으로 평가받고 있다. 황금시대를 구가하던 네덜란드에서 튤립이 큰 인기를 끌자, 튤립 구근 가격이 미친 듯 치솟기 시작했다. 그 결과 너 나 할 것 없이 튤립에 투자하면서 광풍이 불기 시작했다. 하지만 가격이 갑자기 주저앉으면서 튤립에 투자했던 사람들은 빈털터리가 됐고, 네덜란드는 영국에 경제대국의 자리를 넘겨주게 됐다–역주)처럼 사방으로 퍼져 나가면서 가격 규제는 결과적으로 상품 가격을 끌어올리고 말았다. 중국을 찾은 노벨 경제학상 수

**투기꾼(倒爺)**

투기꾼을 의미하는 '倒爺'라는 단어는 1980년대 후반과 1990년대 초반에 중국 대륙에서 크게 유행했다. 계획경제에서 시장경제로 전환하는 과정 중, 특히 가격 쌍궤제 시행 당시 일부 세력이 계획 내 상품과 계획 외 상품의 가격 차이를 이용해 시장에서 관련 상품을 도매해 폭리를 취했다 하여 투기꾼(倒爺; 되파는 사람)이라고 부른다.

상자인 밀턴 프리드먼조차 이러한 상황을 지켜보며 에둘러 지적했다. "가격 개방과 인플레이션을 헷갈려선 절대로 안 됩니다. 가격을 개방하면 일부 상품의 가격만 인상됩니다. 처음 며칠 동안은 가격 인상에 따른 고통을 느낄 수 있겠지만, 얼마 지나지 않아 가격이 반드시 2배 오르는 것은 아니라는 사실을 발견하게 될 것입니다."

임시적인 가격 규제는 인플레이션에 따른 압박을 완화하는 데 효과가 있지만 장기적으로 봤을 때 특정 문제만 해결하는 미봉책에 불과하다는 점에서 적절치 않다.

상품 경제가 발전할수록 상품은 다양해지기 마련이다. 시장이 자체적으로 다양한 상품의 가격을 조정하는 방식 등에 의존할수록 정부가 '보이는 손'만으로 자원의 최적화된 분배를 추진하기란 근본적으로 불가능하다. 오히려 잘못된 배분을 유발해 중요 요소의 정상적인 가격을 왜곡시킬 수 있다. 통화의 남발이라는 전제하에서 특정 상품의 가격을 잡는다 하더라도 해당 상품의 가격만 잠시 주춤할 뿐, 전체 통화량은 변하지 않기 때문에 추가된 통화가 규제의 손길이 미치지 못하는 사각지대로 흘러들어 갈 수 있다. 프리드먼이 예로 든 풍선을 떠올려 보자. 풍선의 한쪽을 꽉 움켜쥐면 공기가 다른 한쪽으로 몰리면서 크게 부풀어 오른다. 한쪽을 막으면 나머지 한쪽이 터지는 상황이 바로 이러하다.

물론 정부는 가격에 관여할 권리를 지니고 있지만 자원을 분배하는 정부의 권력이 재차 확대된다면 부패 만연을 위한 빌미를 제공하는 셈이 된다. 게다가 행정 간섭 역시 비용이 수반된다. 기업 경영주와의 만남, 혹은 국가 비축미 공급 모두 인력 · 물력(物力) · 재력이 필요하다. 그렇다고 해서 반드시 해피엔딩을 약속하는 것도 아니다. 실제로 2008년 1월 국가발전개혁위원회는 "식량 및 식품 가공품, 식물성 식용유, 돼지고기와 소고기, 양고기 및 육류 가공품, 우유, 달걀, 액화석유 등 6대 주요 상품에 대해 가격 신고와 (혹은) 가격 조정 심사안을 제공해야 한다."고 주장했다. 하지만 가격 제한이 실시된 11개월 동안 CPI는 6개월 이상 7% 이상을 웃돌다가 금융위기가 심화된 후에야 비로소 가라앉았다.

## 인플레이션을 잡으려면 일곱 치 되는 곳을 쳐라

인플레이션을 예방하려면 문제의 뿌리, 즉 통화의 남발부터 해결해야 한다. 인플레이션이 유통 영역에서 통화량이 과도하게 증가해 나타난 현상이라는 점에서 통화량을 잡아야만 효과적으로 인플레이션을 막을 수 있다고 하겠다. 단기적으로 정부는 과도하게 풀린 통화를 회수하고, 장기적으로는 통화 발행량을 규제해야 한다. 유통 중인 통화량을 효과적으로 규제하려면 물가가 오르게 된 원인부터 잡아야 한다.

먼저 투자 주도형 경제 성장 방식에서 벗어나야 한다. 투자 주도형 경제 성장은 지속적으로 GDP 중 투자 비율을 높일 수 있다. 성장은 투자율과 연계되어 있는 동시에 정부의 거시 경제 조정책과도 관련이 있다. 정부가 적극적으로 투자를 장려해 대규모 통화를 시중에 풀면 투자 열풍이 불면서 경제 성장을 촉진하기 때문이다. 하지만 통화가 마구잡이로 유통되면 경기 회복 현상이 과열되어 인플레이션과 **자산 거품**을 일으킬 수 있다.

**자산 거품**

현실적으로 자산 시장에서 쉽게 목격할 수 있는 현상 중 하나는 펀더멘털(이를테면 현금 흐름, 할인율 등)의 현저한 변화 없이도 자산 가격이 지속적으로 올라 자본 거품이 생겨나는 현상이다. 자산 거품은 실물 경제에 커다란 영향을 주는데, 금융연구 영역에서 가장 중요한 문제로 평가받는다.

경기 과열에 따른 다양한 거품의 발생을 막으려면 정부는 부지런히 찬물을 뿌리며 경기 과열을 방지할 수 있는 각종 대책을 쉴 새 없이 내놓아야 한다. 이를테면 금리 인상, 지급 준비금 확대 등이 그러하다. 경기 과열 억제책이 집중적으로, 그리고 위력적으로 실시되면 경기는 주춤하게 된다. 열기가 잦아들었다고 판단한 정부는 다시 경기 회복을 위한 정책을 내놓으며 상황에 따라 규제와 활성화 대책을 반복적으로 추진한다.

지나치게 투자에 의존하는 경제는 상대적으로 탄력적이지 못하기 때문에 조금이라도 규제하면 금세 쇠퇴하고, 경기 쇠퇴 시 활성화 조치를 취하면 금세 과열 양상을 보이는 상황을 되풀이한다. 그 밖에도 투자 의존증은 외환 보유고 증가, 통화 유동성 범람 등의 신규 리스크를 유발할 수 있다는 점에서 인플레이션을 일으킬 수 있는 또 다른 복병이라 할 수 있다.

경제학자 우징롄이 내놓은 처방을 살펴보자. "진정한 의미의 시스템 개혁을 추진하려면 '제12차 5개년 개발계획'에서 제시한 근본적인 원동력, 즉 개혁에 의존해야 한다! 개혁은 한때 중국 경제가 30년 동안 고속 성장할 수 있었던 원동력이었다. 그리고 지금의 중국에도 여전히 효과 좋은 추진제다. 더욱 과감하고 단호한 태도로 개혁에 따른 고통을 감내함으로써 경제 성장 방식에 적절한 변화가 일어날 수 있도록 유도해 개혁이 시스템 전환을 적극적으로 지원할 수 있는 건실한 기반으로 우뚝 서도록 힘을 모아야 한다."

최근 들어 중국의 환율을 개혁해야 한다는 목소리가 점점 커지고 있다. 상대적으로 안정적인 중국의 환율과 안정적인 전망에 힘입어 중앙은행은 그동안 외환과 태환할 수 있는 기초 통화를 대거 발행했다. 그 결과 다른 국가 특히 미국이 중국에 인플레이션을 수출하는 데 지름길을 제공하고 말았고, 이는 중국 경제에 치명적인 타격을 입혔다. 예를 들어 달러로 표시되는 석유 가격이 폭등하면 달러화의 가치 하락을 의미하지만 환율이 꼼짝달싹하지 않기 때문에 중국은 여전히 비싼 값을 치르고 석유를 들여와야 한다. 쉽게 말해서 인플레이션이 소리 소문 없이 중국 내로 유입된다.

중국이 상대적으로 독립된 통화 정책을 실시한다면, 다시 말해서 환율 분야에서 탄력적인 시스템을 도입하는 한편, 위안화가 '닻'을 내리도록 유도한다면 해외에서 어떤 '폭풍우'가 몰아친다고 해도 그 흐름에 맞춰 유연하게 움직이면서도 자신의 자리를 안정적으로 지킬 수 있을 것이다. 물론 어떤 닻을 사용할지를 두고 경제학자 사이에 의론이 분분하다.

경제학자 장우창은 주룽지 전 총리가 실시한 금융 정책에서 아이디어를 얻어 '상품 바스켓(Commodities Basket, 일반 소비자의 의식주와 관련된 항목을 중심으로 다양한 비중의 상품을 하나의 바구니에 담은 뒤 위안화에 상응하는 일종의 지수를 정한다. 다양한 외화가 한 데 담긴 통화 바스켓과 달리, 국내 물가를 위주로 하고 있어 정부의 관리가 용이한데다 해외 유동성에 의한 리스크가 낮아 현 중국의 경제 상황에 적합하다고 장우창은 주장한다–역자)'을 중국의 환율 정책을 안정화시킬 닻으로 이용해야 한다고 여러 번 주장했다.

*상품은 그 자체만으로 통화가 될 수 없다. 한 개의 바스켓에 담긴 상품의 전체 가격(지수)은 그저 하나의 기준으로 누구든지 해당 지수에 따라 시장에서 거래할 수 있기 때문에 중앙은행이 개입할 여지가 없다. 바스켓에 담긴 다양한 상품의 상대적 가격이 자율적으로 변동되기 때문에 가격을 규제할 필요도 없다. 중앙은행이 신경써야 할 문제라고는 시장에서 거래를 가능케 하는 지수 및 지표, 즉 물가수준일 뿐이다.* ***가격 결정 이론****에 따라 상대적으로 물가에 간섭하지 않는 것이야말로 진정으로 관여하지 않는 것이다.*

**가격 결정 이론**

시카고학파의 특징을 고스란히 담아내고 있는 가격 결정 이론은 현존하는 세계적인 경제학자 중 한 명인 밀턴 프리드먼의 손에서 탄생됐다. 1976년 노벨 경제학상을 수상한 밀턴 프리드먼은 미국 시카고학파의 대표적 인물로, 경제 자유주의를 주장했다.

경제 논리가 정치와 충돌했다고 해서 무조건 강경하게 밀고 나가야 할 것이 아니라 상황에 따라 유연하게 대처해야 심각한 갈등에 따른 역효과를 피할 수 있다. '상품 바스켓'이라는 닻은 통화 세계의 이상향처럼 들린다. 중국 통화 정책의 향방을 파악하려면 경제학은 물론이거니와 정치의 안색을 살펴야 한다. 물론 민생 역시 빠져서는 안 될 것이다.

MYSTERY OF CHINA

# 제4장

# 요동치는 중국 증시

경제와 증시의 관계는 마치 산책 나온 주인과 개의 관계를 연상시킨다. 개는 항상 주인보다 앞서 달려가지만 주인에게서 너무 멀리 떨어졌다 싶으면 주인 곁으로 냉큼 달려온다. 중국 증시와 경제 성장세는 종종 충돌한다. 그 과정에서 생겨나는 예측할 수 없는 현상과 상식에 어긋나는 사건으로 증시는 투자자에게 진정한 의미의 '희로애락'이 무엇인지 알려준다.

# 서방의 '산책 나온 주인과 개의 이론'이 중국 경제에 통하지 않는 까닭

> 경제와 증시의 관계는 주인과 개의 관계를 연상시킨다. 개는 항상 주인보다 앞서 달려가지만 주인에게서 너무 멀리 떨어지면 주인 곁으로 냉큼 달려온다.
>
> –독일 투자가 앙드레 코스톨라니(André Kostolany)

개(증시)는 주인(경제)의 뒤에서 서너 발 떨어진 채 가만히 뒤따라가지 않고 멀찌감치 떨어져 이리저리 뛰어다닌다. 하지만 너무 멀리 떨어졌다 싶으면 주인의 부름 없이도 냉큼 곁으로 돌아온다. 증시 역시 경제의 뒤를 졸졸 쫓아다니며 십중팔구 운명을 같이한다.

중국 증시와 경제 성장세는 종종 충돌한다. 그 과정에서 생겨나는 예측할 수 없는 현상과 상식에 어긋나는 사건으로 증시는 투자자에게 진정한 의미의 '희로애락'이 무엇인지 알려준다. 주식 투자 고수들은 경제 성장세에 따라 주식 투자에 나서야 한다고 역설하지만 그렇다고 반드시 예상한 결과를 얻는 것도 아니다. 그만큼 중국 증시는 예측하기 어려운 사춘기를 겪고 있다.

사춘기가 되면 2차 성징이 찾아오듯 중국 증시도 심한 '성장통'을 앓았다. 그 증세가 바로 '7대 활황과 7대 불황(상하이 증시 기준)'이다. 호황일 때는 주가 지수가 하늘 높은 줄 모르고 치솟고 시세 전광판이 붉게 물들지만 불황으로 접어들면 끝을 알 수 없을 정도로 추락하며 투자자의 얼굴에 온갖 시름과 불안을 새겨 넣는다. 전 세계가 부러워하는 고속 성장세가 계속되고 있지만 어찌된 영문인지 중국 증시는 경제 성장의 '눈치' 따위는 전혀 보지 않은 채 이리저리 요동치고 있다.

### 1차 활황–불황

**활황**(Bull Market, 牛市): 1990년 12월 19일부터 1992년 5월 26일까지. 상하이 증권 거래소 개장 이래 주가 지수가 2년 반 동안 꾸준히 상승했다. 상한가를 기록한 것은 물론이거니와 날마다 새로운 기록에 도전했다. 1992년 4월 13일 전 상하이 증권 거래소 이사장 웨이원위안(尉文淵)은 상하이 증권 거래소에서 열린 개장 세레모니 도중 극도로 흥분한 나머지 그 자리에서 기절하는 촌극을 빚기도 했다. 저장 펑황(鳳凰), 디엔전쿵(電眞空)의 상한 제한폭이 크게 확대되면서 상하이 증시는 눈부신 속도로 성장하기 시작했다. 5월 20일 616포인트에 그쳤던 상하이 종합 주가 지수가 하룻밤 사이에 1,265포인트로 치솟더니 급기야 25일에는 1,420포인트를 찍었다. 두 눈을 의심케 할 만큼 무시무시한 속도로 주가가 치솟자, 투자자들도 이성을 잃고 증시에 뛰어들었고 중국 전역에는 삽시간에 '주식 투자 광풍'이 불어 닥치기 시작했다.

**활황(牛市)**

강세장이라고 불리는 활황은 증권 시장의 시세가 전체적으로 상당 기간 오르는 현상을 가리킨다. 활황을 이끄는 요소는 다양한데, 이를테면 주식제 기업의 영업 수익 증가, 경제 호황, 금리 인하, 신흥 산업 발전, 정부 정책, 완만한 인플레이션, 돌발적인 정치사건, 법령 반포 등이 그러하다.

**불황**(Bear Market, 熊市): 1992년 5월 26일부터 1992년 11월 17일까지. 상하이 증시가 '열병'에 시달리자 중국 정부는 소리 소문 없이 신규 주식 발행과 같은 '진화 작업'에 나섰지만 증시는 여전히 '후끈' 달아오른 상태였다. 정부로서도 속수무책인 상태에서 수만 명을 수용할 수 있는, 문화광장(文化廣場)에서조차 주식 거래가 이뤄지면서 혼란이 크게 가중됐다. 다시 말해서 거품이 낀 것 아니냐는 이야기가 주식 투자자 사이에서 터져 나오면서 불안과 공황의 그림자가 순식간에 시장을 집어 삼켰다. 사태가 심상치 않다고 감지한 일부 투자 고수를 시작으로 주식 매도 현상이 나타나더

**불황(熊市)**

약세장이라고 불리는 불황은 시세가 전체적으로 상당 기간 내려가는 현상을 가리킨다. 활황, 불황, 보합세는 시황을 구성하는 3대 추이다.

니 급기야 너 나 할 것 없이 주식을 팔아 치우기 시작했다. 그 결과, 주가가 폭락하기 시작했고 '8 · 10사태'[1)]마저 가세하면서 시황이 크게 변하기 시작했다. 6개월 만에 주가는 1,429포인트에서 386포인트로 주저앉았다.

상하이 시와 선전 시 모두 증권 거래소를 운영하고 있지만 오랜 시간 동안 적지 않은 갈등을 빚어 왔다.

상하이 증시가 꾸준히 상승하는 것과는 대조적으로 선전 증시는 말 그대로 '죽'을 쑤고 있었기 때문이다. 그러던 중 1990년 초 선전 증시에 갑자기 훈풍이 불더니 주가가 치솟으며 6개월 만에 2배, 3배 혹은 그 이상으로 몸집을 키우기 시작했다. 예를 들어 선전 증시를 이끌던 선전 발전은행(發展銀行)의 주가는 900% 상승했다. 선전 증시가 과열 조짐을 보이자, 걱정에 사로잡힌 정부는 황급히 진화 작업에 나섰다. 상한 제한폭을 1%로 규정하고 주식 투자자에게는 6‰의 **인화세**와 개인 소득 조절세(세금을 통한 개인 소득의 재분배-역주)를 납부토록 했다. 악재를 유발하는 정책이 줄줄이 실

**인화세(印花稅)**

경제 활동 중 체결되는 각종 계약서, 재산권 이전 증서, 영업 장부, 권리 허가증 등 과세 문서를 대상으로 부과되는 세금을 가리킨다. 증권 거래 인화세는 인화세의 일종으로, 세율은 1‰이다. 국무원 동의를 거쳐 재정부는 2008년 9월 19일부터 증권 거래 인화세 정책을 조정하기로 결정했다. 현행 이중 징수를 단일 징수로 수정한 것이다. 쉽게 말해서 매매자(혹은 A주 상속, 증여, B주 양도자)에게만 증권(주식) 거래 인화세를 부과하고, 매입자(양수인)에게는 추가로 인화세를 부과하지 않도록 규정했다. 세율은 여전히 1‰를 유지하고 있다.

---

1) 선전(深圳) 증시의 '8 · 10폭락 사태': 1992년 8월 7일 선전 시는 1992년 신규 주식 인수 추첨표를 공지했다. 그 내용인즉, 1992년 5억 주의 일반주를 발행할 예정으로, 그중 추첨표는 500만 장에 달한다고 했다. 당첨 확률은 10%라는 소식에 전국의 주식 투자자 150만 명이 선전으로 몰려가 앞다투어 주식을 매입했다. 10일 정부에서 7일, 8일, 9일 동안 500만 장의 신규 주식을 모두 팔았다고 공표하자, 여전히 주식을 매입하기 위해 줄을 서고 있던 투자자 사이에서 거센 불만의 목소리가 터져 나왔다. 다양한 입장과 다양한 성향의 매스컴으로부터 '동원'되거나 혹은 '자극'받은 상당수 투자자가 선전 시 정부 건물로 몰려가 거세게 항의했다. 긴박한 사태가 이어지자 급기야 현지 경찰, 무장 경찰 심지어 고압 물대포까지 출동했다. 8월 11일 새벽, 선전 시 정부가 인수 교환권 500만 장을 추가로 발행하겠다고 선포하면서 사태는 일단락됐다. 선전 시 정부가 발표한 소식을 접한 투자자들이 '후다닥' 흩어져 교환권을 매입하기 위해 얌전히 줄을 섰기 때문이다. 그 후 이 사태에 대해 주룽지 전 총리는 '기술적으로 통제할 수 없었던 사건'이라고 평가했다.

시되자, 12월 8일부터 선전 증시가 비틀거리기 시작하더니 급기야 큰 폭으로 무너져 내렸다. 심지어 1991년 4월 22일에는 거래가 전혀 이루어지지 않는 상황마저 연출됐다. 상황이 심상치 않다고 판단한 선전 시 정부가 증시 구제를 위해 여러 차례 회의를 개최했지만 별다른 소득을 거두지 못했다. 9월 7일부터 증시 구제에 필요한 자금 모집 활동이 공식적으로 전개된 후에야 선전 증시도 조금씩 회복하기 시작했지만 1992년 8·10사태로 선전 증시는 1996년까지 기력을 회복하지 못했다.

### 2차 활황-불황

활황: 1992년 11월 17일부터 1993년 2월 16일까지. 1992년 덩샤오핑의 남순강화 이후 중국 각지에서 경제 발전을 향한 열망이 봇물 터지듯 쏟아져 나오면서 신용대출과 통화가 급증하기 시작했다. 그 결과 M2의 성장 속도가 40%를 넘기도 했다. 경제 성장에 대한 열망은 증시 폭등으로 이어졌고 1992년 11월 17일 386포인트에 그쳤던 주가 지수가 1993년 2월 16일에 1,558포인트를 기록했다. 3개월이라는 짧은 시간 동안 주가 상승폭은 무려 303%에 달했다.

불황: 1993년 2월 16일부터 1994년 7월 29일까지. 통화와 신용대출이 급증하는 바람에 물가가 꿈틀거리더니 급기야 인플레이션이 터지고 말았다. 1993년 6월 중앙 부처에서 거시 조정책을 실시하겠다는 의지를 드러내면서 신용대출과 통화가 위축됐고 묻지마 식 자금 모집 등 건전한 금융질서를 혼란시키는 일체의 행위가 금지됐다. 그 결과 커다란 타격을 받은 증시의 시세 전광판은 온통 '녹색'으로 물들었다.

### 3차 활황-불황

활황: 1994년 7월 29일부터 1994년 9월 13일까지. 증시의 하락세가 우려스러운 수준까지 추락하자, 증시를 안정시키기 위해 정부 부처에서 3대 호재 정책을 발표했다. 첫째 연내 신규 주식 발행 및 상장을 잠시 중단한

다, 둘째 상장사의 주식 분배 규모를 엄격하게 관리한다, 셋째 증시에 유입되는 자금 범위를 확대시키기 위한 관련 조치를 실시한다. 연이은 호재에다, 활황을 위한 여러 조짐이 '소환'되면서 시장은 즉각 활기를 띠기 시작했다. 그 결과, 증시는 거침없이 치솟으며 최고 1,052포인트를 기록했다.

불황: 1994년 9월 13일부터 1995년 5월 17일까지. 주가가 인위적인 정책에 기대어 높아진 상태에서 시장이 숨고르기에 나서자 주가가 크게 휘청거렸다. 게다가 각종 호재와 악재가 뒤엉킨 데다, 온갖 소문마저 증시를 흔들어 놓으면서 시장은 한 치 앞을 예측할 수 없는 혼란 속으로 빠져들었다. 순식간에 주가가 치솟다가도 갑자기 주저앉으며 투자자의 불안을 가중시켰다.

### 4차 활황 – 불황

활황: 1995년 5월 18일부터 1995년 5월 22일까지. 1995년 2월 23일 중국 증권업계의 최대 스캔들인 '327'국채 선물 사건[2]이 터지자, 5월 17일 증

2) '327'국채 선물 사건: '327국채'는 1992년 발행된 3년 만기 국고채로, 발행 규모는 240억 위안에 달한다. 1995년 6월 만기 금리는 9.5%의 액면 금리에 보조 금리를 추가한 것이었으나, 이자 보조금의 지급 여부에 대해서 정부는 이렇다 할 확실한 입장을 표명하지 않은 상태였다. 그러던 중 완궈(萬國)증권사를 위시한 매입 세력은 정부가 이자를 보조할 가능성이 없다고 판단한 뒤 공매도에 나섰다. 1995년 2월 23일 완궈증권의 동맹군인 랴오닝국가발전(遼寧國發)(그룹)주식회사가 갑자기 반기를 들고 공매도에서 공매수로 돌아섰다. 이로 인해 상황이 급변하기 시작했다. 10분 만에 주가가 3.77위안이 올랐는데 이는 완궈증권이 십여 억 위안을 손해 봤다는 것을 의미했다. '쥐도 급하면 고양이를 문다'고 마음이 급해진 완궈증권에서 16시 22분 13초 후에 갑자기 반기를 들더니 국채 거래가 종료되기 7분 전에 1,056만 개의 매도 증서를 내놓았다. 액면가만 2,112억 위안에 달하는 거래로 완궈증권은 기적적으로 적자에서 흑자로 돌아서며 42억 위안의 수익을 챙겼다. 이처럼 순식간에 변하는 거래장 상황에 거래소와 투자자 할 것 없이 모두 극도의 혼란에 빠졌다. 그날 저녁, 상하이 증권 거래소는 23일 16시 22분 13초 이후에 이뤄진 거래는 모두 무효라는 결과를 발표했다. 결국 13억 위안을 손해 본 완궈증권은 1996년 7월 16일 선인(申銀)증권에 합병됐으며 완궈증권의 경영주 진성(金生)은 17년 형을 선고받았다.

권감독위원회에서는 뉴스 브리핑을 통해 국채 선물 거래를 전면 중단한다는 소식을 발표했다. 이 소식에 희비가 엇갈리는 상황이 발생했지만, 국채가 '사형 선고'를 받았다는 점만은 분명했다. 침울한 분위기에 휩싸인 선물 시장을 보며 증시는 내심 '쾌재'를 불렀다. 선물 시장에 유입되지 못한 자금이 증시로 몰릴 것이 뻔했기 때문이다. 증시의 예상대로 582포인트에 머물던 주가가 3일 만에 926포인트로 뛰어올랐다.

불황: 1995년 5월 22일부터 1996년 1월 10일까지. 1995년 5월 22일 국무원 증권위원회는 제5차 회의를 열고 2분기에 발행될 주식 규모를 발표했다. '자라 보고 놀란 가슴, 솥뚜껑 보고도 놀란다'는 말처럼 정부 정책에 미리 겁먹은 증시는 다시 추락하기 시작했다. 그 후 6개월 동안 중국 증시는 이렇다 할 만한 성과를 거두는 데 실패했다.

### 5차 활황-불황

활황: 1996년 1월 19일부터 1997년 5월 12일까지. 1996년 선전 증시가 무섭게 성장하며 상하이 증시와 팽팽한 경쟁구도를 형성했다. 기선 제압에 나선 두 증시는 연달아 **우량주**를 선보이기 시작했는데, 그 경쟁이 얼마나 치열했던지 일부 증권사에서는 시장을 선점하려면 인위적으로 주가 상승을 조작해야 한다고 공개적인 주문을 내놓기도 했다. 여기에 중앙은행이 두 차례 금리 인하를 실시하는 등의 호재가 더해지면서 증시는 호전되기 시작했고 주식 투자자 역시 마음 놓고 투자에 나섰다. 그 결과 주가 지수가 1,510포인트라는 고지를 재점령하는 데 성공했다.

> **우량주(績優股)**
> 영업 실적이 우수한 기업의 주식을 우량주라고 하는데, '블루칩'이라고 부르기도 한다. 중국에서 주식 투자자가 우량주를 판별하는 기준은 주당 세후 이익과 순자산 수익률을 근거로 한다. 일반적으로 세후 이익이 전체 상장사 중 중상위에 속하거나, 업체 상장 후 순자산 수익률이 3년 연속 10%를 초과하면 우량주라고 평가된다.

불황: 1997년 5월 12일부터 1999년 5월 18일까지. 이전까지 정부 정책에 힘입어 중국 증시는 하늘 높은 줄 모르고 치솟았다. 시장을 진정시켜야 한다는 정부 관리층의 '찬물'에도 아랑곳하지 않고 증시가 펄펄 끓어오르자 결국 부작용이 나타났다. 제아무리 강세장이 지속된다고 해도 과도한 투자

는 결국 화를 자초할 뿐이다. 쉽게 말해서 오름세가 지속되면 시세는 반드시 하락한다는 시장의 법칙이 '발동'된 것이다. '쥐구멍에도 볕 들 날 있다'는 투자자의 과도한 열망을 더 이상 좌시할 수 없었던 관리층에서 기회를 틈 타 재빨리 찬물을 뿌리자 증시를 가득 채운 열기가 급속히 가라앉았다. 그 후 무려 2년 동안 중국 증시는 활기를 잃었다.

### 6차 활황 – 불황

활황: 1999년 5월 19일부터 2001년 6월 14일까지. 주식이 바닥으로 추락하자, 민심이 불안에 떨기 시작했다. 걱정도 잠시, 증시를 구제하기 위해 정부가 본격적으로 팔을 걷어붙였다. 구체적으로 말해서 증시의 융자 능력을 심사하는 관련 부처의 '눈높이'가 점차 낮아짐에 따라, 국유기업은 빈곤의 늪에서 벗어날 수 있는 강력한 엔진을 확보하는 데 성공했다. 관련 부서에서 침체된 증시에 활기를 불어넣어 증시의 융자 기능을 이끌어내고, 국유기업의 상장을 지원하겠다는 의지를 공식적으로 천명한 것이다. 시장을 통한 증시 활성화라는 목표를 달성하기 위해서는 무엇보다도 가라앉은 시황에 활력을 불어넣어 줄 수 있는 '신선한 **닭 피**'가 필요했다. 그 주인공으로 닷컴 열풍을 일으킨 IT주가 낙점됐다. 당시 해외에서도 IT주는 투자자로부터 가장 많은 '러브콜'을 받은 종목으로 인정받고 있었는데, 이러한 추세를 유심히 지켜보던 중국 정부 역시 IT주를 통한 증시 활성화에 나서기로 결심했다.

**닭 피(鷄血)**

'닭 피를 주사한다(打鷄血)'라는 단어는 중국 인터넷에서 유행하는 신조어로 과도하게 연예인을 쫓는 행위를 가리키는데, 특정 인물에게 열광하는 현상에도 종종 사용된다. 문화혁명 시절 닭 피는 민간에서 크게 유행한, 말도 안 되는 민간요법이었다. 1주일에 한 번, 수탉(4근 이상 되는 하얀색 레그혼(Leghorn)이 가장 효과적이라고 한다)에게서 수십 혹은 100㎖ 이상 되는 피를 뽑아 인체에 주입시키면 건강을 유지할 수 있다고 알려져 있다.

불황: 2001년 6월 14일부터 2005년 6월 6일까지. 상하이 종합 주가 지수가 2,245포인트에서 998포인트로 추락했다. 주식 분할이라는 악재를 놓고 투자자 사이에서는 해당 조치가 증시의 날개를 꺾어놓을 것이라는 흉흉한 소문이 파다했다. 국유주 감소, 경제학자 우징롄이 주장한 '증시는 도박판'이라는 논쟁, 해외파의 이상적 시장주의 등 여러 요소가 한데 뒤엉키면서 쉬지 않고

증시를 흔들어댔다.

7차 활황-불황

활황: 2005년 6월 6일부터 2007년 10월 16일까지. 주식 분할 개혁, 해외 자본의 유입, 펀드 규모의 확대, 민간자본의 대규모 유입이라는 4대 호재가 중국 증시를 든든하게 떠받쳤다. 그동안 미지근하던 중국 증시는 2005년부터 5년 동안의 지루한 약세장에서 벗어나 주식 폭등이라는 신화를 써 내려가기 시작했다. 2007년 증시는 말 그대로 하늘 높은 줄 모르고 치솟았다. 그해 96.66% 상승한 상하이 지수는 6,124.04포인트라는 고지에 올라서기도 했다. 상하이와 선전 증시의 시가 총액은 2006년 말 8조 위안에서 2007년 말 32억 위안을 훌쩍 뛰어넘는 수준으로 늘어났고, 2007년 12월 상하이와 선전 증시 내 전체 계좌 수는 1억 3,600만 개를 넘어섰다.

불황: 2007년 10월 17일부터 2008년 10월 말까지. 기나긴 과도기를 거친 끝에 중국 증시도 저만의 법칙을 만들어내는 데 성공했다. 수천만 명의 투자자는 애타는 기다림 끝에 마침내 강세장을 맞이하게 된 것이다. 그 결과 주가가 떨어진다고 해도 그 이유만 찾으면 크게 걱정하지 않아도 될 정도로 증시는 안정적인 상승세를 이어갔다. 그러던 중 증권감독위원회 부의장인 투광샤오(屠光紹)가 2007년 10월 17일에 밝힌 '홍콩에서 제시한 상장사의 주식 호환에 대한 건의'는 증시의 혼란을 불러왔다. 그 결과 상하이와 선전 증시 모두 폭락했다. 여기에 바다 건너에서 밀어닥친 금융 쓰나미가 끝내 **나비효과**를 불러일으키며 '결정타'를 날렸다. 충격을 견디지 못한 중국 증시는 '와르르' 무너져 내리더니 급기야 1,700포인트 이하에서 장을 마감했다. 2008년 상반기 A주(중국인 투자 전용 주식-역주)의 하락폭은 세계 1위를 기록했다. 하반기에 들어서며 사태가 다소 진정됐지만 그해 상하이 종합 주가 지수는 65.39%의 낙폭을 보이며 전 세계 증시 중 13위라는 초라한 성적표를 얻는

**나비효과(Butterfly Effect)**
남미 아마존의 열대 우림에서 살던 나비의 날갯짓이 2주 뒤에 미국 텍사스 주에 거대한 토네이도를 불러올 수 있다는 뜻을 지닌 나비효과는 일종의 카오스 현상으로, 날씨, 증시 등이 상당 기간 동안 예측하기 어려운 혼란된 상태에 처해 있다는 데 주로 사용된다.

데 그쳤다.

중국 증시가 걸어왔던 길을 되돌아보면 참 탈도 많고 말도 많았다는 걸 알 수 있다. 문제가 끊이지 않았던 만큼 증시 폭등에 따른 기쁨의 순간도 적지 않았다. 증시의 추이와 중국의 경제 성장세는 때로는 귀신같이 맞아떨어지다가도 어느 순간 생뚱맞은 관계를 보여주기도 했다. 그 때문에 증시 추이와 GDP 성장 간의 관련성을 찾아낸다고 해도, 제아무리 빼어난 혜안을 가졌다 한들 항상 원하는 결과를 얻기란 결코 쉽지 않았다. 2010년 '개와 주인의 거리가 멀어지는 상황'이 점차 수면 위로 드러나자, 줄곧 의연한 태도를 취했던 〈인민일보〉조차 다급한 마음을 감추지 못하고 사태 수습에 나섰다.

*2010년 중국 경제는 빠르고 힘차게 성장했지만 A주에게 성장의 발판을 마련해 주기는커녕 중국 증시를 2010년 한 해 최악의 실적을 기록한 세계 시장 중 하나로 전락시켰다. 12월 25일 장을 마감할 때까지 중국 A주 시장의 한 해 낙폭은 11.75%를 기록했는데, 전 세계 증시 중 두 번째로 가장 큰 낙폭을 선보인 시장이라는 것을 의미한다.*

*연초를 떠올려 보면 이러한 현상은 전혀 예상 밖의 결과라 하겠다. 2009년 초 중국 A주 시장은 2010년 A주 시장에 대한 투자자의 기대감을 최고조로 끌어올릴 만큼 강하게 반등했다. 하지만 현실은 투자자의 '뒤통수'를 쳤다. 2010년 중국의 경제 성장은 전 세계 그 어느 국가보다 괄목할 만한 성과를 거뒀다. 올해 3분기까지 GDP는 동기 대비 10.6% 상승했으며 2분기 연속 일본을 뛰어넘으며 세계 2대 경제대국으로 우뚝 섰다. 증시는 경제의 바로미터다. 하지만 중국의 증시는 실물경제와는 전혀 다른 행보를 보여줬다. 도대체 그 원인은 무엇인가?*[3]

3) '하락세를 이어가는 중국 증시, 경제의 바로미터가 작동하지 않는 까닭은?', 〈인민일보〉, 2010년 12월 29일

# 정책에만 의존하는 증시의 베일을 거둬라

증권감독위원회는 화산 분출구에 앉아 있는 것처럼 마음의 준비를 단단히 한 채 신중히 증시 문제를 다뤄야 한다. 주가가 무섭게 치고 올라오면 위에서는 문제가 생기지 않을까 걱정하고, 반대로 주가가 주저앉으면 아래에서는 투자자들이 투자를 하지 않을 것이라고 불평한다. 다시 말해서 주가가 올라도, 혹은 내려도 어디서든 불만의 목소리가 터져 나온다. 이런 상황이 펼쳐지는 까닭은 증권감독위원회가 단순히 시장만을 상대하는 것이 아니기 때문이다.[4)]

–류홍루(劉鴻儒)

## '정책시'라는 울타리 아래에서

위의 이야기는 1995년 3월 31일 65세의 류홍루가 증권감독위원회 의장 자리에서 물러나며 그동안 겪었던 경험과 감상 중 일부를 발췌한 것이다.

한 치 앞도 예측하기 어려운 중국 증시를 두고 많은 주식 투자자 역시 스릴 만점의 롤러코스터를 탄 심정이라고 고백한다. 자칭 '주식 투자의 고수'라는 투자자들은 리스크를 피하려면 투자 방식을 다양화해야 한다고 충고한다. 왜냐하면 중국 증시에서 정부 정책이 위력적인 영향력을 자랑하고 있기 때문이다. 그러다 보니 정책 발표회에 대한 증권가의 관심과 신뢰는 GDP

**정책시**

정책에 따라 주가가 요동치는 증시를 가리킨다. 주가 지수를 주요 관리 대상으로 간주하는 정책은 경기 흐름에 따라 당근과 채찍을 번갈아 사용하며 주가를 인위적으로 조정한다. 상대적으로 운신의 폭이 넓은 정책과 달리 증시는 주가 상승을 위한 정책적 지원을 필요로 하는 동시에 정책에서 벗어나야 한다는 딜레마를 지니고 있다.

4) '류홍루: 장엄한 약속을 위해', 신화망(新華網), http://news.xinhuanet.com/fortune/2004-10/09/content_2068059.htm

성장 보고회에 대한 것보다 훨씬 뜨겁고, 별것 아닌 정부 소식에도 중국 증시는 일희일비한다. 이처럼 정책이 주가지수 변동에 커다란 영향력을 발휘하는 증시, 이를 바로 정책시(政策市)라고 한다.

1990년 5월 하순 '정부에서 선전 증시를 처분하려 한다'는 소문이 삽시간에 퍼지자, 주가가 폭등하더니 급기야 한 달 만에 완커(萬科; 중국 최대 부동산 기업-역주)는 380%의 오름세를 기록했고, 선전 발전은행의 주가도 100% 상승했다…….

2007년 5월 30일 증시의 거품이 한창 일어나면서 인화세가 돌연 인상되자, 증시가 순식간에 하락세로 돌아섰다. 그 후 5일 동안(거래일 기준) 증시는 무려 21% 하락했다.

중국 증시가 개장한 지 17년이 지났지만 정부의 눈치를 보는 상황은 여전하다. 다시 말해서 정책에 따라 증시가 폭등하거나 폭락하는 상황이 여전히 계속되고 있다.

'7대 활황과 불황'으로 대변되는, 이른바 산전수전, 그것도 모자라 공중전까지 겪은 중국 증시지만 시시때때로 '보이는 손'이 나타났다 사라진다. 증시가 엎치락뒤치락할 때마다 슬며시 손을 내미는 정부의 속내는 뻔했다. 즉, 정부는 증시가 크게 '튀지 않고' 꾸준히 상승하기를 기대했다. 너무 빨리 올라도, 그렇다고 너무 빨리 추락해도 좋을 것이 없다는 것이 정부의 판단이었다. 주가가 오르면 증시 거품이 생겨나 인플레이션을 유발할 수 있다는 걱정에 관련 부처에서 냉큼 투자 열기에 찬물을 뿌린다. 반대로 주가가 내려가면 향후 경제 성장에 대한 투자자의 신뢰에 타격을 줄 수 있다는 우려에 시장을 끌어올리기 위한 각종 호재를 연거푸 내놓기 바쁘다.

그 결과, 증시가 하락하는 순간에 출처를 알 수 없는 대규모 자금이 등장하거나 일부 대형주가 '가면을 쓴 자금'을 동원해 증시를 끌어올린다. 이는 '증시 세계의 의리'를 위해 용감하게 나선 '재야 고수'가 아니라 정부가 내놓은 정책의 효과일 뿐이다. 영화와 같은 드라마틱한 상황과는 전혀 거리가 멀다. 자고로 왼손이 한 일을 오른손이 모르게 하라고 했다. 정부가 자신의 행위를 노골적으로 알린다면 대중으로부터 박수갈채를 받을 수 있을 거라고 장담하기는 어렵다. 왜냐하면 왼손이 한 일을 오른손이 모르게 하는 것이야말로 진정한 의미의 일처리라고 할 수 있기 때문이다. 그런 점에서 GDP 성장, 기업의 안정화야말로 증시에 있어서 가장 중요한 요소라 하겠다.

이러한 투자관을 지니고 있다면 중국 증시라는 '동쪽(여기서 말하는 동쪽은 '동방'이라는 의미다. 이 책은 전체적으로 동서양 대결 모드로 진행된다–역자)에 사는 개'가 왜 말을 안 듣는지 쉽게 이해할 수 있을 것이다(간단하게 정리하면, 위의 투자관에서 바라보면 중국 증시가 왜 경제적 법칙과 어긋나는지 쉽게 알 수 있다는 뜻으로 풀이할 수 있다. 다만 원문대로 그대로 둔 것은, 동서양 대결 모드를 일관되게 거론하는 저자의 의도를 반영한 것이다–역자).

2001년부터 2005년까지 중국 증시는 계속되는 불황에 시달렸다. 전 세계 증시가 너 나 할 것 없이 증시 활황을 축하하며 '샴페인'을 터뜨리고 있는 동안 오로지 중국 증시만이 웃지도, 울지도 못했다. 하지만 이와 달리 중국 경제는 유례없는 호황을 구가했을 뿐만 아니라, 안정적인 성장세를 유지했다. 인플레이션이라는 거센 파도의 공격에도 꿈쩍하지 않았지만 '중국의 기적'이 빛을 발하는 순간, 증시라는 개가 갑자기 나타나더니 주인보다도 훨씬 뒤처진 채 헉헉댔다. 투자자들은 애타는 심정으로 정부가 '강심제'를 놔주기를 기대했지만 정부는 예상을 깨고 조용히 사태를 관망했다. 정부의 속내는 분명했다. 전체적인 거시 경제의 흐름이 원활한 상태에서 기업도 무리 없이 융자할 수 있고 경제 성장에 대한 투자자의 믿음 또한 확고하니 쓸데없는 일을 벌일 필요가 없다는 것이었다.

하지만 2008년 금융위기가 터지면서 상황은 급변했다. 사방에서 각종 부정적인 소식(국제 증시의 연이은 폭락, 중소기업의 줄도산)이 연거푸 전해진 데다 기존의 거품이 만들어 놓은 심각한 문제들마저 한꺼번에 터지며 중국 증시도 폭락하기 시작했다. 걱정도 잠시, 단기적인 하락세를 거친 중국 증시는 바닥까지 추락하지 않고 2,000포인트 선에서 오랫동안 '방황'했다. 전 세계 증시가 녹색으로 물든 상황에서 중국 증시만 희미하지만 붉게 물들었다. 당시 수많은 기업, 기관과 개인 투자자 모두 5,000포인트, 6,000포인트에서 악전고투를 벌이고 있었다. 자금을 빼고 싶어도 증시가 하락하는 바람에 자칫했다가는 거액의 손실을 입을 수 있기 때문이었다. 금융위기 확산과 침체에 빠진 증시를 바라보며 중국의 주식 투자자는 이러지도 저러지도 못하고 그저 발만 동동 굴렀다. 그 모습을 지켜보던 정부가 마침내 칼을 빼들었다. 4조 위안 규모의 인프라 투자 계획을 발표하고 지방정부의 적극적인 증시 진출을 독려함으로써, 답답한 상황을 타개할 수 있는 결정적인 '계기'가 마련된 것이다. 자본시장에 연거푸 호재가 쏟아지자 2009년 1분기의 상하이 종합 주가 지수는 3개월 연속 상승했고, 분기 상승폭도 30.34%를 기록했다.

이제 안도의 한숨을 돌리려던 투자자를 또다시 절망의 늪으로 몰아넣는 상황이 전개됐다. 계속된 글로벌 경제 위기로 각국 경제가 심한 몸살을 앓고 중국 내 중소기업마저 연일 눈물을 훔치는 상황이 전개됐다. 여태껏 '침체'라는 뜻을 몰랐던 부동산 업종조차 몸을 낮추고 판매가를 인하할 만큼 경기가 바닥까지 추락했다. 세계 경제가 칠흑같이 어둡고 험난하기 짝이 없는 경기 불황이라는 터널을 힘겹게 통과하고 있다. 그 누구도 경기 회복의 빛이 언제, 어디에서 비춰올지 몰라 불안에 떨고 있지만 위기일수록 증시를 믿고, 믿음을 확고히 해야 한다. 경제가 호황을 구가할 때는 어느 누구도 증시라는 바로미터를 중요하게 생각하지 않지만 경제가 휘청거리면 지푸라기라도 잡는 심정으로 증시에 매달린다. 그 때문에 증시에 한 줄기 햇살이라도 비치면 투자자의 마음도 어느새 따스해진다.

### 증시의 정책 의존증

자본시장은 말 그대로 시장이 주인공임을 뜻한다. 전 중국 증권감독위원회 부의장인 가오시칭(高西慶)은 1995년 10월 20일 사직서를 제출하며 국가시스템개혁 위원회 거시 경제사 사장(司長) 로우지웨이(樓繼偉)에게 편지 한 통을 보냈다. 그 내용 중 눈길을 사로잡는 대목을 소개해 보겠다.
"증권감독위원회가 존재해야 하는 유일한 이유는 '표면적으로 공평하게 보이는' 시장에서 투자자가 경쟁할 수 있도록 시장 정보가 충분히, 즉시, 그리고 정확하게 전달되도록 보장하는 데 있습니다. 사회 전체적으로 봤을 때 증시는 투자자가 자유롭게 투자할 수 있는 유일한 장소이기 때문입니다.……"[5)]

하지만 자본시장은 그렇게 자유롭지도, 자주적이지도 못하다. 심각한 정책 의존증을 앓고 있어 시장의 법칙이 종종 왜곡되거나 드러나지 않는 듯 보인다. 그 때문에 얇디얇은 중앙정부용 내부 참고문서가 두꺼운 《투자 대가 **버핏**의 투자 노하우》보다 투자자의 눈길을 사로잡고 영향력을 발휘하곤 한다.

정책에 대한 투자자와 시장의 집착과 의존은 경험에서 비롯된 결과라 하겠다. 중국 증시는 한 치 앞을 알 수 없을 정도로 심하게 요동치기 때문에 정부 정책은 상대적으로 상당한 공신력을 자랑한다. 그래서 많은 주식 투자자는 정책이라는 풍향계를 보고 투자를 결정한다.

**버핏**

워런 버핏(Warren Buffett)은 세계적으로 유명한 투자자, 부호, 자선가로 2008년 〈포브스(*Forbes*)〉가 발표한 세계 부자 리스트에서 빌 게이츠를 제치고 세계 최고 부자로 선정됐다. 빌 게이츠는 워런 버핏을 이렇게 평가했다. "사람 배꼽 빠지게 만드는 유머감각의 소유자인 워런 버핏은 햄버거와 콜라를 좋아하는 것으로도 유명하다. 세계에서 가장 돈 많은 사람이 어떻게 그럴까 싶은데, 결론적으로 말하자면 나는 버핏의 팬이다."

정부 역시 처음부터 작정하고 증시를 조작하려던 것은 아니었다. 당초 증시 리스크에 대한 공포에 시달리던 정부가 궁여지책으로 증시를 조작하면서 중국 증시의 정책 의존증이 '발병'했다. 쉽게 말해서 주가가 오르면 흥분에 겨운 나머지 이성을 잃을 수도 있다는 걱정, 주가가 떨어지면 크게 낙담해 소중한 목숨을 쉽게 던져버릴 수도 있다는 우려에 밤잠 설치던 정부는 보이는 손을 내밀기로 결심했다. 그 결과, 1990년대 초반 중국 경제 곳곳에서 정부의 흔적을 볼 수 있었던 것은 물론, 아무

5) 왕안(王安), 《주식 투자자의 세상 — 중국 증권 시장 30년의 기록(원제: 股爺天下 — 中國證券市場30年記)》, 중신출판사, 2011년 9월

것도 모르는 '철부지' 자본시장에서도 보이는 손을 쉽게 목격할 수 있었다.

게다가 중국 정부는 당시 '시험 삼아' 한번 해보자는 심정으로 증시에 개입했었다. 걱정했던 것처럼 증시가 정말 '사고'를 친다면, 이를테면 선전시 '8·10' 사건처럼 비열하고 악의적인 수단과 시나리오로 투자자를 우롱하는 사건이 여러 차례 터져 이제 막 싹을 틔운 증시에 재를 뿌린다면 증시를 폐쇄한다는 문서마저 준비해 둔 상태였다. 이 때문에 정책에 대한 사람들의 관심은 시장의 법칙에 대한 고민과 연구보다 한층 뜨거울 수밖에 없었다. 정부 정책의 손 안에 자본시장의 운명이 쥐어져 있었기 때문이었다. 설상가상으로 증시 초기, 자본시장은 고삐 풀린 망아지나 다름없었던 상태라 정책에 대한 사람들의 신뢰를 더욱 견고하게 만들었다. 주가가 오를 때는 무서운 줄 모르고 치솟다가도 주가가 떨어지면 당장이라도 죽는시늉을 하며 앓는 소리를 내자, 다수의 투자자가 극도의 혼란에 빠졌다. 주식이 뭔지도 모른 채 지갑을 여는 투자자가 등장하기도 하고 시장 환경이 빠르게 다변화하다 보니 투자 규칙은 일찌감치 엉망진창으로 꼬여 제대로 된 힘을 발휘하지 못했다. 머리 아플 정도로 혼란한 투자 환경에 처한 투자자에게 정부 정책 외에 믿을 만한 참고 자료를 찾기란 사실상 불가능했다.

**쉬샤오니엔(許小年)**

1953년에 태어난 쉬샤오니엔은 현임 중국-유럽 국제 MBA 경제학 및 금융학 교수로, 메릴린치 아시아태평양 지사 수석 연구원, 세계은행 고문으로 활동했다. 중국 경제학계에서 가장 큰 권위를 자랑하는 '쑨예팡 경제과학상'을 수상한 쉬샤오니엔은 거시 경제학, 금융학, 금융 기구 및 금융 시장, 과도 경제, 중국의 경제 개혁 부문에서 활발한 연구 활동을 펼치고 있다.

경제학자 **쉬샤오니엔(許小年)**은 시장의 정책 순환 역시 '정책의 시장 구하기'를 기대하는 투자자의 심리를 부추기고 있다고 주장했다.

*시장이 침체했을 때는 수단 방법 가리지 않고 사람의 투자 심리를 끌어올린다. 여론을 부추기거나 장기적인 전망을 내놓으며 자금을 쏟아 부으라고 권하며 공격적으로 펀드를 발행하고 인화세를 인하한다. 하지만 시장이 일단 몸집을 불리면 경기가 과열됐다며 경고를 내놓고 인화세를 인상하거나 펀드 지분을 규제하고 위법 행위를 단속한다. 이 같은 상황이 지난 십수 년 동안 지속적으로 반복되는 상황을 가만히 살펴보면 시간과 수치만 다를*

*뿐 전체적인 진행 방식은 동일하다는 사실을 발견할 수 있다.*

*선전 시에서 주식 투자에 열을 올리던 기업가를 만난 적이 있는데 그는 내게 자신만의 투자 비법을 알려줬다. 기업이 발표하는 재무보고서는 본 적도 없다고 밝힌 그는 재무보고서를 볼 줄 몰라서 그런 것이 아니라 봐도 아무 소용없다고 넌지시 일러줬다. 매일 저녁 TV뉴스를 보고 조간신문을 꼼꼼히 살펴 정부 지도자의 의중을 파악하고 정책 방향을 가늠한 뒤에야 투자 전략을 짠다는 것이 그의 설명이었다.*

*우리는 정책을 통한 증시 구제를 일상적으로 경험한다. 얼마나 자주 겪는지 정기적으로 시장을 구제할 뿐만 아니라, 거의 제도화되는 수준에까지 이른 상태다. 그러다 보니 증시에 대한 투자자의 전망 역시 상당히 고착화되어 있다. 요컨대 증시가 무너지기 시작하면 수천만 개의 눈동자가 정부로 쏠린다. 정부 정책을 통해 간신히 시장을 떠받치고 나면 며칠 뒤에 폭등하게 되고, 다시 긴급 진화에 나선 정부 정책으로 증시가 폭락한다. 이러한 과정이 반복되며 중국 증시는 정책시라는 순환에 빠지게 된다. 이 과정에서 피해를 보는 것은 항상 일반 투자자다.*[6]

자본시장의 시장화가 진행됨에 따라 자본시장의 **융자**, 자기조절, 재화 창출 등의 긍정적인 효과가 눈에 띄게 증가하는 상황에서 자본시장이 문을 닫을 가능성은 사실상 없다고 단언할 수 있다. 이러한 상황에서도 경제 성장 촉진, 기업 안정화 등을 위한 정부의 의지가 계속해서 자본시장을 장악한다면 행정 권력에 대한 사람들의 미신은 '신앙'이 되고 말 것이다. 중국에서는 정책이 시장의 흐름에 영향을 준다는 그 누구도 부정할 수 없는 사실이 존재하는 한 말이다.

**융자**

자산을 얻거나 모으기 위해 취하는 통화 수단으로, 일반적으로 통화 자금의 소유자와 수요자 사이에 직접 혹은 간접적으로 자금을 융통하는 활동을 가리킨다. 넓은 의미의 융자는 자금이 양방향으로 이동하는 과정으로, 자금의 유입(자금원)과 운용이 포함된다. 좁은 의미의 융자는 자금의 유입만을 가리킨다.

6) '쉬샤오니엔: A주는 안전한데도 시장을 구제해야 한다고 말하는 까닭', 〈신쾌보(新快報)〉, 2008년 3월 31일

# 폭리시에서 벗어날 날을 기다리며

> 전형적인 제로섬 게임은 우리가 알고 있거나 아직 잘 모르는 부자를 마구 양산해 내는 한편, 중국 금융 시스템에 거액의 부실자산이라는 블랙홀을 남겼다. 대부분의 경우, 부호와 부실자산은 동전의 양면과 같다. 부호가 서서히 모습을 드러내는 것과 달리, 부실자산은 아직 그 모습을 제대로 드러내지 않았다. 금융은 그저 빙산의 일각에 불과하다.
>
> –독립 평론가 위안졘(袁劍), 《중국 증권 시장 비평(원제: 中國證券市場批判)》

## 매혹적인 투기의 그림자

중국 증시의 자체적인 발전 상황만 놓고 봤을 때, 투기성이 상당히 강하다는 결론에 도달할 수 있다.

증시가 6,000포인트를 육박했을 무렵, 당시 중국 사회는 부자가 되겠다는 열망으로 가득 차 있었다. 증시가 새로운 고지를 향해 무섭게 달려주기를 모두 기대하는 상황에서 갑작스레 증시가 힘을 잃기 시작했다. 이른바 주식으로 대박을 터뜨렸다는 신화가 모두 물거품으로 변했고, 100% 수익을 보장하는, 아는 사람만 안다는 주식마저 바닥으로 추락했다. 완커, 멍뉴(蒙牛; 중국의 대표적인 유가공업체–역주) 같은 대기업의 주식도 예외 없이 주저앉자 투자 열기로 후끈 달아올랐던 '강세장'이 간판을 내리고 '약세장'이 손쉽게 그 자리를 꿰찼다.

**투기**

투기는 장기 투자자, 단기 거래자, 단기 수익을 노리는 투자자로 분류된다. 투자자와 투기꾼은 어떻게 다를까? 잠재적인 가능성을 갖춘 주식을 선호하는 투자자는 주요 전략 종목으로 장기 투자가 가능한 건전한 업체를 선택한다. 당장 거액의 수익을 올릴 수는 없지만 안정적으로 오랫동안 수익을 확보할 수 있다. 반면 투기꾼은 단기 거래에 집중한다. 증시가 요동치는 틈을 이용해 주식 투자로 폭리를 취한다. 하룻밤 사이에 소수의 벼락부자를 배출해 내기도 하지만 더 많은 사람을 파산의 길로 내몬다.

활황이든 불황이든 간에 그 누구도 부정할 수 없는

사실은 중국 증시가 전체적으로 긍정적인 방향으로 발전하고 있다는 점이다. 이러한 상황이 나타나기까지 지대한 공헌을 한 것은 다름 아닌 중국 경제의 고속 성장이었다. 2005년부터 2007년까지 중국 증시는 5배 이상 몸집을 키우며 세계적인 주목을 받았다. 중국 경제의 안정적인 성장은 부정할 수 없는 사실이지만 중국의 GDP는 5배까지 성장하지 못했고, 중국 기업의 수익률 역시 5배까지 증가하지 못했다. 중국 증시의 시가 역시 여전히 정점을 찍지 않은 데다, 투자자와 관리감독기관 모두 만반의 준비를 갖췄다고 보기 어렵다. 이러한 사실은 중국 증시가 매년 1,200%에 가까운 환수율을 기록하고 있다는 사실만 봐도 쉽게 알 수 있다. 상장사, 투자자, 일반 주식 투자자 모두 주식으로 인생 역전하겠다는 성향이 강한 터라 가뜩이나 투기적 성향이 짙은 중국 증시를 더욱 부추기고 있다.

## 투기로 얼룩진 증시를 탈출하라

2005년 주식 개혁을 실시하기 전에 주식 분할[7]은 주식 투기의 원죄라는 평가를 듣기도 했다. 비유통주가 상장되지 못한 주식 분할이라는 뜻은, 상장사가 3분의 2에 해당하는 주식을 시장에 유통시키지 못한다는 것을 가리킨다. 나머지 3분의 1에 해당하는 주식만으로는 상장사의 가치를 정확하게 판별하기 어렵기 때문에 주식시장의 큰손에게 이용되기 십상이다. 그러한 상황에서 자본 폭풍이 몰아닥치면 주가는 시시각각 모습을 바꾼다.

증권감독위원회 의장 상푸린(尙福林)조차 주식 분할제도에 문제점이 많

7) 주식 분할은 다른 말로 주주권 분리라고도 표현하는데, 상장사가 일부 주식만 상장시켜 유통하는 행위를 가리킨다. 유통주식(Tradable Share)이라고 불리는 일반주가 전체 주식 시장의 3분의 1을 차지하고 나머지를 잠시 상장, 유통되지 않는 비유통주(Nontradable Share)가 차지한다. 비유통주는 대부분 국유주와 법인주로, 비유통주의 3분의 2를 차지한다. 2004년 말 현재 상장사 전체 주식 가치는 7,149억 위안에 달했는데, 그중 비유통주는 전체의 64%인 4,543억 위안인 것으로 확인됐다. 그 밖에 비유통주에서 국유주의 비중은 74%에 달한다.

다고 지적했다.

*주식 분할이라는 상황에서 주식의 정가(定價)는 업체의 펀더멘털 등의 요소 외에 3분의 2에 해당하는 주식이 잠시 상장, 유통되지 않는다는 상황을 내포하고 있다. 3분의 2에 해당하는 주식은 상장되어 유통될 수 없기 때문에 객관적으로 단일 상장사의 유통 규모가 상대적으로 위축되는 결과를 초래할 수 있다. 게다가 증시의 투기성을 높일 뿐만 아니라 주가 불안을 가중시키고 정가 시스템을 왜곡시킬 수 있다.*[8)]

그 결과 중국 증시는 상당 부분 '투기시(投機市)'로 변질됐고, 융자는 중국 증시의 가장 중요한 기능으로 자리 잡았다. 융자의 최대화를 이끌어 내기 위해, 중국 증시의 출발점 역시 주로 융자의 최대화를 유도하는 방향으로 향하게 됐다. 그 결과 중소기업 전용 시장인 중샤오반(中小板), 중소기업 및 벤처기업을 지원하며 차스닥(Chasdaq)으로 불리는 촹예반(創業板; 이하 차스닥으로 표기-역주)에서 신규 주식 대량 발행, 대형주의 연이은 융자 등으로 투기 열풍이 거세게 불더니 전체 융자 규모가 확대되는 상황마저 나타났다. 1990년부터 2010년 11월 말 A주 시장의 전체 융자액은 3조 6,429억 4,600만 위안을 기록했는데, 두 눈을 의심케 할 만큼 엄청난 융자 규모와는 대조적으로 1990년부터 2010년 6월까지 A주의 현금 수익률(分紅)은 1조 6,049억 3,700만 위안에 그쳤다. 결론적으로 융자 총액이 전체 수익액보다 2.27배 높은 것으로 나타났다.[9)] 투기 세력이 시장화라는 방패 뒤에 숨어 건전한 투자 환경 조성이나 장기적인 발전 등은 나 몰라라 하고 벌떼처럼 증시에 몰려가 업체를 상장시킨 뒤 풍부한 자금을 자랑하는 증시

---

8) "중국 증시의 중요한 전환점—'주식 분할 개혁'에 관해 중국 증권감독위원회 의장 상푸린과 나눈 대담", 하남보업망(河南報業網)-하남일보(河南日報)

9) 출처: '지난 20년 동안 상장사가 거둔 득과 실: 융자가 수익률의 2.27배', http://finance.sina.com.cn/stock/s/20101127/01269018159.shtml

에서 선량한 투자자의 '피'를 빨아먹기 시작했다.

중국 증시는 한창 피 끓는 청년기를 보내곤 있지만 여전히 '4고(高) 현상'이 기승을 부리고 있다. 여기서 말하는 4고 현상이란 고가의 주식 발행, 고가의 주식 신규 발행, 고액의 전환가능 채권 발행, 고가의 증자를 가리킨다.

그로 인해 신규 발행주의 수익률과 발행가격 사이에 점차 거리가 생기기 시작했다. 2009년 상장한 1차 차스닥 업체 중 상당수 업체의 발행 수익률이 40배 이상 증가했다. 이를테면 선저우타이위에(神舟泰岳)의 주당 수익률은 58위안을 기록하며 1위를 차지했고, 가장 낮은 수익률을 거둔 라이메이(萊美)제약의 주당 가격마저 16.50위안을 기록할 정도였다. 차스닥의 평균 수익률이 한때 100배를 넘기면서 주가는 심각할 정도로 기업 본연의 가치를 왜곡시켰고, 기업의 성장 역시 발행 당시 알려진 것과는 거리가 멀었다. 고위 임원이 제출한, 산더미처럼 쌓인 '사직서'가 바로 그 증거다. 2011년 9월 16일까지 중샤오반과 차스닥에 상장한 업체 중 무려 424곳에서 사직 공고가 났다. 사직하는 이유도 가지각색이었는데, 오랫동안 식구와 떨어져 살고 있다는 이유에서부터 체력 문제 등도 있었다. 2011년 7월 29일 싼쥐(三聚)환경 보호 이사 겸 부사장인 종란보(叢瀾波)와 이사 장지에푼(張杰分)이 각각 사직서를 제출했다. 사직하기 전 이들은 끊임없이 '카드깡'을 했는데 그 규모가 무려 2,400만 위안에 달하는 것으로 확인됐다.[10)]

세심한 투자자라면 상장이 무척 괴상한 문제라는 것을 발견할 수 있을 것이다. 상당수의 상장사가 주식을 공모하며 거액의 수익을 안겨주겠다고 호언장담하지만 실제 증시에 진출한 뒤에는 1년도 안 돼서, 심지어 6개월 만에 초라하기 그지없는 재무보고서를 내민다.

높은 주식 **프리미엄(溢價)**은 중소기업의 고성장과

> **프리미엄(溢價)**
>
> 지불된 실제 금액을 초과한 증권 혹은 주식의 명목상 가치 혹은 액면가를 의미한다. 펀드에서 말하는 프리미엄이란, 폐쇄된 펀드 시장의 매매가격이 펀드사의 순자산 가치보다 높은 경우를 가리킨다. 쉽게 말해서 각종 수속비 등의 비용을 제한 후에도 돈이 남는 것을 가리킨다.

10) 출처: '중샤오반과 차스닥 업체 중 사직서를 제출한 고위 임원 수가 2배 증가,' 〈중국증권보(中國證券報)〉, 2011년 9월 20일

비례를 이루지 못했고, 자본시장은 성장 가능성이 크고 소중한 가치를 지닌 업체를 심사할 수 있는 안목을 잃었다. 자본시장을 발판 삼아 일부 투기꾼은 하룻밤 사이에 벼락부자가 될 수 있었지만 '높은 성장률'과 '첨단 과학기술'이라는 기치를 내세운 기업은 순식간에 무대 뒤편으로 사라졌다.

그렇다면 투기로 얼룩진 증시를 어떻게 탈출해야 할까?

신임 증권감독위원회 의장 궈수칭(廓樹淸)은 중국 증시에 대한 투자자의 신뢰를 재구축하기 위한 첫 단추로 강제 배당제를 선택했다. '뱀은 머리에서 일곱 치 되는 곳을 쳐야 한다(打蛇打七寸)'는 말처럼, 즉 문제를 해결할 때는 정곡을 찔러야 한다는 점을 참고해 신규주가 증시에 상장할 때 주식공모 설명서에 반드시 배당 계획에 대한 자세한 설명을 곁들이도록 했다. 그 밖에도 배당 정책과 계획을 중대 알림 사항으로 선정하고 배당의 투명성을 높이라고 주문했다. 이러한 조치는 모든 자본시장에서 융자에 참여하는 기업이 처음부터 주주에게 공정하게 수익을 배당해 주는 제도를 제공할 수 있도록 유도하는 체계적인 시스템이 탄생했음을 의미한다. 다시 말해서 투자자가 상장사에 자금을 제공했을 때 상장사는 반드시 투자자에게 수익으로 보답해야만 근본적으로 투기로 얼룩진 증시의 '체질'을 바꿀 수 있다.[11]

11) 출처: '중국 증시는 자린고비에서 벗어나야 투기로 물든 증시에서 탈출할 수 있다', 〈광주일보(廣州日報)〉, 2011년 11월 13일

# 정글의 법칙이 난무하는 증시에서 살아남는 법

중국 증시는 처음부터 규칙이니 법칙이니 하는 것과는 거리가 멀었다. 이대로 성장한다면 투자자가 안심하고 자산을 불릴 수 있는 투자 장소로 자리 잡을 가능성은 전혀 없다. 주가가 비정상적으로 높기 때문에 상당수의 주식은 제대로 된 투자 가치를 지니고 있지 못하다. 좀 더 안을 들여다보면, 증시에서 횡행하는 불법 행위, 위법 행위로 투자자는 제대로 된 수익을 돌려받지 못하고 증시는 투기꾼의 천국으로 전락하고 말았다. "중국 증시는 마치 승부를 전혀 예측할 수 없는 도박장을 연상시킨다. 설상가상으로 제대로 된 규정마저 없다." 중국 증시를 직접 지켜본 한 외국 투자자의 경험담은 누구도 부인할 수 없는 사실이다. 제아무리 속임수가 활개 치는 도박판이라고 해도 나름의 법칙은 있기 마련이다. 요컨대 다른 사람의 손에 들린 카드를 함부로 들여다볼 수는 없다. 하지만 중국 증시에서는 전혀 통하지 않는다. 누군가가 내 손에 들린 카드를 훤히 들여다보기도 하고, 심지어 교묘한 속임수를 동원하거나 사기를 치기도 한다. 큰손, 주식 투기, 주가 조작 부문에서 최고의 경지에 다다랐다고 해도 과언이 아니다.

–경제학자 우징롄

## 증시를 채운 거품

체코의 작가이자 예술가 율리우스 푸치크(Julius Fucik)는 이렇게 경고했다. "인간들아, 나는 너희를 사랑한다. 허나 너희는 경계해야 할 것이다!" 자본시장에서도 우리는 항상 신중한 태도로 예측할 수 없는 상황을 대비해야 한다. 한 치의 망설임도 없이 기세등등하게 증시에 뛰어들지만 마지막에는 당초 우리의 바람과는 전혀 다른 결과가 주어질 수 있기 때문이다. 증시에서 거의 대다수의 투자자는 'GO'와 'STOP' 사이에서 수없이 갈등하고 고민한다. 치열하게 고민하고 꼼꼼하게 연구하지만 대다수 개인 투자자의 운명은 크게 달라지는 게 없다. 한마디로 증시에 투자하면 십중팔구 손해 본다.

증시의 위험을 경고하는 여러 충고 중에서도 중국 증시는 도박판과 다름없다는 경제학자 우징롄의 주장이 무척 가슴에 와 닿는다. 현실 세계에서 도박판은 결코 가까이해서는 안 되는 곳이라는 인식이 널리 퍼져 있다. 도박판에서 하룻밤에 가산을 탕진한 것은 물론이고 몸과 마음까지 다친 이들이 수없이 많다는 것을 실제로 목격할 수 있기 때문이다.

하지만 자본시장에서 벌어지는 도박판에 대해 많은 이들이 그 심각성을 제대로 알지 못한 채 중독되고 있다. 자본시장이 활성화됨에 따라 위험한 도박판에 뛰어드는 투자자 역시 점점 늘어나는 추세다.

중국 증시의 '도박성'은 특유의 투기성에서도 확연히 드러난다. 중국에서 가장 중요한 자본화 루트 중 하나인 증시는 상장사의 자산과 미래 수익을 증권이라는 형태로 형상화해 낸 것이다. 자본의 증권화는 국가의 자금 공급을 크게 확대시킬 뿐만 아니라, 상장사의 자본 흐름도 원활하게 만드는 효력을 지니고 있다. 상장사가 자체적으로 보유한 자산의 증권화는 리스크가 크지 않은 편이지만, 미래의 성장 가능성, 혹은 전망을 증권화시킬 경우 상당한 리스크가 따르게 마련이다.

《신약성경》 중 '**마태복음**'은 강한 어조로 경고한다. "좁은 문으로 들어오라. 멸망으로 이끄는 문은 넓고, 그 길이 크니 많은 이들이 들어올 것이다. 하지만 영생으로 이끄는 문은 좁고, 그 길 역시 좁으니 그 문을 찾는 이가 많지 않다." 기업은 거칠고 치열한 상업게임에서 실력을 검증받아야 한다. 명예를 멀리할수록 영생으로 향하는 문에 다가설 수 있다고 하지만 '운'이

**마태복음**

《신약성경》과 《4대 복음서》 중 첫 장에 등장하는 마태복음의 저자는 예수 그리스도를 모시던 12제자 중 한 명인 마태다. 예수의 생애와 업적을 기록한 마태복음에는 예수 그리스도의 족보, 탄생, 어린 시절, 세례와 시험 받은 일, 말씀, 십자가에 매달린 일, 부활에 이르는 전 과정이 자세히 담겨 있다. 부활한 예수는 자신의 제자들에게 사명을 내렸다. "가거라, 가서 모두를 내 제자로 삼거라." 마태복음은 28장, 1만 1,168절로 구성되어 있다.

나 '간절한 바람'만으로 얻어낼 수 있는 것이 아니다. 업계에서 10년 동안 선두자리를 차지하는 것이 0.001%의 확률이라면 20년 동안 선두자리를 유지하기란 0.0001%의 확률에 가깝다. 설상가상으로 상당수 기업은 0.001%의 재능도 가지고 있지 못하다. 일부 기업은 몇 년 동안 중국 혹은 세계적으로 이름을 날리다가도 '반짝 스타'에 머물고 만다. 제대로 된 준비와 노력이 뒷받침되지 못했기 때문이다.

그런 점에서 증시 수익률이 무려 60배에 달할 정도로 수익률이 비정상적으로 높은 중국 증시는 뭔가 이상하다. 서방 국가의 수익률이 20~25% 사이라는 점을 감안할 때 중국 증시의 수익률은 더더욱 납득될 수 없다. 기업의 미래 성장 가능성을 금융 계약, 즉 증권이라는 형태로 가공한 결과 증시와 상장사는 전혀 다른 세상을 살고 있다. 그러다 보니 주가는 기업의 실적에 상관없이 쑥쑥 오르다가도 밑도 끝도 없이 추락하기도 한다. 롤러코스터처럼 요동치는 주식의 상당수는 큰손의 작전을 통해 나온 결과물이다. 큰손에 대한 규제 수위가 날로 강화되고 엄격한 처벌 역시 시행되지만 큰손이 증시를 조작하는 행위는 끊임없이 일어난다. 마치 카드게임처럼, 큰손은 다른 사람의 손에 들린 카드를 쉽게 들여다볼 수 있을 뿐만 아니라 속임수를 부리거나 사기를 치기도 한다. 이와는 대조적으로 상당수의 개인 투자자는 그저 다른 사람을 따라 카드를 내기도 벅차다.

미국 시카고에서 교편을 잡고 있는 교수들이 증시의 투기성에 대한 정량(定量) 분석에 나섰다. 그 결과 미국 증시의 투기 비율이 15~20%로 나타난 것에 비해 중국 증시는 60%를 가뿐히 넘어섰다. 그만큼 중국 증시에 투기성 거품 문제가 심각하다는 뜻이다. 경제학자 우징롄의 발언을 한 번쯤 진지하게 곱씹어 볼 필요가 있다. "2001년 당시 허무맹랑한 주장을 내놓았다며 많은 사람으로부터 거센 비난을 받았다. 하지만 지금도 증시에 거품이 없다고 장담할 수 있는 사람이 과연 있기나 하던가?"

## 각자의 전략

거품은 언젠가는 꺼지게 마련이다. 중국의 증시에도 수많은 거품이 끼어 있는데, 거품의 크기마저 모두 제각각이다. 시간이 지날수록 커지는 거품도 있고, 줄어드는 거품도 있다. 때로는 크기가 다른 거품들이 뭉쳐져 더 큰 거품이 되기도 한다.

'세 사람이 입을 모으면 없던 호랑이도 만든다(三人成虎)', '여러 사람이 한 목소리를 내면 단단한 쇠도 녹인다(衆口鑠金)'는 옛 속담이 현대 중국 증시에서 끊임없이 재연되고 있다. 당초 특정 기업의 전망을 부정적으로 바라보던 당신에게 소위 전문가 혹은 전문 분석가가 접근해 해당 업체의 성장률이 과학적인 논증을 거쳐 나온 것이라며 꼬드긴다. 그러자 기업도 그럴듯한 재무보고서를 냉큼 보여주며 장밋빛 미래로 가득하니 쓸데없는 걱정하지 말고 자신에게 투자하라고 유혹하기 시작한다.

이처럼 온갖 소문과 거짓 정보가 자본시장을 점령한다. 이들의 힘이 강해질수록 상장사의 미래와 전망, 가능성을 판단하는 투자자의 선택에도 커다란 영향을 주는데, 결과적으로 주가가 원래 가치에서 한참 벗어나는 상황이 벌어진다.

자본시장은 제로섬 게임이다. 누군가 승리하려면 누군가는 져야 하는 구조라는 뜻이다. 한 명의 투자자가 대박을 치려면 수천, 혹은 수만 명의 투자자가 손실을 입어야 한다.

증시를 가득 채운 거품이 얼마나 위험한지 한 투자자는 흡혈박쥐에 비유하기도 했다. "흡혈박쥐는 여정을 나서기 전에 항상 멸망의 길을 밝혀두는데, 밝으면 밝을수록 더 효과적이라고 합니다." 다른 사람의 마음을 훔칠 수 있는 매력적인 거품을 만들기 위해서 대형 투자기관은 최대한 판을 키우고, 소형 투자기관은 꼼꼼하게 판을 짠다. 오로지 상황을 잘 모르는 개인 투자자만 시황판에서 눈을 떼지 못한다. 설상가상으로 증시에서 벌어지는 내막을 정확하게 볼 줄 아는 사람은 항상 소수에 불과하다. 주식 시세가 연일 상승세를 기록하면 당장 작은 이익에 눈이 먼 대다수의 개인 투자자는 지금의 상황이 그저 허망한 신기루에 불과하다는 것도 모른 채 대거 증시에 뛰어든다. 신기루가 사라진 그들에게 남아 있는 것이라고는 쓰레기가 되어버린 주식 증권뿐이다.

시장 정보에서 약자에 속하는 대부분의 주식 투자자는 기업이 발표하는 재무 보고서, 현재 주식 흐름이나 애널리스트 등이 내놓는 소위 전문 자료를 가지고 기업의 전망과 성장 가능성을 판단한다. 기업의 재무 보고서, 현재 시황 및 전문 보고서 모두 주식 투자자가 투자 여부 및 계획을 결정하는 데 상당한 도움이 되지만 이들 모두 부풀려졌다는 사실을 결코 잊어서는 안 될 것이다. 상장사는 투자만 하면 무조건 인생 대박이라며 장밋빛 전망으로 물든 재무 보고서를 내놓고, 애널리스트 역시 알 수 없는 미래를 정확하게 꿰뚫어볼 수 있는 신이 아니다. 어쩌면 그들은 특정 큰손에 의해 고용된 '어용 전문가'일 수도 있다. 자본시장에 대한 정보가 무척 부족하기 때문에 자본시장에서 게임에 참여하려는 투자자는 반드시 사방을 향해 귀를 열어놓고, 눈으로 팔방을 쥐 잡듯 살펴야 한다. 그리고 투자에 나설 때는 반드시 신중에 신중을 거듭해야 한다. 하지만 투자자 역시 완벽한 이성을 지니고 있지 못하기 때문에 불평등한 정보와 잘못된 판단으로 자본시장에서 벌어지는 치열한 게임에서 승자의 미소를 지을 가능성은 지극히 낮다.

**개인 투자자(散戶)**

증시에서 사용하는 용어로, 소액 매매에 참여하는 투자자를 가리키는데 소액 투자자 혹은 개인 투자자로 풀이된다. 증시에서 큰손이 시장을 조작해 수익을 올리면, 개인 투자자는 그만큼 손해를 입는다. 학생, 직장인, 퇴직자, 은퇴자, 자영업자 등이 주로 개인 투자라는 형태로 증시에 참여한다.

**카너먼**

대니얼 카너먼(Daniel Kahneman)은 프린스턴대학교 교수로 2002년 노벨 경제학상을 수상했다. 1993년부터 미국 프린스턴대학교에서 심리학과 공공사업학 교수로 교단에 섰다. 2002년 10월 9일 뉴저지에 있는 프린스턴대학교에서 자신이 노벨 경제학상을 수상했다는 소식을 접한 카너먼은 크게 흥분한 나머지 열쇠를 집안에 두고 문을 잠그는 바람에 유리창을 깨고 집안으로 들어갔다고 한다. 카너먼은 프린스턴대학교 역사상 노벨 경제학상을 수상한 다섯 번째 교수가 되는 영광을 차지했다.

## 울며 겨자 먹는 개인 투자자

노벨 경제학상 수상자, 심리학자 **카너먼**이 제시한 '전망이론(Prospect Theory)'은 크게 세 가지 기본 원리로 구성된다. 첫째, 대다수의 사람은 수익을 얻을 때

리스크를 회피하려는 경향을 보인다. 둘째, 대다수의 사람은 손실을 입을 것이라고 판단되면 리스크를 떠안는다. 셋째, 수익을 얻는 것보다 손실을 입는 데 더 민감하게 반응한다.

카너먼이 실시한 두 가지 실험은 지금도 여전히 강한 설득력을 자랑한다.

*첫 번째 실험: 당신 앞에는 100% 확률로 1,000위안을 얻을 수 있는 A안과 50%의 확률로 2,000위안을 얻을 수 있는 B안이 있다. 나머지 50%의 경우 아무것도 얻을 수 없다.*

*A와 B안 중에서 무엇을 선택할 것인가? 실험 결과 대다수의 사람이 A안을 선택했다고 한다. 다시 말해서 곧 얻게 될 이익 앞에서 사람은 리스크를 회피하는 경향을 보인다는 뜻이다.*

*두 번째 실험: 이번에도 당신 앞에는 100% 확률로 1,000위안을 얻을 수 있는 A안과 50%의 확률로 2,000위안을 얻을 수 있는 B안이 있다. 나머지 50%의 경우 아무것도 손해 보지 않는다.*

*이러한 상황에서 당신이라면 무엇을 선택하겠는가? 실험 결과 대다수의 사람이 B안을 선택했다. 요컨대 손실이 확실시 될 때 사람들은 리스크를 떠안으려 한다.*

미국 시카고 선물 거래소에서 근무 중인 334명의 트레이더가 1995년 당시 성사시킨 거래 기록을 조사해 보니, 투입한 자금이 적은 투자자일수록 계속해서 수익을 올리고 있는 상태라면 리스크 회피 성향이 크고, 수익을 올리는 거래를 보유하는 시간이 짧다고 한다. 다시 말해서 환수율이 높아 조금이라도 수익을 보면 즉각 매도한다. 반대로 계속해서 손해를 보고 있다면 밑져야 본전이라는 생각에 자신을 위로하며 잠깐의 고통쯤은 견딜 수 있다고 판단한다. 그 결과 즉각적으로 많은 양의 주식을 매도하지 않고 오랫동안 많은 주식을 보유한다. 쉽게 말해서 죽어도 시장과 함께 죽겠다며 배수진을 친다.

그 밖에 개인 투자자는 근본적으로 증시의 동향을 결정하지는 못하지만 지나치게 민감한 반응이 때로 주가 흐름에 영향을 주기도 한다. 수익을 올렸을 때의 기쁨보다 손해를 봤을 때의 고통이 개인 투자자에게 더 크게 각인되기 때문에 손실에 대한 공포와 과도한 집착은 이들을 쉽게 비이성적으로 만든다. 주가가 오르면 세상을 다 가진 듯 행복하게 웃지만 주가가 떨어지면 지구가 당장이라도 멸망하는 듯 죽는시늉을 한다. 그러다 보니 주식 거래 시장에 대한 신뢰나 관심은 낮아지고 이는 주가 하락으로 이어져 전체 증시를 약세장으로 끌어내릴 수 있다.

여기에 양떼 성향을 지닌 개인 투자자는 정보의 비대칭으로 시장에서 위축되기 쉽다. 이들은 이른바 '전문가 강력 추천', '내부 소식통' 등으로부터 쉽게 영향을 받을 뿐만 아니라, '주식 평가 추천'도 무척 신뢰한다. 그래서 다른 사람들이 주식에 올인하면 자신도 서둘러 주식에 뛰어들고, 주식에서 손을 떼면 뒤질세라 냉큼 주식을 내다 판다. 자신만의 주관과 투자 원칙을 무시한 채 마구잡이로 주식에 투자한 결과 손에 쥔 것보다 잃은 것이 더 많다는 사실을 나중에서야 발견한다.

다음 이야기는 주식에 투자해 봤던 사람이라면 누구나 쉽게 공감할 것이다.

*요새 뜨고 있고, 실적도 괜찮다는 차스닥 업체의 주식을 매입했다. 매입 당시 1주당 20위안이었던 주식이 21위안이 되자, 냉큼 주식을 매도해 1주당 1위안의 차익을 남겼다. 어느 정도 자신감이 생기던 찰나에 자신이 팔았던 주식이 여전히 오르고 있다는 걸 확인한 순간 자신의 눈을 의심한다. 1주당 21위안에 팔았던 제 주식이 25위안까지 오르는 것이 아닌가! 물론 이제와 후회해 봤자 소용없지만 말이다. 손해를 입진 않았지만 소극적인 투자로 더 큰 수익을 올릴 수 있는 기회를 눈앞에서 놓쳤던 터라 이번에는 수익률이 괜찮은 시장에 다시 한 번 뛰어들기로 결심한다. 그리고 좀 더 과*

*감한 투자에 나서기로 한다. 1주당 25위안짜리 주식을 매입하자, 얼마 뒤에 28위안으로 올라 주당 3위안씩 챙기고 주식을 매도했다. 몇 차례의 소액 거래를 통해 그리 많지는 않지만 적어도 손해를 보지 않은 자신에게 자신감이 생긴다. 자신이 '불패'신화의 주인공이라도 된 듯 이전 개인 투자자의 투자 스킬을 비웃는 여유도 부린다.*

*대형주의 주가가 계속해서 오르고 있는 상황에서 이번 투자에서 N차 거래를 해야 할지를 두고 고심하며 한참을 망설인다. 전체 증시가 연일 오름세를 기록하고 있는 데다 주가 역시 빠르게 상승하고 있는 걸 보면서 거품이 낀 것은 아닌지 걱정스러운 마음에 주변 여론에 귀를 기울인다. 그러자 기다렸다는 듯 많은 애널리스트가 지금이야말로 활황이라며 눈을 감고 투자해도 수익을 올릴 수 있다고 호언장담한다. 여기에 특정 종목이 앞으로 대폭 오를 것이라는 소문이 끊이질 않고 귀에 들어온다. 눈 딱 감고 주당 40위안짜리 주식을 사들이며 주당 41위안만 되도 당장 팔겠다며 결심한다. 하지만 제 마음이라도 읽은 듯 증시에 뛰어들자마자 증시 전체가 비틀거리기 시작했다. 남들이 '대박주'라고 치켜세우던 주식마저 폭락하는 바람에, 주식을 팔지도 못하고 발만 동동 구른 채 증시만 들여다본다. 다행히 얼마 지나지 않아 증시에 한 줄기 햇살이 비추더니 주가가 원래대로 회복되기 시작했다. 기쁜 마음에 다시 증시에 뛰어들었지만 그 다음 날 증시가 또 주저앉기 시작했다. 자신이 매입한 주식의 주가가 일제히 떨어졌지만 더 떨어지지 않는 바닥일 것이라는 생각에 다시 한 번 증시에 과감하게 뛰어든다. 하지만 그 다음 날 증시는 다시 폭락했다. 당장이라도 주식을 매입한 제 손모가지를 잘라 내고 싶지만 좌절하기보다는 지구전을 치를 준비에 전념하기로 한다. 하지만 증시의 하락세가 끝도 없이 계속 이어지자 불안감이 가중된다. 당초 바닥이라고 여겼던 주가가 알고 보니 정상이었던 것이 아닌가!*

독립 평론가 **위안젠(袁劍)**은 날카로운 분석을 내놨다. "냉엄한 현실은 중국의 개혁이 지금까지 진행되도록 현 체제하에서는 오로지 두 종류의 기업만 살아남는다는 것을 알려준다. 권력형 기업과 비(非)권력형 기업이 바로 그 주인공이다. 이러한 분류 방식은 국유기업과 민영기업 같은 전통적인 분류 방식보다 오늘날 중국이 처한 현실을 설명하는 데 보다 적합하다. 지방의 권력기관은 증시를 통해 현지 국유기업의 위기를 사회에 떠넘기고, 독점자본은 증시를 이용해 사회의 재화를 빨아들인다. 중소 투자자의 증시 참여는 증시의 합법성을 입증하기 위한 '들러리'로 전락할 뿐이다."[12] 결론적으로 중국 증시의 심각한 투기성은 선악을 구분하기 어려운 가면을 쓰고 있는 큰손이 대중의 재화를 마음 놓고 강탈할 수 있는 '무법지대'를 제공한 것과 다름없다.

**위안젠(袁劍)**

1964년 샹시(湘西)에서 태어난 위안젠은 난카이(南開)대학교 사회학 대학원을 졸업한 뒤 난징(南京)이공대학교에서 교편을 잡다가 잡지 〈가치〉, 〈이사회〉 등에서 편집자로 활동했다. 현재 독립 평론가로 활동 중인 위안젠이 2008년에 발표한 《분열과 변화의 등장(원제: 大裂變來了)》은 중국에서 가장 먼저, 그리고 정확하게 이번 세계 금융위기를 심도 있게 다룬 작품으로 평가받는다.

12) 위안젠, 《중국 증권시장 비평》, 중국사회과학출판사(中國社會科學出版社), 2004년 12월

# 자본시장의 '파수꾼'은 어디로 사라졌는가?

지난 30년 동안의 개혁개방이 중앙정부와 지방정부의 생산력을 발굴하고 사회 발전 방식을 전환시키며 사회 재화의 자본화를 촉진하는 과정이었다면, 앞으로의 30년은 정부가 이익을 견제하는 상황에서 벗어나 시장과 일정 거리를 유지한 채 관리 및 경영 스킬을 연구하는 시대가 되어야 할 것이다. 그때가 되면, '상장사의 주식 발행 독려' 혹은 '도시 경영'을 강조하는 지금의 모습을 되돌아보며 활짝 웃을 수 있을 것이다.

–왕안, 《중국 증권 시장, 30년의 기록(원제: 中國證券市場30年記)》

## '파수꾼'이 필요한 시장

자본시장은 때로는 아리따운 미녀가 됐다가 무서운 야수로 돌변하기도 한다. 일단 고삐에서 풀리는 순간, 자본 게임은 혼란으로 가득했던 삼국시대 저리 가라 할 정도로 요란스레 펼쳐진다. 사방에서 요란한 차림새를 한, 듣도 보도 못한 스킬로 단단히 무장한 이들이 도덕, 법률, 규칙 따위는 나 몰라라 하며 시장을 극도의 혼란 상태로 몰고 간다. 바로 이러한 이유 때문에 독립적이고 객관적인 관리 감독 기능과 함께 입은 무겁지만 수완 좋은 **'파수꾼'**이 있어야만 중국의 자본시장도 안정을 되찾을 수 있다.

1997년 7월 2일 국무원은 상하이 증권 거래소와 선전 증권 거래소가 증권감독위원회에 귀속되어 직접적인 관리를 받게 될 것이라고 선포했다. 다시 말해서

**파수꾼(守夜人, Nightwatcher)**

경제학 용어로, 애덤 스미스(Adam Smith)의 《국부론(*An Inquiry into the Nature and Causes of the Wealth of Nations*)》에서 처음 등장했다. 애덤 스미스는 책에서 정부가 밤을 지켜야 하는 일, 즉 시장에 개입하지 않고 외교, 국방, 치안 유지 등 개인의 자유와 사유재산을 보호하기 위한 최소한의 활동을 천직으로 삼아야 하는 이유(=야경국가로서의 정부)에 대해 구체적으로 다루고 있다. 그의 주장에 따르면 정부의 기능은 크게 세 가지로 나뉜다. 첫째, 자국 사회의 안전을 보장함으로써 다른 독립

증권감독위원회를 '파수꾼'으로서 파격 승진시킨 것이다.

예일대학교 경영아카데미 금융학 교수 천즈빈(陳志斌)은 '파수꾼'의 역할을 정확하게 짚어냈다.

된 사회로부터 폭행당하거나 침략당하지 않도록 지켜야 한다. 둘째, 국민을 보호하기 위해 엄격한 사법 행정 기관을 구축해 사회 구성원 중 누구라도 다른 사람에게 기만당하거나 무시당하는 일이 없도록 보호한다. 셋째, 공공기관과 공공사업을 구축하고 지속적으로 추진한다.

*중국에는 도대체 어떠한 관리 감독 모델이 필요한가? 증권감독위원회와 나머지 행정 부처는 인민대표대회 상무위원회로부터 관리 감독을 받지 않는 것은 물론이고, 사법부의 독립 재판도 받지 않기 때문에 증권감독위원회의 직책을 '감독 기관'으로 한정시킬 수밖에 없다. 다시 말해서 시장이 기능을 상실했을 때만 시장에 개입하거나 관여할 수 있다고 규정한 것이다. 상황에 따라 믿을 수 있는 관리 감독, 문책 및 처벌, 규제 시스템이 존재한다면 증권감독위원회로서는 자신의 권력을 확대할 이유가 전혀 없다. 증권감독위원회의 설치 목적은 증권감독위원회로 하여금 증권 시장의 심판관이 되도록 하는 데 있지, 모든 상장사, 증권사, 증권 시장의 행정 담당자가 되라는 뜻은 아니기 때문이다. 거시 경제 조정 정책을 수행하는 기관이 돼서도 안 되는 것은 물론이다. 하지만 현실적으로 봤을 때 증권감독위원회는 여전히 행정 담당자와 같은 업무를 수행하고 있다.*

2005년 증권감독위원회가 적극적으로 추진한 주식 개혁은 자본시장의 '신의 한 수'라고 불렸다. 상푸린은 부드러우면서도 특유의 카리스마를 발휘하며 투자자에게 '조곤조곤' 경고했다. '큰 그림과 정치를 이야기하는' 증권감독위원회 의장은 인자해 보이는 겉모습과 달리 사나이 대장부가 한 번 칼을 뽑았으면 쓴맛을 보여줘야 한다고 생각하는 행동력의 소유자였다. 국유기업, 지방정부 및 외국 자본의 끈질긴 방해에도 상푸린은 주식 개혁을 적극적으로 추진했다.

2005년 4월 29일 증권감독위원회가 '상장사의 주식 분할 개혁 시범추진에 관한 통지'를 발표하고 등가(等價)에 관한 개혁 이념을 제시함으로써 중국 증시 특유의 주식 분할 개혁이 정식으로 추진됐다. 개혁의 목적은 기형적으로 변한 주식 분할제를 바로 잡고 비유통주의 시장 진출을 허용해 비유통주 소유자, 구조 투자자, 유통주 소유자, 중소 투자자 간 이익을 균형있게 조정함으로써 중국 증시의 시장화를 강화하는 데 있었다.

등가는 주식 개혁의 핵심이다. 비유통주 소유자는 현금이라는 형태로 시장에서 주식을 매입하는 것이 아니라 시가보다 낮은 자본 가치로 주식이나 주식 소유권을 보유하고 있다. 보유한 주식이 유통주와 같은 가격으로 시장에서 유통된다면 유통주 소유주의 이익에 피해를 주게 된다. 이러한 상황이 발생했을 경우, 증권감독위원회는 등가 보상 조치를 취해야 한다는 방침을 제시해야 한다. 그렇다면 합리적인 등가 보상의 기준은 무엇인가? 증권감독위원회는 현명하게도 그 책임을 시장에 넘겨 상장사에서 자체적으로 판단하도록 했다. 비유통주 주주로부터 '약자 괴롭히기'라는 비난을 면키 위해서 증권감독위원회는 주식 개혁 방안은 반드시 전체 유통주 주주와 전체 주주 중 3분의 2로부터 각각 동의를 받아야 한다는 '단서'를 달았다. 해당 규정 덕택에 이번 주식 개혁은 순조롭게 추진될 수 있었다.

일반 투자자에게 주식 개혁은 자본시장에 거대한 민주화의 물결이 밀어닥치는 현상이라고 볼 수 있겠지만 비유통주에게는 그야말로 살을 베어낼 정도로 고통스러운 사건이라 할 수 있다. 이 때문에 비유통주는 수단 방법을 가리지 않고 방해 공작에 나섰고, 사방에서 여론을 선동해 완강하게 저항했다. 그 태도와 언사가 얼마나 과격했는가는 싼이(三一)중공업 그룹의 이사장 량원근(梁穩根)의 '여물통 헤집기' 발언에서 쉽게 알 수 있다. "커다란 몸집의 돼지가 조그마한 새끼 돼지를 이끌고 우리에 들어옵니다. 돼지우리 벽에는 여물통이 달려 있는데 큰 돼지가 여물통을 이리저리 헤집어놓지 않으면 새끼 돼지들은 입도 대지 못하죠. 큰 돼지가 먹기 편하라고 여물통을 이리저리 헤집어 놓자, 새끼 돼지들 사이에서 더 많은 먹이를 내놔야 한다며 불평이 쏟아집니다. 이게 말이나 되는 소리입니까?"[13] 허나 이미 대

---

13) '주주권 분할 개혁: 2006년에 맞이하게 될 전쟁', http://news.xinhuanet.com/stock/

세는 판가름났다. 불만이나 푸념 모두 더 이상 영향력을 발휘하지 못하게 됐다.

2005년 4월 29일부터 싼이 중공업, 칭화동팡(清華東方), 즈장(紫江)기업, 진뉴(金牛)에너지를 위시한 시범업체를 시작으로 2006년 12월 31일까지 1,303개 업체가 주식 개혁 프로그램에 참여했거나 종료한 것으로 나타났다. 이들의 시가 총액은 모두 합쳐 6조 504억 4,700만 위안에 달한다. 그 밖에도 중국 증시는 5년 동안 계속된 하락세를 마감하고 2006년 한 해 상하이 종합 지수가 130% 상승하며 국내 A주를 세계 3대 IPO시장으로 업그레이드시켰다. 상하이와 선전 주식 거래소의 시가 총액은 9조 599억 위안을 달성했고, 상장사의 한 해 배당금이 약 850억 위안인 것으로 나타났다.[14] 게다가 GDP에서 주식이 차지하는 비중이 주식 개혁 전의 17.7%에서 44%로 뛰어올랐다. 교묘한 '밀고 당기기'를 통해 증시와 중국 경제와의 결속력은 한층 강화됐다.

**IPO**

최초 공개 모집주(Initial Public Offerings, 약칭 IPO)는 증권 거래소를 통해 처음으로 투자자에게 공개 · 발행되는 주식을 가리키는데, 기업의 사업 자금을 모집하는 과정에서 흔히 등장한다. 일반적으로 처음으로 공개 상장하면 증권거래소 혹은 오퍼링 시스템을 통해 거래할 수 있다.

## 놀고먹는 시장은 없다

놀고먹는 시장은 없다. 주식 분할이라는 벽이 무너졌다고 해서 시장화와 정반대의 입장에 서 있는 모든 요소가 효력을 잃었다는 뜻은 아니다. 2005년 주식 개혁은 단순히 기존의 잘못된 투자 시스템이 남긴 문제를 해소한 것일 뿐, 수많은 도전은 여전히 남아 있다.

1992년 '돌다리도 두들겨 보고 건너겠다'는 입장을 밝힌 중국 증시는 많은 투자자로부터 비난을 받으며 불안한 출발을 선보였다. 남순강화에 나선

---

2006-01/08/content_4024407.htm

14) '증권 선물 관리 감독 업무 회의 개최, 상푸린의 9대 중요 사업 추진', http://finance.sina.com.cn/stock/t/20070122/03373267689.shtml

덩샤오핑은 의구심으로 가득 찬 사람들을 향해 큰 목소리로 주문했다. "한 번 과감하게 뛰어들어 보시오. 증권, 증시가 좋은 것인지, 위험하지는 않은지, 자본주의만의 전유물인지, 사회주의에는 정말 맞지 않는 것인지 직접 겪어보란 말이오. 꼼꼼히 잘 살핀 뒤에 과감하게 시험해 봐야 하오. 제 몸에 맞는 것을 찾아냈다면 1~2년 정도 시험 삼아 적용해 보는 것도 좋소. 옳은 선택이라면 과감하게 개방하고, 틀렸다면 문제를 찾아내 수정하면 그만이오. 그것도 마음에 놓이지 않는다면, 정말 잘못된 생각이라면 개방의 문을 닫으면 끝이오. 그리고 개방의 문을 닫을 때는 상황에 따라 재빨리 닫거나 천천히 닫아도 크게 상관없소. 여지를 남겨둬도 문제될 것 없소. 겁낼 것 하나 없소. 무서울 거 하나 없다는 과감한 태도, 실수해도 괜찮다는 대범한 마음가짐을 지니시오!"

오늘날 증시라는 배는 이미 강 한가운데까지 나온 상태라 마음에 안 들면 '개방의 문을 닫으면 그만이다'라는 생각을 행동으로 옮기기란 그리 쉬운 일은 아니다. 정부 지도층 역시 주가 지수만 내세워 문제를 해결하려 들어선 안 될 것이다. 주식은 유권자라면 누구에게나 주어지는 **투표용지**가 아니다. "운명이라면 언제든지 얻을 수 있지만, 운명이 아니라면 아무리 애써도 얻지 못한다"라는 덩리쥔(鄧麗君)의 노랫말이야말로 이러한 상황을 가장 적절하게 설명하고 있다. 자본시장의 투명도와 정보의 정확성 향상, 공정한 투자 기회의 제공, 투명하고 안전한 정책을 자본시장에 제공하고, 자본시장의 시장화 경영에 박차를 가한다면 증시는 자연스레 경제의 흐름에 따를 것이다. 증시에서 일어난 일은 궁극적으로 증시 스스로 결정하고, 책임지도록 해야 한다.

**투표용지**

투표자가 자신이 지지하거나 혹은 반대하는 후보자를 선출하기 위해 사용하는 선거용 문서로, 선거 관리 위원회 등에서 일괄적으로 제작한다.

MYSTERY OF CHINA

# 제5장

# 부자 중국, 가난한 중국인

빠르게 굴기하고 있는 경제 상황과 달리 현재 중국 사회에서 모두가 잘 사는 세상을 만들자는 '공감대'는 점차 잊혀져 가고 있다. 지난 세대와 비교했을 때 나름 안락한 삶을 즐기고 있을지는 모르겠지만, 같은 또래와 비교해 보면 거대한 부의 피라미드에서 당신은 중하층일 수도 있다. 어제가 있었기에 오늘이 가능하지만, 내일은 과거의 교훈을 종종 망각한다. 이러한 과정이 끊임없이 반복되면서 남겨진 추상적이고 딱딱한 데이터는 시간의 흐름에도 퇴색되지 않는 확실한 증거가 된다. 하지만 이와 달리 사람의 감정과 가치관은 시간의 흐름 속에서 끊임없이 변한다.

# 아이러니 : 대국 굴기≠국민 소득

> 거액의 재화가 있는 곳에는 그만큼의 불평등이 존재한다. 부자 1명이 탄생하는 순간, 다른 한쪽에서는 빈민 500명이 쏟아진다. 소수에 의한 재화 독점은 다수의 빈곤을 전제로 했을 때만 가능하기 때문이다.
>
> –애덤 스미스(Adam Smith), 《국부론》

## '모두가 잘 사는' 부강한 나라

2011년 여름, 〈**철피아노**(鋼的琴, The Piano In A Factory)〉라는 제목의 소자본 영화가 조용히 개봉했다.

중국 동북 지역의 대형 국유업체에서 운영하는 공장의 평범한 노동자 천구이린(陳桂林)은 공장 개혁으로 마흔을 훌쩍 넘긴 나이에 부인과 함께 정리해고 된다. 다행히 피아노를 연주할 줄 알았던 천구이린은 자신과 함께 정리해고 당한 동료 몇몇을 모아 아마추어 팀을 꾸린 뒤 결혼식이나 장례식 등을 떠돌며 음악 연주를 해 주곤 돈을 받았다. 하지만 배를 곯지 않을 정도로 적은 푼돈으로는 제대로 된 살림살이가 가능할 리 없었다. 거기다 아내가 가짜 약을 파는 사장과 '눈이 맞으면서' 딸의 양육권을 두고 법정 소송을 벌이게 된다. 누구를 따라갈 것이냐는 질문에 딸은 자신에게 피아노를 주는 쪽과 살겠노라 선언한다. 천구이린은 자신과 처지가 비슷한

**《국부론(*An Inquiry into the Nature and Causes of the Wealth of Nations*)》**

스코틀랜드의 경제학자이자 철학자인 애덤 스미스의 대표적인 경제 서적이다. 《국부론》의 최초 중국어 번역본은 번역가 옌푸(嚴復)에 의해 출간됐는데, 당시 《원부(原富)》라는 제목으로 소개됐다. 현대 정치 경제학 연구의 시초라고 평가받는 《국부론》은 서방 경제학의 바이블이라고도 불린다. 자유시장을 주장하는 《국부론》은 생산 사회에서 가장 필요로 하는 상품 종류의 수를 자동으로 조절하는 시스템, 이른바 자체적인 조절 시스템을 강조한다.

동료들과 함께 버려진 폐차에서 딸을 위해 철로 된 피아노를 만든다.

영화에서 천구이린이 아내와 이혼할 때 나누는 대사가 일품이다.

"천구이린, 애가 당신이랑 함께 살면 행복할 것 같아?"

"그놈의 행복 타령 좀 작작해. 샤오위안(小元)은 행복하다구."

그 짧은 한마디에 행복에 대한 정의를 다시 한 번 되돌아보게 된다.

**〈철피아노(鋼的琴, The Piano In A Factory)〉**

코미디 장르인 영화 〈철피아노〉는 2011년 최고의 영화로 평가받았다. 음악을 사랑하는 딸의 꿈을 이뤄 주기 위해 고군분투하는 아버지의 모습을 담은 영화에서 주인공 천구이린은 친구들의 도움으로 딸에게 철로 된 피아노를 만들어 준다. 주변에서 흔히 볼 수 있는 평범한 사람들의 일상사를 들여다보며 가족애와 우정의 소중함을 전하고 있다.

날마다 새로운 역사를 써 내려가고 있는 현재 중국 사회에서는 먼저 재화를 일군 사람들 외에도 뼈를 깎는 노력으로 자수성가의 신화를 만들어 가고 있는 사람이 적지 않다. 풍요로운 삶에 대한 동경이 날로 뜨거워지면서 물질생활은 어느덧 소리 소문 없이 행복의 가치를 평가하는 기준이 되고 말았다. 그러다 보니 과거에 비해 풍족한 삶을 영위하고 있지만 상대적 빈곤에 시달리며 행복을 제대로 음미하지 못한다. 얼마나 많은 물질 혹은 얼마나 비싼 물질을 보유했느냐에 따라 세상을 가진 듯 기뻐하기도 하고, 세상이 망하기라도 하는 것처럼 울상 짓는다.

과거와 비교할 수 없을 정도로 화려하게 비상하고 있는 중국은 세계무대에서 점점 눈에 띄는 활약을 펼치고 있다. 10%에 육박하는 속도로 무섭게 성장하는 중국 사회에서 재화는 단기간에 팽창되고, 또 분배됐다. 그 덕분에 중국인의 삶은 집단적으로 '기본적인 샤오캉(初步小康)'에서 '전면적인 샤오캉(全面小康)'으로 업그레이드됐다.

부유한 국가로 탈바꿈하자는 거시적 · 역사적 의무가 제아무리 중요하다고 한들 '모두가 잘 사는 세상'을 만들자던 공감대를 망각해서는 안 될 것이다. 국가가 부강해졌다고 해서 국가를 구성하는 국민 모두 부유할까?

그렇지 않다. 중국에는 절대 부유도 있고, 절대 빈곤도 있다. 그리고 대다수의 일반 중국인은 '절대 부유'로부터 혜택을 받고 있다.

1978년 중국 도시지역 주민의 연평균 가처분 소득은 343.4위안에 불과했지만 2007년에는 1만 3,785.8위안으로 무려 40배나 상승했다. 농촌 주민의 연평균 순소득 역시 1978년의 133.6위안에서 2007년의 4,140.4위안으로 늘어났다.[1] 누가 봐도 중국인은 부유해졌다. 임금도 점점 오르고 있고, 살 수 있는 물건도 많아졌다. 그리고 재화를 늘릴 수 있는 방식 역시 점차 다양해지고 있다.

## 부의 피라미드에서 당신의 위치는?

부의 피라미드 자체만 놓고 봤을 때 규모는 점점 커지고 있지만, 그렇다고 해서 피라미드를 구성하는 모든 존재 역시 100% 몸집을 키웠다는 뜻은 아니다. 이를 현재의 중국 사회에 적용해 본다면, 세계무대에서 중국이 점점 영향력을 키우고 있다고 해서 중국의 모든 사회구성원의 삶에도 똑같은 변화가 찾아왔다고 볼 수 없는 것과 일맥상통한다. 그중에는 기업과 정부 소득의 증가에 맞먹는 눈부신 경제적 성과를 거둔 사람도 있지만 그 흐름에 영합하지 못한 이도 수두룩하다. 그러다 보니 기업 실적과 정부 소득이 대폭 증가했다는 뉴스에 반색하면서도 자신의 임금 내역서에 적혀 있는 숫자를 보고 실망하는 이가 적지 않다.

2010년 93학사(學社)가 인용한 데이터에 따르면, 국민총소득(Gross National Income)에서 주민 소득이 차지하는 비중이 점차 감소하고 있다고 한다. GDP 중 근로자의 임금 비중은 1995년의 51.4%에서 2007년 39.7%로 하락했으며, GDP에서 차지하는 주민 소득 역시 1992년의 68.6%에서 2007년의 52.3%로 감소했다. 2008년 국민 경제와 사회 발전 통계에서 발표한 데이터에 따르면, 2008년 중국인의 연평균 소득은 9,800여 위안, 1

---

1) 출처: '빈곤층에서 중산층 사회로 진입하고 있는 중국의 도농주민', http://www.stats.gov.cn/tjfx/ztfx/jnggkf30n/t20080131_402513470.htm

인당 GDP는 2만 3,800위안으로, 연평균 소득 대비 1인당 GDP 비율이 41.2%인 것으로 조사됐다.

1995년부터 2007년까지 국가재정 세수는 5.7배 성장했으며 연평균 성장률은 16%를 기록했다. 하지만 도시 주민의 연평균 가처분 소득은 8% 성장하는 데 그쳤으며, 농촌 주민의 경우 그보다 못한 6.2%를 기록했다.[2)]

지난 세대와 비교했을 때 나름 안락한 삶을 누리고 있다고 자위할 수도 있겠지만 같은 또래와 비교했을 때 부의 피라미드를 이루고 있는 최상층, 중상층, 중하층에서 당신은 중하층일 수도 있다. 이러한 현실에 불만을 품고, 상대적 빈곤에 따른 박탈감에 괴로워할지도 모르겠다. 빠르게 성장하는 중국 경제의 화려한 모습과는 대조적으로 모두가 잘 사는 세상을 만들자는 공감대는 점차 잊혀져 가고 대국굴기가 때로는 남의 나라 이야기처럼 들리기도 한다.

피라미드의 정상에서부터 바닥까지, 각 계층 간 재화의 격차는 예상보다 심각하다.

> **지니계수(Gini coefficient)**
> 이탈리아 경제학자 지니(Corrado Gini)가 1922년에 제시한 이론으로, 소득 격차를 정량적으로 측정하는 척도로 활용된다. 비교적 객관적이고 직관적인 방식으로 주민 간 빈부격차를 반영함으로써 양극화 현상의 발생을 사전에 경고·방지하는 효과가 있다고 알려져 있다.

주민 내부의 소득 분배 현황을 반영하고 문제를 분석하는 데 동원되는 가장 보편적인 자료로 **지니계수**가 있다. 0~1 사이의 숫자로 나타나는 지니계수는, 숫자가 클수록 소득 격차가 크다는 의미다. 지니계수가 0.2라면 소득이 절대적으로 평균이라는 의미이고, 0.2~0.3 사이인 경우에는 소득이 비교적으로 평균이라는 뜻이다. 0.3 이하라면 대체적으로 안정세를 유지하고 있지만 0.4~0.5 사이라면 소득 격차가 상대적으로 크다는 의미다. 0.5는 소득 분배가 위험한 상태라는 것을 알려주고, 0. 6 이상이라면 현격한 소득 격차가 발생하고 있다는 것을 보여준다. 0.6 이상이라면 사회적 혼란이 일어날 가능성이 높다. 2008년 중국의 지니계수는 0.469로 '경

---

2) 출처: '재정 정책을 통한 내수 확대보다 훨씬 효과적이다', 〈중국경제주간(中國經濟週刊)〉, 2008년 11월 24일

고' 수준을 넘어 '위기' 단계로 치닫고 있다. 어떤 이들은 중국의 빈부 격차를 이렇게 이야기한다. "소득 피라미드의 최상층을 전체 인구의 10%에 해당하는 고소득자가 차지하고 있다. 전체 개인 재화의 절반 이상을 차지하는 이들은 소득의 대부분을 저축한다. 피라미드의 맨 아래에는 전체 인구의 10%에 해당하는 빈곤층이 자리 잡고 있는데, 이들 중 대부분이 100%라고 해도 과언이 아닐 만큼 거액의 빚더미에 시달리고 있다."

베이징 사범 대학교 소득 분배 및 빈곤 연구 센터 주임 리스(李實)가 제시한 연구 데이터에 따르면 최상위 계층 10%와 최하위 계층 10%의 소득 격차는 1998년의 7.3배에서 2007년의 23배로 대폭 증가한 것으로 나타났다. 그 가운데 2008년까지 정부 공무원은 회사원보다 2.1배 많은 퇴직금을 받았으며, 정부 단위 사업체의 연평균 노후연금 역시 일반 기업의 1.8배인 것으로 나타났다.[3)]

## 농촌 주민의 소득 증가세가 처음으로 도시 주민을 뛰어넘다

**농민 소득**

'순소득'은 농촌 주민이 그해 다양한 방식을 통해 벌어들인 전체 소득을 의미하는데, 소득을 얻기 위해 지출한 비용을 제외한 소득 총화를 뜻한다. '농민 1인당 순소득'은 농촌 인구의 평균적인 '농민 순소득'을 가리키는데, 특정 국가 혹은 지역 내 농촌 주민 소득의 평균치를 보여준다.

어제가 있었기에 오늘이 가능하지만, 내일은 과거의 교훈을 종종 망각한다. 이러한 과정이 끊임없이 반복되면서 남은 추상적이고 딱딱한 데이터는 시간의 흐름에도 퇴색되지 않는 확실한 증거가 된다. 하지만 이와 달리 사람의 감정과 가치관은 시간의 흐름 속에서 끊임없이 변한다.

관련 통계에 따르면 2010년 중국 농촌지역 주민의 연평균 소득은 지난해보다 14.9% 늘어난 5,919위안이라고 한다. 가격 요소를 배제하더라도 소득 증가세가 10.9%에 달하는 것으로, 전혀 예상하지 못한 결과다. 이와는 대조적으로 중국 도시지역 주민의 2010년 연평균 가

---

3) '계층별 빈부 격차는 최대 23배', http://news.162.com/09/1228/15/5RKMRMP400120GU.html

처분 소득은 작년보다 11.3% 증가한 1만 9,109위안을 기록했는데 가격 요소를 배제하면 실제 성장률은 7.8%에 불과하다. 전문가들은 1998년 이후 농촌 주민의 실제 소득 증가세가 처음으로 도시 주민을 추월했다고 지적했다.

피부로 느낄 수 있을 만큼 중국 내 빈부 격차가 심화되면서, 사회에 대한 불만과 원망 역시 커졌다. 제아무리 가족애, 우정, 사랑이라는 허울 좋은 포장지를 동원해 이를 가리려고 해도 부익부 빈익빈이라는 슬픈 현실을 피할 수는 없다. 그나마 기쁜 소식은 농촌 주민이 '전면적인 샤오캉'에 따른 혜택을 누리고 있다는 것이다.

영국 시인 제라드 홉킨스(Gerard Manley Hopkins)의 시 중에는 다음과 같은 구절이 등장한다. "무릇 모든 탈출구, 독특하고 희귀한 것은 끊임없이 변해야 한다. 어떻게 해야 하는지는 모르겠지만 항상 약간의 빠름과 느림, 기쁨과 슬픔, 그리고 빛과 어둠이 함께한다." 쉽게 말해서 세상 모든 것은 양면성을 띠고 있다는 것이다. 부강한 조국이라는 먹음직스러운 성찬에 가슴이 뿌듯해지다가도 제 앞에 놓인 초라한 밥상에 절로 눈살이 찌푸려지겠지만 그 속에서 농촌 소득 증가세가 도시를 넘어섰다는 진미(珍味)를 맛볼 수 있을 것이다.

# 적자생존에서 상생과 화합의 길로

> 공정과 효율(의 충돌)은 무엇보다도 사회 경제적 문제에서 조심스레 균형을 잡을 줄 아는 신중함을 필요로 한다. 왜냐하면 공정과 효율은 다양한 사회적 정책 영역에서 줄곧 우리를 곤혹스럽게 했기 때문이다. 쉽게 말해서 시장의 효율이 만들어낸 파이를 우리는 100% 공평하게 나눌 수 없다.
>
> –아서 오쿤(Arthur M. Okun)

## 자본 의존증의 결말

**아서 오쿤 (Arthur M. Okun)**

미국 경제학자인 아서 오쿤(1928~1980)은 케인스주의 학파에 속하는 인물로, 오랫동안 거시 경제 이론 및 경제 예측 연구에 몰두하며 정책 제정 및 분석 작업에도 참여했다. 공정과 효율의 치환관계를 분석해 '산출 가능한 금액'을 추산하는 '오쿤의 법칙(Okun's Law)'을 제시한 것으로 유명한 아서 오쿤은 《평등과 효율(*Equality and Efficiency: The Big Trade Off*)》, 《번영의 정치경제학(원제: *The Political Economy of Prosperity*)》 등의 작품을 발표했다.

나라가 잘 사는 것과 국민이 잘 사는 것 사이에는 직접적인 관련이 없는 듯하지만 실제로 그 사이는 복잡미묘한 관계로 이루어져 있다. 보는 이를 울컥하게 만드는 자랑스러운 GDP 성장이라는 물결이 사람들의 지갑을 당장이라도 빵빵하게 만들어 줄 것 같지만, 중간중간 생겨난 모래 언덕, 호수, 소택(沼澤) 때문에 거대한 물결은 사방으로 갈라진다. 그 결과 GDP라는 거대한 물결이 개인의 부 창출이라는 최종 목적지에 도달할 때 즈음이면 졸졸 흐르는 실개천으로 변해 버린다.

중국의 점진적 개혁은 주로 자본, 노동 비용에 의존하는 탓에 다양한 정책이 자본, 노동력 위주로 진행됐고, 결과적으로 투입된 자원에 비례해 소득을 나누는 수익 분배 구조가 형성됐다. 개혁개방 초기 중국 사회는 돈줄이 바짝 말라 있었지만, 이와는 대조적으로 노동력은 흘러넘쳤고 가격마저 저렴했다. 이를 무기 삼아 중국 경제는 빠르게 성장했지만 자본에 목매달고, 심지어 '알랑거리는' 상황은 그다지 개선되지 않았다. 그러다 보니 얼마나 많은 돈을 투입했느냐에 따라 돈을 분배하는 상황이 발생했다.

그러던 중 개혁개방이 지속적으로 추진되면서 자본과 노동력 사이에 역전현상이 벌어지기 시작했다. 쉽게 말해서 자본은 순식간에 쌓여갔지만 노동력 공급이 상대적으로 감소한 것이다. 하지만 자본 주도형 소득 분배 질서가 이미 고착화된 데다 자본에 의존하는 정책 성향 역시 계속 시행되면서, 자본의 영향력이 커지는 것과는 반대로 노동력은 제대로 평가받지 못한 채 '찬밥' 취급을 당해야 했다.

초기 분배 질서에서 개인의 소득을 결정하는 결정적 요소는 국가의 번영이었다. 중국에서 임금이 기업의 운영 비용에서 차지하는 비중은 평균적으로 10%가 채 되지 않지만, 일부 선진국에서는 그 비중이 무려 50%에 달하는데, 때로는 기업에 엄청난 부담으로 작용하기도 한다. 대표적인 사례로 GM의 경우가 그러하다. 글로벌 금융위기 당시 100년 동안 굳건하게 업계 선두를 유지했던 GM도 결국 역사의 뒤안길로 조용히 사라지고 말았다. 시장이 지속적으로 위축됐음에도 비용이 탄력적으로 감소하지 못해 GM을 파산의 길로 내몰았다는 이야기에서 노동력 비용의 중요성을 알 수 있다. 쉽게 말해서 GM이 파산하게 된 가장 결정적인 원인은 바로 노동 비용이었다. 미국의 자동차 업체는 전통적으로 근로자에게 높은 임금을 제공한다. 일본의 혼다, 도요타 등이 미국에서 시간당 25달러의 비용을 지불하는 것과 달리 GM 등 미국의 대형 자동차 업체는 평균적으로 70달러를 지불한다. 그 밖에도 GM은 100년 브랜드라는 명성에 걸맞은 책임도 져야 했다. 이를테면 퇴직 근로자를 위한 거액의 노후 연금, 의료 비용 등이 그러하다.

이처럼 서방 선진국이 노동 비용이라는 족쇄에 발목을 잡혀 허우적거리는 동안, 상대적으로 저렴한 노동력을 보유한 중국은 이를 발판 삼아 빠르게 경제를 발전시켰다. 동일 수준의 노동력을 제공할 경우, 중국 근로자는 서방 선진국의 근로자보다는 적지만 대다수 개발도상국 근로자보다는 많은 임금을 받는다. 2011년 11월 22일 중국 사회과학원과 기업 경쟁력 연구 센터가 발표한 '2011년 중국 기업 경쟁력 보고서'에 따르면, 중국 경제는 30년 동안 '너 죽고 나 살자'는 식의 출혈 경쟁을 통해 괄목할 만한 성과를 거두며 세계 2대 경제체라는 영광을 차지할 수 있었다. 하지만 소득 불평등, 계층 간 갈등, 지속 가능한 성장 동력의 상실 같은 참혹한 대가도 치러야 했다. 따라서 중국의 시장 경쟁은 과학적 발전관을 지속적으로 고수하는 한편, '양질'의 성장도 함께 구가해야만 한다.

*……이런 이유로 소득 분배 개혁이 점점 많은 사람으로부터 주목받고 있다. 소득 분배 제도의 개혁, 근로자의 소득 개선이 단순히 도덕이나 양심에 호소하는 차원에 그치지 않고 실질적인 행동이 수반되어야 한다고 많은 전문가가 주장하는 이유가 바로 여기에 있다. 쉽게 말해서 소득 격차에 따른 사회적 문제를 직시해야만 경제 구조 조정을 최대한 빨리 달성할 수 있을 뿐만 아니라, 전면적인 샤오캉 사회 구현, 나아가 모두가 잘 사는 세상을 만들자는 공감대를 현실로 바꿀 수 있기 때문이다.*

시장을 가로막던 문이 활짝 열린 후 자유가 졸졸 흐르던 수준에서 이제는 '콸콸' 쏟아져 나오고 있다. 기업과 시장에 막대한 자유가 주어지는 것과 달리, 이들에게 의무감, 책임감을 기대하기란 점점 어려워지고 있다. 시장과 기업은 자체적인 기준으로 노동력을 평가한 뒤 자신에게 떨어질 수익을 계산기로 두들겨 대기 바빴고, '중화인민공화국 노동 협력법'이 실시되기 전에 노동 비용을 줄이기 위해서 편법을 동원해 근로자에게 제공해야 할 사회 보험, 주택 공적자금 등의 혜택을 원천적으로 봉쇄해 버렸다.

## 임금 인상 뒤에도 제도적 보호가 여전히 필요하다

임금 인하를 강하게 주장하는 자본가 측에 비해 근로자 측 상황은 열악하기 그지없다.

작가 량샤오성(梁曉聲)은 여성 근로자 100여 명이 근무하고 있는 섬유 공장을 방문하던 중 임금이 턱없이 낮다는 사실을 발견하고는 어렵사리 입을 열었다. “사장님, 여기서 근무하는 여성 근로자는 사장님과 같은 고향 사람 아닙니까? 임금이 너무 낮은 거 같군요.”

그러자 배가 불뚝 튀어나오고 머리에는 기름을 잔뜩 먹인 사장이 웃음을 터뜨리며 대답했다. “낮다뇨? 그렇지 않습니다. 제가 보기엔 전혀 그렇지 않아요. 그나마 같은 고향 사람이라서 먼저 고용한 걸요! 나이가 어린 작업자도 있는데 3~4년만 일해도 결혼할 때 집이랑 혼수까지 마련할 수 있을 정도로 임금도 높은 편입니다. 제 부모도 해 주지 못하는 걸 제가 해 주는 거랍니다. 제 입으로 이런 말 하기는 좀 그렇지만 배 아파 낳아준 부모 말고, 이 사람들 인생에서 제가 두 번째 은인이 아니겠습니까?” 그러더니 고개를 숙인 채 일하고 있는 근로자들을 향해 월급 올려 받고 싶으냐며 고래고래 소리 질렀다. “아뇨…….” 여기저기서 흘러나오는 힘없는 목소리에 사장은 활짝 미소를 지었다.[4]

그나마 근로자에게 위안이 되는 사실은, 풍부하고 저렴한 노동력이라는 우위가 점차 사라짐에 따라 기업이 ‘제멋대로’ 굴 수 있는 시간이 얼마 남지 않았다는 점이다. 그렇게 되면 근로자의 임금은 바닥에서 탈출해 상승곡선을 탈 것이 분명하다. 하지만 노사 간 불공정한 분배 상황을 타개하려면 임금 인상 외에도 근로자의 목소리에 힘을 실어주고 임금 시스템과 관련된 부대 조치를 지속적으로 추진해야 한다. 아마도 그 과정은 길고 험난할 것이다. 노사 간 끊임없는 대화와 협력은 물론, 정부의 적극적인 제도적 뒷받침과 법률적 보호를 필요로 하기 때문이다.

---

4) 량샤오성, 《중국사회 계층 분석(원제: 中國社會各階層分析)》, 문화예술(文化藝術)출판사, 2011년 1월

# 나눌수록 작아지는 국가의 재화

> 우리가 살아가는 경제 사회에는 심각한 문제가 존재하는데, 그 원인은 크게 두 가지로 나눠 살펴볼 수 있다. 하나는 충분한 일자리가 제공되지 못한다는 점이고, 나머지 하나는 독단적이고 불공정한 재화 및 소득의 분배 탓이다.
>
> –케인스(John M. Kenes), 《고용 · 이자 및 화폐의 일반이론》

## 가장 큰 파이를 가져가는 정부 재정

국부(國富)는 무척 커다란 케이크처럼 보이지만 그렇다고 이쪽에서 한 입, 저쪽에서 한 입 떼어가다 보면 어느 순간 부스러기만 남고 흔적도 없이 사라지기 십상이다.

GDP라는 케이크에서 정부 재정은 가장 큰 조각에 속한다. 2007년부터 2009년까지 중국의 정부 재정 소득이 GDP에서 차지하는 비중은 각각 19.9%, 19.5%와 20.4%를 기록했다. 여기에 **정부성 펀드** 소득, 국유 자본 경영 소득 및 사회 보험 펀드 소득을 더했을 때 GDP 내 비중은 각각 27.6%, 27.9%와 20.0%로 증가한다.[5] 다른 국가와 비교했을 때, GDP에서 정부 재정 소득이 차지하는 비중이 그리 대단한 것은 아니지만 주민 소득과 비교했을 때는 문제의 심각성을 한눈에 파악할 수 있다. 2009년의 상황을 예로 들어 보자면,

**정부성 펀드**

각급 인민정부 및 소속 부서에서 법률, 국가 행정법규와 중화인민공화국 중앙정부, 국무원 관련 문서의 규정에 따라 특정 사업의 발전을 지원하기 위해 국가가 규정한 절차에 따라 공민, 법인, 그리고 기타 조직에 부과하는, 전문성을 띤 자금을 가리킨다.

5) 출처: '8조 위안의 재정 소득은 과연 얼마나 많은 금액일까?', http://biz.cn.yaohoo.com/10-09-/149/y8k9.html

정부 예산 내 재정 세수는 주민 4억 명의 한 해 가처분 소득과 맞먹는 6조 8,500억 위안을 기록했다. 2008년의 경우에도 정부의 재정 소득은 주민 3억 9,000만 명의 한 해 소득, 농민 12억 9,000만 명의 순소득과 비슷한 수준을 기록했다.

거액의 행정 비용 역시 논란의 여지가 큰 주요 재정 지출 항목이다.

2009년 3월 전국인민대표대회와 전국인민정치협상회의가 열리는 양회(兩會) 기간에 한 국가 지도자는 정부 업무 보고서를 통해 행정 비용과 관련된 문제의 심각성을 고발했다. 즉 정부 내 여러 부문에서 행정 비용의 과도한 낭비 현상이 목격됐다는 것이었다. 이를테면 규정화되지 못한 공무용 소비 지출, 행정기관 신축 및 증축 사업, 호화 청사 건립 등이 그러했다. 2010년 양회 기간에도 정부 업무 보고서를 통해 문제의 심각성이 다시 한 번 제기됐다. "과도한 낭비를 줄이고 행정 부문의 검약을 강조함으로써 행정 비용을 지속적으로 끌어내려야 한다. 호화 청사 건립을 엄격히 감시하고 고급 인테리어를 금지해야 한다. 공무용 접대, 공무용 차량 사용 등에 관한 제도개혁에 박차를 가해 공무 비용의 불필요한 지출을 철저하게 줄여야 한다."

후베이(湖北) 성 통계국 부국장 예칭리에(葉青列)는 이와 관련된 다양한 통계 데이터를 제시했는데, 그 내용은 다음과 같다. 1978년부터 2003년에 이르는 25년 동안 중국의 재정 소득은 1,132억 위안에서 28배 증가한 3조 위안을 기록했다. 이에 반해 같은 기간 행정 관리 비용은 50억 위안이 채 안 되던 수준에서 87배나 증가한 7,000억 위안을 기록했다. 행정 관리 비용이 전체 재정 지출에서 차지하는 비중 역시 2003년 19.03%로 확대됐는데 이는 일본(2.38%), 영국(4.19%), 한국(5.06%), 프랑스(6.5%), 캐나다(7.15%), 미국(9.9%)을 한참 웃도는 수치다.

2006년 전국인민대표 류만창(劉滿倉)과 정치협상(政治協商) 위원 류광푸(劉光復)는 각급 공무원이 공무용 차량을 개인적으로 사용하는 데 드는 비용이 매년 2,000여 억 위안에 달하는데, 이는 2006년 국방 지출과 맞먹는 수준이라고 지적했다.

중국의 행정 비용은 고공행진 중이다. 2010년 8조 5,000억 위안에 달하는 재정 예산 지출 중 일반 공무용 서비스 지출은 8,600억 위안으로, 그 비중이 10.18%인 것으로 나타났다.

행정 비용 외에도 권력 의존형 부패 현상으로 발생한 손실 역시 국가의 재화를 갉아먹는 또 다른 원흉이라 하겠다. 칭화대학교 국정(國情) 전문가 후안강(胡鞍鋼)은 부패의 만연으로 중국 경제가 입는 손실이 1990년대 후반 연평균 9,875억~1조 2,570억 위안에 달할 것이라고 평가했는데 이는 GDP의 13.2%~16.8%에 육박하는 수준이다.

## 거액의 부도 수표

모든 국유재산은 모든 중국인에게 귀속됐다고 법률상 명시되어 있지만, 실제로는 돈 한 푼 주지 않았다.

**영국 〈파이낸셜 타임스〉**가 2009년 5월 29일 발표한 세계 500대 기업 중 중국 업체 47곳이 명단에 이름을 올렸는데, 페트로차이나(China National Petroleum Corporation: CNPC), 중국 공상은행(工商銀行), 차이나 모바일(中國移動)이 각각 2위, 4위와 5위에 랭크됐다. 이들 47개 업체의 시가 총액은 일본과 영국을 제칠 정도로 거대하다. 2009년 당시 국유토지와 국유자산을 합친 시가 총액이 29조 위안에 달하는 것으로 조사됐는데, 이를 13억 인구로 나눴을 때 국민 1인당 6만 위안의 국유자산을 보유하고 있다는 결론이 나온다.

그렇다고 해서 모든 중국인이 6만 위안에 달하는 '현금'을 지급받았다는 뜻은 아니다. 국유자산은 말 그대로 국유자산, 즉 국가가 주인이라는 뜻으로 국민 소

**영국 〈파이낸셜 타임스〉**

제임스 셰리든(James Sheridan)과 그 형제들이 1888년 세운 세계적으로 유명한 국제 금융전문 신문이다. 런던, 프랑크푸르트, 뉴욕, 파리, LA, 홍콩 등에서 동시에 발행되며 1일 발행량이 45만 부에 이른다. 전체의 70%를 영국 외 140여 개국에서 발행한다. 세계적인 경제 정보와 경제 분석, 평론을 제공하는 〈파이낸셜 타임스〉는 런던 주식 시장을 직관적으로 파악할 수 있는 국제상품가격지수를 만들어 냈는데 이를 파이낸셜 지수(Financial Times Index)라고 부른다. 경제 분석을 위해 각국 정부 및 관련 기관에서 적극적으로 참고할 만큼 상당한 공신력을 자랑한다.

득과 GDP 성장의 주요 방식(국유자산)을 별개의 것으로 취급하는 정부 성향을 파악할 수 있다. 설상가상으로 현재 국유자산 관리에 있어서 여러 허점이 존재하는데, 그중에서도 가장 심각한 문제는 특정 세력이 국유기업이라는 기치를 내세운 채 아무 제재도 받지 않고 거액의 국유자산을 마구잡이로 남용하고 있다는 점이다. 부패 관리 중에는 심지어 국가의 재산을 자신의 개인 금고로 여기는 자들도 적지 않다. 하지만 아쉽게도 보이지 않는 곳에서 교묘한 수단을 동원해 자신의 배를 채우는 불법행위를 일반 서민이 알아채기란 사실상 불가능하다.

13억에 달하는 중국인에게 골고루 6만 위안씩 돌려줄 수 있다면 그들의 삶에는 거대한 변화가 찾아올 것이다. 이런 이유로 1인당 국유자산이 6만 위안이나 된다는 '사탕발림'으로 대중을 호도하지 말고 실제 체감할 수 있는 혜택을 국민에게 돌려줄 수 있도록 국유자산의 분배 방식을 개혁해야 한다는 이야기가 끊임없이 들려온다. 국유기업의 주식, 국유자산 등을 국유자산 펀드로 통합 · 조성하자고 주장하는 이들은 13억 명에 달하는 '주주'에게 지분을 나눠주자고 강조한다. 그렇게 되면 국민이 국유자산의 소유자가 되기 때문에 실질적인 혜택을 누리기가 훨씬 용이하다는 것이다. 국유기업의 이익 증가에 따른 혜택을 서민에게 돌려줄 수 있다면, 13억에 달하는 대중 역시 경제 성장에 따른 달콤한 과실을 마음껏 맛볼 수 있을 것이다.

하지만 13억 명이나 되는 거대한 인구를 지닌 중국에서 국유자산을 민영화하기란 그리 쉬운 일이 아니다. 아니, 엄격히 말해서 사실상 불가능하다. 국유자산을 민영화하는 것부터 녹록지 않은 데다 지급 대상 선정, 배분 기준 마련, 공정한 배분, 사회적 불만 해소 등의 수많은 문제가 산적해 있다. 불가능하다고 해서 수수방관할 수만은 없는 노릇이다. 불평등한 **재화 분배**에 따른 불공정 현상을 바로 잡을 수 있도록 기존의 분배 시스템을 개혁하는 일부터 착수해야 한다. 주민의 임금 인상, 교육 · 의료 · 취업 ·

**재화 분배**

국가와 국민 사이의 공정한 재화의 분배는 인류 사회에서 오랜 세월 동안 '뜨거운 감자'로 취급받아 왔다. 중국에서는 춘추시대 이후 국민이 부유해야 나라가 강성해진다는 주장이 치국(治國)의 기본 입장으로 굳어졌다. 관중(管仲)은 나라를 이롭게 하는 자는 먼저 백성을 부유하게 만든 뒤에 나라를 다스린다(先爲國者, 必先富民, 然後治之)고 주장했다. 북송(北宋)시대에 이르러 명재상(名宰相) 왕안석(王安石)은 백성이 국가를 먹여 살린다는 이야기는 들었어도, 국가가 백성을 먹여 살린다는 이야기는 들어본 적 없다(百姓所以養國家也, 未聞以國家養百姓也)고 지적했다. 프랑스의 사상가 몽테스키외(Baron de La Brède et de Montesquieu)는 이런 질문을 던졌다. "국가는 민중의 빈곤을 대가로 자신이 먼저 부유해져야 하는가? 아니면 국민을 먼저 부유하게 만든 뒤에 자신의 부를 추구해야 하는가?"

노후 등에 대한 투자를 강화하고 주민의 재산권 보호를 강화하는 조치 등을 통해 직간접적으로 서민의 얄팍한 주머니 사정을 해소시켜 줘야 한다.

# 발등에 떨어진 노인 부양 문제

## 인구 고령화가 가져온 노후 보험 문제

인간은 누구나 늙는다는 자연의 섭리 앞에 눈부셨던 청춘이 저물어 가는 것을 막을 수 있는 사람은 없다. 그나마 할 수 있는 것이라고는 그 시기를 늦추는 것뿐이리라. 그런 점에서 노인 부양은 사회뿐만 아니라 모든 가정이 직시해야 할, 삶과 직접 관련된 주제라 할 수 있다. 과도한 인구 증가가 사회의 근간을 뿌리째 삼킬 수 있다는 사실을 상대적으로 오랜 시간을 거쳐 깨달은 중국 정부는 '문제를 해결할 수도 있다'는 입장에서 '문제를 반드시 해결해야 한다'는 입장으로 돌아섰다. 그 노력의 일환으로 인구 증가 속도를 조금이라도 늦출 수 있는 '한 자녀 낳기(計劃生育)' 정책을 실시했지만, 추진 과정에서 불협화음이 끊이질 않았다. 수천 년 동안 이어져 내려온 전통적인 가족관과 어긋나는 가치관 탓에 지독한 분열과 갈등을 견뎌내야 했기 때문이다. 하지만 더 나은 사회를 만들자는 공감대가 점차 힘을 얻으면서 서서히 인구 증가 속도를 늦추는 데 성공했다. 한 자녀 낳기 정책은 또 다른 한편에서 '핵가족화'를 촉진시켰다. 그 결과 중국의 가족 구성원이 '4-2-1'로 전환됐고, 1억 명도 넘는 '소황제(小皇帝)' 대군이 탄생했다. 하나뿐인 소중한 제 자식을 위해서라면 가정의 모든 것을 희생할 수 있다는 부모, 그리고 그 부모들의 부모도 점점 늘어났다.

가족 구성원이나 가족의 중심이 바뀌는 거대한 변화가 찾아왔지만 가족을 둘러싼 환경은 변하지 않았다. 다시 말해서 자녀가 부모를 부양해야 한다는 자연적, 그리고 도덕적 법칙은 여전히 보이지 않는 곳에서 막강한 힘을 발휘했다. 소황제가 커서 어른이 되면 결혼해 가정을 꾸리는데, 수명의 연장으로 부모는 물론 조부모마저 봉양해야 하는 의무가 그들의 어깨를 내리누른다. 자녀가 부모를 돌봐야 하는 '족쇄'가 부모-자식은 물론, 3세대의 발목을 붙잡는다.

사회적 변화를 고스란히 반영하는 '가정'에서 조용한 변화가 나타나고 있다. 가족의 재구성으로 '4-2-1', 혹은 '8-4-1'이라는 역피라미드식 구조가 생겨났을 뿐만 아니라, 중간에 자리한 '2'를 이루는 구성원은 노인 부양에 따른 경제적인 문제 혹은 정서적인 문제 등 다양한 부문에서 무거운 중압감에 시달리고 있다. 이러한 문제를 해결하려면, 제아무리 독립과 자유를 표방한다고 해도 사회에 의존할 수밖에 없다. 그렇다면 사회는 어떤 대책을 마련해 놓고 있을까?

노후 연금 제도는 안락한 노후를 위해 사회가 제공하는 첫 번째 보호막이라 하겠다.

1997년 중국은 노후 연금 제도를 시행하기 시작했다. 해당 제도에서는 개인 계좌의 노후 연금(기업과 개인이 부담)과 각 지역 근로자 평균 임금의 20%를 기초 노후 연금(기업이 개인 전체 임금의 5%를 납부)으로 설정해 근로자의 노후 연금을 조성한다고 규정하고 있다.

이러한 노후 연금은 노후 생계에 대한 부담을 덜어준다는 효과를 지니고 있지만 집행 시기가 늦어 역사적인 빚을 질 수밖에 없었다. 구체적으로 말해서 사회 노후 연금 제도가 실시되기 전에 이미 은퇴한 근로자와 경제 활동에 참여하고 있는 재직 근로자는 기존의 연금 조성에 참여하지 않았기 때문에 모자란 부분을 사회와 사후납부자가 부담해야 한다. 그 결과, 노후 연금 보험 제도의 보이지 않는 부담이 크게 확대되고 말았다. 그 밖에 일부 기업에서는 생산율 감소 등을 이유로 노후 연금을 제대로 납부하지 않거나 비용 절감을 위해 악의적으로 체납하는 등의 행위를 저질렀다. 그렇게 해서 노후 연금은 '밑 빠진 독'으로 전락하고 말았다.

이러한 문제를 해결하기 위해서, 중국 정부는 1998년부터 노후 연금 보험의 이전 지출(Transfer payment) 제도를 구축해 역사적 채무를 청산했을 뿐만 아니라, 적극적인 지원을 제공하고 있다. 진심 어린 노력에 힘입어 1998년 당시 24억 위안에 불과하던 지원금이 2009년 873억 위안으로 증가했다. 12년 동안 모두 4,483억 위안을 지원했지만 수조 위안의 자금이 '유실'됐다는 점[6]을 떠올려 볼 때 여전히 가야 할 길이 멀다.

중앙은행 행장에서부터 경제를 주관하는 시장(市長)에 이르기까지, 그리고 사회 보장 펀드 이사회 의장에 이르기까지 다이샹룽(戴相龍)은 항상 '돈'과 관련된 일을 담당했다. 하지만 사회 보장 펀드 이사회 의장 자리에 취임하자마자 2조 위안에 이르는 '구멍'을 메워야 한다는 생각에 그 어느 때보다도 마음이 급했다. "UN의 기준에 따르면 중국은 사실상 1997년에 인구 고령화 단계에 들어갔습니다. 하지만 지금껏 노후 연금 제도에 대한 철저한 관리 감독이 이루어지지 않는 바람에 인구 노령화 이후 노후 연금의 수지에 커다란 구멍이 뚫릴 겁니다."

### 댁의 부모님은 안녕하십니까?

중국 내 노령 인구의 경제적 능력을 살펴보면 몇 푼 안 남은 예금에 의존하고 있다는 공통점을 발견할 수 있다. 자녀를 키우느라 부모 세대는 경제적인 능력은 물론, 자신의 모든 것을 다 바쳤다고 해도 과언이 아니다. 애지중지하던 자녀가 성인이 된 뒤에도 부모 세대는 여전히 부모로서의 '의무'를 성실하게 수행한다. 요컨대 자녀를 위해 주택을 매입하거나 어린 손자를 보살펴 주는 것은 물론 심지어 한평생 뼈 빠지게 번 퇴직금과 노후 연금을 자녀가 가정을 꾸리는 데 보탬이 된다면 한 치의 망설임도 없이 내놓는다. 그 결과 손에 아무것도 쥐지 못한 부모 세대의 안락한 노후를 책임져야 하는 부담이 자연스레 자녀 세대의 어깨를 내리눌렀다.

소득도 별로 없는 데다 노후 대비도 제대로 준비하지 못했다면, 설상가

6) 출처: 《국정 제안서》, 만권(萬卷)출판공사

상으로 몸담고 있던 업체가 수익이 저조하거나 파산해 퇴직금마저 받지 못했다면 부모 세대의 행복은 오로지 자녀에게 달려 있다고 할 수 있다. 하지만 자녀 역시 '**제 몸 하나 챙기기(窮則獨善其身)**'도 힘든 처지라는 냉혹한 현실이 펼쳐져 있다. 자신을 포함한 누가 보더라도 많지도, 그렇다고 적지도 않은 수입은 매달 날아오는 카드 고지서에 파묻혀 눈 깜짝할 사이에 사라진다. 아이들 교육비, 비싼 집값, 경조사, 의식주, 어느 것 하나 돈이 들지 않는 일이 없다.

**제 몸 하나 챙기기(窮則獨善其身)**

《맹자(孟子)·진심상(盡心上)》에서 비롯된 표현으로, 전문은 "곤궁해지면 자신의 몸을 선하게 하고, 잘 되면 겸하여 천하를 선하게 하다.(窮則獨善其身, 達則兼善天下)"이다. 공자의 "나를 인정하여 써 주면 도를 천하에 행하고, 써 주지 않으면 도를 내 몸에 간직한다.(用之則行, 舍之則藏)"와 함께 2,000여 년 동안 중국 지식인의 좌우명으로 자주 언급된다. 곤궁함과 통달함은 속세의 기준일 뿐, 도의야말로 만물의 근원이라 할 수 있다. 곤궁해져도 의를 잃어서는 안 되고, 통달해져도 도에서 벗어나면 안 된다.

이리저리 지출하다 보니 손에 남는 것이라고는 몇 푼 안 되는 푼돈이다. 행복하다고 억지로 자위해 봤자, 사회적 노후 연금 시스템이 여전히 낙후된 상태에서 부모 세대에게 행복한 노년을 선물하기란 사실상 불가능하다.

부모 세대를 부양하는 데 드는 경제적 지출은 주로 부모의 건강이 나빠지기 시작하면서 본격적으로 나타난다. 병이라도 걸리면 의료비, 간호비 등 '큰 돈'이 들기 때문에 가정의 경제적 어려움이 한층 가중된다. 부모 세대를 부양하는 일은 비단 경제적인 부담뿐만 아니라, 스트레스와 기회비용의 상실 등도 수반한다. '위로는 부모를, 아래로는 자녀를 돌봐야 하는' 기둥으로서의 역할을 수행하기 위해 많은 사람들이 가정에 많은 시간과 힘을 쏟아붓다 보니 개인적인 발전이나 사업을 돌볼 여력이 없다. 또 다른 한편에서는 정서적인 문제도 불거진다. 자녀 세대로서는 경제적 부담을 덜기 위해 한 푼이라도 벌어야 하는데, 일에 시달리느라 정작 사랑과 관심으로 돌봐야 할 부모에 대한 애정이 식어 가정 내 불화를 초래하기도 한다. 부모 세대가 동경하는 '행복한 우리 집'은 그렇게 해서 우리 곁에서 점점 멀어진다.

## '저마다의 몫이 있다'는 이야기는 정말 헛소리인가?

**자녀를 길러 노후를 대비한다(養兒防老)**는 이야기를 '호랑이 담배 피우던 시절'에나 나올 법한 소리라고 치부하는 상황에서 사회적 노후 연금 보장 제도가 기대를 한몸에 받으며 화려하게 등장했다. 하지만 사회적 노후 연금 보장 제도는 가장 기본적인 생활만 보장해 줄 뿐, 많은 사람이 생각하는 복지와는 커다란 차이가 있었다. 거대한 경제 성장의 물결과 이상주의가 복지국가를 지향하는 '이상국가'의 탄생을 주문했고, 사람들은 현대화를 통해 정부가 창조적인 높은 수준의 복지국가를 만들어낼 수 있을 것이라고 확신했다. 실제로 이미 여러 국가에서 자국 국민에게 다양한 복지 혜택을 제공하고 있기 때문이다. 이를테면 소득에 상관없이 일괄적으로 교육비, 의료비, 교통비, 주택 및 노후 연금 등의 혜택을 평등하게 제공했다.

**자녀를 길러 노후를 대비한다(養兒防老)**

송나라 진원정(陳元靚)의 《사림광기(事林廣記)》에 등장하는 구절로, 자녀를 길러 노후를 대비하고 곡식을 쌓아 기아에 대비한다(養兒防老, 積谷防饑)는 내용이 언급됐다.

하지만 이러한 분배 방식이 중국에서 실행될 가능성은 매우 낮다.

개발도상국으로서 중국이 처한 현실 때문에 중국인의 소득은 그리 높지 않다. GDP 성장세가 해마다 놀라운 속도로 성장하고 있지만 원체 '기초 체력'이 튼튼하지 못하기 때문에 한 술에 배부르기가 결코 쉽지 않다. 다시 말해서 중국 정부는 모든 중국인에게 나눠줄 수 있는 충분한 재원을 확보하는 데 실패했다. 노후 연금 보장 시스템이 상대적으로 늦게 출발하는 등의 역사적 문제로 노후 연금에는 커다란 구멍이 생겼고, 이는 중국의 노후 연금 제도가 떠안은 심각한 고민거리로 떠올랐다.

국가를 구성하는 '소프트웨어' 분야의 지속 가능한 성장력이라는 점을 감안해 '퍼 주기 식' 복지 정책을 너무 일찍 추진한다면, 문화, 교양, 인성 등이 미성숙한 상황에서 자칫 무임승차 현상을 부추길 수 있다.

전통적인 효 사상에 의존해 '자녀를 길러 노후를 대비한다'는 낡은 가치관은 자녀 세대의 경제적 부담이라는 현실적 문제 앞에 힘을 잃는다. 노후 연금 보험 제도가 전 국민의 복지를 위한 것임에는 틀림없지만 그저 살짝 '맛'만 보여줄 뿐, 원천적으로 문제를 해결하지 못했을 뿐만 아니라 엥겔지수마저 크게 끌어올릴 것이다. 그런 점에서 자신을 구원할 수 있는 사람은 오직 자신뿐이다. 늙어서 경제적인 어려움에 허덕이지 않으려면 개인 스스로 알아서 미리 준비해 두는 수밖에 없다는 뜻이다.

하지만 이 역시 쉽지 않은 노릇이다. 지출은 점점 늘어나는 데 반해 소득이 점점 줄어들고 있으니 어느새 두툼했던 지갑이 깨지기 쉬운 '유리 지갑'으로 변해 버렸다.

## 재화의 역설

개혁개방의 물결을 타고 먼저 재화를 쌓은 사람도 있지만 여전히 많은 사람이 열심히 일하면서도 가난에서 벗어날 수 없거나 먹고 사는 데 급급한 불공정한 현실 속에서 살아가고 있다. 전체적으로 중국 가구의 경제적 기반은 한결 풍족해졌지만 제도적 비용, 기회비용 및 권력을 이용한 불법 행위, 개인의 근로 습관 등의 영향으로 소득이 오르지 못하는 사람들이 여전히 존재한다.

특히 집값은 가정 지출의 대부분을 차지한다. 집 한 채 장만하기 위해서라면 먹던 냄비라도 팔 기세로 모든 것을 걸다 보니 힘들게 모아둔 통장도 텅텅 비어버리기 일쑤다. 집을 구입해도 주택 대출을 갚느라 바쁘고, 부모님을 모시고 아이들 학교 보내는 데 돈을 쓰다 보면 한 해 소득도 얼마 남지 않아 저축은 엄두도 내지 못한다. 다시 말해서 모든 사람이 노후 연금을 넉넉하게 마련해 두지는 않았다는 것이다.

제법 풍족한 연금을 마련해 두었다고 해도 최종 수혜자가 자신이라는 보장이 없다. 2007년 HSBC가 전 세계 15개국과 지역을 대상으로 '미래 은퇴 생활'이라는 제목의 조사를 실시했다. 중국 대륙에서 실시된 조사 결과, 겨우 9%만 은퇴 이후에 충분히 대비하고 있다고 답했고 32%는 은퇴 이후에 아무런 계획이 없다고 응답했다. 자녀를 위해 저축한다고 밝힌 대상이 41%였던 것에 반해 은퇴 목적으로 저축하고 있다고 대답한 응답자는 겨우 14%에 불과했다.

한 푼 두 푼 힘겹게 돈을 모아도 인플레이션의 영향으로 위안화의 구매력이 감소하면 은행에서 잠자던 재화가 대폭 줄어들 수 있다. 많은 이들이 노후 계획, 여행, 취미, 심지어 공공사업에 사용하려고 저축하고 있지만 나중에는 이 돈으로 노후를 챙기기도 불가능하다는 사실에 충격을 받을 수도 있다.

젊은 시절의 고생보다 늙어서 하는 고생이 더욱 비참하고 고되다. 세월의 흐름 속에서 무거운 짐을 짊어지느라 소중한 시간과 힘, 그리고 열정마저 모두 빼앗겼기 때문이다.

# 병원은 어떻게 돈을 버는가?

누가 병을 당해낼 수 있으랴? 그런 점에서 의료 분야의 재정적 지원을 강화하고, 특히 의료 분야의 서비스 시스템을 보다 확고하게 구축해야 한다. 비록 선진국은 아니지만 중국은 일찌감치 양질의 의료 서비스 능력을 쌓아왔다. 일부 지방에서 추진 중인 의료 개혁은 주로 재정적 보장, 이를테면 개인 부담, 기업의 보험 부담 혹은 정부 부담을 개선하는 데 초점이 맞춰져 있었다. 하지만 중국이 직면한 문제는 생각처럼 그리 간단하지 않다. 의료 서비스를 누가 지불할 것이냐는 문제는 물론, 의료 서비스 부문에 더 많은 자원을 투입하는 방법에 대한 고민을 동시에 안고 있기 때문이다. 의료 부문의 재정적 문제를 해결하기만 하면 비용 문제가 해결되어 자동적으로 의료 서비스를 받을 수 있을 것이라고 생각하지만, 이를 현실에 적용하는 데는 엄청난 혼란과 진통이 따른다. 향후 의료개혁에서 집중적으로 다뤄야 할 문제는 모든 사회구성원의 참여와 노력이 필요하다.

–경제학자 저우치런

## 비싼 진료비

의료 개혁이라는 거대한 물결이 일으킨 파장은 그 시작과 끝을 찾아보기 힘들 정도로 엄청난 파급력을 자랑한다. 이러한 상황에서 '왠지 모르지만 어딘가가 분명 아픈 것 같다'고 느끼는 순간, 걱정은 줄어들기는커녕 점점 커져만 간다. '비싼 진료비, 간병인 구하기 대란' 등의 문제가 여전히 행복으로 가는 길을 가로막고 있을 뿐만 아니라, 행복과 날카로운 대립각을 세우고 있기 때문이다.

가벼운 두통이나 감기 증세가 나타나면 의사는 아니지만 스스로 약국을 찾아가 증세를 알려준 뒤 원하는 약을 사거나 흔히 알려진 민간요법, 의학적 상식을 동원하기도 한다. 웬만해선 며칠 앓다가 자리를 털고 일어나지만 극심한 두통, 이유를 알 수 없는 고열 증상, 어지럼증 같은 이상이 생긴다면 몸 어디서 '파업 사태'가 터졌는지 판단하기 어렵다. 치료시기를 놓치지 않으려면 가볍게 생각해서도 안 되고 얼렁뚱땅 넘겨서도 안 된다. 불안한 마음에 아픈 몸을 이끌고 병원을 찾지만 의사는 아는 척도 하지 않고 기다란 차트를 던져주며 검사실을 다녀오라고 한다. 설상가상으로 검사 비용도 만만치 않다. 최첨단 기술, 해외에서 '막' 도입한 최첨단 의료 기기일수록 검사 비용은 무섭게 올라간다. 검사 결과를 확인하니 다행히도 큰 병이 아니라는 이야기에 안도의 한숨을 내쉬지만 결과적으로 '쓸 필요가 없었던' 돈을 잔뜩 쓰고 말았다. 요컨대 돈을 주고 마음의 평화를 산 것이다.

운이 따르지 않아 큰 병에라도 걸렸다면 '목돈'이 들어갈 준비를 해야 한다. 의사가 하느님이 주셨다는 최첨단의, 통증이 전혀 없는 기술을 슬며시 권하면 환자는 자신의 건강을 위해 '마음 착한' 의사의 뜻에 따르기로 결정한다. 그 결과, 지갑은 점점 얇아지고 몇 년 동안 어렵사리 모은 저축도 한 번에 날아간다.

'비싼 진료비'는 몇몇 개인의 생각이 아니라 많은 사람이 충분히 공감하고 있는 일종의 사회적 문제다. 위생부(衛生部)의 통계 자료에 따르면 2008년 병원을 찾은 외래 환자의 평균 의료비는 1인당 146.5위안이었으며, 입원 환자의 평균 비용은 1인당 5,463.8위안인 것으로 나타났다. 개인이 의료비를 부담하는 비중이 점차 증가하고 있는데, 전체 의료비용 중 개인 지출 비중은 1978년의 20.4%에서 2007년의 45.2%로 상승했다. 개인의 진료비 부담이 증가함에 따라 그에 따른 부작용도 서서히 모습을 드러내고 있다. 2005년 제3차 전국 의료 서비스 조사 결과, 중국 내 48.9%의 사람들이 병이 있어도 병원을 찾지 않았으며 29.6%는 입원하라는 의사의 충고에도 병원에 입원하지 않은 것으로 조사됐다.

## 눈총받는 '백의의 천사'

최초의 의료 개혁에서 자체적으로 경영되던 공공의료기관은 재정적 기반이 튼튼하지 못해 정상적인 의료 서비스를 제공하지 못했다. '의약품 판매'가 병원의 주요 수입원으로 자리 잡은 후, 의사가 전문적인 기술 인재에서 '약봉지'를 든 '영업사원'으로 전락하는 바람에 아픈 이들의 몸과 마음을 달래주던 병원이 환자에게 치료 청구서를 내밀며 '공익성'을 입에 달고 다니기 시작했다. 의사들 역시 '공익성'이라는 기치를 앞다투어 내놨지만 예전과 다름없이 귀찮은 표정으로 무심하게 환자를 보살피고 있다. 이러한 상황이 수없이 반복되면서 공익성은 어느새 본래 가치를 잃었다. 수많은 환자는 의사를 백의의 천사라며 존경의 눈빛으로 바라보는 동시에, 점점 백안시하고 있다.

위생부 사이트에 소개된 통계 자료에 따르면, 중국의 전체 의료비(즉, 한 해 동안 의료 보건 서비스에 사용된 전체 비용)는 1978년의 110억 2,100만 위안에서 2007년의 1조 1,280억 5,000만 위안으로 무려 102배 증가했다. 그 가운데 개인이 현금으로 지불한 의료비 지출은 1978년의 22억 5,200만 위안에서 226배 증가한 2007년의 5,098억 6,600만 위안으로 나타났는데, 이는 같은 기간 GDP와 도농 주민의 평균 소득 성장세보다 높은 수치로 확인됐다.

전국인민정치협상회 위원, 중화의학회(中華醫學會) 의장 우밍장(吳明江)은 매스컴에서 중국의 공공의료기관은 진정한 의미의 공공의료기관이 아니라고 토로했다. 다시 말해서 국가에서 10%의 재정만 지원해 주고, 나머지 90%의 재정을 병원 스스로 마련해야 한다는 것이다. 세상에 공짜 점심은 없는 법, 그래서 병원은 90%의 재정을 환자에게서 긁어모으기로 했다.

## 여전히 어리석은 시장화

> **시장화**
> 시장을 사회, 정치 및 경제 문제 등을 해결하는 기초 수단으로 사용하는 것으로, 정부의 경제 규제 완화를 가리킨다. 개방된 시장에서 시장 수요를 중심으로 적자생존식 경쟁을 통해 자원의 합리적 분배를 실현함으로써 효율의 최대화를 추구한다.

'**시장화**'는 의료개혁에서 줄곧 '뜨거운 감자'로 평가받았다. 의료 분야에도 시장의 활력을 주입해 효율적이고 공정한 경쟁 시장을 구축하자는 구상은 의료 개혁이 한때 지향하던 이상이었다. 사실상 정부 재정에 의존하지 않고 환자에게서 90%의 재정을 마련하는 상황임에도 의료 부문의 시장화가 여전히 이뤄지지 않았다는 주장은 쉽게 납득되지 않는다. 어쩌다 이런 주장이 나오게 된 것일까?

결론적으로 말하면, 중국의 의료 부문은 진정한 의미의 시장화를 실현하지 못했다. 시장화는 한때 긍정적인 면이 대대적으로 부각되는 영광을 누리기도 했지만 중국의 병원에서 대부분 '꼼수'에 그치고 말았다. 시장화라는 말은 병원 안에서 뭔가 하는 시늉만 했을 뿐, 슬쩍 병원 밖으로 빠져나와 '환자가 제 돈으로 병원을 먹여 살리는 후유증'만 남겼다. 즉 중국의 의료 부문은 시장화가 제대로 이뤄지지 않은 반신불수 상태라 하겠다.

중국의 의료 부문에서 완전한 의미의 시장화가 단 한 번도 나타나지 않았던 것과 달리, '의료 부문은 생명, 건강과 직접적으로 관련된 특수성을 지니고 있다'는 의료계의 강력한 호소에 정부는 여태껏 단 한 번도 의료 시장에서 손을 떼지 못했다. 위생부의 통계 자료에 따르면, 2005년 중국 내 82.8%에 달하는 병원, 95.1%의 침상, 의료 종사자 90.4%가 국유 및 집체(集體)기관 소속이며, 52.8%의 병원, 80.1%의 침상, 의료 종사자 중 77%가 정부 직영 의료 기관에 소속되어 있다고 한다. 병원장을 임명할 수 있는 권리가 대부분 정부의 손에 달려 있기 때문에 병원 내 인사 문제는 직간접적으로 정부로부터 영향을 받는다. 초빙제로 채용되는 병원장과 달리 의사의 합법적인 의료 행위 자격은 위생부 내 행정 부서의 결정이 필요하다. 공공의료기관에서 의사나 간호사를 채용하려면 엄격한 인사 시스템을 동원해 꼼꼼한 심사에 나서야 한다.

한편, 의사를 찾는 환자의 수가 줄어들 기미가 보이지 않자 병원은 항상 인산인해를 이룬다. 의료 서비스에 대한 수요를 만족시키기 위해 병원에서 '문'을 활짝 열고 몸집을 키운다고 해도 별다른 개선 효과는 나타나지 않는다. 개원하는 데 동네 구멍가게처럼 공상부(工商部)로부터 '시뻘건' 영업 허가 도장만 받으면 된다고 생각한다면 커다란 오산이다. 인명을 다룬다는 직업적 특성상 의료 기관은 위생부 행정당국의 심사를 거쳐야 하고, 진료 과목이나 진료실을 신축하는 일마저 관련 부서로부터 허가가 떨어져야 가능하다.

경영 시스템에서 봤을 때 병원은 완전한 자주권과 발언권 없이 정부의 틀 안에서 운영되고 있지만, 재정적으로 정부는 '물주'로서의 역할이 아니라 일부 재정 부담만 짊어지고 나머지 책임을 전부 병원에 전가하고 있다.

정부가 제공하고 있는 재정적 지원이 원체 부족하기 때문에 병원은 그저 '돈이 없다'는, 누구도 반박하기 어려운 이유를 들며 '꼼수'를 부린다. 환자에게서 의료비를 충당하고 있음에도 병원에서 돈이 없다고 주장하는 근거는 무엇인가? 그 내용을 자세히 들여다보면 소중한 의료 재정이 불합리하게 이용되는 현상이 성행하고 있기 때문이다. 그중 한 가지를 소개하면, 적용 대상이 한정되어 있지만 **공공 의료 서비스** 대상자에게 말도 안 되게 저렴한 비용으로 의료 서비스를 제공하기도 한다. 그 결과, 병원으로 돌아가야 할 몫이 감쪽같이 사라진다.

**공공 의료 서비스**

공공 의료 서비스는 국가가 의료 위생 부서를 통해 국가 공무원에게 무료로 의료 및 예방 서비스를 제공하는 사회적 보장 제도를 가리킨다. 베이징 시에서 공공 의료 서비스를 받는 부처 단위는 크게, 중앙, 시, 구·현(區·縣)급 기관의 사업체로, 그 수가 무려 100만 명을 넘는다.

2006년 전 국가 위생부 부국장 인따구이(殷大奎)는 충격적인 자료를 소개했다. "정부가 투입한 의료비용 중 80%는 850만 명의 공산당 간부를 위시한 특정 계층에게 제공된다(중국과학원(Chinese Academy of Science), 조사 보고). 감찰부(監察部), 인사부의 자료에 의하면 전국 당정(黨政) 부문 내 200만 명의 각급 간부가 장기 병가를 냈는데, 그 가운데 40만 명이 오랫동안 간부 전용 병실, 게스트룸, 휴양촌을 차지하고 있으며 한 해 비용만 500억 위안에 달하는 것으로 조사됐다." 이와는 대조적으로 2007년 정부의 의료 관련 비용은 2,297억 1,000만 위안을 기록했다.[7)]

정부가 병원 인사에만 신경 쓰고 재정 문제에는 관심이 없기 때문에 병원으로서는 '제 손으로 먹고 사는 문제를 해결해야' 하느라 마음이 급하다. 시장화라는 흐름에 발맞추기 위해 병원도 돈벌이에 나설 수밖에 없다. 그러다보니 '약'이든 '기술'이든 갖은 핑계를 동원해 환자의 지갑에서 돈을 빼와야 한다. 경제적 이익 앞에 '아픈 이들의 몸과 마음을 돌봐준다'는 인도주의는 퇴색한지 오래고, 환자에게서 한 푼이라도 더 뜯어내기 위한 병원의 치졸한 꼼수는 더 이상 보기 드문 현상이 아니다. 2007년 7월 중국 남부의 한 도시에서 동일한 의사에게서 진료를 받던 환자가 무려 19번이나 접수처를 찾는 일이 발생했다. 그 이유인즉 의사가 환자에게 처방전을 19장 써 줬기 때문이다.

## 공공의료기관의 불만

소비자(환자)는 병원에서 진료받기 힘들 뿐더러 경제적으로도 부담스럽다며 불평을 터뜨리지만 공공의료기관도 할 말은 있다. 아니, 정확히 말해서 쌓아둔 게 많다. 그런 점에서 한때 병원장 자리에 올랐던 우밍장의 불만은 곱씹어 볼 가치가 있다.

"의료비가 부담스럽다고 하지만 대놓고 말해서 일상적인 경영 비용을 제하고 한 해 수익을 8% 올릴 수 있다면 그것만으로도 대단한 성과라 할 수 있습니다. 병원비나 약값이 비싼 건 시스템 때문입니다. 하지만 사람들은 의사 연봉이 얼마네 하며 입방아만 찧어대죠. 병원 내 일부 의사의 소득은 제가 보더라도 확실히 높습니다. 그리고 의사라고 해서 모두 성인군자는 아닙니다. 의사로서의 책임감이나 수준이 떨어지는 사람도 분명 있습니다.

7) 출처: 위생부 사이트

하지만 환자 수가 많은 젊은 의사의 경우, 한 달 월급이 겨우 2,000위안 정도에 불과합니다. 이 돈으로는 먹고살기에도 빠듯하죠. 집 장만은 딴 나라 이야기나 다름없습니다. 젊은 의사 찾기가 왜 그리 어렵냐고요? 버는 게 없어서 그런 겁니다!"

공공의료기관이라는 이름이 있지만 누구 하나 비영리 조직이라는 공공기관으로서의 신분을 망각한 듯싶다. 얼마 안 되는 정부 지원으로는 '허기'를 달래지 못해 제 손으로 먹고살 수밖에 없고, 민간 의료기관, 외국계 병원 등은 경쟁자임에도 대적할 힘이 없기 때문에 공공의료기관이 대표로 나서 공공의료서비스 문제를 놓고 정부와 결전을 치러야 한다. 이처럼 공공의료문제에 대해 공공의료기관에게 전권(全權)이 주어진 상태에서 '천시(天時), 지리(地利), 인화(人和)' 등의 요소까지 가세하면서 상황은 심각하게 악화되기 시작했다. 즉 불공정한 정보 때문에 의사를 제외한 일반인은 공공의료문제를 알지 못하기 때문에 공공의료기관에서 겁도 없이 값을 높여 부르기 시작한 것이다. 그 결과, 환자들은 비싼 전복이나 샥스핀을 살 돈을 내고도 산해진미를 맛보기는커녕 거칠기만 한 '푸성귀'나 먹고 있는 것이다.

# 주목할 만한 독점 현상

> 자유주의자는 전통적으로 사회적 약자가 처한 어려움을 광범위한 사회적 문제, 이를테면 차별, 사회적 계급 등과 같은 문제에 연계시키는 방법을 강조하지만, 보수주의자는 이와 달리 다양한 계층의 가치관과 자원 경쟁에서 불리한 환경에 처한 계층의 경력(經歷)을 해석하는 데 주목한다.
>
> –사회학자 윌리엄 윌슨(William Wilson)

## 치료할 수 없는 '마마보이'의 시대

현재 중국 사회에서는 분투(奮鬪), 자수성가보다 '핀디에(拼爹; '아버지를 겨루다'라는 뜻으로 제아무리 열심히 공부해도 든든한 아버지를 가진 사람과 경쟁해서 이기기 어렵다는 뜻으로 널리 쓰인다–역주)', '컹디에(坑爹; 사전적 의미로는 누군가 자신을 속인다는 뜻이지만 분노의 표현으로 많이 사용된다. 우리말로 치면 '지금 나랑 장난 하냐?' 정도로 이해해도 무방하다–역주)'가 크게 유행하고 있다.

2010년 허베이(河北)대학교 신시가지에서 지나가던 차량이 여학생 2명을 덮쳐 한 명이 사망하고 나머지 한 명이 크게 다치는 끔찍한 사고가 났다. 비극적인 사태에 전 사회는 충격을 감추지 못하며 피의자에 대한 비난을 쏟아부었다. 하지만 충격은 여기서 끝나지 않았다. 붙잡힌 피의자는 반성의 빛은커녕 오히려 고래고래 소리 지르며 한바탕 소동을 부렸다. "능력이 되면 고소하든가, 리강(李剛)이 우리 아빠다!" 이 일을 계기로 중국 사회에서 '핀디에' 현상이 더욱 기승을 부리더니 급기야 '현장(縣長)이 우리

아빠다', '우리 아빠는 부자다', '우리 아빠는 유명인사다'라는 말이 마치 유행처럼 끝도 없이 쏟아지기 시작했다. 결론적으로 온갖 종류의 '□□가 우리 아빠다'라는 패러디가 쏟아져 나오더니 급기야 잘못을 저지르고도 부모를 방패 삼아 무서울 것 없다는 '정치가 2세(官二代)', '재벌 2세(富二代)', '스타 2세(明星二代)', '군인 2세(軍二代)' 등이 요란스레 등장했다.

시끌벅적한 '핀디에' 현상은, 재화 · 물질 및 명성 등이 사회를 주름잡는 독점적 자본으로 떠올랐으며 돈 · 권력 · 인기 등이 자신은 물론 그 후손을 사회적 강자로 만드는 데 결정적인 역할을 한다는 사실을 입증했다.

재화와 사회적 자본이 기승을 부릴수록 그로 인한 혼란과 갈등은 커다란 후유증을 낳는 법이다.

**에머슨 (Ralph Waldo Emerson)**

미국 보스턴 출신의 랠프 에머슨(1803~1882)은 미국의 유명한 사상가, 문학가이자 시인이다. 링컨 대통령은 에머슨을 '미국의 공자(孔子)', '미국 문명의 아버지'라고 극찬하기도 했다. 에머슨은 19세기 미국의 발전에 지대한 공헌을 했다는 평가를 받고 있다.

**에머슨**(Ralph Waldo Emerson)은 기회의 정의에 대해 딱 꼬집어 이야기했다. "기회는 사실 아무런 규칙도 없다. 기회는 사전에 충분히 준비하고, 놓치지 않는 극소수의 사람에게 해당될 뿐만 아니라, 운명적으로 기회와 인연이 있는 사람에게만 주어진다. 기회는 결코 이루어질 수 없는 대단한 우연을 가장해 주어진다. 이러한 점들을 부인한다면 대박을 노리고 한평생 도박판에 뛰어든 사람은 결국 알거지가 되지만 우연한 기회에 도박이나 내기를 통해 인생 역전에 성공한 사람들이 어떻게 나올 수 있는지 결코 이해할 수 없을 것이다. 중국의 1대 기업가들에게는 '개혁개방'이라는 기회가 운명처럼 주어졌고, 초기 단계에 놀라울 만큼 절호의 기회가 곳곳에 숨어 있었다. 기업가들은 만사를 제쳐두고 그 기회를 잡기 위해 달려들었다."

다채롭고 눈부시게 빛나는 기회는 더 이상 오지 않는다. 선점할 수 있는 기회를 놓친 후계자들 앞에는 호적 제도, 사회 구조에 따른 분업화 시스템, 재화 분배 시스템 등 온갖 장애물이 놓여 있다. 사회적 장벽에 둘러싸인 중국의 현 세대는 사회적 자원과 이익을 공정하게 차지할 수 있는 기회에서 점점 멀어지고 있다.

## 빛을 잃어가는 교육

교육은 한때 기회와 사회적 재화를 가장 공정하게 분배해 주는 정의로운 원칙이라고 칭송받으며, 사회적으로 중요한 역할을 담당해 왔지만 점점 그 명성을 잃고 있다.

2010년 시나(新浪) 교육 채널에서 운영하는 공동 조사 기관에서 '중국 가정교육 소비 보고서'를 발표했는데, 61.9%의 네티즌이 현재 자신의 처지에 불만을 품고 있으며 교육을 통해 지금의 상황에서 벗어나고 싶다고 답한 것으로 나타났다.

자녀가 장차 훌륭한 사람이 되길 바라는 마음은 자식을 둔 부모라면 국적, 인종에 상관없이 모두 같을 것이다. 개인의 이상을 가장 원만하게 실현할 수 있는 교육을 통해 부모 세대는 자녀의 사회적 지위가 개선되고 신분이 '수직 상승'하기를 기대한다. '아무리 힘들어도 자식까지 힘들게 해서는 안 된다', '아무리 가난해도 가르칠 수 있는 데까지는 가르쳐야 한다'는 인식이 사회적 공감대로 떠오르면서 자녀 교육을 위한 지출은 상당수 부모에게 무거운 경제적 부담으로 작용하고 있다.

중국의 경제 발전과 함께 교육비 역시 빠르게 증가하고 있다. 교육비는 평균 16%의 성장률을 보였는데, 2004년 당시 7,242억 6,000만 위안에서 2008년의 1조 4,500억 7,400만 위안으로 증가했다. 4년 동안 상승폭이 무려 2배나 된다. 국내총생산에서 교육비가 차지하는 비중 역시 3.48%를 기록하기도 했다.[8] 이처럼 상당수 부모에게 교육비는 여전히 허리를 휘게 하는 커다란 부담이라고 할 수 있다.

학비 외에도 부모의 지갑을 얇게 만드는 지출 내역이 또 등장했다. **학교 선택비(擇學費)**, 책값 등 온갖 명

**학교 선택비(擇學費)**

교육국(敎育局)은 학생이 속한 지역 내 학교는 아무 비용도 받아서는 안 된다고 규정하고 있다. 다만 지역 학교가 아닌 타 지역 학교로 진학할 경우, 상당한 금액의 학교 선택비를 내야 한다. 쉽게 말해서 전학하는 데 돈이 든다는 뜻이다. 학교와 학부모의 지나친 교육열이 만들어 낸 부작용이라 하겠다.

8) 출처: 중국교육보(中國敎育報), '2004~2008년 전국 교육비 집행 현황 분석'

목의 수업료와 올림피아드 수학 대회, 피아노, 중국화(中國畵) 등을 배울 수 있는 학원에 보내기 위해 눈물을 머금고 지갑을 열어야 한다. 그중에서도 학교 선택비가 가장 큰 비중을 차지하는 것으로 알려졌다. 초·중·고등학교 때의 경제적 부담도 그리 만만치 않다. 학교 선택비, 학비 외에도 시간당 수십 위안 혹은 수백 위안하는 과외비에다 걸핏하면 수천 위안이나 하는 학원비, 시험 대비반 등의 보습비도 버겁기 짝이 없다. 초등학교 1학년 때부터 고3 때까지의 교육 비용을 모두 합치면 적게는 십 수만 위안에서, 많게는 수십만 위안이라는 거액이 든다. 그렇다고 대학교 학비는 어디 만만하던가? 대학 4년을 가르치는 데만 최소 6만 위안이 든다고 한다.

2009년 중국청년보(中國青年報)의 조사 기관이 시나닷컴을 통해 2,157명을 대상으로 조사를 실시한 결과, 74.7%의 응답자가 교육비 지출이 일반 가정에게 엄청난 경제적 부담으로 작용했다고 밝혔으며, 36.2%의 응답자는 한 해 가정 소득에서 교육비가 차지하는 비중이 10~30%에 달한다고 답했다. 그 비중이 30~50%라고 밝힌 응답자는 전체의 29.5%, 50~80%나 된다고 응답한 대상도 12.8%나 됐다. 심지어 교육비 비중이 80% 이상이라고 대답한 응답자도 있었는데, 그 비율은 전체 중 8.4%에 달했다.

목돈을 들여 교육에 투자했다고 해서 반드시 성공이라는 달디 단 과실을 맛볼 수 있는 것도 아니다. 특히 최근 들어 대학 교육 문제가 중국 사회에서 뜨거운 이슈로 떠오르고 있다. 옛날에는 선택받은 극소수의 사람만 대학 문턱을 밟을 수 있었지만 대학 입학의 문이 점점 활짝 열리면서 해마다 상당수의 졸업생을 쏟아내고 있다. 여기에 입시 위주 교육과 시장의 구조적인 불균형, 중국 경제 구조의 불균형 등 여러 요인이 가세하면서 대학생의 일자리 문제가 심각한 사회적 문제로 대두되기 시작했다. 상아탑에만 갇혀 있던 순진한 동경심은 냉혹한 현실 앞에서 흔적도 없이 부서져 내렸고, 혼란·상처·불안이 혈기 넘치는 청년층에 파고들면서 우울증·적개심 등의 극단적인 정서 불안마저 부추겼다. 일자리를 얻지 못한 청년에게는 '캥거루족', '도서관족', '개미족(蟻族; 베이징대학교 법학 박사과정에 있던 렌쓰(廉思)가 출간한 《개미족(蟻族)》이라는 책에서 비롯된 말이다. 중국에서 1980년대에 태어나 시장경제 체제 아래에서 물질적으로 풍요롭게 성장한 세대를 바링허우(八零後)라고 부르는데, 성인이 된 바링허우 중 도시에서 궁핍하게 생활하는 고학력 저소득층을 개미족이라고 부른다. 지능은 높지만 힘이 없어 집단으로 모여 사는 모습이 개미와 비슷하다고 하여 붙여진 이름이다-역주)' 등과 같은 가슴 아픈 꼬리표가 붙었다.

## 애증의 '세대 세습'

다양한 공공장소에서 세습을 강도 높게 비난하지만 그 자리에서 한 발만 움직여도 세습이라는 올가미에서 벗어나지 못한다. 말끝마다 세습을 비난하는 사람은 어쩌면 '세습'으로부터 이미 혜택을 누리고 있을지도 모르겠다. 대학 입시는 상대적으로 공정하게 사회 계층의 이동을 유도하는 제도라고 할 수 있지만 대학 입시 이후에도 세습은 잠시 수위만 낮췄을 뿐 여전히 많은 사람에 의해 애용되고 있다. 집안에 대학교를 졸업한 자녀가 있다면 집안 전체의 관계 구조가 갑작스레 활기를 띠기 시작한다. 다시 말해서 부모 세대에 쌓아 둔 인맥과 자원이 그 어느 때보다도 중요하게 작용한다. 권력과 재화의 세대 유전이 취업이라는 먹이사슬에서 특히 위력적인 결과를 가져오기 때문이다.

> **세습**
>
> 세습은 고대 작위, 관직이 전승되는 제도로, 직위나 권력이 대대손손 이어지는 것을 가리킨다. 세습이라는 단어는 《홍루몽(紅樓夢)》 2장에서도 등장한다. "원래 임여해(林如海)의 조부는 열후(列侯)로 지내셨으니 지금 여해에 이르러 5대 세습이 인정되지만 원래는 3대까지만 작위를 물려받을 수 있었다. 그러다가 하해와 같은 성은으로 지금의 영광을 누릴 수 있었다. ……여해의 아버지가 그 후 열후의 자리를 물려받았으니 여해는 과거 급제자 출신이었다."

2007년 공청단(共靑團) 중앙학교부, 베이징대학교 공공정책 연구소에서 발표한 '2006년 중국 대학생 취업 현황 조사'에 따르면 전체의 41.6%에 해당하는 응답자가 가정과 개인의 사회적 관계, 인맥 등이 일자리를 찾는 데 가장 효과적인 수단이 된다고 답한 것으로 나타났다. 특히 대도시 출신일수록 '그렇다'고 대답한 학생은 무려 51.29%나 됐다.

권력, 재화를 타고 났거나 혹은 유명 스타의 자녀라면 취업이나 창업할 것 없이 일반 가정의 제 또래보다 훨씬 손쉽게 원하는 것을 얻는다. 중국 내에서도 손꼽히는 재벌 가문이라면 부모로부터 어마어마한 재산은 물론 막강한 인적 네트워크마저 물려받는다. 이를 바탕으로 그들은 자신의 '유산'을 더욱 키워나가며 재산과 사회적 재원을 한데 묶어 또다시 제 후손에게 넘겨준다. 이른바 부와 권력의 세습이다.

2011년 9월 유명한 가수 리솽장(李雙江)의 아들이 불법운전으로 사람을 쳐 대중으로부터 뭇매를 맞는 사건이 터졌다. 〈화서도시보(華西都市報)〉의 논설위원은 '또다시 한때 소동으로 전락하는 불법사건, 안타깝다'라는 제목의 글에서 이렇게 이야기했다. "리솽장과 그의 아들에게 일반인보다 더 까다로운 도덕적 잣대를 들이밀어선 안 된다. 도덕이라는 것은 자신의 의지로 생겨나는 것이지 남이 강요한다고 해서 생겨나는 것이 아니기 때문이다. 법치사회에서 유일한 기준이 되는 것은 '아버지'가 아니라 바로 '법률'이다. 아버지의 성(姓)이 '권(權-권력)'이든 '성(星-유명인사)', 혹은 '재(財-재화)'라고 해도 이러한 사실은 변함없다. 하지만 '권'씨, '성'씨, '재'씨 아버지들은 사회 계층의 자유로운 이동을 달갑게 여기지 않는다. 그 힘이 얼마나 대단한지 때로는 **법률**마저 제대로 힘을 쓰지 못할 정도다."

**법률**

법률은 국가가 제정 혹은 인가한, 국가 강제력으로 실천이 보장되는 것을 가리킨다. 쉽게 말해서 당사자의 권리와 의무를 보편적인 구속력을 지닌 사회적 규범으로 규정하는 것을 말한다. 고대 법률의 개념은 주로 율령 혹은 형법을 의미했다. 입법기관에 의해 제정되며, 국가 정권 기관이 집행 원칙을 보장한다.

MYSTERY OF CHINA

# 제6장

# 민간기업이 중앙기업보다 훨씬 활력적인 비결

시장이라는 관점에서 봤을 때 국유기업과 민영기업은 이익을 추구한다는 점에서 본질적으로 차이가 없지만 그 알맹이는 전혀 다르다. 귀족과 평민이라는 엄연한 계급 차이가 존재하는 것이다. 상당수의 민영기업이 무거운 역사, 잔혹한 현실에서 벗어나 제 운명을 주관할 수 있는 주인공이 됐다고 하지만 눈앞에 닥친 현실은 그렇지 못하다. 치열한 생존 싸움에서 '살 길'을 찾기 위한 몸부림은 계속되고 있다.

# '장자'로서 중앙기업이 타고난 우위

> 자원 확보나 세계적인 경쟁 시대에서 살아남을 수 있는 강한 생존력은 전 세계 주권국가의 경제 상황이 금융과 산업 과두(寡頭)의 긴밀한 조합에서 파생되도록 유도하고 있다. 중국뿐만 아니라, 방대한 주권 펀드를 확보한 국가, 노르웨이에서부터 쿠웨이트, 싱가포르에 이르기까지 누구 하나 예외가 없다.
>
> —경제 평론가 예탄(葉檀)

## '장자'의 지갑

**중앙기업(央企)**
정부의 관리 권한에 따라 쪼개져 나온 중국의 국유기업은 중앙기업(중앙정부가 관리 감독하는 국유기업)과 지방기업(지방정부가 관리 감독하는 국유기업)으로 나뉜다.

상당히 오랫동안 중국의 경제적 우위에 대한 설명은 이러했다. '국유기업 외에 눈여겨볼 성장 동력은 없다. 경제 성장의 열쇠는 오로지 국유기업의 손에 쥐어져 있다.'

자장면과 짬뽕처럼 일상생활 속에서 흔히 볼 수 있는 것에도 호불호가 갈리는 마당에 전통적인 계획경제에서 시장경제로 전환하는 과정에서 사회적 갈등은 피할 수 없게 마련이다.

중국의 개혁개방은 3대 이익집단, 즉 국유기업, 외국자본과 민간기업을 탄생시켰는데, 그 가운데 국유기업은 타고난 제도적 우위를 바탕으로 가장 많은 정책적 수혜를 입었다. 자금, 인재, 기술에서부터 자원에 이르기까지 거의 모든 우대 정책이 국유기업을 향해 쏟아졌다.

국유기업의 남다른 융자 능력은 특히 민간기업에게는 부러움의 대상이었다.

국유기업의 융자 능력이 가장 먼저 입증된 곳은 다름 아닌 은행권의 신용대출이었다. 대형 프로젝트, 개혁이나 합병, 투자 등에 있어서 국유기업은 민간기업보다 쉽게 거액의 대출을 받을 수 있었다. 2007년 3월 시노펙(China Petroleum & Chemical Corporation or Sinopec Limited)과 푸지엔(福建) 성은 **아람코**(Saudi Arabian Oil Company, Saudi Aramco), **엑슨모빌**(Exxon Mobil Corporation)과 손을 잡고 푸지엔 연합 석유화학공업 주식회사라는 합자사를 창립했다. 푸지엔 성의 정유 및 판매 프로젝트를 완성하기 위해 시노펙은 중국 내 은행에서 전액 대출을 받았는데, 그 금액이 무려 333억 위안에 달한다.[1] 2009년 9월 페트로차이나는 국가개발은행(國家開發銀行)과 장기적 전략 파트너 협의를 체결했다고 밝히며, 향후 5년 내 국가개발은행에서 우대 금리로 300억 달러의 융자를 받는 데 합의했다고 설명했다. 대다수 민영기업이 은행에서 대출을 받기 위해 안간힘을 쓰는 것과는 대조적으로 국유기업은 손쉽게 융자를 받는 데 성공한다. 게다가 거시 경제 혹은 업계가 침체기에 접어들면, 정부 보조금이 가장 먼저 향하는 곳이 바로 국유기업이다. 2010년만 해도 페트로차이나는 15억 9,900만 위안의 정부 보조금을 받았으며, 창장(長江) 전력 역시 18억 4,700만 위안이나 되는 보조금을 챙기는 데 성공했다.

**아람코(Saudi Arabian Oil Company, Saudi Aramco)**

사우디아라비아와 미국의 석유 합자사로, 사우디아라비아의 석유 자원을 채굴하는 사업을 추진하며 아람코라고 불린다. 사우디아라비아 동부 지역에 있는 다란(Dhahran) 시에 본사를 두고 있다. 실질적으로 사우디아라비아 정부에 귀속된 아람코는 석유와 천연가스 같은 가공업 외에도 전력과 같은 다양한 분야로의 사업 확장을 꾀하고 있다.

**엑슨모빌(Exxon Mobil Corporation)**

세계 최대의 비정부 석유천연가스 생산업체로, 미국 텍사스 주 어빙(Irving) 시에 본사를 두고 있다. 세계적으로 생산 시설을 두고 상품을 판매하는데, 6대 주에서 석유천연가스 탐사 사업을 벌이고 있다. 에너지 및 석유화학 분야와 관련된 다양한 분야에서 업계 선두를 유지하고 있다.

자본시장 역시 국유기업의 자금을 조달하는 '창구'로 활용되고 있다. 1990년대 후반기 집권층은 저효율의 대명사가 된 국유기업에 자금을 조달하기 위해서 국유기업에 후한 상장 점수를 내주기 시작했다. 그 결과 효율이나 실적에 상관없이 국유기업은 증시에서 큰 재미를 볼 수 있었다. 전자

1) '푸지엔 성의 정유 프로젝트를 추진하기 위해 시노펙은 국내 은행에서 300억 위안을 대출 받았다', 중국증권보(中國證券報), 2007년 9월 7일

군수업체인 징동팡(京東方) IT그룹은 평소 '우량주'라고 불렸지만 경영 악화로 연거푸 적자를 기록했다. 2002년부터 2009년까지 7년 동안 무려 37억 7,000만 위안을 손해 봤을 뿐만 아니라 2005년에는 173억 위안에 달하는 빚더미에 오르기도 했다. 거액의 적자와 부채가 있었지만 자본시장에서 징동팡 그룹은 순풍에 돛 단 듯 쉽게 자금을 모을 수 있었다. 2002년 액정 패널 사업이 전체적으로 주춤했지만 징동팡은 여느 때보다도 쉽게 사업 자금을 모집하는 데 성공했다. 자금 규모는 22억 위안에서 180억 위안으로 증가했고 배당금 역시 무려 6,600만 위안을 기록했다. 이와는 대조적으로 징동팡에 투자한 개인 주주는 무려 20억 위안의 피해를 입었다. 계속되는 적자에도 징동팡은 파산하기는커녕 융자시장에서 계속해서 과감한 행보를 이어갔다. 증권감독위원회조차 징동팡의 사업 계획에 '제동'을 걸지 않은 것은, 결론적으로 정부의 '입김' 때문이었다. 정부의 신뢰라는 배경에 기댄 징동팡은 별 볼일 없는 '외모'에도 불구하고 자본시장에서 '화려한 결혼식'을 올렸다. 중국 속담에 황제의 딸은 못생겨도 시집 못 갈까 봐 걱정할 필요 없다고 하더니 바로 이런 경우를 가리키나 보다.

## 국유기업의 타고난 우위

국유기업이 '특별대우'를 받게 된 데는 국유기업 특유의 우위가 공공연하게 인정되고 별 탈 없이 유지됐다는 데 비결이 있다. 특정 부문에서 국유기업의 우위가 과도하게 커지면 민영기업은 합리적이고 합법적인 경로를 통해 시장에 진출하기 어려운 데다 시장 내 가격 규제로 국유기업과의 정상적인 경쟁이 원천적으로 불가능하다.

2006년 국유자산관리감독위원회 주임은 '군수공업, 그리드(Grid) 및 전력, 석유화학, 통신, 석탄, 민간항공, 해운' 등 7대 산업이 국가자본에 절대적으로 장악되어 있다고 지적했다. 또한 80개 사회 부문 중 국유자본의 진출이 허용된 분야는 72곳, 외국자본의 유입이 허용된 분야는 62곳인 데 반

해 민간자본의 진출이 가능한 분야는 겨우 41곳에 불과하다는 사실을 소개했다.[2)]

2008년 글로벌 금융위기 이후 '재국유화(再國有化)'라는 용어가 등장했다. 철강, 석탄 등 업종에서 시장화 개혁이 추진된 후 대량의 민영자본이 해당 영역에 유입되어 막강한 생존권과 발전 공간을 확보했다. 하지만 정책적 지도와 정책의 강제 집행으로 이들 기업은 심각한 타격을 입고 말았는데, 이를 가리켜 재국유화라고 한다. 2008년 금융위기에 대처하기 위해 정부에서 4조 위안 규모의 투자 계획, 10대 산업 진흥 계획, 금융 환경 정리 사업 등을 추진하면서 의도적이었든 무의식적이었든 간에 철강, 석탄 등 특정 부문에서 '재국유화' 현상이 목격됐다.

10대 산업 진흥 계획에는 자동차, 철강, 방직, 장비 제조, 선박, 전자 정보, 경공업, 석유화학, 비철금속, 물류 등이 포함됐는데, 그 내용을 자세히 살펴보면 국유기업에 대한 정부의 세심한 배려가 느껴진다. 심지어 일부 국유기업은 대놓고 국가의 중요 보호 대상 명단에 이름을 올리기도 했다. 이를테면 독점 행위를 일삼는 중국선박(中國船舶)과 중국선박중공업(中船重工)은 선박 분야의 중요 발전 업체로 선정됐고, 이치(一汽), 동펑(東風), 상하이 자동차(上汽)로 구성된 3대 자동차 업체와 베이징 Jeep(吉普), 텐진(天津), 광저우의 3대 소형 자동차 업체는 자동차 산업 진흥 계획에서 중요 지원 대상 업체로 '간택'됐다. 그 밖에도 철강 산업 역시 정부 계획에 따라 "안강(鞍鋼), 판강(攀鋼), 동베이터강(東北特鋼), 바오강(寶鋼)과 바오강(包鋼), 닝포(寧波)철강 등 다양한 지역을 아우르는 철강 업체 간 구조조정을 추진하고, 텐진 강관(鋼管)과 텐티에(天鐵), 텐강(天鋼), 텐진 야금, 타이강(太鋼)과 성 내 철강 업체 등 지역 내 철강 업체의 구조조정을 실시한다."고 명시했다.

'가격 규제' 역시 높은 '유리문'이다. 다시 말해서 행정적 수단으로 민영

2) 출처: '민간 투자에 관한 신규 정책 출범 후 방황하고 있는 저장(浙江) 자본, 자세한 소식을 기다리고 있는 민간자본', 중국신문주간(中國新聞週刊), 2010년 6월

기업의 경쟁력을 약화시켜 국유기업에 염가의 자원을 제공하는 정책적 발판으로 이용되고 있다. 1980년대부터 추진된 **'가격 쌍궤제'**의 경우, 특수한 정가 시스템으로 민영기업을 궁지로 몰아넣었을 뿐만 아니라 향진(鄕鎭)기업은 명함도 내밀지 못하도록 원천봉쇄하는 임무를 수행했다. 장쑤(江蘇) 성 향진기업 우시(無錫) 홍떠우(紅豆) 그룹의 저우야오팅(周耀庭)은 당시 상황을 이렇게 회고했다. "홍떠우가 지금의 위치에 설 수 있기까지 정부로부터 가솔린이니 면사는커녕 계획에 따라 배급된 자재 한 번 받아본 적 없습니다. 1985년과 1986년에 원자재 공급이 원활하지 못해 상당수의 방직 업체가 문을 닫았죠. 홍떠우 역시 상황은 비슷했습니다. 수입으로도 원자재를 구하지 못하자, 급한 마음에 우시의 관련 부처를 찾아가 원자재를 요청했었죠. 물론 답은 'No'였습니다. 향진기업이라 면사를 요만큼도 줄 수 없다고 하더군요. 국영기업이 집안의 '맏이'라면 우리 향진기업은 '막둥이'가 아니냐며 같은 형제끼리 사정을 봐줘야 하지 않겠냐고 사정사정했습니다. 그러자 담당자 하는 말이 가관이더군요. 향진기업은 막둥이로 불릴 자격도 없다라나요!"

**가격 쌍궤제(價格雙軌制)**

동일한 상품의 계획 내 부문에 대해 국가가 지정한 정가(定價)를 적용하고, 계획 외 부문에 대해서는 시장 가격을 적용하는 제도를 가리킨다. 중국에서는 일반적으로 공업 원자재 분야에서 가격 쌍궤제가 실시된다.

시장이라는 무대에서 봤을 때, 국유기업과 민영기업 모두 이익을 추구한다는 점에서 본질적으로 동일하다고 볼 수 있다. 민영기업과 마찬가지로 국유기업은 열심히 소비자에게 상품을 제공하고 있지만 어찌된 영문인지 공익이라는 본연의 의무를 저버린 채 민영기업과 같은 무대에서 경쟁하려 든다. 설상가상으로 정책적으로는 '핏줄'을 무시할 수 없기 때문에 국유제라는 마법 지팡이만 휘두르면 융자, 염가의 자원은 물론 뛰어난 인재를 손쉽게 얻을 수 있다.

# 국유기업의 틈바구니에서 살아남기 위한 민영기업의 몸부림

계획경제에서 시장경제로 전환하는 과정을 러시아와 비교해 보면 중국이 지난 20년 동안 성공을 거둘 수 있었던 비결이 국유기업 외에도 다양한 신규 업체가 대거 탄생했다는 데 있다는 것을 알 수 있다.

-일본 도쿄 경제산업 연구소 소장 아오키 마사히코(青木昌彦)

## 시스템 개혁의 실험 대상

무거운 역사, 냉혹한 현실에서 빠져나온 많은 민영기업은 과거의 우울하고 힘들었던 기억을 툭툭 털고 운명의 주인공으로 우뚝 섰다. 그뿐만 아니라 재화와 관련된 온갖 리스트에 제 이름을 올리며 많은 사람이 동경해 마지않는 우상으로 떠올랐다.

하지만 화려한 모습에서 정신을 차리고 가만히 귀를 기울여보면 국유기업의 틈바구니에서 살아남기 위해 얼마나 많은 눈물과 땀을 흘려야 했는지 모르겠다는 그들의 탄식을 들을 수 있다.

민영기업을 가장 애먹인 것은 걸핏하면 변하는 정책이었다. 실험적 성격이 강한 시스템 개혁으로 시장 개방과 관련된 많은 정책 사이에서 일대 혼란이 일어났다. 거침없이 달려가다가도 정부의 눈치를 보며 무슨 사고라도 나지 않을까 머뭇거리기 일쑤였고 걸핏하면 정책 조정이라는 이름의 '돌부리'에 걸려 넘어져야 했다. 설상가상으로 습관적으로 정책 조정을 통한 문제 해결을 시도하면서 상황은 걷잡을 수 없게 돌아가기 시작했다. 요컨대 정책이 끊임없이 번복되면서 정책적 리스크가 생겨났다. 기존의 방향성이 정책 조정의 '손길'을 한 번 거치고 나면 순식간에 외면받기 일쑤였다. 그리고 특유의 권위성과 실험성 때문에 혼란을 막기 위한 '규제 대책'이 등장하더니 급기야 '일벌백계'라는 상황이 걸핏하면 연출됐다. 국유기업은 가문을 이끌 맏이다 보니 자칫 잘못되기라도 하면 경제 기반에 충격을 줄 수 있기 때문에 애지중지할 수밖에 없었고, **부유한 외래승(外來僧)**인 외국자본은 '불경'도 곧잘 읊을 줄 알고 자본도 제공해 주고 있으니 나쁜 인상을 주지 않기 위해서라도 가능한 한 건드리지 않았다. 그러다 보니 미천한 출신에다 경제 기반과도 관련이 없는 것은 물론, '뒷배'도 없는 민간경제야말로 만만한 대상이 될 수밖에 없었다. 혹시라도 너무 나선다 싶으면 제도, 정책이나 법률을 시도 때도 없이 동원해 슬쩍 밟아줘도 됐기 때문에 부담도 없었다.

**부유한 외래승(外來僧)**

인도의 승려가 중국으로 건너와 불경을 읽고 설법을 설파하자, 중국의 승려들이 "외래승이 불경을 읽는데 그 실력이 대단하다."며 수군거렸다. 명(明)나라 오승은(吳承恩)이 지은 《서유기(西遊記)》에 따르면, 과거 중국 승려들은 인도 승려들과 달리 불경을 잘 읽지 못했다고 한다. 지금은 진짜 실력 혹은 성능도 알지 못하고 무턱대고 외국에서 들어온 것이 국내보다 좋다고 찬양하는 세태를 가리키는 데 사용된다.

그 결과, 여러 차례에 걸친 거시 조정으로 상당수 민영기업은 롤러코스터를 타는 것처럼 한 치 앞도 내다보지 못하고 고생이란 고생은 전부 겪어야 했다. 안타깝게도 그 후유증은 지금도 계속 남아 있다.

재산권 문제 역시 상당수, 특히 초기 민간업체의 속을 새까맣게 타게 만들었던 문제다. 이러 저러한 역사적 원인으로 상당수 민간업체의 재산권은 여전히 명확하게 규정되지 못한 상태다. 불분명한 재산권 문제는 기업 경영에서 반드시 조심해야 할 사안이지만, 기업은 물론 누구도 정확한 답변을 들려주지 못하고 있다. 최악의 경우, 남 좋은 일만 시키는 꼴을 당할 수도 있다. 제 손으로 키운 업체가 자신의 것임을 입증하기 위해 경영주 역시 많은 노력과 지혜, 돈을 쏟아부었지만 일단 문을 걸어 잠그고 기업의 소유주가 누구냐는 문제에 대해 토론을 벌이게 되면 이익 싸움에 휘말려 빈대 잡으려다 초가 삼 간 태우는 꼴을 당할 수도 있다는 뜻이다. 이러한 우려 역시 민간업체에 커다란 상처를 남겼다.

### 외로운 풀뿌리

중국 민간 사업자의 가혹한 운명을 '개천'에서 난 그들이 사회로부터 받은 자원이 한 줌도 안 된다는 사실에서도 확인할 수 있다. 이와는 대조적으로 국유기업은 성장세가 제아무리 미약하다고 해도 정부라는 든든한 뒷배를 두고 있어 은행에서 쉽게 자금을 융통할 수 있었다. 나라에서 보증해 주는 것보다 더 좋은 담보가 어디 있단 말인가? 그 결과, 대형 국유기업과 상장사는 안정적인 현금 사정, 다양한 융자 수단, 정비된 재무 제도 등의 우위를 내세워 은행의 VIP 고객이 될 수 있었다. 태생적으로 '빈곤함보다는 부유함'을 선호하는 은행의 눈에 민영기업이 좋게 보일 리 만무했다. 부족한 융자 능력, 제도화되지 못한 재무 제도 등의 문제 외에도 민영기업은 믿음직스런 '보증인'을 데리고 오지도 못했을 뿐만 아니라 쉽게 현금화할 수 있는 자산, 이를테면 토지, 부동산 등도 갖추지 못했다. 그 때문에 민영기업은 은행에서 문전박대를 받기 일쑤였다. 여기에서 걸핏하면 **돈줄이 마르는** 바람에 가뜩이나 궁지에 몰린 민영기업을 벼랑 끝으로 밀어버렸다.

> **돈줄이 마르다**
> 시장에 공급된 통화의 유통 상황을 의미하는 것으로, 중국에서는 습관적으로 자금 공급(銀根)이라고 부른다. 자금의 공급-수요 상태에 따라 자금 공급 폭을 가늠해 볼 수 있는데 시장에서 자금에 대한 수요가 공급을 넘어섰다면 시쳇말로 돈줄이 말랐다고 부른다. 반대로 수요보다 많은 양의 자금이 공급된다면 돈줄이 넉넉하다고 말한다. 중앙은행의 통화 정책을 비유하는 데 사용하기도 한다.

사업 영역을 확장하는 데서도 민영기업은 여전히 적지 않은 유리문에 부딪혀야 했다. '개인 사업자 등 비공유제 경제 발전에 대한 지원 및 지도 강화에 관한 국무원 의견'과 '민간 투자의 건전한 발전에 대한 지원 및 지도 강화에 강한 국무원 의견' 등의 문건이 발표되면서 민간경제의 사업 영역이 법률 및 정책적으로 한결 개선되기는 했지만 여전히 갈 길은 멀다.

민영 사업가를 대표하는 인물 중 한 명인 완통(萬通)그룹의 이사장 펑룬(憑侖)은 '역사의 강을 건너'라는 글에서 이렇게 심경을 밝혔다. "민영자본은 줄곧 국유자본의 졸개나 보급품 취급을 받아왔다. 그렇기 때문에 민영자본이 취할 수 있는 자구책은 크게 두 가지밖에 없다. 하나는 국유자본이 독점하고 있는 영역에서 최대한 멀리 떨어져 잘 보이지도 않는 구석에서 밑바닥부터 시작해 열심히 실력을 쌓는 것이다. 나머지 하나는 국유자본과 협력 혹은 합자해서 혼합경제를 탄생시키는 것이다. 자신의 전문 능력과 경영 노하우를 국유자본의 자산 확대에 제공함으로써 사회의 주류 가치관으로부터 인정을 받고 상대적으로 안정적인 사업 환경을 만들어 내는 것이다. 앞으로 조화로운 사회의 등장과 발전에 따라 민영기업의 사업 영역은 국유자본과 절대 충돌하지 않거나 국유자본이 자발적으로 물러난 영역으로 한정될 것이다. 그러한 상황에서 어떻게 지속적인 성장을 구가할 수 있을까? 국유자본의 엄청난 기세에 눌려 민영자본은 시종일관 너 죽고 나 죽자는 식의 출혈 경쟁을 벌일 것이 아니라 상호 협력을 강화하고 보조적 역할에 그치더라도 함부로 대체되지 않으며, 2등 취급을 당해도 제 위치를 지킬 줄 알아야 한다. 그래야 국유기업의 올가미에서 벗어나 자유롭게 성장할 수 있다."

사회 여론을 살펴봤을 때 민간 사업자는 여전히 논쟁의 대상이다. '장사꾼 치고 사기꾼 없다'는 옛이야기가 여전히 사람들의 뇌리 속에 박혀 있을 뿐만 아니라, 나라가 위기에 처했을 때 복수심은 커녕 '도둑들'에게 붙어 제 잇속을 채우기 바빴던 장사치들에 대한 이야기가 여전히 중국 사회에 남아 있기 때문일 것이다. 여기에 '돈을 위해서라면 무슨 짓이든 한다'는 기치를 노골적으로 내건 사업자들의 존재도 크게 작용했다. 이러한 상황을 보여주는 가장 대표적인 사례로 '부호방(富豪榜; 일종의 부자 명단-역주)'이 있다. 매년 낙마한 후보자가 나오는 부호방은 원죄에다 현죄(現罪)까지 더해져 **'낙마방(落馬榜)'**, '추혼방(追魂榜)' 심지어 '살저방(殺猪榜)' 등으로 불리며 가까

**낙마방(落馬榜)**

루퍼트 후게베르프(Rupert Hoogewerf; 중국명 후룬(胡潤))의 '부호방(富豪榜)'을 농담 삼아 '낙마방'이라고 부른다. 부호방에 이름을 올렸던 수많은 부호가 훗날 모두 낙마했다고 해서 붙여진 이름이다. 그 때문에 부호방에 이름이 올라가기를 꺼리는 부호들이 적지 않다는 이야기도 있다. 선망의 대상이 될 수 있는 부호방이 낙마방이라는 불명예를 얻게 된 근본적인 원인은 부호로 선정된 일부 인사가 불법 행위를 통해 부를 축적했다가 '법률'에 덜미 잡히는 상황이 연출됐기 때문이다.

이해서는 안 되는 것으로 여겨졌다. 자이언트(巨人) 그룹 이사장 겸 CEO인 스위주(史玉柱)는 속에 담아 두고 있던 말을 조심스레 꺼냈다. "사회는 천텐치야오(陳天橋; 중국 온라인게임업계 선두주자인 샨다(盛大)의 창립자-역주), 딩레이(丁磊; 중국의 대표적인 인터넷 포털사이트 넷이즈(網易) 창립자이자 CEO-역주)보다 제게 더 많은 걸 요구합니다. 왜냐하면 제가 한때 실패자였기 때문이죠. 중국인의 DNA에는 '성공하면 왕이 되고, 패하면 역적이 된다(成王敗寇)'는 인식이 깊숙이 스며들어 있습니다.……제가 희망학교(希望學校)사업을 추진하면 단언컨대 매스컴에서 절 비난할 겁니다. 화하(華夏)은행에 투자해 수익을 올렸어도 제 잘못이라 하겠죠. 그리고도 다른 문제를 찾아내지 못했다면 제가 투기를 했다고 할 겁니다."

어설프게 심어진 신통치 않아 보이는 풀뿌리가 끊임없이 눈부신 성장을 거듭하고 있다. 우여곡절이라고밖에 표현할 길이 없는 민영 사업가의 가혹한 운명은 현재 중국 사회가 겪고 있는 격변을 한눈에 보여준다. 시대의 영웅이자 대세의 죄인인 민영 사업가는 제아무리 힘든 현실이 눈앞에 펼쳐져 있다고 해도 폐허 속에서 용감하게 일어나 제 손으로 성공을 움켜쥐었다.

# 격변할수록 발동되는 적자생존의 원칙

> 상식적으로 말해서 민간경제의 발전은 엄청난 사상적 진보라 하겠다. 민간경제라는 존재가 민간경제에 너무 많은 난제를 던져주지 않도록 포용하는 태도가 중요하다.
>
> -노벨 경제학상 수상자 **해리 마코위츠**(Harry Max Markowitz)

## 예상을 뛰어넘은 민간기업의 성장

**해리 마코위츠 (Harry Max Markowitz)**

1927년 8월 24일 시카고에서 태어난 해리 마코위츠는 지금의 금융경제학 이론을 탄생시킨 인물로, 월스트리트 1차 혁명을 집중적으로 연구했다. 금융경제학 분야에서 혁혁한 공로를 세운 마코위츠는 윌리엄 샤프(W.F. Sharp), 밀턴 밀러(M.H. Miller)와 함께 1990년 노벨 경제학상을 수상했다.

정책적 지원, 융자, 개방된 사업 영역 등에서 민간기업은 찬밥 취급을 당했을 뿐만 아니라, 상당한 자원을 국유기업에 억지로 나눠줘야 했다. 그럼에도 개혁개방이라는 커다란 물결 아래 사방으로 흩어졌던 잡일꾼, 공장장, 동네 구멍가게 주인 등에게 재화를 늘릴 수 있는 기회가 찾아왔다. 주류 경제에 순조롭게 '합류'한 이들은 뜨거운 경제적 활기를 보여주고 있다.

2003년 국무원은 비공유제 경제 발전 연구 조사 팀을 구성했다. 수석 주임으로 임명된 리이닝(歷以寧)은 당시 70이 넘은 나이에도 불구하고 20여 명의 관리를 이끌고 광둥, 랴오닝(遼寧)을 돌아다니며 밀착 조사에 나섰다. 무려 17페이지나 되는 연구 보고서는 '비공유제 경제 발전 촉진을 위한 건의'라는 이름으로 정리됐는데 훗날 '비공유제 36조'의 초기 모델로 자리 잡았다. 조사에 따르면 중국에서 하루에 약 1,500개의 신규 민간기업이 탄생하고 있으며, 2003년 한 해에만 민간기업의 자본이 무려 1조 위안 증가했다고 한다. 근 10년 동안 해당 기업은 70% 이상의 일자리를 창출했을 뿐만 아니라 농촌 노동력의 70%를 효과적으로 흡수함으로써 사회 및 경제 발전에 혁혁한 공로를 세웠다.

민간경제의 눈부신 성장에 비해 많은 영역에서 독점적 지위를 차지하고 있을 뿐만 아니라 정부로부터 원하는 것을 모두 얻을 수 있는 국유기업은 무척 실망스러운 모습만 보여줬다.

1980년대는 국유기업의 전성기였다. 손대는 족족 성공한다는 자신감과 성취감이 물씬 풍겨왔지만 개혁개방이 끊임없이 추진되면서 국유기업은 현실에 안주하고 거만한 모습을 드러내더니 급기야 극약 처방이나 개혁의 시퍼런 칼날 앞에서도 무덤덤한 모습으로 일관했다.

국유기업을 향해 정부는 하청제, 정경 분리, 구조조정 등의 다양한 조치를 실시했는데, 그중에서 1992년 7월 국무원이 발표한 '소유제 산업기업의 경영 시스템 전환에 관한 조례'는 무려 14개 항목에서 국유기업에 자주권을 부여했다. 이 조치는 국유기업이 정부의 구속에서 점차 벗어나 자유롭게 시장에서 기업을 운영할 수 있게 됐다는 것을 의미한다. 하지만 구속에서 벗어난 국유기업은 오랫동안 정부라는 보호막 아래 있었던 터라 잘 알지도 못한 상태에서 시장에 무턱대고 뛰어들었을 뿐만 아니라, 민간업체처럼 죽기 살기로 덤벼들지도 않았다. 다양한 개혁 조치에도 애매모호한 태도로 일관한 국유기업에서 **역설**이 발견되기 시작했다. 이를테면 국유기업이 개혁에 박차를 가할수록 손해를 보거나, 한때 잘 나가던 국유기업이 제대로 된 반항 한 번 하지 못하고 내리막길로 내몰렸다.

> **역설**
> 논리적으로 상호 모순적이지만 표면적으로는 그럴듯하게 둘러맞출 수 있는 명제 혹은 이론 시스템을 가리킨다. 역설에 관한 심도 있는 연구는 수학, 논리학, 의미론 등 다양한 이론 연구에 도움이 됐다는 점에서 중요하게 평가받는다. 그중에서 가장 대표적인 것으로는 러셀의 역설(Russell's paradox), 거짓말쟁이의 역설(Liar's Paradox), 칸토어의 역설(Cantor's paradox) 등이 있다.

1995년 9월 〈인민일보〉에서는 '8 · 5(제8차 5개년 개발 계획, 1991~1995)에 관한 보고서'라는 글을 싣고 국유기업이 직면한 3대 난제를 분석했다. 첫째 심각한 적자, 국유기업은 매년 14.2%라는 속도로 적자를 기록하고 있으며 연평균 500억 위안도 넘는 손해를 봤다. 둘째 기업의 자금 사용 감소, 재고 상품이 연평균 30%라는 속도로 증가하고 있다. 셋째 국유기업의 종합 효율 지수가 '7·5(제7차 5개년 개발 계획, 1986~1990)'보다 5.4% 하락했다. 1996년 국유기업의 영업 수익률이 바닥까지 떨어지더니 급기야 1985년보다 28.6배 증가한 거액의 손실을 기록하고 말았다. 그해 전국에서 파산한 국유기업은 무려 6,232곳이나 됐다.

### 민심의 향배 : 더 큰 메기효과를 이끌어 내다

국유경제의 활력은 민간기업만 못할 뿐만 아니라, 민간에서 이미 잘 알려진 사실에도 어두운 편이다. 그 결과, 높은 데서 상황을 지켜보던 정부는 마침내 민간경제의 에너지를 주입해 더 큰 메기효과를 이끌어 냄으로써 전체 경제 시스템에 커다란 활기를 불어넣어야겠다고 결심하기에 이르렀다.

1997년 9월 개최된 당의 15대 대표 대회에서는 공유제를 기반으로, 다양한 소유제가 함께 발전하는 것이야말로 중국의 사회주의 초기 단계에 달성해야 할 기본적인 경제제도라고 선언했다. 보고에서는 국유경제가 전략적인 체질 개선에 성공하려면 상황에 따라 치고 빠지는 것은 물론이거니와 미래의 커다란 이익을 고려해 눈앞에 펼쳐진 자그마한 이익을 포기할 줄 알아야 하는 용기가 필요하다고 지적했다. 이렇게 해서 '국유기업이 물러나고 민간기업이 치고 나오는(國退民進)' 전략이 정부의 일정표에 이름을 올렸다. 구체적으로 말해서 기반 업종(철강, 에너지, 자동차, 항공, 통신, 전력, 은행, 보험, 매스컴, 대형 기계 및 군수공업)에서 국유기업의 독점적 지위를 유지시켜 주는 동시에, 완전 경쟁 영역에서 국유기업을 끌어내리겠다는 것이다. 이를 통해서 국유기업이 물러나고 민간기업이 치고 나오는 상황이 본격적으로 연출되면서 주식제 개혁 역시 급물살을 타기 시작했다.

국유기업의 발전이 민간기업만 못한 상황이 나타나면서 국유기업에 대한 개혁이 쉴 새 없이 추진됐지만 결과는 여전히 만족스럽지 못했다. 쿵산광(孔善廣)의 통계에 따르면, 1998년부터 2005년까지 국유기업은 5조 위안에 육박하는 수익을 올렸지만 순수익은 2억 위안의 적자를 제한 3조 위안임이 확인됐다. 같은 기간 국가 재정에서 국유기업에 기업의 유동성 자금 확대, 개조 비용, 적자 보조금 등의 명목으로 무려 1조 위안을 지급했지만 시장 점유율을 높이기 위해 염가의 자금을 마구잡이로 뿌려댄 결과, 국유기업은 국가에 1조 6,000억 위안의 손해를 입혔을 뿐만 아니라 2003년과 2004년에도 거액의 손실을 전가했다.[3)]

거액의 재정적 부담을 떠안고도 하찮은 취급을 받는다면 가만히 있을 사람이 과연 얼마나 될까? 바보가 아니고서야 사람이라면 당연히 반발할 것이다. 하지만 잔혹한 데이터는 우리가 상식이라고 생각했던 것이 반드시 상식이 될 수 없다는 냉혹한 현실을 보여준다. 민간경제가 미래를 향해 힘차게 나아가는 동안 국유기업은 누군가 힘들게 깔아놓은 탄탄대로에서 계속해서 헛발질만 하고 있다. 분명한 사실은, 급변할수록 적자생존의 법칙이 더욱 존재감을 드러내리라는 것이다.

---

3) 출처: 예탄, 《무엇으로 중국 경제를 살릴 것인가?(원제: 拿甚么拯救中國經濟)》, 중신출판사, 2010년 1월

# '제 돈이 들어가야 속이 쓰린 법'

모든 인간은 자신이 보유한 자본을 최대한 이용해 최대한의 가치를 끌어내려고 한다. 그 때문에 공공의 복지를 증진할 의도도 없을 뿐더러, 얼마나 증진시켜야 하는지 알지도 못한다. 추구하는 것이라고는 그저 일신의 안전 혹은 사리(私利)일 뿐이다. 하지만 그렇게 행동할 때 보이지 않는 손이 또 다른 목표를 실현토록 이끈다. 추구하는 목표가 설령 그의 의도가 아니라고 해도 말이다.

-애덤 스미스, 《국부론》

## '공(公)'과 '사(私)'의 구별

국유기업에 대한 정부의 '애정'은 실로 대단하다. 정책, 융자 및 사업 영역에서 최대한의 혜택을 제공해 줄 뿐만 아니라, 국유기업의 고질병을 고치기 위해서 최고의 한의학과 양학 의사를 죄다 소집했다. 몸을 보(補)해 주는 한약을 한 사발 들이마신 국유기업은 대대적인 외과 수술도 받았지만 개혁의 결과는 여전히 만족스럽지 못했고 생각했던 것처럼 생기도 돌지 않았다. 이와는 대조적으로 민간기업은 눈에 넣어도 아프지 않다는 취급을 받기는커녕 권위적이면서도 전문적 재능을 갖춘 **'타이거 마더'**의 보살핌 없이도 제 운명은 스스로 개척한다는 마음가짐으로 덤빈 결과, 오만가지 장애물을 뛰어넘어 쑥쑥 자라났다. 그 성장세와 기세가 얼마나 대단했는지 보는 이들의 눈길을 금세 사로잡았다.

**타이거 마더**

차이메이얼(蔡美兒)이라는 이름의 중국계 미국인으로, 미국 예일대학교에서 교편을 잡고 있다. 그녀가 발표한 《타이거 마더(Battle Hymn of the Tiger Mother)》가 미국 출판계에서 센세이션을 일으키며 〈타임즈(Times)〉의 일면을 장식하기도 했다. 중국식 교육법으로 두 아이를 훌륭하게 키운 그녀의 경험담을 담은 책은 미국을 비롯한 세계 독자들의 눈길을 사로잡았다. 이 책을 통해 중국식 교육법에 대한 미국 사회의 관심이 크게 고조됐다.

반복되는 변화와 구제에도 일부 국유기업은 여전히 적자의 늪에서 허덕이고 있다. 링즈쥔(凌志軍) 역시 이러한 상황에 무척 당황한 눈치다. "과거 오랜 시간 동안 국유기업에 셀 수 없이 많은 처방을 내렸습니다. 처방이 나올 때마다 모두 '살았다'고 외쳐댔죠. 하지만 지금까지 셀 수 없이 외쳐댔음에도 여전히 '살아나지 못하지' 않았습니까? 앞으로 이 처방을 몇 번 더 내린다고 해서 과연 효과를 볼 수 있을까요?" 국유기업에 더 이상 '내가 제일 잘 나간다'는 지나친 우월감을 줘서는 안 될 것이다.

이러한 현상이 나타나게 된 원인은 도대체 무엇일까? 한참을 찾아 헤맨 끝에야 인간의 본능에서 정답을 찾았다. 옛 교훈 중에서 '물건은 남의 것이 좋고, 아이는 제 자식이 최고다.', '다른 사람의 돈은 펑펑 쓰지만 제 돈이라면 동전 한 닢도 아깝다.'라는 이야기가 있다. 쉽게 말해서 인간은 개인의 사리사욕과 관련된 것이 아니라면 놀라운 집중력이나 관심, 애정 등을 기울이지 않는다. 이러한 인간의 본능을 가장 확실히 보여주는 사례로 **인민공사(人民公社)**의 '한솥밥'과 가정 공동 생산 책임제만 한 것도 없을 것이다.

'공(公)'이라는 글자에 착안한 인민공사는 당초 농업 합작사(合作社)에서 농민의 사유 재산, 이를테면 자류지(自留地; 사회주의 국가에서 농민에게 집단 농장에서의 공동 작업 외에 개인적으로 경영할 수 있도록 인정한 경지-역주), 축산물 및 과수림, 심지어 주택, 책걸상마저 국유화시켰다. 그러다 보니 은행은 '투자'라는 미명하에 한 치의 망설임도 없이 농민의 예금을 철강 및 수리(水利) 사업에 쏟아부었다.

**인민공사(人民公社)**

고급 농업 생산사(生産社)라는 기반 위에서 조직된 집단 노동 소유제를 보유한 경제 조직을 가리킨다. 성립 초기, 생산재 부문에서 단일한 공사 소유제를 실시했으며, 분배에서는 임금제와 공급제를 결합한 정책을 도입했다. 자류지를 인정하지 않아 농촌의 생산력 발전에 부정적인 영향을 끼쳤다.

누가 보더라도 허무맹랑한 이야기임에 틀림없지만 각종 여론과 구호에 밀려 농민들은 소중한 제 재산을 나라를 위해 기꺼이 바쳤다. 하지만 시간이 갈수록 상황은 조금씩 바뀌기 시작했다. 정부에서 제아무리 멋들어진 청사진을 제시하더라도, 농민들은 더 이상 국가 지도자의 호소에 공사를 구분하지 못할 정도로 마음을 뺏기진 않았다. 대신 억울함과 분노를 그저 마음속에만 '꾹' 담아두고 있었다. 귀중한 재산은 물론, 사람마저 국유화됐다. 집단 노동은 물론 밥을 먹을 때조차 공동식당을 이용해야 했다. 집단화된 사람들에게도 인간으로서의 생각이 있었겠지만 고민하기 위해 힘들게 머리를 굴릴 필요가 없었다. 정부가 이미 그들에게 미래와 일, 심지어 먹고 자는 일까지 모두 계획해 두었기 때문이다. 대부분의 농민은 자신도 모르게 어느새 정책에 매료되어 미화된 청사진에 끝도 없이 세뇌됐다. 정책 결정자들 역시 맹목적인 낙관주의에 빠져 확신에 차 있었다. 그러다 보니 사회적으로 농민은 높은 자각 의식을 갖춘 존재일 뿐만 아니라, '수요에 따른 분배'라는 정책을 통해 농민의 열정이 한층 더 달아오를 것이라는 인식이 확산됐다.

하지만 인민공사는 중국을 사회주의로 인도하기는커녕 수많은 문제를 양산해 냈다. 상식에 어긋나거나 잘못됐다고 해도 사람들은 여전히 문제의 심각성을 깨닫지 못했다. 땅 1묘(畝; 1묘는 30평, 약 99.174m$^2$–역주)에서 고구마 50만kg, 사탕수수 30만kg, 쌀 2만 5,000kg을 생산할 수 있다는 거짓 보고서를 사실로 믿은 정부는 엄청난 규모의 식량을 어떻게 해결해야 하는지 고민에 휩싸이거나 풍년이라는 보고서를 보며 뜻밖에도 우려를 표명했다. 정부에서 요청한 철강을 생산하느라 농민들이 제때 밥 먹을 시간도 없을 정도로 바쁘다 보니 식량에 곰팡이라도 피면 어떻게 해야 하는지 쓸데없는 걱정에 사로잡혔기 때문이다. 하지만 예상치 못한 기근으로 식량난이 현실화되면서 많은 사람들이 배고픔 속에서 쓰러져 갔다. 농민의 생산 능동성 역시 '수요에 따른 분배'라는 정책으로 눈에 띄게 가라앉았다. 배고픔에 지친 이들에게서는 인민공사를 껴안을 힘도 열정도 찾아볼 수 없었다. 한때 화려하게 비상했던 인민공사는 과거의 영광을 뒤로 하고 비참한 말로를 맞이했으며, **'공산주의'**라는 장밋빛 희망도 배고픔 속에 점차 빛을 잃었다.

**공산주의**

엥겔스의 '공산주의 원리(Prinzipien des Kom-munismus; 공산주의 동맹 강령인 '공산당 선언의 초안–역주)'에 풀이된 설명에 따르면, 공산주의는 무산계급의 해방 조건에 관한 학설이라고 한다. 그 전까지 사람들은 한솥밥을 먹는 것이 곧 공산주의라고 생각했었다. 하지만 개인의 성장을 제한하는 행위는 진정한 의미의 공산주의가 아니다. 공산주의는 모든 사람이 고도로 발달된 자유를 만끽할 수 있는 환경을 가리킨다.

이와는 전혀 다른 장면이 가정 공동 생산 책임제가 실시된 농촌 마을에서 목격됐다. 새벽부터 밤늦도록 일한 사내들은 검게 그을린 피부에도 항상 싱글벙글이었다. 점심 먹는 시간도 아까워 일하고 있는 논밭으로 밥을 가져오라고 하는 집도 수두룩했다. 소박하지만 먹음직스러운 식사를 아내가 지고 오면 게 눈 감추듯 허겁지겁 먹어치우곤 다시 논밭으로 달려가 열심히 곡괭이를 휘둘렀다. 인민공사 성립 이후 할 일 없이 지내던 여성들도 낮에는 정신없이 일하고, 밤에는 희미한 달빛을 등불 삼아 잡초를 뽑거나 밭을 일궜다. 논밭을 갈든, 씨를 뿌리든 그녀들은 최선을 다해 일했다.

인민공사와 가정 공동 생산 책임제 사이의 가장 본질적인 차이점이 국유기업과 민간기업의 것과 100% 일치하지는 않지만 동기 부여와 '제 돈은 동전 한 닢 쓰기도 아깝다'라는 심리에서 봤을 때 비슷한 점이 적지 않다.

## 초대형 기업의 난처함

현재 중국의 국유기업은 점점 초대형 기업, 모두의 기업으로 변모하고 있다. 게다가 정부의 말대로라면 국민 역시 국유기업의 주주라 할 수 있다. 이 말대로라면 중국에는 무려 13억 명이나 되는 주주가 있는 셈이리라. 하지만 제아무리 어마어마한 자산이라고 해도 13억으로 나눈다면 국민 한 사람에게 돌아가는 몫은 얼마 되지 않는다. 게다가 기업의 경영 및 정책에 직접적으로 참여하지 않기 때문에 배당금도 받을 수 없다. 그래서 국적으로 얻은 자산, 즉 국유자산을 제 것으로 여기거나 돈을 얼마나 쓰고 벌어들이는지, 부족한 점, 이를테면 낭비되는 자금이 얼마인지, 누가 자금을 남용하는지 등의 문제를 자신의 관리 감독 혹은 관심 범위에 두지 않는다.

그 밖에도 주주의 수가 많고 이익 관계가 복잡하게 얽혀 있을수록 13억 명의 주주가 업체 한 곳을 관리하는 일은 지극히 현실적이지 못한 상황으로 전락할 수 있다. 그래서 적당한 인물에게 경영을 맡기는 제도가 등장했지만 그 역할이 '관리인'으로 제한됐을 뿐만 아니라 경영권만 확보한 상태라서 주인의식이 부족할 수밖에 없었다. '다른 사람을 위해 일하고 다른 사람의 돈을 쓰다' 보니 신중한 고민 없이 흥청망청 돈을 쓰거나 심지어 수십, 수백, 수천만 위안을 잃어도 대수롭지 않게 생각했다. 쉽게 말해서 손해를 봐도 내 돈이 아니니 상관없다는 안이한 태도를 취하게 된 것이다. 실패하더라도 '탐욕'이니 '부패'니 하는 민감한 글자 따위는 무시해도 된다. 투자에 실패했다고 하더라도 기업이 법원의 판결로 망하지는 않을 테니 말이다. 그러다 보니 13억 명에 달하는 주주라도 어쩔 수 없이 결과를 받아들여야만 하고, 주식을 마음대로 거래할 수 있는 권리마저 갖지 못한다.

이처럼 단순히 도덕에 의한 구속만으로는 국유기업을 이끄는 지도자에게 개혁에 대한 의지와 동기를 부여하기 어렵다. 정비된 시스템 구축에 박차를 가하고 이사회, 주주대회, 심사 등 각 분야에서 보다 적극적인 태도로 나서야 국유기업 경영주에 대한 강제적 구속력을 강화할 수 있다. 또한 효과적인 보상 시스템을 통해 적극성을 한층 끌어올려야 남의 동전 한 닢을 쓰는 것도 아쉽다는 생각을 갖게 만들 수 있다.

## '서민 스스로 일어서도록 해라'

소유권과 경영권이 멀찌감치 거리를 두고 있는 국유기업에 비해 작게는 개인 사업자, **부부가 운영하는 소형 점포(夫妻店)**에서부터 크게는 다국적 민간기업에 이르는 민간경제의 소유권과 경영권은 대부분 일치된 경향을 보인다. 작은 가게를 운영하는 부부는 담배 한 갑을 팔고 십 수 위안의 잔돈을 거슬러 줄 때도 속이 쓰리다. 얼마 안 되는 푼돈이라고 할지라도 어쨌든 제 지갑에서 나가는 것이니 말이다. 그들에게 적자는 제 살을 도려내는 것만큼 아프다. 적자를 본다면 아이들에게 장난감을 사주거나 마누라한테 그럴싸한 옷 한 벌 안겨주지 못한다는 걸

**부부 상점(夫妻店)**
점원을 고용하지 않고 부부 두 사람이서 점포를 운영하는 것으로, 다른 형태의 창업과도 비교가 안 되는 강력한 장점을 가지고 있다. 첫째 지피지기, 부부가 함께 일하다 보니 말하지 않고도 손발이 척척 맞는다. 둘째 부부일심동체라는 말처럼 같이 번 돈을 나눠 가질 필요가 없다. 셋째 부부가 함께 일하기 때문에 인건비를 줄일 수 있다. 부부 상점의 운영 노하우는 크게 네 가지로, 부부가 함께 상의해서 일하기, 업무 분담, 친밀감 높이기, 재테크 투자가 있다.

의미하기 때문이다. 결론적으로 말해서 민간경제에 경제적 손실은 현실적인 고통으로 찾아온다.

'서민 스스로 일어서는 데' 딱딱한 도덕이나 제도적 구속 따위는 필요 없다. 그 어떠한 고난도 두려워하지 않는 그들은 눈앞의 어려움쯤이야 가뿐히 뛰어넘고 작은 희망에도 결코 포기할 줄 모른다. 이에 반해 여러 사람이 힘닿는 데까지 열심히 끌어주고 밀어주는 데도 어정쩡한 태도로 일관하는 국유기업에게 평범한 서민의 열정과 노력은 상상조차 될 수 없다. 경제학자 프리드리히 하이에크가 **경제 자유**를 큰 소리로 외치며 주장한 데는 나름의 이유가 있었다. "개인의 자유를 인정해 주는 미약한 제도 하나만 있어도 수천만 명에 달하는 경제인에게 흩어져 있던 정보가 효과적으로 수집되고 이용될 수 있다. 푼돈이나 파산한 부자가 없다면 창의력을 이끌어 낼 수 있는 제도는 결코 등장하지 않을 것이다."

**경제 자유주의**

경제 자유주의는 개인의 재산과 자유로운 계약 권리를 지지하는 이데올로기로, 정부의 역할을 경제 조정 분야로만 제한해 시장 스스로 자원을 조절할 수 있도록 유도한다. 경제 자유주의는 애덤 스미스의 경제 자유주의와 신자유주의를 모두 아우른다.

중국 시장에서 가장 먼저 강자의 입지에 선 국유기업은 자체적인 노력이 아니라 정부라는 '후광'에 기대어 그 자리를 얻었다. 시장이 없다면 경쟁 시스템을 도입할 수 없기 때문에 국유기업은 시장을 독점하게 된다. 쉽게 말해서 목장 전체를 독점해 목장 우리 안에 있는 양들을 마음대로 부릴 수 있다. 사실 장사꾼이라면 누구나 시장을 독점하려 든다. 일단 시장을 독점하고 나면 마음대로 가격을 올려도 소비자는 아무 소리 하지 못하고 속으로 눈물만 삼킨 채 돈을 건네야 하기 때문이다. 국유경제가 절대 우위를 차지하고 있는 경제 상황을 '국유독점업계'라고 정의한 어떤 학자는 해당 업종에 종사하고 있는 국유기업을 '국유독점기업'이라고 정의했다. 하지만 독점은 시장의 구조 중 하나일 뿐이며, 국유기업 역시 소유제의 특정 형태라는 점에서 둘 사이에 직접적인 관계는 없다고 볼 수 있다.

하지만 대부분의 국유기업은 손만 내밀면 먹을 것이 생기는 좋은 시절을 보냈다. 돈이 없으면 정부에 돈을 달라고 손을 내밀거나 변칙적으로 융자 능력을 강화해 사회에 손을 내민다. 시장화라는 기치를 내걸고 염가의 자원을 얻어내 생산 비용을 낮추거나 특정 업종에서 몸집을 키운 뒤 마음대로 가격을 주물럭거리기도 한다. 소비자가 제아무리 항의한다고 해도 소용없다. 오히려 자신들이 생산한 상품 없이 살아갈 수 있겠느냐며 큰소리치기 일쑤다.

기업과 개인 모두 풍족한 환경 속에서 소중한 자원을 함부로 낭비한다. 물질적으로 풍족할수록 하찮게 여기거나, '쿨한 모습'으로 '이런 것쯤 주변에 널리고 널렸다'며 대수롭지 않게 여기지 않기도 한다. 정말 춥고 배고픈 상황으로 내몰려야 밥 한 숟갈, 옷 한 벌이 얼마나 귀중한지를 깨닫는 법이다.

**류촨즈(劉傳志)**

고급 엔지니어 출신으로 한때 주식회사 렌샹(聯想, Lenovo; 중국의 대표적인 IT기업-역주)의 이사장, 렌샹 이사회 의장, 중화전국공상연합회 부의장 자리에 올랐다. '중국 개혁의 상징적 존재', '2000년 CCTV가 선정한 올해의 경제인', '중미 관계 발전에 기여한 인물', '아시아 최고의 사업가', '중국 경제계 10년 대표 인사' 등의 타이틀을 거머쥐는 영광을 차지했다.

사업가 **류촨즈(劉傳志)**의 말에 많은 사람이 공감했다. "요새 젊은 사람들이야 배 곯아 본 적이 어디 있던가요? 저처럼 굶기를 밥 먹듯이 한 사람과는 생각하는 게 다르지요."[4] 정부의 품 안에서 세상 무서운 줄 모르고 고이고이 자란 국유기업은 타성에 젖어 성장, 창의력 분야에서 분명 큰 타격을 입을 것이다. '부자 3대는 없다'는 저주처럼 쉽게 얻은 것은 쉽게 잃는 법이다. 제 모든 것을 걸고서 얻은 것이 아니다 보니 흥청망청 써 대며 더 나아질 생각 없이 그저 현실에만 안주하다 보면, 가랑비에 어깨 젖는다고 어느 순간 '홀딱' 망해 버리기 십상이다.

국유자본과 외국자본 사이에서 샌드위치 신세로 전락한 민영기업은 국유기업처럼 운이 따르지 않았다. 중국 내 상당수의 민영기업은 시작부터 '부자'가 될 팔자도 타고나지 못했을 뿐만 아니라 세상을 깜짝 놀라게 할 재주도 없었다. 자본력이 원체 부족하다 보니 걸핏하면 돈줄이 말라 온갖 고생을 사서 했다. 누가 보더라도 부정할 수 없는 성과를 올린 사업가들이 과

4) '류촨즈: 굶기를 밥 먹듯 했다', http://it.sohu.com/20100625/n273075673.shtml

거를 떠올리며 자서전을 발표했는데, 첫머리에 빠지지 않고 등장하는 구절이 바로 '어릴 적부터 고생을 밥 먹듯 했다'는 것이다. 집에서 소를 돌보고, 장사를 하는 건 물론 전단지를 붙이는 일부터 안 해본 일이 없는 그들은 고생 끝에 해외에서 실력을 쌓은 뒤 엘리트로 각광받으며 중국 경제계에서 새로운 신화의 주역으로 탄생했다.

원저우를 예로 들어보면 땅이 넓고 없는 것이 없다(地大物博)는 중국이 맞는 건지 의심스럽다. 손바닥만한 땅덩이 주변에는 먹을 것을 구할 수 있는 산이나 바다도 없고, 고작 작은 물줄기 하나 졸졸 흐르는 것이 전부다. 소도 언덕이 있어야 비빈다는 말처럼 뭐 하나 하려고 해도 할 수 있는 것이라고는 아무것도 없었다. 그런 곳에서 탄생한 원저우 상인은 대단할 것 하나 없어 뵌다. 대단한 학력도 없거니와 그렇다고 해외 유학파(海龜派) 출신도 아니다. 시간을 거슬러 올라가 보면 몇 년 전, 십수 년 전 심지어 수십 년 전에 그들은 그저 농사꾼이나 동네 장사꾼에 불과했다. 그러나 바람에 흔들리는 갈대처럼 걸핏하면 바뀌는 정책 탓에 이들은 가난에 찌들대로 찌들고, 배부를 때보다 배곯을 때가 더 많았다. 풀 한 포기 제대로 나지 않는 원저우 땅에서 가난과 좌절에 시달리던 이들은 강한 독립심과 창의력으로 무장한 세력으로 거듭났다. 열악한 환경 속에서 이들은 셀 수 없이 많은 실패와 시련을 경험했지만 불굴의 의지로 도전한 끝에 중국 경제의 활력소로 떠올랐다.

민간 사업가 대부분은 성공하겠다는 강한 열망과 집념의 소유자로서 성공을 위해서라면 각종 사회적 자원을 동원하는 것은 물론, 부(富)에 대한 빼어난 직감과 적극성을 여지없이 드러낸다. 시장경제로의 개방 역시 이들이 합리적, 합법적, 그리고 자유롭게 자원을 사용할 수 있도록 객관적 환경을 제공해 주었다. 이러한 노력과 환경이 결합하면서 민간기업은 국유기업 혹은 외국계 기업의 틈바구니에서 용케 살아남아 승승장구하고 있다.

현재 우리가 살아가는 세상은 신세대 부유층이 탄생하는 시대이자, 신구 교체가 끊이지 않고 일어나는 시대이기도 하다. 성장의 파편은 의도치 않게 형언할 수 없는 거대함을 비춰준다. 그리고 그것이 단순한 우연이었던 적은 단 한 번도 없었다.

MYSTERY OF CHINA

# 제7장

## 위대한 개혁이 위대한 기업을 배출하지 못하는 까닭

"중국이라는 길고도 긴 역사에서 상인이라는 계층은 단 한 번도 스포트라이트를 받지 못한 채 조연의 자리에만 머물렀다." 존 킹 페어뱅크(John King Fairbank: 중국명 페이정칭(費正淸)-역주)의 저서 《케임브리지 중국사 9. (The) *Cambridge history of China* Vol.9)》의 한 구절이다. 생존을 위해 일부 상인은 정치에 몸을 의탁했지만 정책 집행을 위해 많은 시간을 허비해야 했던 것은 물론, 정신없이 쏟아지는 정책의 틈바구니에서 살아남기 위해 발버둥쳤다.

# 가장 큰 원인은 경제 DNA의 분열이다

> 죽음의 순간을 코앞에 둔 인간이 최대한 많은 문화유산을 확보해 그것을 후손에게 넘겨준다면 무척 운 좋은 일이라 하겠다. 풍부한 유산은 우리의 영혼을 살찌우고 우리의 생명을 연장시켜 주기 때문이다. 그렇게만 할 수 있다면 이승에서 평안한 마지막 한 숨을 내쉴 수 있을 것이다.
>
> –미국학자 윌 듀런트(Will Durant)

## 경제 DNA의 단절

30여 년 동안 밀어닥친 변화의 물결은 크고도 높았다. 줄곧 변두리에 머물렀던 민간경제는 눈부신 성장을 거듭하며 무대 중심으로 나가 서서히 두각을 드러내기 시작했을 뿐만 아니라 사회 전반에 걸쳐 새로운 활력을 불어넣었다.

오랜 시간 동안 수많은 변화와 모진 역경을 견딘 끝에 마침내 '부의 지도'가 완성됐지만 결정적으로 한 가지 아쉬운 점이 있다. 바로 눈에 띄는 위대하고 존경스러운 기업이 없다는 점이다. 기업 성장의 질과 브랜드를 평가하는 **세계 TOP 500** 가운데 이름을 올린 중국 민영기업의 수는 손가락을 꼽을 수 있을 정도로 적다. 상당수 중국 기업이 무시할 수 없는 영향력을 자랑하는 것은 물론, 해외로 진출해 괄목할 만한 성과를 올리고 있지만 그만큼 사회에 풍요로운 경제적 혜택을 돌려주지는 못한 듯싶다. 기업의 사회적 의무나 책임보다는 무미건조한 숫자, 이를테면 성장

**세계 TOP 500**

미국 〈포춘(*Fortune*)〉에서 매년 선정하는 '세계 TOP 500 기업 리스트'의 준말로, '포춘 글로벌 500대 기업'이라고 부르기도 한다. 화웨이(華爲), 샤강(沙鋼), 롄샹, 중국원양운수 등이 한때 세계 TOP 500 기업으로 선정되기도 했다.

2011년 〈포춘〉이 발표한 TOP 500 중에는 시노펙, 페트로차이나, 국가전망(State Grid)이 각각 5위, 6위, 7위에 나란히 이름을 올렸다.

률, 영업소득 등이 사회적으로 각광을 받다 보니 경제 성장이 가져다주는 번영이 기업뿐만 아니라 사회 구성원 모두에게도 미칠 것이라는 믿음, 바람과 규칙 따위는 쉽게 외면받기 때문이다. 그러다 보니 여전히 상당수의 기업이 '반짝 스타'의 운명에서 벗어나지 못한 채 추락했는데, 그 원인도 제각각이다. 경제 시스템 전환이라는 대세에 부응하지 못했거나 실수로 무대 밖으로 끌려 나가는 경우도 있었다.

차이나 모델이 이러한 상황에 직면하게 된 데는 중국만의 사정이 있다.

우선 중국의 변화 속도는 우리가 생각하는 것보다 훨씬 빠르다. 그동안 단련된 '내공'을 바탕으로 중국은 거침없이 달려 나간 끝에 시장경제 시스템에 순조롭게 합류했다. 이러한 결과를 얻기까지 서방 세계는 200년이라는 긴 시간이 걸렸지만 중국은 겨우 30년 만에 해냈다. 매일 변하는 세상은 그 안에서 살아가고 있는 기업에게는 쉽게 얻을 수 없는 절호의 기회이자, 동시에 좌절이기도 하다. 변화의 흐름을 따라가지 못한다면 흔적도 남기지 않을 만큼 철저하게 도태될 것은 누가 보더라도 자명하기 때문이다. 요컨대 단절된 경제 DNA, 즉 경제적 열성 DNA가 위대한 기업의 탄생을 저애하는 가장 큰 원흉이라 하겠다.

중국의 경제 문화를 죽 훑다보면 항상 순탄치 않은 길을 걸어 왔다는 걸 알 수 있다. 상인들은 '장사치', '장사꾼'이라는 이름으로 역사 무대에서 항상 조연을 담당해 왔다. 기나긴 역사의 흐름에서 경제는 넘실거리는 파도처럼 이리저리 휘둘려 왔을 뿐만 아니라, 마치 상대해서는 안 되는 미천한, 심지어 불경스러운 것으로 취급당하기 일쑤였다. 그러다 보니 남들의 눈에 띄지 않는 곳에서 묵묵히 중국의 성장 DNA를 개조해 갔다.

중국의 옛 상인들은 생전에 제아무리 거대한 부를 축적하고 야심 혹은 희망으로 무장했다고 해도 결국에는 평범하게 눈을 감고 말았다. 생전에 갖은 재화와 부로 한껏 치장됐지만 시간의 흐름 앞에서는 '화장'이 지워진 채 빛바랜 추억만 남았을 뿐이다. 지금도 많은 사람에게 영감을 불어넣어 주는 옛 상인들의 소중한 지혜가 미스터리로 가득한 역사의 어두운 곳에서 빠져나오기를 기대한다. 온갖 헛소문이 가세하는 바람에 '호랑이 담배 먹던 시절'로 전락한 중국 경제의 옛 영광이 다시 한 번 무릎을 절로 치게 만드는 비범한 지혜와 창의력을 보여주기를 꿈꾼다. 하지만 이러한 바람과 달리 현재 중국의 경제 DNA는 여기저기 심하게 분열된 상태라 지속적인 계승을 기대하기는 어렵다.

**존 킹 페어뱅크 (John King Fairbank)**

하버드대학교 종신 교수로, 유명한 역사학자다. 미국에서 가장 명망 높은 중국 문제 전문가, 중미 근현대사 연구 분야의 권위자, 최고의 중국통이라고 평가받는 페어뱅크는 하버드대학교 동아시아 연구센터를 창립한 인물이기도 하다. 생전에 미국 극동협회 부의장, 아시아협회 의장, 역사학회 의장 등 중요 직책을 고루 담당했다. 무려 50년 동안 중국 문제를 연구한 페어뱅크는 옥스퍼드 대학교에 몸을 담던 시절부터 1991년 세상을 떠날 때까지 중국 문제를 연구하는 데만 매달렸다. 그의 대표작으로 《캠브리지 중국사》가 있다.

**페어뱅크**는 《케임브리지 중국사 · 중화민국(中華民國)편》에서 이렇게 단언했다. "중국이라는 기나긴 역사에서 상인이라는 계층은 단 한 번도 스포트라이트를 받지 못한 채 조연에만 머물렀다. 그것도 대사도 얼마 안 되는 엑스트라로……. 그들이 역사라는 무대에서 맡은 역할은 주로 제왕, 관료, 외교관, 장군, 선동가, 당 지도자의 말에 복종하는 하수인에 불과했다." 해방, 즉 중국 공산당이 정권을 수립하기 전까지 상인들은 눈에 띄는 발전을 거두지 못했다. '왕'을 중심으로 하는 봉건주의의 제왕주의적 시스템 탓에 전국을 아우르는 정부 관료 기관을 구축하는 일이 곧 국가의 탄생으로 인식됐다. 게다가 국가의 정치적 목표 역시 강국(强國)이 되는 것이었지 잘 사는 나라, 잘 사는 백성 따위는 안중에도 없었다. 이러한 상황에서 상인 세력은 자연스레 무대 가장자리로 밀려날 수밖에 없었다. 정치적 색채가 농후한 관료사회에서 살아남기 위해 상인 계층은 어쩔 수 없이 정치에 몸을 의탁했을 뿐만 아니라 정책 집행을 위해 많은 시간을 허비해야 했다. 그 밖에도 정신없이 쏟아지는 정책의 틈바구니에서 살아남기 위해 발버둥쳤다. 정치가 모든 것을 결정하다 보니 상인 계층은 더 많은 이익을 추구하기 위해 정치적 보호를 구할 수밖에 없었고, 정치에만 매달리다 보니 자신만의 경제 원칙을 구축하는 데 소홀함으로써 상인으로서 지켜오던 전통과 단절되고 말았다.

사회 역사학자 **천쉬루(陳旭麓)**는 《근대 중국사회의 신구교체(원제: 近代

中國社會的新陳代謝)》에서 이렇게 설명했다. "정적이고 쉽게 '응고'되는 고대 중국 사회와 달리, 근대 중국 사회는 동적이고 신진대사가 빨리 진행되는 사회라고 정의할 수 있다. 서방 세계가 중세기부터 근대에 이르기까지 자기 각성과 자아 발전을 통해 사회 변혁을 이뤄냈던 것과 달리, 근대 중국 사회의 신진대사는 대부분 끊이지 않는 외세의 침입, 독특한 중국 사회의 시스템에 의해 진행됐다. 다시 말해서 민족 충돌과 계층 갈등을 통해 쉬지 않고 변화의 물결을 일으킴으로써 간접적으로 신구교체를 자극했다고 볼 수 있다."

**천쉬루(陳旭麓)**
후난 성 샹샹(湘鄉) 현(지금의 솽펑(雙峰) 현) 출신인 천쉬루(1918~1988)의 원래 이름은 수이뤼(修祿)다. 생전에 중국사학회 이사, 중국 현대사학회 부이사장, 상하이 중산(中山)학사 부사장, 상하이 중국-서양 철학 및 문화 교류 센터 부의장, 상하이 지방사 연구회 부의장으로 활동했다. 주요 작품으로는 《초중중국본사(初中中國本史)》, 《부상록(浮想錄)》 등이 있다.

근대 사회는 거대한 외부적 충격에 휘말려 일대혼란에 빠졌다. 그 혼돈의 틈바구니에서 상인 계층은 관료적 색채가 농후하고 구속력 강한 봉건 시스템에서 벗어날 수 있는 기회를 잡았지만 아쉽게도 환골탈태할 수 있는 변화의 물결에 합류하지 못한 채 여전히 약자로서의 위치를 고수했다. 국운(國運)에 따라 이리 붙었다 저리 붙었다 하다 보니 시대의 아픔을 어루만지기는커녕 예상치 못한 사고에도 휘청거리기 일쑤였다. 세상을 뒤집을 듯 거대한 변화의 물결이 눈 깜짝할 사이에 밀어닥치자 대대손손 이어져 내려오던 전통적인 모델마저 제 목숨 하나 온전히 건사하지 못하고 시도 때도 없이 분열됐다. 시대의 흐름에 발맞춰 기회를 잡은 사업가, 전통적인 상인 모두 더 나은 모습의 계승 모델을 찾지 못해 결국 침묵하고 말았다.

## 경제를 무시한 대가

경제 DNA가 가장 확연하게 단절된 상황을 보여준 사례는 나중에서야 등장했다. 1948년 9월에 열린 정치국 회의에서 마오쩌둥(毛澤東), 류샤오치(劉少奇) 등은 정권을 장악한 후 중국 내부의 주요 갈등은 무산계급과 자산계급의 갈등에 있다고 지적했다. 1951년 겨울 중국공산당 중앙회의에서

**'3반(反) 운동'**

해방 초기, 중국 공산당과 국가 기관 내부에서 전개된 '탐욕, 낭비, 관료주의'에 반기를 든 운동을 가리킨다. 3반 운동을 보여주는 가장 대표적인 사례는 탐욕을 부린 경제 사범을 법에 따라 처형하는 경우로, 중국공산당 스자좡(石家庄) 전 시위원회 부서기 류칭산(劉靑山)과 중국공산당 텐진 지역 위원회 서기 장즈산(張子善)이 사형을 선고받았다.

는 중국 사회에서 보편적으로 일어나고 있는 탐욕과 부패를 정화하자며 탐욕, 낭비와 관료주의에 반대하는 대규모 **'3반(反) 운동'**을 대대적으로 전개했다. 사치와 탐욕에 반대하는 운동은 삽시간에 뇌물, 탈세 및 탈루, 국가 재산 남용, 임금 착취 혹은 소비자 기만, 경제 정보 탈취에 반대하는 '5반(反) 운동'으로 확산됐다. 정치 운동이 마른 들에 불붙듯 순식간에 퍼져 나가자, 이른바 '반 사회인사' 명단에 이름을 올리는 민족 자본가의 수가 점점 증가하기 시작했다. 이들에게는 민족자본을 갉아먹는 '불온한 세력'이라는 낙인이 찍혔고 사회 대중으로부터 모진 질타와 비난을 받았다. 이 때문에 당시에도 기업가들은 여전히 동네북 신세를 면치 못했고, 사람들은 재화를 적대시하거나 경제를 하찮게 여겼다. 경제인에 대한 적개심이 심화되다 보니 상인, 무역, 돈, 재화 등에 대한 증오심이 극에 달해 어떻게든 꼬투리만 생기면 인정사정 봐주지 않고 '더러운 행위'라며 깎아내렸다.

이러한 풍토가 점차 중국 사회에 뿌리를 내리면서 기업가들은 끊이지 않는 시름에 시달려야 했다. 사회적으로 전개되는 모든 운동의 첫 번째 사냥감은 사실상 거의 대부분 기업가였다. 그 때문에 사회로부터 보살핌을 받기는커녕 냉대받기 일쑤였고, 여러 차례에 걸친 정치 운동과 사회 개조를 통해 정도의 차이는 있지만 너 나 할 것 없이 대부분 경제적 손실을 입었다. 힘든 줄도 모르고 정치 운동에 매진하던 일부 세력들은 자신들이 소중한 재화를 마구잡이로 갉아먹고 있는 줄은 꿈에도 알지 못했다. 관료자본과 외국자본 사이에서 간신히 살아남은 민족 자본가는 실력이나 직감, 행운 등에서 그야말로 알짜배기 중의 알짜배기였다. 다시 말해서 치열한 생존 경쟁에서 살아남은 이들은 중국과 서양의 경영 방식을 교묘히 결합시켜 거대한 사회적 재화를 탄생시켰을 뿐만 아니라, 저렴하고 양질의 상품과 서비스를 사회에 공급함으로써 후대 경제인의 모범이 됐다. 상당수의 민족

자본가는 수없이 많은 정치 운동과 사회 개조를 겪으며 소중한 재화를 잃었다. 자본가를 마치 불경한 것이라도 되는 양 그들을 '척살'하는 데 재미가 들린 세력은 중국의 한 세대를 이끌 기업가의 숨통을 제 손으로 끊었다는 사실을 전혀 깨닫지 못했다. 그래서 중국 경제계에는 커다란 '단층'이 생겼고, 이로 인해 씻을 수 없는 상처를 입었다.

## 결코 든든하지 못한 전승의 기반

오늘날 시장을 가로막던 커다란 장벽이 무너져 내리면서 온갖 자원이 한꺼번에 쏟아져 나왔다. 한때 억압됐던 경제 DNA가 더 이상 배곯을 수 없다는 절박한 의지로 단단히 무장한 채 부활한 것이다. 명청(明淸)시대 그 기세가 하늘을 찌를 정도였다는 진상(晉商)을 예로 들어보면, 500년이나 되는 명청시대 진상은 정부로부터 인가받은 소금 판매 증서인 염표(鹽票)를 팔아 재화와 명성을 쌓았다. 그들이 성공할 수 있었던 비결은 성실과 단결을 원칙으로 하는 정책을 바탕으로 대량의 재화를 축적했던 데 있었다. 8개국 연합군이 중국에 배상을 요구하자, 당시 청나라 정부는 진상을 대표하는 교가(喬家)에게 국채를 갚을 돈을 빌려달라고 요청하기도 했다. 이 점만 보더라도 진상의 경제력이 얼마나 대단했는지 쉽게 알 수 있다! 그들은 선조의 귀중한 경험을 답습하며 놀라운 경제적 성과를 이끌어 냈지만 그들의 발전사에서 권력에 의존해 이익을 취한 흔적을 적지 않게 발견할 수 있다. 타고난 자원을 이용한 진상은 흑백논리 속에서 아슬아슬 줄타기를 선보이며 권력과 긴밀한 관계를 맺었을 뿐만 아니라, '도(倒)'와 '매(賣)'라는 학문을 닦는 데 정진했다. 그 노력의 결과, 사회 여론으로부터 '벼락부자'라는 호칭을 부여받았다. 놀라운 경제적 성과를 올렸음에도 체계적인 경제철학을 갖추지 못한 이들은 경영 논리에서도 자신만의 '룰'을 갖지 못한 채 세월의 흐름 앞에서 '한때' 명청시대를 주름잡았던 세기의 장사꾼이라는 화려한 영광이 흔적도 없이 사라지는 것을 제 눈으로 목격해야 했다.

개혁개방 이후 자취를 감췄던 중국 기업가가 다시 무대 위로 돌아왔다. 30여 년 동안 노력을 기울인 끝에, 달리는 말에 채찍질하며 자신을 단련한 이들은 마침내 '**염파 비록 늙었어도**, 아직까지 밥을 잘 먹는지를…….(**廉頗老矣**, 尙能飯否)'이라는 운명적인 질문과 마주해야 했다.

**염파 비록 늙었어도(廉頗老矣)**

신기질(申棄疾)이 지은 '영우락(永遇樂) · 경구북고정회고(京口北固亭懷古)'에 나오는 시구로, 전문(全文)은 다음과 같다.
천고의 이 강산에 손권(孫權) 같은 영웅을 찾을 곳이 없구나.
(千古江山, 英雄無覓, 孫仲謀處.)
춤추고 노래하며 놀던 누대(樓臺)에 풍류는 깡그리 비바람에 씻기어 사려졌네.
(舞榭歌臺, 風流總被, 雨打風吹去.)
초목에 석양이 내리는 보통의 길거리가 송(宋) 무제(武帝) 유유(劉裕)가 살던 곳이라 하네.
(斜陽草樹, 尋常巷陌, 人道寄奴曾住.)
당시 일을 생각건대 번쩍이는 금빛 창과 철마가 무서운 기세로 범처럼 만리를 삼켰지.
(想當年, 金戈鐵馬, 氣呑萬里如虎.)
원가(元嘉) 시절에 경솔하게도 낭거서산(狼居胥山)에서 감사제를 지내려다 창황히 북쪽을 바라보는 꼴이 됐네.
(元嘉草草, 封狼居胥, 赢得倉皇北顧.)
43년 전의 일을 돌아보니 아직도 기억이 나누나. 양주로(揚州路)에 봉화가 타오르던 일이.
(四十三年, 望中猶記, 烽火揚州路.)
돌아볼 수 있으랴, 불리사(佛狸詞) 밑에서 울어대는 까마귀와 사당의 북소리를…….
(可堪回首, 佛狸祠下, 一片神鴉社鼓.)
누구에게 물어 보리오, 염파 비록 늙었어도 아직까지 밥을 잘 먹는지…….
(憑誰問, 廉頗老矣, 尙能飯否.)

차세대 사업가들은 아버지 세대의 재화를 고스란히 물려받았다. 지금까지 세습형 경영 모델은 민영기업의 주요 경영 모델로 애용되고 있는데, 전국공상연합회 부의장 장총성(庄聰生)의 설명에 따르면 전체 민영기업 가운데 해당 모델을 채택한 기업의 비중이 무려 95%로 추산된다고 한다. 그리고 당초 '가족 간 세습이 없는, 전 직원이 가족 같은 기업을 만들겠다'는 기치를 분명히 내세웠던 전 롄샹 이사회 의장인 류촨즈, 전기(電器) 이사국 의장 및 이사직에서 물러난 메이디(Midea, 美的; 가전산업을 중심으로 부동산, 물류 등 다양한 분야에 진출한 대형 현대화 기업으로, 중국 최대 규모의 백색가전 생산업체-역주)의 창립자 허형졘(何亨健) 등 일부 기업가를 제외한 대다수의 민영사업가는 여전히 자신이 힘겹게 쌓은 부를 후손에게 물려주고 있다.

지금의 거시적 경제 환경에서 봤을 때, 시장 환경은 기존의 무질서 상태에서 벗어나 차츰 체계를 갖추고 있지만 여전히 많은 변수가 존재한다. 과거, 현재 그리고 미래, 혹은 제 세대 혹은 자식 세대까지 이어질 수도 있는 화려한 번영의 겉모습 뒤에는 오랜 마음고생과 노력, 불안이 숨겨져 있다는 뜻이다. 바통을 이어받은 2세들 역시 험하기 짝이 없는 중국 경제라는 무대 위에서 온갖 어려움에 용감하게 맞서며 하루하루를 살아가고 있다. 하지만 아쉽게도 중국 사회는 성공하면 황제가 되고 실패하면 역적이라며, '과정'에 관심을 보이기보다는 누가 끝까지 살아남는지, 누가 승자가 되는지에만 관심을 둘 뿐이다.

2세대 사업가 역시 일자리, 창업 등 여러 분야에서 단련됐지만 여전히 경험이 부족하다는 한계를 보인다. 구체적으로 말해서 '하늘이 무너져 내리는 듯한 정신적 충격과 온몸이 만신창이가 될 정도로 끔찍한 육체적 고통, 뱃가죽이 등에 달라붙을 정도로 극심한 배고픔'에 시달린 경험이 상대적으로 적기 때문에 인내, 용기, 성실함을 요하는 사업가로서의 자질이 부족하다. 역경을 헤치고 용감하게 일어설 수 있는 용기를 배운 적이 없기 때문에 나약한 이들에게 미래의 경제 발전과 번영이라는 임무를 맡기기에 불안하다고 말하는 까닭이 여기에 있다.

돈을 많이 버는 것도 대단한 일이지만, 힘들게 쌓은 부를 빠져 나가지 않게 온전히 간수하는 것도 만만치 않은 일이다. 무질서, 혼돈과 낭만이 뒤엉킨 낡은 시대는 멀리 사라지고, 온갖 화려함과 미사여구로 한껏 치장된 새로운 시대가 다가왔다. 하지만 겹겹이 걸친 외투를 벗어던지고 나면 새로운 시대 역시 예로부터 지금까지 한결같이 이어져 내려온 **정글의 법칙**에서 벗어나지 못한다는 것을 발견할 수 있다. 젊은 세대 혹은 상대적으로 젊은 이들은 앞으로 어떻게 재력의 힘에 대항해야 할까? 이 문제에 대해 구체적인 답을 제시할 사람이 없을 만큼 쉽게 해결할 수 있는 문제가 아니다.

하룻밤 사이에 바꿀 수 있는 것들은 많다. 운명, 전망, 비관 혹은 제도 등이 그러하지만 눈에 보이지 않는 요소, 이를테면 사업가 정신, 시장 의식, 경제에 대한 신뢰 등은 오랜 시간에 걸쳐 계승되고 학습되어야 한다. 시간이라는 시험을 거치지 않고 막무가내로 무대에 오른 개혁이라면, 오랜 생명력과 소중한 가치를 지니지 못한 어설픈 사업가 정신만 탄생시킬 뿐이다.

**정글의 법칙**

자연계 생물학에서 말하는 적자생존, 약육강식의 법칙을 가리키는 정글의 법칙은 크게 두 가지 속성을 지닌다. 하나는 자연적 속성으로, 자연계의 자원은 유한(有限)하기 때문에 강자만이 가장 많은 자원을 차지할 수 있다. 나머지 하나는 사회적 속성으로, 크게는 국가, 정권 간 경쟁, 작게는 기업, 개인 간 경쟁에 이르기까지 정글의 법칙을 따른다.

# 위대한 결심에 어울리지 않는 별 볼일 없는 실력

오랜 시간이 지난 뒤에 사람들은 월마트가 중년에 접어든 내 머릿속에서 나온 산물이라거나, 하룻밤에 떠올린 위대한 구상으로 거둔 성공이라고 생각할지도 모르겠다. 하지만 (월마트 1호점은) 1945년 이후 내가 흘린 노력의 땀방울로 거둔 결실이다. **월마트**가 단순히 하룻밤 사이에 성공을 거둔 '성공 스토리'로 알려져서는 안 된다고 생각한다. 다시 한 번 말하지만, 월마트는 무려 20년 동안 치열하게 경쟁한 끝에 지금의 자리에 올랐다.

–샘 월튼(Samuel Moore Walton), 《Made in China(중국명: 中國製造)》(샘 월튼의 저서를 찾아보면 해당 제목이 없다. 실제로 샘 월튼의 저서인지, 아니면 중국 출판사에서 자체적으로 제작한 책인지 확인할 수 없다–역자)

## TOP 500을 향한 꿈

**월마트**

미국의 대표적인 소매 체인점이다. 2011년 10월 9일 월마트가 중국에서 일반 돼지고기를 유기농 돼지고기로 속여 판매한 불법 행위가 적발되자, 충칭(重慶) 공상국은 법률에 따라 해당 영업점을 상대로 가짜 유기농 돼지고기를 전량 몰수하겠다고 통지했을 뿐만 아니라 불법 소득의 5배에 해당하는 269만 위안 상당의 벌금형을 선고했다. 2011년 10월 17일 월마트 중국 총지사 겸 CEO 천야오창(陳耀昌)이 그 책임을 지고 사직했다.

"중국에는 성장 속도가 더뎌 망한 회사는 없지만 성장 속도가 너무 빨라 망한 회사는 도처에 널렸습니다." 중국인을 도발하는 듯한 이 질문은 중국 기업에 대한 한 외국 경영학자의 평가를 인용한 것이다.

사업가치고 더 잘 나가는, 몸집 큰 기업을 원치 않는 사람은 없을 것이다. 하지만 아름다운 그 꿈은 냉혹한 현실의 시련을 견디지 못하고 서서히 무너져 내렸다. 지역, 업계 나아가 세계를 호령하겠다는 꿈에 부푼 수많은 중국 기업은 현실을 마주하는 순간 눈 깜짝할 사이에 장밋빛 꿈에서 깨어난다. 5년 내 세계 500대 기업에 이름을 올리겠다며 앞다투어 호언장담한 중국 사업가는 셀 수 없이 많지만 혈기 넘치는 엘리트들의 바람과 달리 시간은 다른 현실을 선사했다.

둥성(東盛) 그룹을 이끌고 있는 궈자쉐(郭家學)는 재계에 처음 발을 내딛는 순간부터 세계 500대 기업에 제 이름을 올리겠다는 부푼 품을 가지고 있었다. "그해 둥성은 170억 위안의 영업 소득을 올렸는데, 매년 17%의 성장률을 유지하면 15년 뒤에 판매 수익이 1,000억 위안, 즉 120억 달러를 달성할 수 있을 것이라고 생각했습니다. 이 정도 성적이라면 시장경제에서 TOP 500에 들 수 있을 거라 자신했죠." 하지만 주주의 자본 독점, 자금난 가중 등의 문제가 연거푸 터지면서 궈자쉐는 당초의 목표를 포기할 수밖에 없었다고 고백했다. "그 꿈을 버린 지 오랩니다. 세계 500대 기업이 되겠다는 목표는 아예 생각도 하지 않아요. 이제는 더 이상 그런 꿈조차 꿀 수 없게 됐답니다."

타이즈나이(太子奶; 중국의 유명 유산균음료 생산업체-역주)가 야심 차게 계획한 미래 10년에 대한 구상은 동종업계 인사마저도 외면했다. "2007년 1월 1일, 즉 상장 이후 3년 안에 매출액을 60억 위안까지 키우고, 그 후 3년 안에 매출액 100억 위안 시대를 열겠습니다. 2016년까지 시가 총액 1,000억 위안, 연 이윤 150억 위안, 세수 80억 위안 이상이라는 목표를 반드시 달성하겠습니다." 패기 넘치는 그들의 주장은 현실 속에서 오래 버티지 못했다. 품절, 체불, 생산 중단, 채무 독촉 등의 치명적인 문제가 줄줄이 터지면서 타이즈나이는 심각한 자금난에 빠졌고 결국 과거와 같은 영광을 되찾는 데 실패했다.

### '빨리빨리' 콤플렉스

중국 내 수많은 민간 사업자는 속도 전쟁, 몸집 부풀리기에 집착한다. 이들이 '보다 빨리', '보다 높게'를 정신없이 외쳐대는 데는 그럴 만한 나름의 사정이 있다.

첫째, 지나치게 낙관적이다. 경영주의 '기대 지수'는 종종 경영 상황과 직결되어 있는데, 어찌된 영문인지 중국에서는 '반비례'하는 경향을 보인다. 구체적으로 말해서 경영 상황이 좋지 않을 때 경영주는 오히려 지나치게 낙관적인 자세를 취한다. 어리석다고밖에 표현할 수 없는 태도 때문에 작게는 일시적인 타격을 입을 수도 있고, 크게는 재계에서 영영 퇴출될 수 있다. 하지만 냉정하고 객관적으로 자신을 들여다보기란 생각처럼 그리 쉬운 일이 아니다. 기업이 쉬지 않고 몸집을 키우다 보면 기업 내부와 주변으로부터 쉴 새 없이 찬사가 쏟아지기 시작한다. 그러다 보니 평범한 창업자였던 자신을 어느새 '창업의 신'이라 일컬으며 자신의 운, 매력 지수, 지도력이 남다르다고 생각한다. 설상가상으로 그 영광이 계속 되리라 확신하며 '아무리 잘 나가도 언젠가는 망한다'는 숙명에서 자신만은 벗어날 수 있다고 자신한다. 하지만 현실적으로 기업 경영은 거친 바다 위를 항해하는 것과 다름없다. 기업의 몸집이 커질수록 그 무게감, 즉 막강한 실력은 거친 풍랑을 헤쳐 나갈 수 있는 힘이 되지만 바람에 노출되는 부분 또한 늘어날 수밖에 없는 것이 현실이다.

그러던 중 주변에서 온갖 유혹이 다가온다. 그동안 시장을 격리시켰던 대문이 활짝 열리면서 각종 기회와 함께 잠재적 성장 가능성이 높은 중국 시장에서 '한몫' 단단히 건지겠다며 외국자본이 대거 몰려온다. 그 결과, 중국 기업은 풍부한 자원, 자금 및 거대한 시장 등의 온갖 호재를 만나게 된다. 중소기업에 비해 탄탄한 체력을 자랑하는 대기업은 더 많은 기회를 잡을 수 있을 뿐만 아니라, 주변의 여러 유혹을 기업의 막강한 실력으로 바꿀 수 있을 만큼 쓸 만한 실력도 갖추고 있다. 하지만 일부 민간기업은 유혹의 손길을 이기지 못하고 '문어발 경영'에 나서기 시작한다.

일본의 경영학자 오마에 겐이치(大前研一)는 중국을 연구하며 다음과 같은 평가를 내렸다. "중국의 사업가가 특정 영역에 집중하기 어려울 정도로 중국에게는 엄청난 기회가 찾아왔다. 그 때문에 분명 탁월한 성과를 거둘 수 있겠지만 돈을 벌 수 있는 유일한 길은 집중하는 것뿐이다. **코카콜라**는 탄산음료 분야에만 집중했기 때문에 세계 소비 시장에서 선두그룹에 들어갈 수 있었고, 도요타 역시 자동차 분야에만 집중했기 때문에 일본에서 가장 많은 수익을 올린 업체가 될 수 있었다. 특정 업계에 진출해 전문화를 거친 후에 세계화를 추진해야만 수익을 올릴 수 있다.…… 경영 서적을 훑어보거나 5년 안에 일본이 50년이라는 시간을 들여 얻은 것을 배우겠다고 중국은 이야기한다. 하지만 경영은 작용–반작용이 끊임없이 되풀이되는 과정이다. '벼락치기'로 배운 지식을 허겁지겁 행동으로 옮기려 한다면, 혹은 남의 손을 빌려 일을 추진하려 한다면 평생 수박 겉만 핥을 뿐, 달디 단 그 맛을 결코 맛보지 못할 것이다."

**코카콜라**

초기에는 '커커컨러(蝌蝌啃蠟)'라는 이름을 사용한 코카콜라는 판매가 부진하자, 소비자에게 익숙할 뿐만 아니라 재미있는 뜻도 가진 '커코우커러(可口可樂)'로 개명했다. 세계 각국의 음료 시장에서 압도적인 판매량을 자랑하는 코카콜라는 라이벌인 펩시콜라를 간단히 제치고 세계에서 가장 많이 팔리는 탄산음료라는 기네스 기록을 보유하고 있다.

## 이상과 현실 사이의 차이가 만들어 낸 죄수의 딜레마

'꿈을 위해서라면 천 리 길도 마다하지 않으리라.' 제아무리 꿈은 크게, 목표는 높게 잡아야 한다고 하지만 현실 속에서 상당수의 중국 기업은 커다래진 제 몸뚱이를 간수할 만한 실력을 갖추지 못했다.

풍부한 염가의 노동력과 시스템 비용, 남다른 재능을 지닌 뛰어난 인재 등의 후천적 우위를 이용해 중국의 민간경제는 상당한 경쟁력을 보유했고, 이를 무기 삼아 장족의 발전을 거뒀다. 하지만 시장경제가 발전함에 따라 기존의 우위가 점차 사라지기 시작했다. 아울러 중국 민간기업의 태생적인 한계와 철저한 개조에 실패하는 바람에 기술, 자금, 관리 등에서 역량이 부족하다는 사실이 속속 드러났다. 이를테면 기술 분야에서 저만의 '절대 무기'를 갖지 못하고 허겁지겁 남의 뒤꽁무니나 쫓아다니는 상황은 여전히 개선될 기미가 보이지 않았다. 게다가 민간기업의 자체 브랜드는 경쟁력이 떨어질 뿐만 아니라, 부가가치 역시 무척 낮았다.

설상가상으로 기업의 몸집이 커지고 다원화가 가속될수록 기업의 관리, 문화, 제도에 대한 사회적 요구도 점점 높아져만 갔다. 많은 업체가 '시작은 미약했지만 그 끝은 창대하리라'는 포부를 이루기 위해 정신없이 달려왔지만 단기간에 대규모 확장에 걸맞은 관리, 문화, 기업 구조, 관리 효율, 기술 수준을 구축하지 못했다. 이러한 현상은 기업을 위험에 빠뜨릴 수 있는 '복병'으로 떠올랐다.

**뉴근성(牛根生)**

네이멍구 출신인 뉴근성은 중국의 대표적인 유가공업체인 멍뉴(蒙牛)를 세운 인물로, 2002년 중국 10대 창업 인물 중 한 명으로 선정되기도 했다. 2011년 6월 11일 멍뉴 그룹은 홍콩주식거래소에서 뉴근성이 이사회 의장직에서 물러났다고 발표했다.

물론 중국에도 류촨즈, 장루이민(張瑞敏; 중국의 대표적인 백색가전업체 하이얼(Hair)의 창업주-역주), **뉴근성(牛根生)** 등과 같은 경영의 달인이 속속 등장했지만 '가치관, 일처리 방식과 성과 등에서 전 세계 기업의 경영 패러다임에 커다란 영향을 줄 수 있는 기업이 탄생했다'는 수준에는 크게 미치지 못했다. 2007년 IBM을 인수한 롄샹은 생각보다 순조롭게 인수합병 작업을 추진하고 있었다. 인수합병으로 새로 태어난 롄샹의 운영 상태가 점차 정상궤도에 오르고 있었지만 류촨즈는 여전히 초조함과 불안감을 감추지 못했다. 중국 기업 특유의 경영 이념과 문화가 부족하다고 판단했기 때문이었다. 사실 진짜 위기는 인수합병 당시가 아니라 그 이후에 밀어닥쳤다. 훗날의 금융위기로 류촨즈의 우려가 현실로 발전했다는 사실이 입증됐다. 금융위기로 롄샹이 연달아 적자의 늪에 빠져들자 류촨즈는 어쩔 수 없이 거센 파도를 헤치기 위해 팔을 걷었다. 이러한 상황은 롄샹 같은 대기업조차도 류촨즈 없이는 제대로 굴러가기 어렵다는 것을 공개적으로 알리는 꼴이 됐다. 류촨즈 혼자서 롄샹을 구했다는 영웅주의적 낙인이 많은 사람의 뇌리에 새겨졌다는 것은 그다지 좋은 현상이 아니다.

사업가는 종종 이런 고민에 빠진다. 혁신적인 사업 모델을 도입하고, 시장 경쟁에서 승승장구하며 만족스러운 성과를 거두고 있지만 경영 이념에서 뒤처지면 제아무리 머리를 쥐어짜도 새로운 사업 기회를 찾을 수 없다는 것이다.

특히 기업 규모가 클수록 경영에 어려움이 따르고 그로 인한 문제 역시 두드러지게 나타난다. 상당수 중국 기업이 골치를 썩고 있는 것도, MBA니 EMBA니 하는 전문 경영 교육이 중국에서 성행하는 원인 역시 여기에 있다. 한 조사에 따르면, 중국 내 10대 기업 중 5곳을 경영하는 임원진이 가장 즐겨보는 책이 《성공하는 기업들의 8가지 습관(*Built to Last: Successful Habits of Visionary Companies*)》, 《좋은 기업을 넘어 위대한 기업으로(*Good to Great*)》인 것으로 나타났으며, 가장 존경하는 인물로 경영학의 대가 **피터 드러커**를 망설임 없이 뽑았다고 한다. 이 점만 보더라도 '경영'에 대한 중국 사업가의 애끓는 짝사랑을 알 수 있다.

**피터 드러커 (Peter Ferdinand Drucker)**

현대 경영학의 아버지, 경영 그루(Gru)라고 불리는 피터 드러커는 1909년 헝가리 제국의 비엔나에서 태어났지만 실제 국적은 네덜란드인 특이한 이력을 소유하고 있다. 17세기 그의 조상은 서적 출판 사업에 종사했다고 알려져 있다. 1979년에 발표한 자전체 소설 《방관자의 시대(*Adventures of a Bystander*)》는 성장기 소년의 눈으로 바라본 세상과 감성을 자세하게 담아냈다는 평을 받았다. 경영학계에서 가장 존경받는 인물 중 한 명으로 평가받는 피터 드러커의 대표작으로는 《경영의 실제(*The Practice of Management*)》가 있다.

사실 남보다 크고, 잘 나가겠다는 바람은 비난받을 만한 것이 아니다. 오히려 그런 바람이 없다는 게 세상을 기만하는 것이리라. 하지만 기업의 장기적 혹은 단기적 발전 목표든 간에 가장 중요한 것은 기업의 역량에 맞게, 기업이 처한 상황에 맞게 목표를 추진해야 한다는 것이다. 현실적인 조건을 객관적으로 검토해 기업의 눈높이에 맞는 꿈을 추구한다면, 밀어붙이기 식 명령이 아니라 직원의 효율을 최대한 끌어올릴 수 있는 좋은 자극제가 될 것이다.

게다가 전 세계로부터 위대한 기업이라고 인정받는 기업들은 단순히 몸집이 크다고 해서 사람들로부터 존경을 받은 것이 아니라, 남들이 결코 따라할 수 없는 경쟁력을 보유하고 있다는 사실을 직시해야 한다. 이를테면 우수한 경영진, 끊임없이 샘솟는 창의력, 합리적이면서도 효과적인 회사 내규, 높은 브랜드 인지도와 명성 등이 기업의 중요한 무기가 된다.

모두에게 존경받는 힘세고 영향력 있는 기업이 되려면 조용히 참을 줄도 알고, 유혹을 이길 줄도 알아야 한다. 세계 500대 기업 명단에 이름을 올린 기업치고 오랜 시간 동안 밑바닥에서부터 쉬지 않고 기어오른 끝에 지금의 영광을 차지하지 않은 기업이 어디 있던가? 연간 성장률이 대단치는 않아도 그들은 수십 년 심지어 수백 년 동안 안정적이면서도 지속적인 발전을 거듭해 왔다. 당장의 이익에 현혹되지 않고 장기적으로 생각하고 멀리 내다보며 움직였다. 중국 기업 역시 수없이 많은 좌절과 변화를 통해 위대한 기업으로 발돋움할 수 있는 철저한 준비에 나서야 할 것이다.

# 민간기업 : 치열한 경쟁이 숨어 있는 정글의 법칙

지나온 세월을 돌이켜봤을 때, 내게 가장 자랑스러운 순간은 가치관, 일처리 방식과 성과 등에서 전 세계 기업의 경영 패러다임에 커다란 영향을 줄 수 있는 회사를 세우는 데 협력했을 때입니다. 그중에서도 특히 자랑스러운 것은 오랫동안 살아남을 수 있는, 100년 후에도 타의 모범이 될 만한 조직을 세우는 데 기여했다는 사실입니다.

–HP 공동 창립자 윌리엄 휴렛(William Hewlett)

## 인터넷에서 펼쳐진 정글의 법칙

2010년 중국의 인터넷 시장에서 치열한 격전이 한창 펼쳐졌다. 그 주인공은 매스컴으로부터 '공공의 적'이라는 딱지가 붙은 텐센트(Tencent, 텅쉰(騰訊); 중국의 인터넷 서비스 및 게임 서비스 전문 업체로, 중국 게임업계 1위의 실적을 자랑한다–역주)와 '이상주의 전사' 360이었다. 양쪽 모두 억울함을 호소하며 상대방이 시장의 규칙을 위배하는 비겁한 짓을 저질렀다고 주장했다. 양사 간 갈등은 날로 첨예해지더니 급기야 소비자의 권리를 보호하기 위해서라도 '사생결단'을 낼 수밖에 없다는 선전포고와 함께 본격적으로 충돌하기 시작했다.

**360**

360은 중국 최고의 인터넷 보안업체로, 트로이 목마, 바이러스, 불법 프로그램, 피싱 사이트 등 다원화된 인터넷 보안 위험 요소에 맞서기 위해 탄생했다. 무료로 기초 보안 프로그램을 제공할 뿐만 아니라, 전방위에 걸쳐 사용자의 인터넷 보안을 책임지는 강력한 시스템을 자랑한다.

양측이 정식으로 충돌한 것은 2010년 구정이었다. 텐센트 측에서 돌연 무료 백신 프로그램인 QQ 닥터 서비스를 중단하자, 360을 이끌던 저우홍후이(周鴻禕)는 불안감을 감추지 못하고 구정 연휴가 끝나자마자 베이징으로 돌아왔다. 저우훙후이는 이번 돌발 사태에 철저히 대비해야 한다며 전 직원을 소집했다. "생각만 해도 끔찍하군. 텐센트는 예전에도 이런 수법으로 꼼짝달싹하지도 못할 만큼 라이벌을 완벽하게 제압하는 데 성공했지. 이번에는 우리 360이 타깃인가 보군. 그렇다고 가만히 앉아서 당할 줄 알고!"

2010년 4월 텐센트 측에서 트로이 목마 바이러스 백신 프로그램, 시스템 보완 프로그램, 실시간 감시 프로그램 등 다양한 보안 방지 기능이 탑재된 QQ 컴퓨터 매니저를 출시했다. 문제는 이 프로그램이 360의 기존 보안프로그램과 기능 면에서 아무런 차이가 없다는 데 있었다. 이러한 사태를 바라보는 360 측의 마음은 더욱 무겁기만 했다.

9월 7일 360 보안 전사는 QQ의 소프트웨어를 겨냥해 개인 보안 툴인 360 프라이버시 보호기를 출시하며 반격에 나섰다. 역시나 가만히 당할 텐센트가 아니었다. 9월 28일 "360 브라우저가 포르노 사이트를 통해 확장에 나섰다는 혐의로 공안으로부터 조사를 받고 있다."는 글을 올린 텐센트는 10월 27일에는 진산(金山; 중국의 유명 게임업체-역주), 바이두(白度; 중국 최대 검색 사이트로 중국판 구글이라 불린다-역주) 등과 손을 잡고 "360의 불공정 경쟁을 반대하며 업계의 자정을 강화해야 한다"는 공동 성명을 발표했다. 재차 반격에 나선 360은 이전보다 강수를 두기로 마음먹었다. 그 결과물이 바로 '압류 보디가드(扣扣保鏢)'로, 클라이언트에서 QQ 광고를 필터링할 수 있는 보안툴이었다.

한층 더 치열한 격전이 그 후에 본격적으로 펼쳐졌다. 2010년 11월 3일 저녁 6시 19분 텐센트에서 어려운 결단이었다고 표현한 이른바 'QQ 유저에게 보내는 글'을 발표했다. "앞으로 360 소프트웨어를 설치한 컴퓨터에서 QQ 프로그램의 운영을 중단할 예정입니다." 그러자 360 역시 피해자라는 신분으로 동정심 유발 작전에 나섰다. "360은 생사의 갈림길에 서 있습니다. 유저 여러분, 360을 응원해 주세요. 3일만 QQ 이용을 중단해 주세요."

〈중국 기업가(中國企業家)〉에서는 '중국 인터넷을 휩쓸고 있는 밥그릇 싸움'이라는 글에서 이런 질문을 던졌다. "텐센트와 360의 전쟁으로 중국 인터넷 업계에서 그동안 쉬쉬했던 어두운 면이 만천하에 드러나게 될 것이다. 인터넷 업계에 '대기업'은 적지 않지만 그 중에서 '위대한 기업'이라는 칭호를 받을 만한 곳이 과연 얼마나 되던가?"

**〈중국 기업가(中國企業家)〉**
1985년에 창간된 〈중국 기업가〉는 경제일보(經濟日報) 소속으로, 중국에서 '기업가'라는 이름을 달고 나온 최초의 잡지다. 2005년 정식으로 반월간(半月間)으로 전환했다. '기업가 계층의 사업과 삶'을 알리겠다는 슬로건을 내세운 〈중국 기업가〉는 '국력은 기업에 달렸으며, 기업의 힘은 기업가에 따라 결정된다'는 이념을 강조한다.

너 죽고 나 살자, 사용자의 권리와 이익을 인질 삼아 일어난 추악한 전쟁은 인터넷 업계의 거친 습성을 있는 그대로 보여줬다. 시장화가 지금까지 발전을 거듭하고 있지만 여전히 크고 작은 충돌이 계속되고 있다. 시장화가 아니라 적자생존이라는 '정글의 법칙'으로 이러한 문제를 해결하려 든다면 시장의 법칙 따위는 유명무실해질 수밖에 없다.

## '거친 성장'이라는 시한폭탄

민간사업가 펑룬은 《거친 성장(원제: 野蠻生長)》에서 거칠다는 뜻을 이렇게 풀이했다.

*민간 부문이라는 '강호(江湖)'에서 민간기업은 정처없이 떠도는 나그네다. 과거 구체제 속에서 민간기업은 오랫동안 손발이 묶여 있었지만 갑작스레 자유를 되찾은 뒤로 마음의 짐을 덜고 한껏 자유를 만끽할 수 있는 즐거움을 배웠다. 강호에서는 정규화되지 않은 조직을 볼 수 있는데, 이들은 '정부 규제'와 민간 중간에 해당하는 조직을 보유하고 있다. 민간기업은 이러한 구조 속에서 자유를 누리며, 마음대로 원하는 것을 선택할 수 있었다. 요컨대 기존 체제에 대한 원망을 선택할 수도 있고, 원망에 얽매이지 않는 대범함을 선택할 수도 있었다. 협객(俠客)처럼 정신적인 충족감과 행복을 동시에 느낄 수 있다.*

거칠다(野蠻)는 이중적 의미를 지닌다. 말 그대로, 주변 눈치나 조건 따위는 아랑곳하지 않고 '무식하다'고 할 정도로 자유롭고 과감하게 행동한다는 뜻과 함께, 제도나 법규 · 도덕 · 양심 등을 나 몰라라 하고 목표만을 쫓는 이기적인 행동을 의미한다.

부정할 수 없는 사실은, 개혁개방 초기 혹은 기업의 성립 초기 당시 거칠기 짝이 없는 중국의 성장 방식은 저만의 생존 공간을 확보하고 있었다는 것이다. 작가 **가오멍링(高夢齡)**은 이러한 상황에 대해 다음과 같이 진단했다. "경제 분야의 혁명이었다. 시대의 선구자들이 혁명을 추진하자, 마오쩌둥으로부터 오히려 '불량배 운동(痞子運動; 남을 모략하는 마우쩌둥의 광신적인 농민혁명을 예더후이(葉德輝)는 불량배 운동이라고 불렀다-역주)'이라는 일격을 당했다. 역사의 거센 물결 속에서도 그들이 존재감을 나타낼 수 있었던 것은 과감하게 뛰어들 줄 아는 용기 덕분이었다." 개혁개방 초기 시장이 처음 문을 열었을 때는 모든 것이 혼란의 연속이었다. 그러한 상황에서 시장의 규칙을 곧이곧대로 준수했다면, 융통성 없게 시장의 법칙에 따라 일하려 들었다면 아마도 '비명횡사'했을 것이다.

**가오멍링(高夢齡)**

산동문학사(山東文學社) 사장이자 문학가로, 1996년 〈산동문학〉 사장 겸 편집자로 활동했으며 싱가포르에서 열리는 중국 기간지 전시회에 초청되기도 했다. 1997년 〈산동문학〉은 제2회 화동(華東) 우수 기간지로 선정됐다.

회사를 막 창립했을 때는 '타고난 복'이 없다 보니 자금, 인재와 시장 등에서 상대적인 약점을 드러내기 쉽다. 그 때문에 수익을 올릴 수만 있다면 못할 것이 없다는 마음가짐과 태도로 단기간에 기반을 닦는 데 성공했을 뿐만 아니라, 치열한 업계 경쟁에서 살아남을 수 있었다.

하지만 시장경제가 끊임없이 개선 · 보완됨에 따라, 기업의 몸집이 커지고 영향력이 확대됨에 따라 거친 성장 방식은 더 이상 환영받지 못하고 있다. 다시 말해서 기업은 보다 규범화된 시장을 필요로 하고, 시장의 법칙을 준수하며 공정한 경쟁, 소비자의 이익 보장 등을 통해 거칠기 짝이 없는 성장 방식이라는 굴레에서 벗어나려 노력하고 있다. 이러한 시대적 흐름에 역행해 정글의 법칙을 고수하려 들다가는 시장경제에 지나치게 얽매여 라이벌에게 악의적인 피해를 줄 수 있을 뿐만 아니라, 소비자의 이익을 해치고 전체 업계의 산업사슬을 산산조각 낼 수 있다.

2008년에 터진 분유 파동은 이러한 현실을 고스란히 반영하고 있다. 독분유라고 알려진 **멜라민** 분유 파동으로 유가공품 업계 전체에 어두운 그림자가 드리워져 유가공 업계 대부인 이리(伊利), 멍뉴 등도 '중독'되고 말았다. 설상가상으로 '우유'라는 말만 꺼내도 얼굴이 새파랗게 질리게 될 정도로 먹을거리 안전에 대한 소비자의 불신감이 팽배해졌다. 이러한 상황이 펼쳐지게 된 근본적인 원인은 유가공업계 전체가 고수익-고성장에 정신이 팔려 분유에 과도하게 의존했기 때문이다. 원유 가격을 한 푼이라도 깎기 위해 안전검사 역시 '구렁이 담 넘어가듯' 대충대충 진행됐고, 검증받지 못한 문제의 분유가 날개 돋친 듯 전국으로 팔려나갔다. 그동안 업계에서 공공연하게 알려졌던 멜라민 분유가 2008년 매스컴을 통해 대대적으로 알려지면서, 중국의 소비자는 유가공품 업계라는 믿는 도끼에 발등을 찍히고 말았다. 이 사건 이후로, 유가공품 업계에 대한 중국 소비자의 신뢰는 바닥까지 떨어졌으며, 결국 업계 수익의 대폭 감소라는 '부메랑'으로 돌아왔다.

**멜라민**

속칭 아민(Amine), Non protein nitrogen이라고 하는 멜라민은 화학용 재료로, 아무 맛도 나지 않는 수용성 물질이다. 신체에 유해한 성분이라 식품 가공이나 식품첨가제로의 사용을 금하고 있다. 영유아가 멜라민을 대량 섭취했을 경우, 신장 기능에 심각한 타격을 줄 수 있다고 알려져 있다. 중국 국가품질감독검역국은 싼루(三鹿), 야스리(鴉士利), 이리, 멍뉴 등 22개 공장에서 생산하는 제품에서 멜라민을 검출해 냈다.

이보다 더 우려스러운 것은, 대기업의 성장이 업계 환경을 정화시키기는커녕 오히려 중소기업을 벼랑 끝으로 밀어넣고 있다는 점이다. 일부 대기업은 날마다 커져 가는 제 몸뚱이를 보면서 마치 자신이 업계 최고인 듯한 자만감에 취해 자신의 영역에는 어느 누구도 발을 들여놓아서는 안 된다며 강한 적개심을 드러냈다. 이익에 눈이 먼 이들은 시뻘건 눈을 하고는 인정사정 봐주지 않고 상대방의 목을 졸라대거나 조금이라도 잘 되는 꼴을 가만히 두고 보지 않았다. 인터넷 업계에서 대기업이 중소기업을 견제하는 모습은 더 이상 새롭지 않다. 잠재력 있는 중소기업을 보면 수단 방법 가리지 않고 접근해 핵심 인력을 빼 가거나 모조품을 만들어 낸다. 가뜩이나 기반이 허약한 중소기업으로서는 대기업의 손짓 하나에도 숨통이 막히는 듯한 기분에 사로잡힌다. 실제로 대기업의 이러한 횡포는 중소기업의 성장을 저애해 끝내 사장시켜 버리기까지 한다. 그래서인지 인터넷 업계에는 이런 말이 떠돈다. 중국의 인터넷 시장은 흉폭한 '상어'가 득실거리기 때문에 회사를 차리기 전에 몇 가지 전제를 꼼꼼히 따져 봐야 한다. '해당 업계의 실력자는 누구인가?', '내 숨통을 끊으려는 자는 누구인가?', '내가 과연 얼마나 버틸 수 있을까?' 이러한 상황을 계산하다 보니 어느새 "바람은 쓸쓸히 불고 역수 차가워라. 장사도 이 물처럼 한 번 가면 다시 돌아올 수 없구나(風蕭蕭兮易水寒, 壯士一去兮不復還, 《사기(史記) · 자격열전(刺客列傳) · 형가(荊軻)-역주)"와 같은 비장함마저 느껴진다.

저울, 풍향계와 시금석을 동원해 이익을 추구하는 것은 자본의 천성이라 비난할 만한 것이 못 된다. "군자도 재물을 좋아하지만 도리에 합당한 것만 취한다(君子愛財, 取之有道)."는 영웅호걸의 이야기는 호랑이 담배 먹던 시절의 이야기일 뿐이다. 그렇다고 거친 성장 방식을 계속해서 고집한다면 더 많은 업계의 혼란만 가중시킬 뿐이고, 업계 전체가 적자생존의 논리에 내몰려 모두 피해자가 되고 만다. "칼을 내려놓으면 그 자리에서 성불할 수 있다(放下屠刀, 立地成佛)."는 마음가짐과 변화만이 만고불변한 성장의 법칙이라 하겠다.

# 정치를 잘 모르는 중국의 기업가

중국의 개혁이 줄곧 성공대로를 걸어온 것은 아니니다. 경제 개혁은 비(非)국유 부문, 상대적으로 통제하기 쉬운 영역부터 점진적으로 개방하는 전략을 취했는데, 그 결과 개혁을 저애하는 방애물이 사라지고 개혁의 추진력 역시 크게 강화됐지만 부작용 역시 만만치 않았다. 쌍궤제를 특징으로 하는 경제 환경이 확대되면서, 권력에 의존해 사리사욕을 채우는 부패가 만연하기 시작한 것이다. 개혁개방의 기치를 내세우고 열심히 발전을 추진한 중국은 현재 갈림길에 서 있다. 정치 문명이라는 법치하에서의 시장경제와 정실자본주의가 바로 그것이다. 안타깝게도 갈림길 앞에서 망설이는 중국은 후자에 조금씩 기울어지고 있는 듯하다. 지금의 현상이 중국의 현재와 미래에 위협이 될 수 있다는 사실을 분명히 깨달아야 한다. 위기를 극복할 수 있는 유일한 방법은 정부와 국민이 똘똘 뭉쳐 개혁을 추진하고 공정하면서도 법률을 준수하는 시장경제를 구축하는 것이다.

–우징롄, 《법치를 부르짖는 시장경제(원제: 呼喚法治的市場經濟)》

### 정책 변화에 둔감한 중국의 사업가

민간기업과 정치 사이의 거리는 거시적인 면과 미시적인 면으로 나눠 살펴볼 수 있다.

중국의 민간 사업자는 개혁의 수혜자지만 사회 시스템 전환에 따른 부담과 충격을 감내해야 한다는 굴레에서 벗어날 수 없다. 날마다 개방 수위를 높이고 있는 시스템은 민간 사업자에게 숨 쉬고 살아갈 수 있는 공간을 제공함으로써 자신의 재능을 마음껏 펼칠 수 있는 환경을 선사했다. 하지만 특유의 실험성과 점진성 때문에 상당수 개혁이 상황에 따라 탄력적으로 진행되면서 문제가 불거지기 시작했다. 다시 말해서 개혁에 대한 반응이 뜨겁다 싶으면 적극적으로 추진하지만, 반응이 없다고 판단되면 개혁의 고삐를 아예 놓아버리는 것이다. 이러한 상황이 반복되면서 거시 경제 정책이나 주류 세력에 대한 민간기업의 '촉'이 유달리 발달하기 시작했다. 중국이 추진하는 개혁개방의 전체적인 방향이 이미 정해져 있기는 하지만 실제 행동으로 옮기는 과정에서 정부는 여전히 머뭇거리거나 불안해하는 모습을 보인다. 이와 달리 민간경제는 낮은 가능성에도 큰 기대를 보이는 데다, 특유의 '몰아치기'로 민간경제에 대한 당국의 우려를 가중시켰다. 즉 혈기 넘치는 민간경제가 **'천하의 몹쓸 짓(冒天下之大不韙)'**을 저질러 경기 과열은 물론 정상적인 경제 질서마저 해칠 수 있다는 것이 정부의 입장이었다. 한편, 태생적으로 열세에 처해 있는 민간기업은 융자를 받기 쉽지 않기 때문에 업계 진출 시 번번이 좌절의 쓴 잔을 들이켜야 했다. 그리고 중국의 개혁이 점진적으로 진행됨에 따라 겹겹이 둘러싸인 제도적 장벽에 수없이 부딪히다 보니, 민간 사업가는 법률의 사각지대를 찾아 헤맬 수밖에 없었다. 그러다 보니 법망을 교묘히 빠져나가다가도 규제 수위가 높아지면 죄인이라는 낙인이 찍히는 비극적인 운명을 피하지 못했다. 다시 말해서 3~5년마다 정부에서 거시 조정책을 실시할 때마다 민간기업은 첫 번째 '실험물'이 되곤 했다. 시대적 흐름을 제대로 파악하지 못하고 무턱대고 달려들었다가 정치적 '고압선'을 밟는 민간기업이 늘어나면서 정치적 리스크가 갑작스레 대두되기 시작했다.

**천하의 몹쓸 짓(冒天下之大不韙)**

《좌전(左傳) · 은공(隱公) 11년》에 나오는 구절로 원문은 다음과 같다. "옳지 못한 다섯 가지 행동을 범하며, 남을 정벌했으니, 그 나라가 대패한 것은, 또한 마땅하지 않은가? 식나라 임금이 정나라를 정벌했다(犯五不韙而以伐人, 其喪師也, 不亦宜乎? 息侯伐鄭)." 그 중 일부가 남아 사자성어 중 가장 긴 성어가 됐다.

민간경제 발전을 위한 최적화된 환경 제공, 민간기업의 독립성 강화를 위한 개혁이 추진됐지만 결과적으로 민간기업을 재산권 싸움이라는 흙탕물 속으로 처박고 말았다. 1998년 '국유기업 후퇴, 민간기업 전진'이라는 전략이 실시되면서 재산권 개혁 역시 본격적인 서막을 열었다. 국유자본이라는 이름 뒤에 숨어 있거나 국유자본에 몸을 의탁하고 있던 민간자본은 마침내 독립할 수 있는 기회를 얻었다. 하지만 재산권 문제를 놓고 민간기업은 지방정부와 충돌하거나 심지어 물과 기름처럼 도저히 섞일 수 없다며 등을 돌리곤 했다. 너 죽고 나 죽자는 식으로 충돌한다면 결국 손해를 보는 쪽은 민간자본이라는 데 그 누구도 이견을 달지 않았다. **젠리바오(健力寶)**의 창립자가 재산권 문제를 놓고 현지 정부와 얼굴을 붉히는 상황까지 연출되자, 현장에 있는 90%의 관리가 젠리바오를 매각해 버려야 한다고 목소리를 높였다. 그리고 이왕에 팔아야 한다면 더 높은 가격을 제시한 리징웨이(李經緯) 그룹이 아니라 외국계 업체에 팔아야 한다고 주장했다. 이 소식에 깜짝 놀란 리징웨이가 다방면에 걸쳐 갖은 노력을 기울였지만 사태를 되돌리기에는 너무 늦었다. 결국 리징웨이는 젠리바오 인수를 포기했고, 젠리바오는 서둘러 매각됐다. 나쁜 소식은 이게 끝이 아니었다. 최악의 소식이 리징웨이를 기다리고 있었다. 젠리바오가 매각되던 해 뇌출혈을 앓고 있던 리징웨이는 정부로부터 한 통의 통지서를 받았다. "국가기관으로부터 위탁 관리를 받고 있으며 국유자산을 경영하는 신분임에도 국가의 법률을 무시하고 다른 사람과 공모해 직위를 남용해 생명보험을 인수하려는 방식으로 국유재산 331억 8,800만 위안을 횡령했다."

**젠리바오(健力寶)**

1984년에 창립된 젠리바오는 1984년 LA 올림픽 이후 중국에서 엄청난 인기를 끌어 모았다. '중국판 마법의 물약'이라고 불리기도 했던 젠리바오는 중국 최초의 알칼리성 전해질이 첨가된 음료로, 초기에는 스포츠 음료라는 인식이 강했다. 2008년 젠리바오는 2010년 광저우 아시안게임 공식 스포츠 음료로 선정되기도 했다.

## 기업가와 권력과의 거리

이번에는 미시적으로 정치와 경제와의 관계, 사업가와 권력자의 관계를 살펴보자. 거시 정책의 변화에 촉각을 세워야 하는 일 외에도 민간 사업자는 행정과의 관계 설정을 좀 더 진지하게 고민해야 한다. 중국의 미시 경제에서 행정기관은 양적인 면이나 질적인 면에서 큰 영향력을 발휘하기 때문이다. 구체적으로 말해서 **자본**이 얼마까지 확대될 수 있는지는 정책 방

**자본**

경제학적으로 자본은 생산에 필요한 기본적인 생산 요소, 즉 자금, 공장, 설비, 자재 등의 물질적 자원을 가리킨다. 금융학과 회계 부문에서 말하는 자본은 통상적으로 금융 재화를 대표하는 경우에 종종 사용되는데, 특히 경영, 기업 창립에 사용되는 금융 자산을 의미한다. 넓은 의미에서 자본은 인류가 만든 물질 및 정신적 재화 형태의, 각종 사회 · 경제 자원을 가리키는 총칭이라고 할 수 있다.

향, 행정과의 관계에 따라 결정된다.

경제학자 장우창은 인류사회에는 크게 두 가지 기본적인 경제 시스템이 존재한다고 설명했다. 하나는 동등한 특권 제도로서 사람들의 행위를 규범화하거나 구속함으로써 희소자원이 남용되는 상황을 피하는 것이다. 나머지 하나가 바로 재산권 제도인데, 재산에 대한 권리 기준을 명확히 밝혀 경제 활동에 종사하는 사람들의 자유 공간을 구분 지음으로써 생산, 교환과 분업, 협력을 자극하는 것이다. 전자의 경제 시스템이 후자로 전환될 때 권력을 사용한 대가, 즉 제도화에 따른 부패 현상이 쉽게 발생하게 마련이다.[1]

부패로 얻은 '콩고물'을 혼자서 주워 먹던 세력은 가만히 있지 못하고 시시때때로 제 영역에서 탈출해 호시탐탐 다른 자본을 노리거나 자본의 정상적인 흐름을 훼방 놓는다. 탐욕스러운 이들의 속내를 미처 깨닫지 못한 일부 사업가 중에는 세상에 정의가 아직 살아있다고 주장한다. 그들은 한밤중에 귀신이 제 집 대문을 두드려도 겁날 것 하나 없다며 시장의 법칙에 따라 사업을 운영하려 하지만 그렇게 하다가는 평생 마음 편히 사업에 몰두하지 못할 것이다.

일부 민간 사업자 중에는 좀 더 '세련된' 방법으로 세상에 영합하는 이들도 있다. 탐욕스러운 권력자를 극도로 혐오하면서도 권력에 매료된 이들은 더 많은 자원과 사업 영역을 얻으려면 '꽌시(關係; 한국어 '관계'에 해당하는 단어로 중국의 연고주의, 인맥 관리를 가리킨다-역주)'를 잘 맺어야 한다고 확신한다. 권력이라는 커다란 '나무'에 기대어 위험하기 짝이 없는 뇌물을 건네서라도 권력의 마음을 사려고 갖은 노력을 기울인다. 한마디로 권력의 도구 혹은 시녀로 전락하기를 스스로 원하는 것이다. 그런 관계가 오래되다 보면 자본은 권력과 한데 뒤엉켜 계속해서 서로를 비호하게 되고, 곱지 않은 눈으로 바라보던 '권력'을 끝내 제 편으로 끌어들이는 데 성공하며 정실자본주의(Crony Capitalism; 한국의 재벌처럼 족벌 경영과 정경 유착으로 이루

---

1) 장우창, 《중국의 앞날(원제: 中國的前途)》, 신보(信保)주식회사, 1985년 8월

어진 경제 시스템을 가리킨다-역주)가 점점 확산된다.

하지만 뇌물을 통해 권력에 아첨하는 행동은 민간기업 스스로 제 숨통을 끊는 독약을 들이마시는 것과 진배없다. 권력과 자본 사이의 거래가 빈번해질수록 불법 행위를 저지를 수 있는 여지가 점점 커져 결국에는 터진 둑처럼 그 누구도 막지 못한다. 일단 문제가 생기면 제아무리 기고 나는 정실자본주의라고 하더라도 무너져 내릴 수밖에 없다. 사면초가에 빠진 민간사업가는 재빨리 방패막이를 찾아 나서지만 한때 서로를 형제라 하며 허물없이 지내던 공무원 '형님들'이 제 살길 찾는 데 급급하거나 두려움에 사로잡혀 얼어붙어 있는 모습을 종종 목격한다.

중국의 정치 시스템 개혁이 지속적으로 추진되지 않는다면 권력을 움켜쥔 일부 권력가는 현지 민간 사업자의 숨통을 옥죄려 들 것이다. 그리고 권력에 취해 판단력을 상실한 사업가는 점차 양심을 잃고 업계 전체의 수준을 타락시킨다.

이처럼 중국에서 사업하려는 이들에게는 많은 숙제가 기다리고 있다. 사업할 줄도 알아야 하고 정치에도 민감해야 한다. 그래야만 순조롭게 사업을 추진할 수 있기 때문이다.

정부와의 관계 설정 역시 중요하다. '늙어 죽을 때까지 다시는 안 보겠다'는 극단적인 태도는 물론, 권력에 아첨해서도 안 된다. 적당한 거리를 유지하며 정부와 사이좋게 지내야 정부로부터 합리적이고, 합법적인 정책과 자원을 제공받을 수 있을 뿐만 아니라 정부의 실적을 한층 높일 수 있다. 이와 동시에 권력에 일방적으로 끌려 들어가지 않도록 도덕과 법률로 이루어진 **방화벽**을 세워 마지노선을 지킬 줄 알아야 한다. 정치 환경에 민감한 촉각을 키우면서 정책의 흐름을 실시간으로 잡아 낼 줄 아는 후각도 키워야 한다. 그래야만 시스템 조정에 따른 총알받이로 전락하는 신세를 면할 수 있다.

**방화벽**

네트워크 간 연계를 강화하거나 외부 네트워크 사용자가 불법 수단을 통해 내부 네트워크로 들어오는 사태를 방지하는 기능을 지닌 보안 프로그램을 가리킨다. 그 외에도 내부 네트워크 소스 및 작업 환경 보호 등의 기능을 구비한 특수한 네트워크 연계 프로그램으로, 정보의 안전성을 높이는 데 주로 사용된다.

MYSTERY OF CHINA

# 제8장

# 잡기 어려운 집값

거의 모든 사람이 비정상적으로 비싼 중국의 집값이 언젠가는 이성을 되찾고 반드시 떨어질 것이라고 생각한다. 소비자의 입장에서 보면 집값 하락에 바닥 따위는 없다. 가격이 그저 좀 더 떨어지는 상황만 존재할 뿐……. 집값의 이성적인 회복에도 물론 나름의 마지노선은 있다. 다시 말해서 현재 물가 수준, 토지 자원에 따라 집값이 결정된다. 중국의 집값은 하락 가능성이 분명 존재하지만 그 여지는 그리 크지 않을 것이다.

# 정책 집행과 반비례하는 집값

당신 주변에 있는 모든 사람이 집값에 대해 열변을 쏟아내고 부지런히 투자해 재빨리 집을 마련했다면, 그런데 나 홀로 집 한 채 장만하지 못했다면? 공포감을 느낄 정도로 무시무시한 소외감에 시달릴 것이 분명하다.

사랑은 남자가 여자를 속이는 게임이다. 지금 한 여자를 사랑하고 있다면 두말하지 말고 자신을 믿어도 된다는 신뢰 차원에서 돈다발을 보여줘라. 그런 뒤에 집 한 채를 안겨주면 나중에 변심해 여자를 차 버리더라도, 여자에게 마음의 상처를 줄지언정 적어도 제 손에 남는 것이 있을 테니 말이다.

매일 아침 눈을 뜰 때마다 머리를 어지럽게 만드는 온갖 숫자가 줄줄이 튀어나온다. 주택 대출 6,000위안, 식비 2,500위안, 교제비 600위안, 교통비 580위안, 주택 관리비 340위안, 휴대전화 요금 250위안, 게다가 가스비, 수도세 합쳐 200위안……. 쉽게 말해서 아침에 일어나 눈을 뜨는 순간부터 저녁에 눈을 감을 때까지, 숨을 들이쉬는 매 순간 우리는 하루에 최소 400위안을 쓴다. 최대한 아껴 쓴다고 하는 게 이 정도다! 이 도시에서 살아가기 위해 지불해야 하는 돈이다. 이 도시에서 살아가기 위해 나는 오늘도 게으름 피우지 않고 열심히 일한다.

—류류(六六), 《**달팽이집**(蝸居)》

### 비싼 집값 속에 숨겨진 희비의 쌍곡선

시간의 흐름 속에 세상은 쉬지 않고 변하고, 그 세상을 살아가는 인간 역시 끝없이 변하게 마련이다.

지금의 중국 사회에서 한 가지 공통점을 발견할 수 있다. 여자관계가 복잡한 바람둥이부터 타락한 세상에 분노하는 눈부신 청춘 모두 '집'이라는 족쇄에 발목 잡혀 있다. 세상에 넘쳐나는 재화와 화려한 명예를 추구

**《달팽이집(蝸居)》**

2007년 출판된 작가 려우려우의 작품으로, 집값 상승이 매일같이 상연되는 현 중국 사회의 비이성적인 현상과 그 상처를 담담히 담아냈다는 평가를 받고 있다.

하기 위해 오늘도 요란스럽기 짝이 없는 만화경(萬花鏡)이 펼쳐진다. 돈이 최고라는 의식이 사회 전반에 걸쳐 확산됨에 따라 한 사람의 됨됨이를 가늠하는 기준 역시 오로지 눈에 보이는 것, 이를테면 외모, 옷차림, 돈 등으로 바뀌었다. 조금이라도 잘 나가기 위해 아등바등하는 사람이나, 그런 사람을 보며 천박하다며 비웃는 사람 모두 상대방을 향해 손가락질하며 으르렁거리기 일쑤다. 시끄럽기 짝이 없는 이들이지만, 이 문제 앞에서만큼은 모두 조용히 입을 닫는다. "그래서 집은 있고?"

철강, 콘크리트를 부어 만든 집은 '비바람을 피할 수 있는' 기본적인 기능 외에도 점차 다양한 사회적 '상징'으로 확대되고 있다. 구체적으로 말해서 현대 중국 사회에서 집은 단순히 사는 곳이라는 공간적 의미에서 명예, 자존심, 성공 및 사회적 안정을 의미하는 사회적 의미로 승화했다. 빽빽하게 늘어선 건물 사이에 자리 잡은 물질문명은 어느새 정신문명으로 '승화'됐을 뿐만 아니라, 집값과 관련된 경제 문제는 정치 무대에서 중요한 영향력을 과시하고 있다.

**집값** 추이에 따라 다양한 사회 계층의 재화는 늘기도 하고, 줄기도 한다. 2007년부터 2010년 동안 중국 내 집값은 고공행진을 이어갔다. 뛰는 집값을 보며 많은 사람들이 남 앞에서는 환하게 웃는 가면을 뒤집어썼지만 남이 보지 못하는 곳에서는 뜨거운 눈물을 흘렸다. 여기서 말하는 뜨거운 눈물이란, 기뻐서 흘리는 벅찬 눈물과 좌절감에 흘리는 한 서린 눈물 모두를 가리킨다. 우선 집을 장만한 사람들은 기쁨의 환호성을 질렀다. 집값 상승이 자산 가치의 상승을 의미하기 때문이었다. 식구들로 북적이는 달팽이집 같은 집이라고 해도, 그 돈이면 대도시 주변에서 제법 돈 좀 만진다는 소리를 들을 수 있다. 그러다 보니 자신이 투자의 달인이라도 된 듯 절로 어깨가 으쓱해진다. 반대로 아직 집을 장만하지 못했거나 장만할 준비를 하고 있던 사람들에게 집값 상승은 악몽

**집값**

2011년 11월 7일 상트페테르부르크를 방문한 국가 지도자는 집값 인하 조치를 중국 정부가 단호한 의지를 가지고 추진하고 있는 정책이라고 소개하며, 주택 가격 인하 후 일반 서민의 부담이 크게 줄어들 뿐만 아니라 부동산 산업의 건전한 발전에도 도움이 될 것이라고 전망했다. 올해 국민으로부터 약 10조 위안에 달하는 국가 재정 소득을 거뒀다는 사실도 물론 중요하지만, 이보다는 이 돈을 국민을 위해 사용할 것이라는 국가의 결심이 더 중요하다고 평가했다.

이나 다름없다. 당초 5년 안에 집을 장만하려고 했던 계획이 6년, 7년 심지어 더 미뤄질 수 있으니 하루하루가 지옥이나 다름없다. 이른바 '부동산 전문가'라는 사람들이 인격, 명예, 조상님 심지어 목숨까지 내걸며 집값이 떨어질 것이라고 예언하자, 그 말 한마디만 믿고 하루가 다르게 치솟는 집값을 보면서도 그저 이를 악물고 때를 기다렸다. 집값이 떨어지기를 바라는 간절한 기도와 함께……. 이러한 바람과 달리 소비 능력 내에서 마련할 수 있는 집 평수는 $100m^2$에서 $80m^2$, 심지어 $70m^2$까지 줄어들기만 했다. 장바구니를 든 주부들에게 높은 물가보다 더 큰 스트레스는 앞으로 장만할 수 있는 집 평수가 점점 줄어든다는 잔혹한 현실이었다. 아무것도 하지 못하고 자신이 무대의 중심에서 변두리로 밀려나는 것을 지켜봐야 하는 고통은 형언할 수 없을 만큼 참담했다. 이러한 불안과 불만을 누군가 인터넷에 올리면서 모두가 같은 문제로 고민하고 있다는 공감대가 순식간에 형성됐다. 순진하고 가냘픈 아가씨가 인터넷에서는 피도 눈물도 없는 '멸절사태(滅絶師太; 김용(金庸)의 소설 《의천도룡기(倚天屠龍記)》에 등장하는 아미파(峨嵋派)의 3대 장문인으로 냉정하고 잔혹한 캐릭터로 유명하다-역주)'로 변했고, 호쾌하고 늠름한 젊은이도 특유의 패기를 잃은 채 '마마보이'로 전락했다. 별것도 아닌 불만이나 이견이 인터넷이라는 공간에 퍼지기만 하면 망설임 없이 욕설을 퍼붓거나 악플, 인신공격 같은 사이버테러가 버젓이 자행되기도 했다. 그만큼 집값 상승에 따른 사회적 불만과 고통은 위기 수준까지 치달았다.

집값이 연일 오르다 보니 집은 사치품으로 변했고, 점점 더 많은 사람이 '하우스리스(Houseless)' 대열에 가세했다. 신도시나 기존의 대도시에서도 땅을 뒤흔드는 불도저 소리가 울려 퍼졌고, 그 사이로 집 없는 설움과 불만이 퍼져나갔다. 제 집 하나 장만하지 못했다는 좌절감이 사람들의 얼굴에 드리워지면서 자존감은 물론, 행복, 미래에 대한 장밋빛 꿈마저 꾸지 못하도록 사람들을 절망의 구렁텅이로 내던졌다.

한편, 자신에 대한 실망감과 함께 사회적으로 부자, 특히 완공도 되지 않은 집마저 몽땅 사들인 부유층에 대한 분노, 심지어 적개심마저 움트기 시작했다. 집을 사기 위해 거액을 마구잡이로 뿌려대는 행동으로, 그들은 사회 여론을 적으로 돌리고 만 것이다. 그들에게는 '투기꾼'이라는 꼬리표가 붙었고, 심지어 '악의 축'으로 폄하되기도 했다. 부동산 개발업자 역시 비난을 면치 못했다. 가늠하기 힘들 정도로 엄청난 폭리를 취한다는 사실이 만천하에 폭로되면서 부동산 개발업자에 대한 집단적 불신감이 팽배해졌다. 하물며 일부 부동산 개발업체에서 '집은 부자를 위해 짓는다'고 공공연하게 떠들다 보니 사회 여론의 심기를 건드리는 것은 그야말로 시간문제였다. 부동산 개발업체와 암암리에 관계를 맺고 있는 일부 지방정부 역시 집값 상승을 부추긴 원흉 중 하나로 지목됐다. 특히 철거한다'더라' 식의 스캔들이 연달아 터지면서 사람들 사이에서는 일부 지방정부가 '실적이 우선, **민생**은 그다음'이라는 돈 욕심에 빠져 헤어나지 못하고 있다고 더욱 확신하게 됐다.

> **민생**
> 좁은 의미의 민생은 사회적 측면에 주안점을 둔 것으로 주로 민중의 기본적인 생존과 생활수준, 기본적인 발전 기회, 기본적인 발전 능력과 기본적인 권익의 보호 등을 가리킨다.

물론 모든 일에는 양(陽)이 있으면 음(陰)이 있는 법이다. 부동산 개발업체라고 해서 하나같이 도둑놈이라고 단정 지어서는 안 될 것이다. 비록 일부에 불과하지만 '업계 전체를 말아먹을 놈', '배신자'라는 욕까지 얻어먹으며 뇌물을 주지도, 받지도 않고 집값을 내리기 위해 고군분투 중인 착한 기업도 있다. 하지만 상당수의 업체나 지방정부가 '국민을 주인으로 섬길 바에야 집에 가서 발 닦고 잠이나 자겠다'는 태도로 일관하는 바람에 하룻밤 사이에 주민 수천 명이 살고 있는 집이 허물어지고 그 자리에 벼락부자 한 명을 위한 집을 짓는 블랙코미디가 중국 곳곳에서 '절찬 상연' 중이다.

## 집값 조정만으로는 서민의 아픈 상처를 달래지 못한다

중국이라는 거대한 장기판에서도 가운데 자리를 '떡' 하니 차지하고 있는 주택 문제는 경제, 정치, 민생과 직결되어 있는 특성상 여러 부서에서 다양

**주택 가격 거시 조정책**

2010년 4월 '신(新) 국(國)10조(條)'라는 중국 역사상 전례를 찾아볼 수 없는 엄격한 규제책이 출범한 이후, 이보다 더 엄격한 '신 국8조', '상하이-충칭 부동산세 징수', '주택 매입 제한령' 등이 연거푸 실시됐다. 그 결과 중국의 부동산 시장은 연이은 악재로 크게 위축되는 경향을 보였다.

한 조치를 쏟아냈다. 2003년 제121호 문건[1]을 시작으로 **주택 가격 거시 조정책**의 서막이 오르기 시작했다. 그 후 부동산 대책의 강도와 횟수는 지속적으로 '상승세'를 탔고, 규제 수단 역시 날로 강화됐다. 구체적으로 말해서 금리 인상을 시작으로 주택 대출 축소, 토지 규제, 공공주택 건설 확대에서부터 주택 구매 제한에 이르기까지 갖가지 정책이 쏟아져 나왔고 번갈아 가며 시행됐다. 이와 함께 거시적인 부동산 대책의 방향도 기존의 단순한 '상품방(商品房; 민간 건설 업체가 지어 판매할 수 있는 일반 매매 주택을 가리킨다-역주) 공급 제한'에서 '보장방(保障房; 서민용 소형 주택으로 보금자리 주택과 비슷한 개념이다-역주) 공급 확대'와 '상품방 수요 축소'라는 두 가지 방향으로 확대됐다. 하지만 정부의 부동산 정책으로 이미 수차례의 격랑을 경험한 주택 시장은 예상과 달리 끈질긴 생명력을 보였다. 정부의 어떤 정책도 받아들일 만큼 무서운 '소화력'을 자랑하게 된 것이다. 주택 시장은 정부가 꺼내놓은 부동산 대책에서 놓친 틈새를 파고들었을 뿐만 아니라 심지어 '반격'에 나서기도 했다. 그 결과 중국의 집값은 내려가기는커녕 점점 치솟았다.

2007년 당시 중국 사회를 사로잡은 화제는 '희소성 높은 상품'으로 취급받던 고가의 오피스텔이 아니라 일반 서민이 살고 있는 일반 주택 가격의

---

1) 2003년 6월 5일 중국 인민은행은 '부동산 신용대출 업무 관리 강화에 관한 통지'라는 제목의, 제121호 문건을 발표했다. 해당 내용에 따르면, 중저소득 가구의 구매 능력에 맞는 주택 대출은 지원하되 대형 주택, 고급 주택, 별장 등에 대한 은행의 신용 대출을 규제해야 한다는 내용이 명시되어 있다. 그 외에도 토지 저축 기관이 발급하는 대출을 담보 삼아 대출을 신청할 경우 대출액은 구매한 토지 가치의 70% 미만이어야 하며, 대출 기한도 최대 2년 이내라는 내용이 규정되어 있다. 대출자가 개인 주택 대출을 신청해 구입한 최초의 주택은 반드시 '자가(自家)'의 형태를 띠고 있어야 하며, 첫 상환 비율은 기존대로 20%를 유지한다는 내용도 언급됐다. 주택을 2채 이상 구매했을 경우(2번째 주택 포함) 첫 상환 비율을 적당한 수준으로 올려야 한다는 내용도 확인할 수 있다.

추이였다. 이러한 현상은 하루, 일주일, 심지어 한 달이 되어 가도록 매한 가지였다. 잘 나가던 세계적인 기업과 국가마저 무너뜨린 금융위기가 한창 맹위를 떨치던 2008년, 중국의 부동산 시장은 잠깐 주춤하는 기세를 보였지만 경기 회복이라는 싹이 막 움트자마자 전국의 집값이 빠르게 들썩이기 시작했다. 게다가 기존의 침체에 반발이라도 하듯 그 기세는 예전보다 한층 맹렬하게 불타올랐고 그 결과, 집값 상승세가 과거와 비교가 안 될 정도로 빠르게 치솟았다. 국토자원부(國土資源部) 산하 중국 토지 측정 기획원 전국 도시 지가(地價) 측정팀의 보고서에 따르면 2009년 전국 주택 평균 가격은 1㎡당 4,474위안, 상승폭은 무려 25.1%인 것으로 나타났는데, 이는 2001년 이래 최고 수준이었다.[2] 하지만 서민 사이에서는 코웃음이 터져 나왔다. 다시 말해서 위의 데이터가 상당 부분 축소됐다는 것이다.

집값은 서민의 안정적인 주거 보장은 물론, 경제의 건강한 성장과도 직결되어 있을 뿐만 아니라 사회적 조화, 사회적 안정과 밀접한 관계를 맺고 있다. 2년에 가까운 강도 높은 규제책이 꾸준히 실시되면서 하늘 높은 줄 모르고 치솟던 집값이 마침내 발목을 잡혔다. 2011년 6월부터 일부 도시의 집값이 합리적인 수준으로 떨어지기 시작한 것이다.

2) 출처: '2009년 전국 주요 도시 지가 현황 분석 보고서', 국토부(國土部)

# 부동산 시장의 복병

"주 총리께서는 주택 시장을 어떻게 보고 계시는지 모르겠네요."

회의장이 순간 싸하게 가라앉았다. 무거운 침묵을 깨고 주 총리가 반문했다. "복리방 배급제를 철회하면 부동산 산업이 국가 경제를 떠받치는 지주 산업이 될 수 있을까요?"

"아니요."

"금융시장이 개방되면 어떻겠습니까?"

"별반 다르지 않을 겁니다."

"그럼 소비자 신용 대출을 늘리면 어떻겠습니까?"

주 총리의 진지한 표정에 나 역시 진지하게 대답했다. "2년 내에는 안 될 겁니다."

"2년 내 반드시 부동산 산업을 중국 경제를 떠받드는 산업으로 키우겠습니다." 단호한 대답이었다.

"주 총리께서 하신다니 반드시 되겠죠."

내 말에 그 자리에 있던 모든 사람이 웃음을 터뜨렸다.

"참, 그러고보니 부동산 전문가 아니십니까? 정부의 부동산 정책을 맡아주실 수 있겠습니까? 제가 추진하는 부동산 정책의 고문이 되어 달라는 말입니다. 그런데 월급은 못 드리겠네요."

주 총리의 말에 머릿속이 새하얘지는 듯했다. 아무 생각도 나질 않았지만 간신히 입을 열어 더듬거렸다. "제게…그…월급을 못…못 주신다고 해도…무척…영광이겠습니다!"[3)]

－**왕스**, 《길과 꿈(원제: 道路與夢想)》

## 새로운 시대를 맞이한 중국의 주택 시장

위의 대화는 1997년 11월의 어느 날, 선전에 있는 기린산장에서 당시 중

3) 왕스, 묘우촨(繆川) 지음, 《길과 꿈》, 중신출판사, 2006년 1월

국 인민은행 행장과 국무원 부총리였던 주룽지가 완커 그룹 이사장 왕스와 나눈 대화 중 일부다. 당시 왕스는 심기일전하는 뜻에서 푸르스름할 정도로 머리를 박박 민 상태였다.

이번 보고에서 왕스는 주룽지 부총리가 1993년부터 적극적으로 추진했던 분세제 개혁을 언급하며 대화의 물꼬를 트더니 급기야 자신의 보고서에 대한 주룽지 부총리의 관심을 이끌어 내는 성과를 올렸다. 유난스레 시선을 끌던 '빡빡머리'의 주장에 주룽지 부총리는 놀랍다는 반응을 보이며 진지하게 이야기를 나눴는데, 그 이야기 중에는 미래 중국의 부동산 개혁이 추구해야 하는 방향도 포함되어 있었다.

**왕스(王石)**

왕스는 선전 완커(萬科) 주식회사의 설립자로, 현재 이사장직을 수행하고 있다. 1951년 광시(廣西) 성 장족(壯族) 자치구 류저우(柳州) 시에서 태어난 왕스는 란저우(蘭州) 교통대학교 급·배수학과를 졸업했다. 2011년 3월 완커 측에서는 왕스가 미국 유학길에 올랐다고 밝혔다.

지금 상황에서 봤을 때 당시 왕스와 주룽지 부총리가 나눈 대화는 상당히 의미심장하게 다가온다. 대화 중에 언급된 '**복리방**(福利房; 계획경제의 산물로 각 단위(單位)에서 소속 직원에게 분배하던 단위 소속의 주택으로, 정부로부터 보조금을 지원받았다-역주) **배급제** 철회', '금융시장 개방'이 결과적으로 중국 부동산 시장을 활성화시켰기 때문이다.

아시아를 강타한 금융위기로 중국 경제 역시 심각한 침체기에 빠져들자, 당시 정부에서는 경제가 활성화될 수 있도록 내수를 확대해야 했다. 하지만 여건이 그리 좋지만은 않았다. 분세제[4]를 실시한 지 이제 겨우 3년

**복리방 배급제**

건국 이래 중국은 '일괄 관리, 일괄 분배, 주택 임대'로 요약되는 공유 주택 실물 배급제를 실시했다. 주택을 다 지은 후 직위, 재직 연수, 나이 등의 조건에 따라 거주할 수 있는 주택을 직원에게 나눠주되, 적은 액수의 임대료만 받도록 규정했다는 점에서 주택은 그 자체만으로 하나의 복지라 할 수 있다. 1998년 6월 국무원은 40여 년 동안 실시된 실물 복리방 배급 제도를 전격 중단하고 주택 배급 화폐화를 추진하기로 결정했다.

---

4) 1990년대 초, 중앙의 재정 상태는 무척 위태로운 지경으로 내몰렸다. 당시 국무원 부총리 주룽지는 경제학자 둥푸(董輔) 등의 건의에 따라 1993년 7월 23일 전국재정회의에서 처음으로 분세제를 실시할 것을 건의했다. 1994년 1월 1일 분세제 관리 시스템이 정식으로 실시됐다. 같은 해 열린 제14차 삼중전회에서 '사회주의 시장경제 건설에 관한 일부 문제에 대한 결정'을 통과시켰는데, 재정 시스템 개혁을 위한 3대 임무가 명시됐다. 그 가운데 하나가 바로 중앙정부와 지방정부 간 분세제를 실시하자는 내용이었다.

밖에 안 되는 시점에서 별 볼 일 없는 경험을 가진 중앙정부로서는 막중한 부담을 짊어질 여력이 없었다. 내수를 이끄는 민감한 신경이 잔뜩 몰려 있는 시장의 사각지대, 이를테면 부동산 업계의 시장화와 같은 대규모 투자 계획을 무리 없이 추진하기에는 그야말로 벅찬 상태였다.

대형 내구성 소비품인 부동산의 국내 수요는 국제 시장의 변화에도 꿈쩍도 하지 않을 정도로 거대하고 견고하다. 투자를 이끌 정도로 거대한 수요 중에서도, 특히 주택 건설은 산업 사슬이 길다는 특징을 지니고 있다. 쉽게 말해서 주택 건설이 건축 자재, 화학 공업, 철강 등 수십여 개의 관련 업종의 성장을 주도할 수 있다는 뜻이다. 게다가 노동집약적이라는 특성 탓에 대규모 노동력을 흡수할 수 있어 취업률 상승은 물론 침체된 중국 경제에 활기를 불어넣을 수 있다는 매력도 지니고 있었다. 그 밖에 1998년 당시 중국에는 무려 5조 위안에 달하는 주민 예금이 은행 금고 안에서 조용히 잠자고 있었다. 무한한 가능성을 지녔지만 '우리 안에서 잠자는 사자'를 깨우려면 이를 구매력으로 전환시키는 작업이 반드시 필요했다.

사실 1950년대 후반만 해도 중국 사회에서 부동산은 '상품'이라는 카테고리에 속해 있기보다는 '재직 연수', '계급' 등과 함께 등장하는 경우가 훨씬 많았다. 쉽게 말해서 개인 소유물이라기보다는 정부로부터 받는 '배급품'이었다. 한 가정의 생존이 사업장을 운영하는 관리자 손에 달려 있었기 때문에, 집 한 채 얻기 위해서 사업장과 관리자의 비위를 맞추거나 심지어 복종하는 경우도 종종 있었다. 그러다 보니 복리분방(福利分房; 복리방 배급제-역주)과 사업장의 자금 모집을 통해 지은 주택 등은 부동산 산업의 발전을 저애하는 주범이 됐다.

그러던 중 1998년 7월 3일 국무원은 '한층 강화된 도시 주택 제도 개혁을 통해 주택 건설 사업에 박차를 가하자는 내용에 대한 국무원 의견'을 발표하고 '주택 실물 배급 중단을 통한 주택 배급 화폐화로의 점진적 실행', '주택 금융 성장, 주택 거래 시장의 활성화 및 규범화 추진'을 선포했다. 주택 실물 배급제도가 공식적으로 폐지되면서 상품방의 성장을 가로막던 장애물이 깨끗이 사라졌고, 이를 계기로 중국의 부동산 산업은 정부가 경제 성장 정책을 이끈다는 출발점 위에 용감하게 올라섰다.

그 후 서민의 주택 매입을 독려하기 위해 정부는 부동산 산업의 발전을 보장하는 다양한 금융 정책을 선보였다. 중국 인민은행은 '개인 주택 담보 대출 관리 방법'을 반포하며 시중은행이 주택 매입자를 위한 주택 담보 대출 서비스를 제공하도록 승인했다. 그 밖에도 중앙은행에서 1,000억 위안 규모의 주택 담보 대출 계획을 마련하기도 했다. 그 후 각지에서 앞다투어 **주택 매입 환급세**, 고층 주택 매입 독려 등의 우대 정책을 내놓으면서 중국의 부동산 산업이 처한 생존 환경이 철저히 변화하기 시작했다.

정책적 지원하에 한때 침체했던 부동산 산업은 순식간에 요란한 '대축제의 장'으로 변했다. 각 이익집단은 정도의 차이는 있었지만 너 나 할 것 없이 화색이 도는 표정으로 부동산 시장 주변을 배회하더니 슬금슬금 무대 중앙을 채우기 시작했다. 그때까지만 해도 '모두 오래오래 행복하게 살았답니다' 식의 해피엔딩은 영원히 계속될 것 같았다.

**주택 매입 환급세**

1998년 6월 1일 상하이에서 최초로 실시된 주택 매입 환급세가 등장하게 된 배경은 다음과 같다. 1997년 아시아 금융위기로 중국 내 주택 시장이 얼어붙자, 상하이 시정부는 부동산 시장 활성화를 위해 5년 동안 주택 매입 환급제도를 실시하겠다고 선포했다. 주택 매입 환급세란, 소비자가 주택을 매입했다면 일정 기간 동안, 전년 동기 임금, 보너스 등의 소득이 발생했을 때 납부했던 개인소득세를 매년 돌려주는 제도를 가리킨다.

부동산의 시장화라는 변화의 바람이 불기 전까지 중국인은 생활할 수 있는 집을 가질 수 있었지만 정부 사업장에서 배급한 것이라 자유롭게 처분할 수 없는 것은 물론, 매매는 꿈도 꿀 수 없었다. 집을 장만하지 못한 이들은 주택을 배급받을 수 있는 기준에서 더 높은 점수를 받기 위해 재직 연수, 직책 등에 목을 매는 한편, 사업장의 관리장을 포섭하기 위해 인간관계를 총동원하는 수고로움도 견뎌내야 했다. 비바람을 피해 편히 몸을 뉘일 수 있는 집 한 채가 사업장이나 관리자의 손에 달려 있었기 때문에 제아무리 청렴결백하고 혈기 넘치는 이들이라고 해도 집 한 칸 때문에 머리를 숙일 수밖에 없었다.

부동산의 시장화라는 슬로건에서 가장 눈에 띄는 특징은 바로 주택의 자유 매매였다. 쉽게 말해서 돈만 있으면 집을 마음대로 골라 살 수 있고, 집만 있으면 집을 마음대로 골라 팔 수 있게 된 것이다. 주택의 시장화 개혁 이후 집 한 채 얻으려고 윗사람의 눈치를 살펴야 하는 비참했던 날들은 지나갔고, 유산계급이 각광을 받기 시작했다. "도시 주민의 재화가 크게 증가하면서 수백 혹은 수천 위안에 불과하던 가정의 예금이 순식간에 수만 위안으로 증가했다. 그것도 고정자산이라는 형태로 말이다. 도시 주민 가정의 60% 정도가 부동산 개혁을 통해 경제적 상황 및 거주 환경 개선이라는 혜택을 톡톡히 누릴 수 있었다."[5]

## 시장은 강요된 속죄양인가?

요란한 축제에도 끝은 있는 법. 무대를 달궜던 흥이 사라지면 기쁨의 시간이 순식간에 고통의 시간으로 변할 수 있다. 사람들은 집값이 고삐 풀린 망아지처럼 거침없이 치솟고, 심지어 많은 사람의 예상을 훨씬 웃도는 수준까지 상승하는 것을 발견했다. 어느덧 부동산에는 경제 질서를 해치는 '무뢰배'라는 꼬리표가 달리더니 급기야 비난, 멸시의 대상으로 전락하고 말았다. 사람들은 부동산 관련 업체와 시장을 향해 양심은커녕 추악한 탐욕에 물들었다고 손가락질하면서 부동산 시장을 한 치 앞도 분간할 수 없는 혼란 속으로 밀어넣었다. 그런 점에서 시장은 자신의 의지가 아니라 억지로 등 떠밀려 속죄양이 된 셈이라고 볼 수 있다. 부동산이라는 화려한 외투를 '탈탈' 털자 바닥에 떨어진 '이'에서 시장의 DNA를 발견하기 어렵듯 말이다.

중국의 경제 성장에 정비된 시장화 시스템이 필요하다는 것은 이미 모두가 알고 있는 사실이다. 하지만 제대로 된 시장 경제는 상품의 자유 거래라는 수준에 머물지 않고, 명확한 재산권 구분, 시장 거래 주체의 공정성 및 시장 경제의 건전한 발전을 보장해 주는 자율성 등의 전제조건을 수반한

---

5) 예탄, 《무엇으로 중국 경제를 살릴 것인가?》, 중신출판사, 2009년 11월

다. 재산권 구분, 시장 거래 주체 등의 요소에서 살펴볼 때, 중국의 부동산 시장은 빛 좋은 개살구라고 할 수 있다.

부동산 산업은 긴 산업 사슬을 자랑한다. 토지 확보, 주택 건설, 주택 판매, 부동산 중개 등 다양한 산업으로 구성되어 있는데 그중에서도 토지는 부동산 산업 사슬을 구성하는 첫 단추이자, 부동산 산업의 흐름을 결정짓는 가장 중요한 요소다. 토지 시장은 부동산 1급 시장이라고 불리는데, 쉽게 말해서 토지 사용권을 거래하는 시장을 가리킨다.

'국유화, 집단화'라는 정책적 특징 탓에 정부가 토지 자원의 절대 소유자이자 수익자가 되는 상황이 연출됐다. 1986년에 제정된 '토지 관리법' 제41조의 내용을 한번 살펴보자. "도시 주민은 농촌 집체 토지에서 주택을 지을 수 있으며 상응하는 비용을 지불해야 한다. 농촌 집단 공공 주택의 판매는 행정부문의 규제로부터 자유롭다." 해당 규정이 토지 시장에 한 줄기 희망의 빛을 선사했지만 1998년 발표된 '중화인민공화국 토지 관리법 실시 조례'에서는 기존의 41조를 삭제하고 토지 시장의 공급 경쟁이라는 싹을 철저히 도려냈다.

그러던 중 농촌에서 새로운 조짐이 꿈틀대기 시작했다. 대대손손 농사를 지어 먹고 사는 농민은 토지를 사용하는 주요 고객이다. 도시에서는 한 뼘의 땅도 귀하게 여기지만 농촌에서는 그다지 대수롭지 않게 취급한다. 평수의 차이는 있지만 농민이라면 누구나 토지를 소유하고 있기 때문이다. 부동산 시장의 뜨거운 열기가 도시 근교의 농촌 지역을 휩쓸기 시작하자 상당수 농민은 제 땅에 단독 주택이나 아파트를 지은 뒤 도시 주민, 외부기업에 임대하거나 판매했는데, 이를 '**소산권방**(小産權房; 지방정부가 인증·발급한 재산권이 있는 주택-역주)'이라고 부른다. 경제학적 의미로 볼 때 결론적으로 말해서 소산권방은 중국 사회에 해로울 게 전혀 없다. 도시 근교, 농촌 주민이 남아도는 주택 상품을 판매하면 부동산 업

**소산권방**

법적 개념이 아니라 암묵적으로 통용되는 개념으로서, 마을 공동체 조직이나 개발업자가 새로운 농촌 만들기 사업 등의 명목으로 집체 토지에 주택을 건축하거나 해당 주택을 판매하는 것을 의미한다. 농민이 자체적으로 계획하고 세운 '상품방'이라고 이해해도 무방하다. 하지만 국가에서 반포한 공식 재산권을 지닌 부동산도 아닐뿐더러 법적 의미를 지닌 진정한 재산권이라고도 볼 수 없다.

자도 수익을 챙기게 되고 도시 주민 혹은 기업 역시 도시 상품방보다 저렴한 가격으로, 지리적으로 다소 떨어져 있고 투자 가치도 상대적으로 낮지만 주택이라는 상품을 얻을 수 있기 때문이다.

하지만 '소산권방'은 등장하자마자 세간으로부터 거센 비난을 받았고, 행정 부문으로부터 심한 견제에 시달렸다. 행정 부문에서는 농민들에게 엉뚱한 데 정신 팔지 말라고 경고하는 한편, 사회 여론을 조작해 주택 매입자에게 소산권의 '가격'에 현혹되어서는 안 된다고 호소했다. 그 밖에도 소산권방은 정규 방식이나 정규 경로를 통해 인가된 것이 아닌 데다 농민에게만 국한된 재화가 아니기 때문에 자유로운 양도나 매매가 불가능하다고 설명했다. 설상가상으로 법률로부터 보장도 받을 수 없다고 지적했다. 쉽게 말해서 분쟁이 발생하면 법적 구제가 불가능하기 때문에 '빈털터리'가 될 수도 있다며, 나중에 가서 울며불며 매달려 봤자 아무 소용도 없다며 으름장을 놨다. 이처럼 정부의 무시무시한 협박으로, 소산권방에 대한 소비자의 구매욕이 크게 위축됐다.

토지가 국가 소유가 되면서 각급 정부에서는 토지 처분권, 즉 규획할 수 있는 권한을 갖게 됐다. 여기서 말하는 규획에는 가치 상승 계획(교통, 의료시설, 학교, 상가 등), 가치 하락 계획(쓰레기 처리장, 화학공장), 직접 약탈 계획(토지 저가 징발, 철거 및 이전) 등이 포함된다. 지방정부는 토지 집단화, 국유화라는 누구도 반박할 수 없는 증거를 내밀며 도시화 건설에 박차를 가하겠다는 허울 좋은 핑계로 저렴한 가격 혹은 '동전 하나' 내지 않고 토지를 확보했다. 그런 뒤에 치열한 경쟁에서 승리한 부동산 개발업체에게 토지를 팔아 고액의 수익을 챙겼다. 지방정부의 '곳간'이 채워질수록 분세제로 인해 지방은 '못 사는 동네'라는 꼬리표를 떼기 더욱 어려워졌다.

부동산 시장에서 제 역할에 가장 충실했던 것은 다름 아닌 부동산 개발업체였다. 거액의 폭리를 취하는 부동산 개발업체는 사람들로부터 증오와 함께 부러움을 사며 '밉상' 캐릭터로 눈도장을 단단히 찍었다. 중국사회과학원의 분석 자료에 따르면, 부동산 업계가 높은 수익률을 올릴 수 있었던 결정적 요인은 상당수 업체에서 부동산 투자에 나섰기 때문인 것으로 조사됐다. 이를테면 2009년 부동산 업계의 평균 순수익률이 55.72%인 것으로 조사됐다.[6] 무려 50%에 이르는 수치를 기록했지만 여전히 상당 부분 평가절하 됐다는 반응이 대다수였다. 심지어 일부 경제학자는 이들 업체의 투자 수익률이 500%에 달한다는 의견을 제시하기도 했다.

상무부(商務部) 국제무역 경제 협력 연구소에서 근무하는 메이신위(梅新育)는 부동산 업계의 이익을 보다 정확하게 가늠할 수 있는 방법을 제시했다. "중국의 부동산 산업은 말도 안 되는 수준의 폭리를 취하며 억만장자를 탄생시키는 온상으로 자리 잡았다. 중국 대륙에서 발표되는 온갖 **부자 리스트**에서 부동산 재벌이 항상 수위에 올라 있다는 사실에서 이러한 주장을 확인할 수 있다. 최근 들어 롄샹 등 IT 업계에 종사하는 상당수 업체가 연이어 부동산 개발 시장에 뛰어들고 있는데, 이 역시 '부동산=폭리'라는 공식에 힘을 실어주는 대목이라 하겠다."[7]

**부자 리스트**

미국 〈포브스〉가 1982년 처음 발표한 부자 리스트는 전 세계적으로 막강한 영향력을 행사한다. 영국인 루퍼트 후게베르프는 중국에서 세 가지 부자 리스트를 운영 중인데 관심의 대상으로 떠오른 동시에, 갈등을 빚어내는 '뜨거운 감자'가 되고 말았다. 부자 리스트는 사실 고대 중국에서도 존재했다. 《사기(史記) · 화식열전(貨殖列傳)》에서는 춘추시대부터 한(漢) 무제(武帝)에 이르는 세월 동안 유명한 거상을 소개하고 있다. '태사공(太史公) 부자 리스트'에 가장 먼저 이름을 올린 첫 번째 주인공은 범려(范蠡), 그 다음이 자공(子貢)이다.

2010년 7월 〈중국청년보(中國青年報)〉에는 '한 부동산 개발업자의 양심고백: 부동산 업계의 폭리'라는 제목의 기사가 올라왔다. 기사에서는 "5년 전 약 200만 위안을 들여 토지를 매입했다가 5년 뒤에 상품방을 지어 순수익만 2억 위안을 올렸다."는, 자칭 전문 부동산 개발업자가 익명을 요구하며 자신이 폭리를 취할 수 있었던 과정을 자세히 소개했다.

*때로는 이미 기획 중인 기회를 이용하기도 한다. 이를테면 A지역 건설 프로젝트에 투입되는 전체 토지는 7,359.5$m^2$인데 실제 개발용지 규모는*

6) 출처: 중국사회과학원, '주택 전망: 중국 주택 발전 보고서(2010~2011)'

7) 메이신위: '천문학적인 폭리를 취하는 부동산, 이를 타개하기 위해서 강하게 나가야 한다'

*2,709$m^2$에 불과하다. 나머지 4,830.5$m^2$의 토지는 정부가 농민을 위해 규획한 주거용 토지인데, 실제 개발면적은 4,000$m^2$이다. 용적률이 0.82 정도 되는 셈이지만 당초 계획에서의 용적률은 1.6이었다. 다시 말해서 부동산 개발업자는 개발 가능한 0.78의 용적률을 추가로 확보하는 셈이다.*

*"부동산 개발업자가 돈 버는 두 가지 방법을 알려드리죠. 부동산 개발 프로젝트의 건축 면적이 4만여 $m^2$라면 그 가운데 주택 면적이 3만 4,000$m^2$, 상업지구 면적이 3,000여 $m^2$ 정도 됩니다. 첫 번째 비결은, 3,000여 $m^2$에 달하는 상업지구 면적 계약서에 설명이 없다는 점을 이용하는 겁니다. 그렇게 되면 최소 1억 위안에 달하는 이익을 부동산 개발업자가 취할 수 있습니다.*

*그리고 다른 방법은 전체 건축면적에서 상업지구 면적, 계약서 내용(농민에게 돌려줄 토지 1만 $m^2$, 농민 거주용 토지 4,000$m^2$)을 제외하면 개발업자가 판매할 수 있는 토지 면적은 약 3만 $m^2$ 정도가 됩니다. 개발 프로젝트에 투입된 매물의 현가가 1$m^2$당 12,000위안이라고 했을 때 약 4억 위안에 팔 수 있다는 결론이 나옵니다. 1$m^2$당 드는 비용이 2,500위안이라면 건물 전체 비용이 약 1억 위안이라는 뜻이죠. 여기에 건설업자 대금과 나머지 비용이 약 1억 위안이라고 했을 때, 부동산 개발로 개발업자는 약 2억 위안의 수익을 올릴 수 있습니다. 그 밖에 1억 위안 상당의 상업용 토지도 챙길 수 있고요."[8)]*

경제라는 글자 사이로 탐욕의 그림자가 드리우고 있다. 이익에 눈이 먼 부동산 업자는 태생적인 본능과 교묘한 수법을 동원해 손쉽게 거액의 수익을 챙기기 때문에 도덕이라는 심판대로 끌려가 대중으로부터 심한 뭇매를 맞기 일쑤다. 정부의 주요 인사가 2011년 인터넷상에서 네티즌과 소통하면서 부동산 업자를 향해 섬뜩한 경고장을 내밀었다. "모든 부동산 개발업자

8) 〈중국청년보〉, '부동산 개발업자의 양심고백: 부동산 업계의 폭리', http://finance.qq.com/a/20100702/003557.html

가 어떻게 이익을 챙겼는지 조사해 보지는 않았지만 사회를 이루는 한 구성원으로서 부동산 개발업자는 맡은 바 책임을 다해야 한다고 생각합니다. 당신네들에게도 분명 양심이라는 피가 흐르고 있다면 말입니다." 그러자 부동산 개발업자는 '억울하다'며 자신들에게는 하늘을 우러러 한 치의 부끄러움도 없다며 항변에 나섰다. 작게는 가족, 직원을 챙기는 것은 물론, 크게는 조국, 국민, 민족을 사랑한다며 뜨거운 애정을 과시하기도 했다.

**뉴다오(牛刀)**의 말을 빌리면, "자본에 양심을 이야기하는 건 기녀(妓女)에게 정절을 이야기하는 것과 같다"고 한다. 자본에 양심, 도덕을 운운할 바에야 차라리 시장, 규칙과 질서를 강조하는 것이 더욱 현명하리라. 부동산 개발업자가 다양한 제도, 규정의 허점을 성공적으로 이용할 수 있었던 중요한 이유는 바로 현지 권력 부서로부터 '윤허'를 받았기 때문이다. 다시 말해서 정부의 관리 감독은 말만 번지르르했지 실제로 아무런 작용도 하지 못했다.

> **뉴다오(牛刀)**
> 중국 부동산업계의 독립 평론가로, 2007년 집값 하락을 예측했을 뿐만 아니라 2009년 집값 거품이 2012년에 완전히 꺼질 것이라고 전망했다.

그러다 보니 상당수의 부동산 개발업자가 시장 밖으로 뛰쳐나가 권력에 아첨할 수 있었다. 자본으로 권력을 매수하고, 독점 자본주의로 폭리를 취했다는 점에서 부동산 업자는 진정한 의미의 상품 공급자라고 볼 수 없다. 왜냐하면 그들에게 중요한 것은 예쁘고 튼튼하면서도 값싼 좋은 집을 짓는 것이 아니라 관련 부서에 연줄을 대는 일이었기 때문이다. 그 결과 국유기업, 민간기업 모두 너 나 할 것 없이 권력 부서와 복잡한 관계를 맺고있다.

부동산 시장의 건전한 발전을 저애하는 마지막 족쇄는 주택 판매가 철저하게 시장화되지 못했다는 점이다. 부동산 시장에서 거래되는 부동산 재산권에는 공간 소유권과 건물 형태의 물권이 있는데, 물권법에서는 주민 거주에 관한 재산권을 70년, 상품방의 재산권을 50년으로 규정하고 있다. "건설용지 사용권이 만기가 되면 자동으로 연장된다."는 규정이 있지만 불안한 마음을 진정시키기에는 역부족이다. 영구 재산권이라는 규정이 있는 것도 아니니 정책이 어느 날 갑자기 변하기라도 하면 빈털터리가 될 수 있다는 불안과 공포가 소비자를 내리누르고 있다.

집값 상승으로 정부의 규제 수위가 높아짐에 따라 부동산 시장의 시장화 경향 역시 뒷걸음질하고 있다. 특히 매스컴으로부터 '역사상 가장 엄격한 정책'이라고 과대포장됐던 주택 매입 제한령[9]은 자유로운 시장 거래를 방해하고 있다. 결과적으로 현재 중국의 부동산 시장은 '돈만 있으면 원하는 집을 살 수 있는 상황'에서 한 걸음 뒤로 멀찍이 물러난 상태다.

9) 2010년 4월 30일 발표된 '국10조 실시 세부 원칙'에서는 5월 1일부터 베이징에 있는 가구는 상품방 1채만 매입할 수 있으며, 주택 매입자가 주택을 매입할 때는 '가정 구성원 현황 신청서'를 사실 그대로 작성해야 한다는 내용을 발표했다. 그 밖에 허위로 작성한 정보를 바탕으로 주택을 매입했다면 주택 증서를 발급하지 않는다는 내용도 포함됐다. 가정의 주택 구매 수를 중국 최초로 제한한 규정이 발표된 이후, 대도시 주변 1선, 2선 도시를 대상으로 한 주택 구매령이 집중적으로 발표됐다.

# 지방정부와 토지의 한판 승부

> 토지는 좋은 투자다.
> 사람들이 더 이상
> 땅을 늘릴 수 없기 때문이다.
>
> –윌 로저스(Will Rogers)

## '토지 재정'의 유혹

문서 몇 장이나 정부의 엄포만으로 돈과 관련된 일에 제동을 걸 수 있을까?

*43세의 상하이 출신인 판룽(潘蓉) 여사는 조상으로부터 물려받은 재산을 보호하기 위해 자체 제작한 화염병을 다가오던 굴착기를 향해 힘껏 던졌다. 그녀의 곁에는 남편 장룽치(張龍其)가 활을 들고 '침략자'를 향해 언제든지 화살을 쏠 만반의 준비를 끝낸 상태였다. 두 저항인의 모습이 2009년 세밑 한파에 더해지며 보는 이들의 가슴을 저리게 만들었다.*

*그들이 '지키려' 했던 것은 조상으로부터 물려받은 집이었다. 그들이 살고 있는 집은 현지 정부로부터 강제 철거 명령을 받은 상태였는데, 결과적으로 이 집은 물론, 살고 있던 3층짜리 집마저 함께 잃어버리고 말았다. 설상가상으로 장룽치는 공무집행방해죄로 8개월 동안 옥살이를 해야 했다.*

*뉴질랜드로 돌아간 판룽은 CCTV로부터 주목을 받으며 순식간에 매스컴의 일면을 장식했다. 손에 활활 타고 있는 화염병을 쥔 그녀는 네티즌으*

*로부터 '용감한 여인'이라는 찬사를 받았다.*[10)]

〈남방주말(南方週末)〉에 올라온 뉴스와 비슷한 사건은 물론, '화염병 투척'보다 더 끔찍한 사건, 이를테면 분신, 자살 등의 사건이 유명 매스컴, 포럼, 블로그, 웨이보(微波; 중국의 대표적인 소셜네트워크-역주) 등을 통해 평범한 중국인의 시야와 삶 속에 파고들었다.

사회가 급변하는 과도기에 토지 재정의 유혹에 넘어간 일부 지방정부의 '토지 재정 의존증'이 점차 심화되고 있다. 중앙정부는 때로는 '험한 말'이나 '주먹'을 내리치며 지방정부에게 비싼 집값 문제는 **'독 안에 든 쥐(甕中捉鼈)'**라며 자신이 내놓은 대책에 협조하라고 으름장을 놓지만 지방정부는 들은 체 만 체 하거나 은근슬쩍 반격에 나선다.

**독 안에 든 쥐(甕中捉鼈)**

'옹중착별'은 커다란 단지 안에서 자라를 잡는다는 고사성어로, 한국어로 풀이하면 '독 안에 든 쥐'로 풀이할 수 있겠다. 말 그대로 목표로 한 대상을 쉽게 손에 넣을 수 있다는 뜻으로, 원(元)나라 강진지(康進之)가 지은 잡극(雜劇) 《이규부형(李逵負荊)》 중 4절(折)에서 유래했다.

결론적으로 말해서 일부 비양심 세력이 지방정부라는 '가지'를 타고 올라가 분세제라는 달디 단 '결과(結果)'를 맛보면서도 '문제의 원흉은 분세제'라고 주장하고 있다. 1994년 분세제가 실행된 이후 중앙정부와 지방정부는 75 : 25라는 비율로 모든 지방기업의 세목 부가가치세를 공유했는데, 이때 오랫동안 중앙정부와 지방정부의 치열한 싸움을 벌였던 토지 양도금이 지방재정의 고정수입이라는 형태로 지방정부에게 귀속됐다. 아울러 지방정부의 재정 소득이 의존하고 있는 세목 역시 부가가치세에서 지방이 기본적으로 독점하고 있는 영업세로 이전되기 시작했다. 영업세는 주로 건축업과 제3차 산업에 부과되는 세금을 가리킨다. 그 결과 지방정부의 투자 열기 역시 건축업으로 옮겨붙기 시작했다. 설상가상으로 2002년 중앙정부가 소득세 납입을 개혁 대상에 포함시켰는데,[11)] 중앙정부와 지방정부의 비율이 6 : 4로 조

10) '판룽, 화염병을 쥔 용감한 여인', 〈남방주말〉, http://www.infzm.com/content/ 38292

11) 2001년 12월 31일 국무원은 '소득세 소득을 개혁 방안에 포함시키는 통지에 관한 국무원 의견'을 발표하고 2002년 1월 1일부터 소득세 소득을 개혁방안에 포함시킬 것을

정되면서 영업세에 대한 지방정부의 의존 현상은 더욱 심화됐다.

재정능력이 지속적으로 약화되자 지방정부는 재원을 확보하기 위해 새로운 자원 개발에 나서야 했다. 그 결과 중앙정부의 재정 범위 안에 포함되지 않은 영업세, 토지 양도금이 지방정부의 재정력 확대를 위한 '좌청룡-우백호'가 됐다. 그중에서도 토지 양도금은 예산 자금에 속하지 않은 예산 외 소득으로서, 소득 발생에 관한 구체적인 내용에 대한 구속력이 약하거나 아예 구속을 받지 않기도 한다. 은퇴한 한 재정 담당자의 설명은 그런 점에서 무척 의미심장하게 다가온다. "예산외 소득을 상부에 일일이 보고해야 하지만 상급 정부는 보통 해당 자금의 분배나 사용 내역을 꼼꼼하게 따지지 않습니다. 비(非)예산 자금의 구체적인 숫자마저 종종 깜빡할 정도니 말 다한 셈이죠.…… 토지 개발을 통해 얻은 순소득은 자유로운 관리나 사용이 가능한데, 그 규모가 기업 세수보다 훨씬 큽니다. 눈앞에 거대한 이익이 떡하니 있으니 지방정부로서는 '미친 듯이' 토지 개발을 주축으로 하는 도시화에 열을 올릴 수밖에요."[12)]

한편, 부동산 개발업자에게 선명하게 찍힌 **'간상(姦商)'**이라는 낙인을 지우기 위해 2009년 전국 양회 기간 동안 전국공상연합회는 전국인민정치협상회에 '중국 부동산 가격이 고공행진을 하는 이유: 부동산 개발에

**간상(姦商)**

부정한 방법으로 폭리를 취하는 상인을 가리킨다. 명나라 사조제(謝肇淛)가 지은 《오잡조(五雜俎)·지부(地部) 이(二)》에서 다음과 같은 기록을 발견할 수 있다. "요새 차(茶)는 십중팔구 간상이 사무역(私貿易)으로 몰래 들여온 것이다. 간상에게서 구하는 말(馬)은 대부분 병들거나 심하게 다쳐 탈 수 없다." 청나라 임칙서(林則徐) 역시 글에서 "은(銀)을 교환하려는 사람의 대부분이 휴대하기 불편하다는 이유로 전표로 바꾸려 한다는 점을 깨달은 간상은 이 점을 이용해 폭리를 취했다. 그 수법이 얼마나 교묘한지 감탄이 절로 나온다"라며 간상을 비난했다.

---

주문했다. 구체적인 내용은 다음과 같다. 국무원에서는 기업에 예속된 관계에 따라 소득세 소득을 구분하는 현행 방법을 개혁하고 기업 소득세와 개인 소득세 소득을 중앙정부 및 지방정부 비율에 따라 분리했다. 몇몇 특수 업종과 업체를 제외하고 나머지 기업에 대한 소득세와 개인 소득세 소득을 중앙정부와 지방정부의 비율에 따라 구분했는데 2002년 소득세 소득 중 중앙정부와 지방정부의 비율은 5:5였으나 2003년 그 비율이 6:4로 조정됐다. 2003년 이후 연간 비율은 실제 소득 상황에 따라 탄력적으로 조정됐다.

12) 출처: '재세(財稅)개혁의 재도약', 〈요망신문주간(瞭望新聞週刊)〉, 2011년 2월

동원되는 전체 비용 중 절반이 정부에게 흘러들어 간다'는 제목의 원고를 제출했다. 전국 9대 도시를 대상으로 '부동산 기업 개발비용'을 조사한 결과, 전체 비용에서 정부에 흘러들어 가는 비용(토지 비용+전체 세수)의 비중이 49.42%인 것으로 나타났다. 그중에서도 상하이 지역의 상황이 가장 심각했는데, 그 비중이 무려 64.5%인 것으로 조사됐다.

제조업, 제3차 산업에 비해 부동산은 태생적으로 '단기(短), 안정(平), 속도(快)'라는 우위를 타고 난다. 쉽게 말해서 땅만 팔면, 수억 위안, 십수 억 위안 심지어 수십억 위안의 소득을 단기간에, 안정적으로, 재빨리 올릴 수 있다.

전국공상연합회 부동산 개발협회 회장 니에메이성(聶梅生)은 2004년 5,894억 위안에 달했던 지방정부의 토지 양도 소득이 2010년 2조 9,397억 위안으로 증가했다고 설명했다. 지방 자본금 소득에서의 비중도 2004년 당시 49.56%였으나 2010년에는 무려 71%까지 상승했다.[13] 항저우(杭州)를 예로 들어보면, 2009년 한 해 동안 벌어들인 토지 양도금이 2008년 동기 대비 393.222%(243억 3,000만 위안) 증가한 1,200억 위안으로, 전국 1위를 기록했다. 1,200억 위안이나 되는 토지 양도금을 조성하려면 도대체 얼마나 많은 중소기업에서 세금을 내야 한단 말인가? 이처럼 손쉽게 거액의 이익을 챙길 수 있는 장사를 지방정부가 놓칠 리 만무하다.

토지 양도금 외에 부동산세라는 거액의 소득도 지방정부의 눈길을 사로잡았다. 실제 부과되는 부동산 관련 세목은 약 12개로,[14] 그중에서도 영업세와 부가가치세, 기업소득세, 토지부가가치세가 큰 비중을 차지한다. 영

---

13) 출처: '니에메이성: 부동산 시장과 거시 규제책 분석', http://h.house.sina.com.cn/n/2011-04-19/141143772_8.shhtml

14) 부동산 관련 세목은 모두 14개로, 각각 영업세, 기업 소득세, 취득세, 개인 소득세, 고정자산 투자 방향 조정세, 도시 정비 건설세(도시 건설세), 경지 점유 및 사용세, 부동산세, 도시 부동산세, 인화세, 토지 사용세(도시 토지 사용세), 토지 부가가치세, 자원세, 교육비 추가 등이 있다. 그중에서 외국계 기업에 부과되는 도시 부동산세는 2009년 폐지됐고, 고정자산 투자 방향 조정세 역시 2010년부터 임시로 징수를 중단했다.

업세는 영업소득의 5%, 기업소득세는 사전 징수와 청산 두 부분으로 구성되는데 사전 징수는 기업의 이윤을 판매 소득의 15%라고 가정해 판매 소득의 3.75%를 부과한다. **토지 부가가치세**는 프로젝트에 따라 다른데, 평균적으로 판매 소득의 4.5%를 부과한다. 다양한 비용이 추가되어 부동산 세수의 전체 비용이 판매 소득에서 약 15% 정도를 차지한다. 징수하는 토지나 건물이 증가할수록 정부의 지갑은 금세 두둑해진다. 그러다 보니 나머지 산업이 제아무리 활기를 띠더라도 부동산업처럼 정부에 거액의 소득을 안겨주지는 못한다.

**토지 부가가치세**

국유 토지 사용권, 지상 건축물 및 부대시설을 양도해서 소득을 얻은 사업체와 개인은 양도로 확보한 소득(화폐 소득을 포함한 실물 소득, 기타 소득)에 따라 국가에 세금을 납부해야 하는데, 이를 토지 부가가치세라고 한다.

그 밖에도 관련 부서, 담당 공무원은 부동산 업자로부터 '뇌물'을 받는다. 보이지 않는 곳에서 발생하는 '회색 수입' 역시 부동산 시장의 회색 산업 사슬, 즉 불법 산업 구조를 이루는 중요한 한 축이라고 할 수 있다.

한때 '찬양일색'이었던 분세제는 순식간에 공격과 비난의 대상으로 전락했다. 설상가상으로 왕스가 한때 출세수단으로 여겼던 분세제가 지방정부를 다시 한 번 궁지로 내몰았다. 즉 지방정부가 '토지 재정 의존증'을 앓고 있다는 여론이 끓어올랐다. 2011년 5월 칭화대학교 개교 100주년 기념행사에 참석한 교수와 학생이 한자리에 모여 사회적 문제를 토론하는 좌담회를 열었다. 전 국무원 총리 주룽지는 **분세제**를 언급하며 토지 양도금을 예산외 소득의 범주에 넣는 문제의 심각성에 대해 허심탄회하게 이야기했다.[15)]

**분세제(分稅制)**

세목에 따라 중앙정부와 지방정부의 수입원을 나누는, 일종의 재정 관리 시스템이다. 분세제를 시행하려면 '분권(分權)', '분세(分稅)', '분관(分管; 개별 관리–역주)'으로 이루어진 이른바 '3분(三分)'이 선행되어야 한다. 분세제는 사실상 중앙정부와 지방정부 사이의 업무권과 재무권 관계를 효과적으로 처리하기 위해서 징수권 분리를 통해 세수를 세목에 따라 분리 · 관리하는 재정 관리 시스템이다.

*우리는 잘못된 정책을 제정했다. 그건 바로 부동산 산업에서 벌어들인 돈을 예산이 아니라 모두 지방정부에 주고 말았다는 점이다. 이건 상당히 심각한 문제다. 서민의 피와 눈물을 빨아먹어 생긴 돈이 땅값을*

15) '주룽지와 함께 하는 세상 사는 이야기', 봉황주간(鳳凰週刊), 2011년 15기(期)

*올리고 있기 때문이다. 분세제의 자체적인 결함이 아니라 지방정부가 돈을 거두고 있다는 데 문제가 있다. (재정소득) 8조 위안 중에 (지방정부가) 한 번에 가져가는 돈이 7조 3,000억 위안이나 되는데도 여전히 자금이 궁하다고 지방정부는 울상을 짓는다. 전혀 그렇지 않다. 지금 지방정부에 남아도는 게 돈이다. 부동산 (문제의) 원흉은 부동산 개혁 정책이 잘못 됐기 때문이다.*

*분세제를 공격하는 사람 중에 분세제가 지방재정을 갉아먹는 바람에 농민이 가난해졌다고 주장하는 사람이 있다. 이들은 낫 놓고 기역 자도 모르는 무지렁이다! 2010년 전국 재정 소득은 8조 3,000억 위안이었는데 그 가운데 지방정부의 직접 소득은 4조 위안, 중앙정부가 (지방정부에) 반환한 세수는 3조 3,000억 위안으로 둘을 합치면 전체 소득의 대부분인 7조 3,000억 위안에 달한다.*

## GDP로 평가받는 공무원

중국의 공무원 평가 시스템은 오랫동안 GDP를 심사하는 평가제를 유지하고 있다. 다시 말해서 GDP의 성장 여부가 지방정부의 실적을 평가하는 중요 기준이다. GDP가 높을수록 실적이 크고 능력이 있다는 것을 뜻할 뿐만 아니라, 나아가 출셋길이 고속도로처럼 시원하게 뚫렸다는 것을 의미한다. GDP가 그저 그렇다면 '능력 부족'이라는 꼬리표가 붙는 것은 물론, 공무원으로서는 가장 원치 않는 출셋길이 막히게 된다.

또 다른 관점에서 보자면, "병영은 말뚝처럼 단단히 박혀 있지만, 병사는 흐르는 물처럼 떠돈다(鐵打的營盤, 流水的兵; 병영가요-역주)."는 불안한 현실 때문이다.

쉽게 말해서 공무원, 특히 주요 공직자일수록 유동성이 크다. 오늘은 A지역에서 일하다가도 내일 전근 명령서 한 장이면 B지역으로 이직해야 하기 때문에 담당 공무원에 대한 꾸준한 심사가 사실상 불가능하다. 그러다 보니 공직자 사이에서는 얼른 실적을 세워 이익을 챙겨야 한다는 업무관이 생겨나고 말았다. 눈에 보이는 실적 위주로만 평가가 이뤄지다 보니 일부 공직자는 기반을 닦기 위해 오랜 시간과 노력을 쏟아붓는 행동을 버리고, 임기 내 당장, 그것도 눈에 '확' 띄는 실적을 쌓을 수 있는 일에 몰두하면서 자신의 임기 내 GDP를 조금이라도 끌어올리는 데 매달린다.

지방에서 근무하는 상당수 공직자에게 GDP 챙기기와 함께 중요한 일이 바로 '체면 세우기 사업'이다. 말 그대로 사회 대중의 눈길을 한눈에 사로잡을 수 있는 체면 세우기용 사업은 주로 한 지역의 랜드마크나 광장, 가로등 사업 등을 통해 이뤄진다. 공무원 사회에서 높은 건물, 탁 트인 광장, 휘황찬란한 상업 지구를 관리하는 공무원은 누구 앞에서건 위풍당당하다.

하지만 GDP 실적, '체면 세우기 사업' 모두 돈이 필요하다. 그것도 단기간에 거액의 자금이 동원되어야 하는데, 문제는 그 돈을 어떻게, 어디서 마련하는가다. 중앙정부에 손을 내민다는 것은 우선 현실적이지도 못할뿐더러, 상당히 곤혹스러운 일이다. 주룽지 전 총리의 말 역시 그러한 상황을 보여준다. "환급된 세수를 엉망진창으로 쓰고 나면 지방정부는 관련 부서를 찾아가 돈을 달라며 매달릴 수밖에 없다. 말 그대로 물불 가리지 않고, 손이 발이 되도록 빌어야 원하는 자금을 얻을 수 있다."

이 방법이 안 통한다면 거액의 자금을 주무르고 있는 '거상'을 찾아가 직권을 이용해 '꽌시'를 맺은 뒤 돈을 마련하는 수밖에 없다. 상당히 괜찮은 방법이지만 임기 제한이라는 걸림돌이 있는데다 '남 좋은 일' 하겠다고 나서는 사람이 상대적으로 적다. 다시 말해서 가장 빠른 시간 안에 자금 문제(GDP)를 해결하는 일은 상당수 지방 공무원이 제일 먼저 통과해야 할 시험대가 된다.

다양한 업종을 두루 살펴봤을 때, 제조업과 제3차 산업의 경우 상대적으로 효과를 확인하기까지 오랜 시간이 걸리는 업종에 속한다. 이리저리 계획대로 사업을 차려놓고 이제 막 효과를 볼까 싶으면 다른 곳으로 이전하라는 명령이 떨어질 수 있기 때문에 결코 좋은 해법이 되지 못한다. 이에 반해 부동산 업종은 다양한 산업이 얽혀 있는 데다 토지 양도, 직업 징세 등 다양한 방법을 동원해 자금을 마련할 수 있다. 게다가 GDP도 빨리, 확실히 끌어올릴 수 있기 때문에 많은 공직자로부터 '간택'을 받는다.

사회 · 경제 발전이라는 거시적 · 장기적 관점에서 봤을 때, 부동산 업종에 대한 대대적인 부양책, 집값의 고공행진 등은 GDP를 끌어올릴 수 있을 뿐만 아니라 현지 정부의 체면을 세워줄 수 있다. 그렇다고 지나치게 부동산에 의존하거나 부동산 산업이 마구잡이로 자라나도록 방임한다면 나머지 산업 발전을 계획적 · 체계적으로 성장시키지 못해 결과적으로 현지의 지속 가능한 성장 능력을 파괴할 수 있다. 더 이상 팔 땅이 없어진 후에야 정부가 뒤늦게 반성하고 이를 시정한다고 해도 이미 때는 늦었다.

**《갱의기(更衣記)》**

천재 여작가 장아이링의 산문집으로, 20세기 초반 중국의 패션, 유행을 쉽고 재미있는 말로 그려냈다. 300년에 이르는 중국의 패션 변화를 자세히 기록하고 있는 이 책은 아름다움을 사랑하는 인간의 본능은 물론, 패션에 대한 남다른 철학을 유쾌하게 담아내고 있다.

장아이링(張愛玲)의 책 **《갱의기(更衣記)》**에는 이런 구절이 등장한다. "예전 사람들은 한평생 고생하며 살아왔지만 살아오면서 이뤘던 업적은 점점 먼지로 뒤덮여 갔다. 이제는 그 자손들이 말리려고 털어낸 옷에서 떨어진 먼지가 누런 태양빛 사이로 춤추고 있다. 그 냄새가 기억난다면, 따스하면서도 안심이 되는 향으로 기억한다면 그것은 분명한 기쁨이 되겠지만, 따스하지만 불안한 향으로 기억한다면 그것은 망각된 걱정이다."

지게차가 무너뜨린 것은 허름하기 짝이 없는 오래된 건물이다. 일반 공무원에게는 수행 평가의 지표이자 실적을 쌓기 위한 또 다른 발판일 뿐이겠지만 일반 서민에게는 먼지로 뒤덮인 폐허가 자신의 전부인 세계다. 이처럼 쓰라린 기억은 시간이 지나갈수록 치료되기 어렵다.

# 집값은 얼마까지 떨어질 것인가?

시장경제에서는 누구든 가격을 마음대로 조정할 수 없다. 제아무리 능력 좋은 정부라 하더라도 시장을 마음대로 움직일 수는 없다. 주가가 할 수 있을까? 아니면 석탄 가격은? 채소 가격, 약값, 집값은 어떨까? 정부가 독점하는 정제유 시장에서도 가격은 정부의 명령에 따르지 않는다. 예로부터 지금까지 가격을 다스릴 수 있는 것은 전면적인, 그리고 철저한 **계획경제**뿐이다. 개혁개방 이전, 지금의 북한처럼 말이다.

—경제학자 쉬샤오녠

## 경제를 옥죄는 붉은 선

거의 모든 사람이 비정상적으로 비싼 중국의 집값이 언젠가는 이성을 되찾고 반드시 떨어질 것이라고 생각한다. 소비자의 입장에서 보면 집값 하락에 바닥 따위는 없다. 가격이 그저 좀 더 떨어지는 상황만 존재할 뿐…….

**계획경제**

명령형 경제라고도 불리는 경제 시스템으로, 국가의 생산, 자원 분배 및 상품 소비에 있어서 정부나 재무 조직에서 사전에 세운 계획대로 경제 정책을 추진하는 것을 가리킨다. 계획경제 외에도 시장경제, 전통경제, 혼합형 경제 시스템이 존재한다.

집값의 이성적인 회복에도 물론 나름의 마지노선은 있다. 다시 말해서 현재 물가 수준, 토지 자원에 따라 집값이 결정된다.

원자재 가격, 식량 가격, 돼지고기, 옷값, 식용유, 휘발유 가격……. 컴퓨터, 컬러 TV 등 내구성 있는 첨단 제품 외에 우리의 삶과 밀접하게 관련된 거의 모든 상품의 가격이 인상된 상태에서 집값만 5년 전 수준으로 떨어질 것이라는 주장은 전혀 설득력이 없다.

중국의 집값은 하락 가능성이 분명 존재하지만 그 여지는 그리 크지는 않을 것이다. 게다가 장기적으로 봤을 때, 집값은 여전히 인상될 가능성을 충분히 가지고 있다.

사람들은 특정 상품의 가격이 오르는 이유를 공급 부족이나 수요 증대에서 찾는 경향이 있다. 생산, 유통 요소 때문에 필수품의 가격이 대폭 인상된다고 생각한다. TV나 자동차, 휴대전화 없이도 살 수 있지만 갈증을 달래는 물이나 배를 채우는 음식, 추위나 더위에서 우리의 몸을 보호해 주는 옷 없이는 살아가기 어렵다. 이처럼 생활필수품은 대체성이 낮다. 비싸다고 해서 물을 안 마시거나, 쌀이 비싸다고 밥을 안 먹을 수는 없지 않은가? 탄성이 작거나 혹은 탄성이 아예 없는 상품은 공급에 한계가 있기 때문에 물가는 오를 수밖에 없다. 집 문제 역시 마찬가지다. 집이 비싸다고 해서 길바닥에 나앉아 살 수는 없다. 게다가 주택 공급 역시 제한적이다.

**경지에 쳐진 '붉은 선'(耕地紅線)**

경작용 토지 면적의 최저 가치를 가리키는 경지홍선은 크게 국가경지홍선과 지방경지홍선으로 이루어져 있다. 현행 중국 경지홍선은 18억 묘라고 알려져 있다. 2009년 6월 23일 국토자원부는 '경제 성장, 경지 홍선 사수'를 위한 행동에 나섰다. 경지를 보호하는 붉은 선에 손가락 하나 대지 못하게 엄격한 보호제도를 실시한 것이다.

그런 점에서 18억 묘(약 540억 평)에 달하는 **경지에 쳐진 '붉은 선'(耕地紅線)**은 중국의 집값을 결정하는 결정적 요소라 할 수 있다. 18억 묘라고 딱 잘라 말하는 이유는 경지 면적이 이보다 작으면 중국의 식량 안보가 위협받아 심각한 문제가 생길 수 있기 때문이다. 18억 묘에 달하는 경지는 위험천만한 '고압선'으로 여러 겹 둘러쳐져 있다. 누군가 고압선을 건드리기만 해도 끔찍한 결과를 목격할 수 있다. 다시 말해서 누군가 18억 묘에 달하는 광대한 경지를 개방하자고 주장한다면, 구체적인 내용이 무엇이든지 간에 정부의 신경을 건드려 '역사의 죄인'이라는 낙인이 찍히게 될 것이다.

**마오위스(茅於軾)**

중국 경제학자로, 해외 유학길에 올랐다가 조국으로 돌아온 유명한 철도 기계 전문가 마오이신(茅以新)과 교량 전문가 마오이성(茅以升)을 아버지, 할아버지로 두고 있다. 마오위스는 미국 경제와 중국 경제를 연구했다.

**마오위스(茅於軾)**의 몰락을 생생하게 지켜본 사람들은 겁에 질려 붉은 선이 합리적인 것인지 의심조차 하지 않는다. 그러다 보니 일부 경제학자, 학자들이 농업생산율 혹은 단위 사업체의 경지 이용률을 어느 수준까지 올리기만 해도 굶을 걱정 없다고 에둘러 이야기하기도 한다. 이를테면 경제학자 천즈빈(陳志斌)이 제시한 인조 경작지에 대한 관점이 그러하다.

*현대 농업기술은 인공적으로 햇빛과 농사에 필요한 모든 기후 효과를 만들어 낼 수 있다. 특히 인조 기후와 바이오 테크놀로지는 이미 채소와 작물의 생장 주기를 크게 앞당겼다. 이를테면 남쪽 지역의 경우 이모작이 가능하던 수준에서 이제는 1~2주 만에 상품화에 나설 수 있다. 다시 말해서 현재 30평짜리 땅에서 한 해에만 무려 27번 농사를 지을 수 있다는 뜻이다.*

*30평짜리 땅에 가령 30층짜리 건물을 짓는다면, 층마다 인공온실을 설치해 채소를 생산할 수도 있다. 층마다 채소를 27번이나 생산해 낼 수 있다면 한 해 생산량이 과거 405묘에 달하는 토지의 생산량과 비슷한 수준을 보일 것이다. 한마디로 말해서 30평짜리 농지의 공급량을 404배 늘릴 수 있게 된다!*[16]

하지만 농업 생산성이나 단위 사업체의 경지 이용률을 높이는 일에는 상당한 리스크가 따른다. 왜냐하면 중국 정부는 붉은 선을 건드릴 생각이 전혀 없다. 그 이유인즉 18억 묘에 달하는 경지를 시장에 개방한다고 해도 부동산의 '야심'을 막아낼 수 없는 데다 농민의 소산권방 역시 회색 지대로 흘러들어 갈 수 있다고 판단했기 때문이다. 계산기를 열심히 두들겨 본 끝에 정부는 남은 것이라고는 지방정부의 처치권뿐이라는 사실을 깨달았다. 도시 국유토지, 농촌 집체 토지, 부동산 용지 규모는 제한적이기 때문에 그만큼 부동산 용지는 희귀자원이 된다. 토지는 언제든지 사용할 수 있는 무한자원이 아니라, 징수하거나 매매하면 그만큼 줄어드는 유한자원이기 때문이다.

토지가 제일이던 시절, 부동산 개발업자가 귀한 토지 자원을 거의 빼앗다시피 대다수의 토지 자원을 확보하자, 땅값은 계속되는 '인클로저 운동

16) 천즈빈, 〈열심히 일하는데도 가난한 중국인(원제: 爲甚幺中國人勤勞而不富有)〉, 중신출판사, 2008년 10월

(Enclosure Movement; 19세기 유럽에서 미개간지, 공유지 등 공동이용이 가능한 토지에 담이나 울타리 등의 경계선을 쳐서 남의 이용을 막고 사유지로 삼았던 운동으로, 토지 경영의 현대화 현상이다-역주)'을 겪으며 오르기 시작했다. 땅값은 수억, 십 수억 심지어 수십억 위안까지 치솟았고, 매년 이러한 상황이 반복되면서 집값 상승을 부추긴 근본적인 원인이 됐다. 경제학적으로 말하자면 자원이 희소할수록 비싸다고 정의할 수 있겠다. 물건을 사는 쪽이나 파는 쪽 모두 집값 상승을 지켜보며 집값이 꾸준히 오를 것이라고 예상했고, 이러한 예상은 다시 집값 상승으로 이어졌다.

제아무리 땅덩어리가 넓은 중국이라고는 하지만 토지 자원도 한계는 있게 마련이다. 이 때문에 중국의 집값이 크게 떨어지지는 않을 것이라고 예상한다. 홍수나 가뭄 등의 자연재해가 터졌을 때 빵을 사는 것과 비슷하다. 홍수가 발생하는 바람에 집안에 있던 모든 물건이 거친 물살 속으로 사라졌지만 불행 중 다행으로 기지를 발휘해 간신히 약간의 돈을 챙길 수 있었다. 이 돈을 들고 상점으로 간 당신은 말도 안 되는 바가지요금에 기함할 것이다. 그도 그럴 것이 가게 주인이 이때다 하고 2위안짜리 빵을 무려 20위안에 팔고 있는 것이 아닌가! 억울한 마음이야 이루 말할 수 없지만 굶어죽지 않으려면 울며 겨자 먹기로 빵을 살 수밖에 없다. 일부 비양심업자는 창고 안에 엄청난 양의 빵을 쌓아두고 폭리를 취한다. 이들이 고가로 상품을 팔자, 고객은 좀 더 꼼꼼하게 따져본 뒤 물건을 구입하려 든다. 나보다 앞줄에 선 손님들도 마구잡이로 빵을 집어 들지 않고 맛이나 가격, 실제 수요에 따라 필요한 양만 구입한다. 그러다 보니 뒤에서 있던 자신을 포함한 여러 사람에게도 빵을 구입할 수 있는 기회가 주어진다. 결과만 놓고 봤을 때, 비양심업자가 당신과 당신의 아이를 살린 셈이다. 이러한 상황에 대해 **애덤 스미스**는 이렇게 이야기했다. "우리가 매일 식사를 마련할 수 있는 것은 푸줏간과 양조장, 빵집 주인의 자비심 때문이 아니라 그들 자신의

**애덤 스미스(Adam Smith)**

서양 경제학의 대부로 알려진 애덤 스미스(1723~1790)는 평생 결혼하지 않은 채 어머니와 함께 살았다. 그의 대표작 《국부론》이 1776년 출간되면서 커다란 센세이션을 불러일으켰다. 영국 본토 외에도 유럽과 미국 모두 《국부론》에 열광했는데, 그런 그를 가리켜 사람들은 '현대 경제학의 아버지', '자유기업의 수호신'이라고 부른다.

이익을 위한 그들의 고려 때문이다."

바가지요금이 도덕적으로 아무런 문제가 없다는 것은 아니지만 희소자원에 비싼 요금을 적용하는 행위 역시 희소자원을 보호하는 하나의 방편이 될 수 있다는 점을 부인하기는 어렵다. 가령 우리가 온정을 베풀 줄 아는 사람들이 사는 나라에 살고 있지 않다면, 상점 주인이 기회주의자처럼 행동하지 않았다면 상점 안의 빵은 금세 동이 났을 것이다. 마찬가지로, 땅값이 쌀수록 토지 자원을 쌓아두려는 부동산 개발업자가 증가해 토지 자원이 급격히 줄어들어 결국 고갈되는 상황까지 벌어질지도 모른다. 그렇다고 해서 땅값이 마구잡이로 치솟도록 내버려둬서도 안 된다. 앞에서 설명한 예시처럼, 물 1위안어치를 20위안에 팔아도 팔리겠지만 100위안, 1,000위안 심지어 1만 위안에 팔리게 되면 걷잡을 수 없는 상황으로 발전할 수 있기 때문이다.

## 거센 물결처럼 거침없이 '사들여라'

도시화가 심화됨에 따라 더 나은 삶을 추구하는 중국인도 점점 증가하고 있다. 높은 효율을 자랑하며 대량으로 생산되는 다른 상품에 비해 주택의 건설 주기는 상당히 긴 편에 속한다. 토지 매입, 건축, 인테리어 등에 많은 시간이 걸리기 때문에 건설주기가 길 수밖에 없다. 부동산 개발업자가 밤낮 가리지 않고 열심히 집을 짓는다고 해도 기하급수적으로 늘어나는 주택 수요를 감당하기 어려울 정도다. 게다가 이미 집을 장만했다고 해도 여기서 만족하지 않고 계속해서 집을 구매하려는 수요도 여전히 존재한다. 제대로 정비되지 못한 사회 보장 시스템으로 불안감에 사로잡힌 사람들은 인플레이션을 대비해 추가로 집을 매입하거나 노후 자금으로 사용하려고 주택을 매입하기도 한다. 그 밖에도 자녀가 버는 돈만으로는 집을 장만하기 어렵기 때문에 자녀를 위해 집을 추가 매입하기도 한다.

부동산 시장에서 중요한 부분 중 하나가 바로 구매력이다. 구매력은 공급과 수요가 원만하게 '소통'할 수 있는지를 결정하는 중요한 요소다.

그해 GDP 성장세를 넘어설 정도로 자금이 대량으로 풀리면 자본 거품이 생겨나게 되는데, 이 거품은 대출이라는 형태로 은행을 통해 시장으로 흘러들어 간다.

그 밖에 30여 년간 추진된 개혁개방으로 민간에도 상당한 규모의 재화가 등장했다. 은행으로부터 자유로운 이 자금은 상황에 따라 모이거나 흩어지는 방식으로 유통되기 때문에, 그저 '어마어마하다'는 애매모호한 표현으로만 그 규모를 짐작할 뿐이다. 이러한 상황에서는 민간자본과 은행 대출 모두 '출구'가 필요하다. 산업, 특히 제조업의 경우 이윤이 많지 않기 때문에 중국 내 투자 루트가 협소하다. 그래서 민간자본과 은행 대출은 더 이상 산업에 미련을 두지 않고, 부동산 · 증시 등으로 눈을 돌려 폭리를 구하려 한다. '단기, 안정, 속도'로 유명한 민간자본은 단기간에 빠르게 축적된 뒤 부동산 시장으로 유입되어 주택 자원이 부족하다는 허상을 만들어 내며 집값을 끌어올린다. 이러한 민간자본을 **'부동산 투기세력(炒房團)'**이라고 하는데 원저우, 네이멍구(內蒙古) 지역의 부동산 투기세력이 유명하다.

**부동산 투기세력(炒房團)**

전국 부동산 시장에서 적극적으로 투자에 참여하고, 상품방 가격에 상당한 영향을 주는 전국 각지의 주택 매입자로 이루어진 조직을 의미한다. 비(非)정부적 성격으로 영리를 추구하며 자유로운 투자를 지향한다는 특징을 가지고 있다.

사회 계층이라는 측면에서 봤을 때, 개혁개방 중 '선부론(先富論)의 수혜자' 즉 부의 피라미드 최상위에 속하는 이들은 민간기업 경영주, 국유기업 임원, 민간기업 고급 설계사 등으로 중국의 대표적 부유층이다. 막대한 재력을 보유하고 있는 이들에게 주택을 매입하는 일이야 식은 죽 먹기나 다름없다. $1m^2$당 1만, 2만 위안짜리 주택은 물론, 3만, 3만 5,000위안짜리 주택도 별 부담 없이 매입한다. 살 집이 부족하지 않은 이들은 여러 채를 매입하고도 계속해서 집을 사들이거나 심지어 주택 투자에 나서기도 한다.

그 밖에 중국 사회에서 집은 크게는 자존심, 사회적 지위, 작게는 결혼, 가정의 행복과 직결되기 때문에 피라미드의 중간(중산층) 심지어 말단(대학교를 막 졸업한 사회 초년병, 일반 근로자, 농민공)에 속한 사람들마저 제 집 마련을 평생의 목표로 생각한다. 빈털터리 상태에서 결혼해 가정을 꾸린 개미족은 달팽이집에서 살아가며 집 한 채 장만하기 위해서라면 못할 것이 없다는 각오로 일한다. 하지만 이들은 어느덧 '집의 노예'가 된 채 제 집 마련을 위한 무거운 짐을 평생 짊어진다.

주택 가격이 떨어지기 시작했지만 주택을 구입하려는 사람들은 이것만으로는 부족하다며 추가 하락을 기대한다. 그렇다면 집값은 과연 얼마까지 떨어질까? 그 답을 알고 있는 것은 오로지 시간과 시장뿐이다.

# 부동산 규제책은 계속해서 집값을 떨어뜨릴 수 있을까?

*한 치의 거짓도 없이 이야기하자면 나는 그 시대(꽌시와 폭리로 물든)의 **'기득권자'**다. 하지만 2004년 입찰공고경매거래방식(招拍挂: 입찰공고(招標), 경매(拍賣), 등록(掛牌))이 강제 시행된 후(업계에서는 이를 '8 · 31대란'이라고 부른다) '불패 신화'는 사라지고 말았다.……*

**기득권층**

기존의 이익 구조에서 광범위한 이익을 확보한 상위 그룹을 가리킨다. 기득권층은 통치자의 정책과 관계를 통해 엄청난 이익을 챙길 뿐만 아니라, 다른 계급을 착취할 수 있는 권리마저 보유하고 있다. 이들은 새로운 변화 없이 현행 정치와 경제 제도가 계속 유지되기를 선호한다.

*불패 신화가 더 이상 존재하지 않는다고 해서 시장의 규범화와 법제화가 성숙되고, 토지 공급이 투명하게 공개된다고 해서 그리고 부동산 개발업자가 더 이상 위선과 거짓으로 '검은 돈'을 벌 수 없다고 해서 주택 매입자가 돈을 아낄 수 있다는 것을 의미하지는 않는다.*

*듣기 거북하고 받아들이기 어려운 사실이지만 누군가는 이 일을 세상에 알려야 한다고 생각한다. 루쉰(魯迅)의 글을 보며 '혁명'을 꿈꿨던 사람들은 막상 '혁명'이 일어나자 세상이 달라졌을 거라고 확신했다. 하지만 그 기대감은 오래가지 않았다. 평소 자신이 싫어했던 사람들 중에 '재수 없이' 걸려든 사람도 있긴 했지만 제 삶이 이전에 비해 크게 나아진 것이 없었기 때문이다. 그런 점에서 부동산 시장도 마찬가지다.*

*부동산 개발업자 출신이었던 내 경험을 솔직히 털어놓겠다. 부동산 개발업자가 양심이니 도덕 따위는 개나 줘 버리라며 탐욕을 부리는 바람에 집값이 고공행진을 하고, 그 때문에 사람들이 제 집을 장만하지 못했다면 차라리 부동산 개발업자로서는 잘된 일이다. 자신만의 법칙에 따라 발전 · 성*

*장하는 시장일수록 구성원의 양심이나 도덕에 의존하는 경우가 많지 않기 때문이다. 부동산 시장이 바로 그러하다.*[17)]

## 파티는 얼마나 계속될 것인가?

위의 글은 베이징 진디엔(今典)그룹의 CEO 장바오취안(張寶全)이 쓴 '15년 동안의 고백'이라는 글의 일부로, 억울함과 원망의 소리가 적지 않다. 자신 역시 정서적 폭력을 당한 피해자라고 주장하는 그의 글에, 많은 이들이 '실속은 다 차리면서도 선심 쓴다'는 느낌을 지우지 못했다. 중요한 사실은, 부동산 개발업자가 '떵떵'거렸다는 이야기가 길거리에서부터 정부의 권위 있는 매스컴에 이르기까지, 그리고 '간상'의 입을 통해서 쏟아져 나왔지만 꿈쩍도 하지 않던 '부동산 불패 신화'가 2004년부터 돌연 자취를 감췄다는 점이다.

2003년 시작된 부동산 규제 대책은 2004년에 접어들며 한층 기세를 올렸다. 이를테면 농업 용지의 건설 용지 전환에 제동이 걸리거나, 부동산 신용 대출 제한 및 토지 입찰공고 경매거래방식 제도 등의 조치가 연거푸 시행됐다. 특히 토지 입찰공고 경매거래방식[18)]은 부동산 개발업자로부터 '8 · 31대란'이라고 불리기도 한다. 부동산의 과열 조짐을 억제하기 위한 다양한 '진정제'가 시장에 주입되면서, 즉 행정 부문이 시장에 뛰어들며 강제 진압에 나서자 개발 루트가 한정되어 있고 규모도 작은 데다 보유한 토지 자원마저 적은 중소 개발업자가 첫 희생물로 떠올랐다. 아울러 부동산 업

17) '2006년을 돌아보며: 2006 집값 대란', 〈남방주말〉

18) 2004년 3월 20일 국토자원부, 감찰부에서 '경영 목적의 토지 사용권 입찰공고 경매거래양도 상황의 지속적인 법률 집행 및 감찰 작업에 관한 통지'를 공동으로 발표하며, 2004년 8월 31일 이후 더 이상 역사적 문제를 이유로 협의를 통해 경영 목적의 토지 사용권을 양도할 수 없다고 규정했다. 국유 토지 사용권은 반드시 공개적인 입찰공고를 통해 양도될 수 있다는 내용이 포함됐다.

계의 문턱이 점점 높아져 대형 부동산 개발업체가 시장을 독점하는 상황이 심화되면서 부동산 시장에서 부동산 개발업자의 입김이 커지기 시작했다.

토지라는 자원이 점점 희귀해지자, 토지 입찰공고 경매거래방식 제도는 부동산 개발업자에게 '땅을 쌓아두는 것'이야말로 진리라는 인식을 강하게 심어줬다. 쉽게 말해서 땅 한 평이라도 먼저 차지하는 것이 돈 한 푼이라도 더 버는 길이라고 생각하게 된 것이다. 지방정부로서는 흐뭇하기 그지없었다. 토지 입찰공고 경매거래방식으로 제 '작은 금고'에 돈이 줄줄 들어오고 있으니 밥을 먹지 않아도 절로 배가 부를 지경이었다. 부동산 개발업자와 지방정부가 함께 손을 잡으면서 토지 가격은 고공행진을 이어갔다. 토지 가격의 상승은 곧 주택 건설 비용의 상승을 의미하기 때문에 자연스레 집값이 뛰기 시작했다. 이러한 상황에서 제아무리 강력한 조치가 실시된다고 해도 거침없이 치솟는 집값을 내리누르기란 결코 쉽지 않다.

주택 시장의 공급과 수요가 역전된다면, 다시 말해서 인위적으로 소비자의 구매 의욕, 즉 수요를 예전만 못하게 만든다면 '**주택 매입 제한령**'을 위시한 부동산 억제책은 극약 처방이 될 수 있다. 가뜩이나 수요가 줄어든 상태에서 주택 매입 제한령까지 가세한다면 주택 공급자는 눈물로 밤을 지새워야 할지도 모른다. 이러한 기대를 한몸에 받으며 주택 매입 제한령이 지속적으로 추진됐고, 상당수 도시의 집값이 다소 누그러드는 현상을 보였지만 약효가 원체 강하다 보니 적지 않은 부작용이 생겨나고 말았다. 정상적인 주택 수요가 크게 줄어들었을 뿐만 아니라 변칙적으로 주택 임대 시장의 거품을 촉발해 많은 사람이 이전보다 더 팍팍해진 살림살이를 해야 했기 때문이다. 집을 마련할 만한 경제적 여건이 안 되는 상황에서 임대 가격마저 자꾸 오르다 보니 몸 편히 쉴 수 있는 방 한 칸 장만하기까지 말로 표현할 수 없는 경제적 그리고 정신적 고통에 시달려야 했다. 설상가상으로 주택 매입 제한령은 임시방편에 불과했다. 막강한 살

**주택 매입 제한령(限購令)**

가장 강력한 부동산 규제책이라고 불리는 주택 매입 제한령은 베이징, 상하이, 선전, 샤먼(厦門), 광저우 등에서 이미 시행되고 있다. 해당 도시에 속하는 호적을 가진 주민 가구는 주택 2채만 구입할 수 있다는 내용을 중심으로, 해당 도시에서 거주하며 1년 이상 세금을 냈다는 납세 증명서나 사회보험금 납입증명서를 보유한, 기타 지역 출신의 주민 가정은 주택 1채만 매입할 수 있도록 규정하고 있다.

상력을 자랑하는 주택 매입 제한령이 과대 포장된 집값의 포장을 한 겹 한 겹 벗겨내자 많은 사람이 환호했지만 훗날 제한령이 철폐된 뒤에도 여전히 아무것도 달라지지 않았다면 그 좌절감을 어떻게 수습해야 할 것인가? 쉽게 말해서 주택 매입 제한령이 썰물처럼 빠져나간 뒤에도 지방정부는 여전히 토지재정에 의존하고, 주택을 매입하려는 사람이 밀물처럼 쏟아져 들어오지만 가격 결정권이 여전히 부동산 개발업자의 손에 쥐어져 있다면 집값 상승은 고스란히 재연될 것이다. 부푼 기대를 안고 하루하루를 버티는 서민에게 이러한 결과는 제 힘으로 할 수 있는 것이 아무것도 없다는 좌절감만 심어줄 뿐이다.

게다가 정부가 앞장서서 집값을 잡기 시작하자, 사회적 여론과 분위기가 '전 사회가 동참해야 한다'는 분위기로 흐르면서 높은 집값을 유도하던 일부 세력은 갑자기 부동산 개발업자, 투기 세력과의 전쟁을 선포하기도 했다. 하지만 생존과 이익을 추구하는 부동산 개발업자와 재정 수입을 챙겨야 하는 지방정부로서는 집값 하락은 결코 달갑지 않은 결과였다. 그 때문에 민생을 챙겨야 하는 중앙정부와 재정 수입을 높여야 하는 지방정부 사이에서 미묘한 '엇박자'가 포착됐다. 쉽게 말해서 중앙정부와 지방정부가 서로를 등진 채 각자 다른 길을 걷기 시작했다. 그러다 보니 집값을 잡으려는 중앙정부의 정책이 지방으로, 민생으로 내려갈수록 효력을 잃을 수밖에 없었다. 사실상 지방정부는 도시 주민이 몇 채의 집을 가지고 있든 전혀 관심이 없었다. 그들의 관심사는 오로지 하나, 집값 하락이 지방의 재정 소득 감소로 이어지는 것은 아닌지 하는 그것뿐이었다. 화장실 갈 때 다르고 올 때 다르다고 하더니, 주택을 보유한 사람들의 심정이 딱 그랬다. 버스를 타는 상황을 떠올려 보면 좀 더 쉽게 이해할 수 있을 것이다. 버스가 오면 정류소에 있던 사람들이 조금이라도 빨리 버스를 탈 생각에 우르르 달려들어 버스에 오른다. 하지만 버스 앞쪽에 이미 많은 사람이 몰려 있다 보니 버스에 오르는 것이 생각처럼 쉽지 않다. 그러자 버스에 타고 있던 사람들에게 소리친다. "좀 들어갑시다, 들어가요. 모두 조금씩 안으로 들어가면 다른 사람도 탈 수 있겠는데…….” 우여곡절 끝에 간신히 버스에 오른 사람들은 마치 무거운 짐이라도 든 것처럼 제자리에서 꼼짝도 하지 않는다. 다음 정거장에서 버스에 올라탄 사람들이 좀 전에 자신이 했던 말과 똑같이 이야기해도 꿈쩍도 하지 않는다. 버스를 타려는 사람들은 어떻게든 버스를 탈 생각에 계속 차문 앞에 줄을 서다 보니 버스도 쉽게 움직이지 못한다. 그러자 버스에 타고 있던 사람들이 버스를 타려는 사람에게 짜증 섞인 목소리로 소리친다. “자리 없어요. 기다렸다 다음 차 타세요. 버스 탄 사람들 시간 잡아먹지 말고요.” 그러자 차에 타고 있던 나머지 사람들도 옳다며 버스 기사에게 어서 출발하라고 재촉한다.

## 경제 문제가 정치 문제로 발전되면

‘모두가 이기는 상황’이 펼쳐지지 않는다는 점에서 집값 문제는 단순한 경제적 문제에서 다양한 세력의 이익과 계산이 복잡하게 얽혀 있는 정치적 문제로 발전한 듯싶다.

공급–수요 불균형과 비싼 땅값이 집값의 고공행진을 이끄는 ‘원흉’은 아니라는 점에서 일방적으로 공급 과열을 진화시키거나 수요자의 주택 매입 의사를 꺾는 방법은 수박 겉핥기에 불과하다. 2007년 11월 21일 오전, 국가 중요 인사가 싱가포르의 주택 건설 현장을 참관한 후 소감을 밝혔다. “정부의 가장 중요한 직책은 돈 없는 서민이나 일자리를 찾아 도시로 올라온 농민공이 싸게 얻을 수 있는 저렴한 임대주택을 가능한 한 많이 짓는 일입니다. 그리고 중산층을 주택 정책의 주인공으로 선정해 그들의 경제적 수준에 맞는 주택을 지어 줘야 합니다.” 지금껏 주택 공급 문제에만 집착했던 정부 대책 역시 문제가 있다. 정부가 적극적으로 추진한 보장방 건설 프로젝트가 바로 그 증거다.

그 밖에 시장에 새로운 경쟁요소, 즉 소산권방을 도입해야 한다. 적당한 법률적 조치나 제도가 보완된다면 저렴하면서도 품질 높은 소산권방은 부동산 시장에서 메기효과를 발휘할 것이다. 즉 주택 공급을 늘리면서 농민의 소득도 올릴 수 있다는 점에서 지극히 바람직스러운 해결책이 될 수 있다. 물론 토지 재정과 지방정부가 미친 듯이 토지 재정만 좇도록 만드는 GDP주의 역시 대대적인 수정이 필요하다.

MYSTERY OF CHINA

# 제9장

# 고리대가 창궐하는 까닭

시간은 희비를 교차하는, 결과를 예측하기 어려운 시험대다. 금융위기 동안 안정적인 태세를 유지하던 중국의 금융 시스템은 금융위기의 거친 물결을 온몸으로 막아내며 세계 경제의 연착륙에 일조했다. 하지만 금융위기 이후 정작 중국은 고리대라는 수렁에 빠져 허우적거리고 있다. 쉴 새 없이 중소기업을 집어삼키는 고리대는 중국인의 눈에 거대한 괴물로 비쳐진다. 지금의 금융 환경은 '젖지는 않지만, 왠지 모르게 피부가 축축해지는 세상'일까? 아니면 '하염없이 내리는 안개 같은 봄비'일까?

# 홀로 승승장구하는 중국 금융

> 피뢰침에 건물 전체의 전류가 모이는 것처럼 셀 수 없이 수많은 사건이 이 짧은 순간에 일어난다.
>
> –슈테판 츠바이크(Stefan Zweig), 《광기와 우연의 역사(Sternstunden der Menschheit)》

## 안정적인 금융의 마지노선

**마지노선(Maginot Line)**

제1차 세계대전 당시 프랑스군은 독일과 이탈리아의 침입을 막기 위한 방편을 찾느라 고심하고 있었다. 1930년 프랑스 국방장관 자리에 막 취임한 앙드레 마지노(A. Maginot)는 자신의 방어 계획을 의회에 상정해 무려 90%라는 압도적인 지지를 이끌어 내는 데 성공했다. 그 후 10년 동안 프랑스–독일, 프랑스–이탈리아 변경 지역에 대규모 방어선 구축 사업이 추진됐는데, 이것이 바로 유명한 마지노선이다. 금융 부문에서 마지노선은 매도 세력의 최후의 방어선을 의미한다. 마지노선은 주로 최후의 항전이나 사람 사이의 불신, 경계를 비유하는 데 사용된다.

한때 사람들은 세월은 찰나지만 선의(善意)는 영원하다고 믿었다. 하지만 제아무리 거스르기 어려운 천명(天命)이라도 영원한 승자는 없는 법이다.

2008년 국제금융 위기 당시 중국의 금융 시스템은 세계 경제 회복에서 제 역할을 충실히 해냈지만 시간이 지날수록 많은 박수와 찬사를 받기는커녕 심각한 후유증에 시달리고 있다. 다시 말해서 회색지대를 어슬렁거리며 돌아다니던 민간대출이 '고리대'라는 가면을 쓰고 사방을 활보하고 있다.

1979년 10월 덩샤오핑이 은행을 경제 발전, 기술 혁신의 발판으로 삼고 진정한 의미의 은행으로 재탄생시켜야 한다고 주장하면서 중국의 금융 시스템은 화려한 모습으로 비상하기 시작했다.

30여 년 동안의 발전을 통해 중국의 금융 시스템은 날로 정비됐는데, 이러한 변화에 대한 사회적 여론은 정서적으로나 실제 운영에 있어서 상당

부분 일치되는 경향을 보였다. 정부의 적극적인 관심 아래 중국의 금융 조직 시스템은 당초 중국 인민은행이 지배하던 단순한 시스템에서 점진적인 개혁을 통해 중국 인민은행을 중심으로, 은행감독위원회, 보험감독위원회, 증권감독위원회 등의 관리 감독 기관과 국유 시중은행, 정책성 금융 및 상업용 금융으로 분화됐다. 금융기관의 다양화, 융자 루트의 다양화, 상호 보완적이면서 협조적인 협력을 추구하는 새로운 금융질서가 비로소 탄생한 것이다.

2008년 국제 금융위기가 발발하며 서방 선진국을 포함한 상당수 국가의 금융 시스템이 만신창이가 된 것은 물론, 심지어 일부 국가에서는 금융 시스템이 무너지는 상황까지 나타났다. 이와는 대조적으로 중국의 금융 시스템은 홀로 승승장구하며 세계 경제 무대에서 이름을 크게 떨쳤다. 금융위기 속에서도 안정적인 성장세를 유지하던 중국 경제는 2007년 전 세계를 떠들썩하게 만든 '대국굴기'가 결코 입에 바른 소리가 아니라는 것을 재차 증명했다. 좀 더 주목을 끄는 신분으로 상승한 '**쿵푸팬더**'는 세계적인 정상회담, 국제 포럼을 돌아다니며 스포트라이트를 한몸에 받았다. 국격(國格)이 올라갈 수 있었던 비결에 대해 사람들은 마치 약속이라도 한 듯 안정적인 금융 마지노선을 지목했다. 중국 은행감독위원회의 관리 감독 능력은 서방 국가의 무작위식 정책보다 한층 엄격했다. 이를테면 은행의 증권 업무로 인한 리스크에 철저히 대비하고, 은행 시스템의 상대적인 독립성 유지, 자본시장과의 연계 탈피, 세계적인 금융 시스템과 다소 거리를 둔 정책 덕분에 월스트리트의 투기 자본이 중국의 금융 채권 시장에 우르르 몰려와 함부로 활개를 치는 상황을 피할 수 있었다. 그 결과, 중국의 금융 시스템은 전 세계적인 금융위기라는 재난에서 벗어날 수 있었다.

**쿵푸팬더**

〈쿵푸팬더〉는 중국의 쿵푸(功夫)를 주제로 한 동양적 색채의 미국 애니메이션 영화다. 착하지만 멍청한 팬더 포가 무림고수가 되는 과정을 담고 있는 이 영화는 2008년 5월 상영된 이후 전 세계적으로 6억 달러 이상의 박스 오피스를 기록했다.

2009년 2월 세계적인 은행 금융 시스템이 여전히 금융위기의 소용돌이에 휘말려 신음하고 있을 때, 류밍캉(劉明康) 은행감독위원회 의장은 중국의 금융 시스템이 전성기를 구가하고 있다는 것을 객관적인 데이터로 증명할 수 있는 4대 희소식을 대대적으로 발표했다.

첫째, 부실채권이 '쌍둥이 감소 현상'을 유지했다. 2008년 12월 말, 시중은행의 부실채권 잔여액은 5,681억 8,000만 위안으로 연초보다 7,002억 4,000만 위안 감소했다. 부실채권률 역시 연초보다 3.71‰ 감소한 2.45%를 기록했다. 둘째, 위기 대처 능력이 한층 강화됐다. 2008년 말 국유시중은행의 부실대출 손실 준비충족률은 동기 대비 122.2‰ 상승한 153%를 기록했다. 주식제를 채택하고 있는 시중은행의 부실대출 손실 준비충족률 역시 동기 대비 28.3‰ 증가한 198.5%를 기록했다. 셋째, 발생 횟수와 금액이 지속적으로 감소했다. 2008년 은행업에 종사하고 있는 금융기관에서 발생한 부실채권 사건은 모두 309건으로, 그중 피해액이 100만 위안인 경우가 89건이었다. 평균 감소폭이 29%에 달한다. 넷째, 은행업의 수익 능력이 크게 강화됐다. 2008년 중국 은행업 관련 금융기구가 대규모로 자금을 충당한 상황에서 자본 수익률이 2007년과 2006년보다 각각 0.4‰와 2.0‰ 상승한 17.1%를 기록했다.[1)]

정부 관계자의 책상 위에서 오가는 고상한 이야기만으로는 금융 시스템이 지속적으로 변하고 있다는 분위기를 체감하기 어렵지만, 동네 골목에서 들려오는 대화 속에서 정비된 금융 시스템이 사회에 가져다주는 강력한 침투력을 확실히 느낄 수 있다. 법치 제도라는 기반 위에 우뚝 선 현대 금융 시스템은 전통문화 시스템에서 금융 거래를 담당하던 매개물, 즉 사람을 경제적 도구로 해방시킴으로써 인간에게 더 많은 가치, 권리와 자유를 보장해 줄 수 있다. 또한 현대적인 금융 시스템 역시 내부적인 혈연관계를 유대로 한 인적 금융 거래 수단으로서의 역할에서 벗어남으로써, 사람을 통한 전통적인 금융거래에서 발생할 수 있는 '프리 라이딩(Free Riding)' 현상에서 빠져나올 수 있다. 그렇게 되면 자금을 이용한 효력이 크게 제고되어

---

1) '류밍캉이 말하는 금융관리감독 강화 등에 관한 현황 보고', http://finance.sina.com.cn/g/20090226/15365905780.shtml

인간은 제 손으로 일어설 수 있는 더 많은 기회를 얻게 되는 것은 물론, 부자가 되겠다는 열망과 능력을 한 단계 끌어올릴 수 있다.

## 고리대의 습격 : 다 된 밥에 코 빠뜨리기

시간은 희비를 교차하는, 결과를 예측하기 어려운 시험대다. 금융위기 동안 안정적인 태세를 유지하던 중국의 금융 시스템은 금융위기의 거친 물결을 온몸으로 막아내며 세계 경제의 연착륙에 일조했다. 하지만 금융위기 이후 정작 중국은 고리대라는 수렁에 빠져 허우적거리고 있다. 쉴 새 없이 중소기업을 집어삼키는 고리대는 중국인의 눈에 거대한 괴물로 비친다. 그 결과, 한때 전도유망했던 창업에 대한 꿈과 희망은 순식간에 물거품으로 변했을 뿐만 아니라, 급기야 다시는 회생할 여력조차 없는 극단적인 상황으로 내몰렸다. 일본의 유명 작가 **가와바타 야스나리(川端康成)**의 책에 나오는 한 구절이다. "젖지는 않았지만, 왠지 모르게 피부가 축축해지는 안개 같은 봄비였다." 지금의 금융 환경은 '젖지는 않지만, 왠지 모르게 피부가 축축해지는 세상'일까? 아니면 '하염없이 내리는 안개 같은 봄비'일까?

**가와바타 야스나리(川端康成)**

일본의 유명한 소설가로, 1899년 6월 14일 오사카에서 태어났다. 어린 나이에 부모를 잃은 가와바타 야스나리는 평생 떠돌아 다녔는데, 감당하기 어려운 고통과 슬픔이 그의 작품 세계에 고스란히 담겨 있다. 주요 작품으로는 《이즈의 무희》, 《설국》, 《천년학》 등이 있으며, 1968년 노벨 문학상을 수상하는 영광을 차지했지만 1972년 4월 16일 자신의 작업실에서 스스로 목숨을 끊은 채 발견됐다.

# 고리대의 악몽

## 넘쳐나는 자본

악몽이 꿈틀거리며 싹을 틔우고 무서운 성장 과정을 거쳐 태평성세의 아름다운 베일을 당장이라도 찢어버릴 정도로 힘을 키웠지만, 그 안에서 살아가고 있는 이들은 악몽이 흉측한 얼굴을 대놓고 드러내기 전까지 아무것도 알아채지 못했다.

사실 중국에서 민간대출은 많은 사람에게서 좋은 평가를 받지 못했을 뿐만 아니라, 따가운 눈총까지 받는 바람에 유독 '코너'에 몰렸다. 특히 2011년은 그 정도가 유독 심했다. '민간대출'이라는 단어가 법에 저촉되지는 않지만, 전문적이지 않고 떳떳하지 못하다는 어감을 지닌 탓에 사람들은 걸핏하면 고리대라는 이름으로 민간대출을 대신하려 했다. 그만큼 민간대출을 향해 원망과 적개심을 숨김없이 드러냈다.

무슨 이유에서인지 고리대에 대한 정확한 정의는 없지만 사람들은 무의식적으로 자본과 이윤의 관계, 즉 이자를 평가 기준으로 삼고 민간대출의 이자가 높은 경우를 가리켜 고리대라고 부른다. 주관적인 기준을 놓고 봤을 때, 은행의 정상적인 이자보다 높거나 심지어 2배, 3배가 되는 경우를 흔히 **고리대**라고 한다.

> **고리대**
> 유독 비싼 이자를 요구하는 대출 혹은 불법 금융기관을 가리킨다. 《섬북민가선(陝北民歌選)·지장좌하흘(地庄坐下吃)》에서 "사람들의 의식이 깨어나면서 지방토호나 지주가 모두 고리대를 하고 있다는 것이 만천하에 알려졌다."는 구절이 등장한다. 《중국통사(中國通史)》에서도 소작농이 지주에게 지조(地租)와 고리대로 착취를 당했다는 내용을 언급하고 있다.

2010년부터 2011년 상반기까지 중국 내 매스컴에서는 앞다투어 눈길을 사로잡는 자극적인 제목의 기사를 줄줄이 내보내기 시작했다. '자금줄이 막힌 중소기업', '고리대의 습격', '배보다 배꼽이 더 큰 고리대'…….

이러한 상황은 가뜩이나 위태로운 벼랑 끝에 서 있던 중소기업이 고리대가 활개칠 수 있도록, 일종의 도

화선으로 전락했다는 참담한 현실을 보여준다. 비용 인상, 자금 사정 악화 등으로 극심한 자금난에 시달리던 중소기업은 물에 빠진 사람 지푸라기라도 잡는다는 심정으로 난관을 넘기 위해 고군분투했다. 하지만 이들의 사정을 모를 리 없는 은행은 더 이상 '구원의 손길'을 내밀기를 거부했다. 바로 이 순간, 시의적절하게 고리대가 그 틈을 파고들었다. 죽어가는 회사를 살리기 위해 혈안이 되어 있던 경영주에게 이자가 얼마나 높은지, 채무를 상환할 만한 충분한 능력을 자체적으로 보유했는지 따위를 자세히 따져볼 여유나 이성을 기대할 수 없었다. 그저 돈을 빌릴 수만 있다면 나중 일이야 어떻게 되든 상관없다고 생각했을 만큼 그들은 절박했다. 쉽게 말해서 중소기업에게 높은 이자는 고민의 대상이 아니었다.

이익만 추구하는 본성 탓에 한때 사람들의 눈 밖으로 났던 민간자본은 '기업의 자금줄이 막히면 대출로 목숨을 연명할 수밖에 없다'는 이야기에 쾌재를 부르며 무섭게 팽창하기 시작했다. 시중에 자금줄이 '바짝' 말라가자 민간자본은 더욱 기승을 부리기 시작했다. 뜨겁고 축축한 공기로 뒤덮인 열대우림에서 수많은 생물이 놀라운 속도로 자라나듯 말이다. '돈이 돈을 낳고 이자가 이자를 낳는' 탐욕과 야심이 쉬지 않고 몸집을 키우기 시작했고, 합법적인 제도와 법률에서 벗어난, 한 때 법률, 도덕, 인간성 등으로 억압된 인간의 욕망이 충동적이고 단순하며 편집적인 집단 심리의 부추김 속에 무서울 것이 없다는 식으로 퍼져나가기 시작했다. 그 결과, 고리대의 대상, 이자율, 범위 할 것 없이 유례없이 확대되기 시작했는데, 실제로 지난 1년간 원저우 지역의 고리대는 400억 위안이 늘어났는데 그 증가세가 얼마나 빠른지 가히 상상을 초월할 정도다.

지역적으로 봤을 때, 연해 경제 발전지역 이를테면 저장 일대는 민간대출이 가장 활개를 치는 곳 중 하나로 대출업체 간 경쟁이 백열화(白熱化)됐을 정도로 성행했다. 아직 합법적인 인정을 받지 못한 데다, 자격증 없이 검은 돈을 만지던 개인 대출업자들은 돈을 빌릴 고객이나 돈을 빌려줄 고객을 모집하는 과정에서 '불법 자금 모집'이라는 죄목에 걸릴 수도 있다는 걱정에 노골적인 광고를 내세우는 대신 고객과의 비밀스런 접촉을 시도했다. 요컨대 '아시잖아요?'라는 뉘앙스를 풍기며 고객을 끌어 모았다. 그 결과, 남의 눈치 보지 않고도 쉽게 돈을 빌리거나 돈을 빌려줄 사람이 늘어나면서 민간대출은 무서운 속도로 몸집을 키울 수 있었다. 무시할 수 없을 만큼 영향력을 키운 개인 대출업자들은 당국의 눈을 피해 조용히 뒷골목에서 장사하던 과거를 청산하고 용감하게 눈길을 사로잡는 문구로 고객을 끌어 모으고 있다. 그 용기가 얼마나 가상한지, 자신들이야말로 어려울 때 친구가 되어 줄 수 있다든지, 고통에서 구제해 줄 수 있는 **'구세주'**라고 들먹이기까지 했다.

**구세주**

기독교의 예수를 가리키는 호칭으로, 고난에서 구제해 주는 개인 혹은 집단을 가리킨다. 구세주는 심판의 눈으로 개인의 죄악을 가려낸다고 한다.

대출 범위 역시 서로 아는 사람끼리 빌려주던 수준에서 한참 벗어났다. 몇 년 전만 해도 아는 사람끼리 돈을 빌리고 빌려주던 형태에서 서로 모르는 사람끼리 돈을 빌리거나 빌려주고 있는데, 대출이 이뤄지는 지리적 범위 역시 특정 지역에서 전국으로 확대됐다. 아울러 대출받으려는 대상의 '신분' 역시 점차 다양화되고 있다. 기업을 운영하는 사업가에서부터 공무원, 근로자, 교사 심지어 농민……, 다양한 계층의 사람들이 한몫 단단히 잡겠다며 불나방처럼 겁도 없이 달려들고 있다. 그 모습을 가만히 보고 있노라니 2007년 증시 폭등으로 '개나 소나 주식한다'는 주식 투자 열풍이 절로 떠오른다.

〈남방주말〉은 항저우에 살고 있는 허진(何金)이라는 대출업자에 관한 이야기를 소개했다. 대출업계에 뛰어든 지 3년 만에 허진은 수천만 위안에 달하는 신용 대출 펀드를 운용하고 있는데, 업계에 투신한 후 처음 착수한 거래로 소위 말하는 '대박'을 터뜨렸다고 한다. 600만 위안을 빌려준 허진은 두 달 만에 순수익으로만 7만 2천 위안을 벌어들였다. 기사 내용 가운데서도 특히 눈길을 사로잡는 것은, 누군가 3년 전 5만 위안을 들고 대출업계에 투신했다가 3년 만에 2,000만 위안을 거머쥐게 된 사례를 허진이 직접 목격했다는 대목이다. 제아무리 경제의 판도가 쉴 새 없이 변하고 있다고는 하지만 허진은 '쉽게 큰 돈을 벌 수 있는 대출업'에 유독 뜨거운 애정을 보인다. "대출업에 한번 손대면 다른 건 생각도 안 날 걸요. 손쉽게, 그것도 순식간에 큰 돈을 벌 수 있으니 말입니다." 힘들게 고생하며 돈을 버는 것보다 훨씬 쉽게 거액의 돈을 벌 수 있다 보니 그 유혹을 거부하기란 결코 쉽지 않다. 평소에 잠재되어 있던 '사행심'이 고개를 드는 것도 모자라 노골적으로 탐욕스러운 욕망마저 드러낸다. 도박에 일단 빠지면 가산을 탕진하는 것은 물론, 사람까지 망친다는 이야기를 익히 알고 있지만 도박 중독자가 화투패 비슷한 것만 봐도 눈에 불이 나는 것처럼 돈에 대한 욕망을 가라앉히는 것은 우리의 상상보다 훨씬 어렵다.

이처럼 대출업이 엄청난 매력을 발산하게 된 배경에는 폭리를 얻을 수 있다는 점 외에도 돈을 빌려주는 사람의 지위를 높여준다는 또 다른 효과가 작용한다. 허진의 말을 빌리자면, 제아무리 거대한 기업을 이끄는 사장이라 하더라도 자신 앞에서는 굽실댄다는 것이다.[2]

부자가 되고 싶다는 열망은 중국 대륙에서 단 한 번도 꺼진 적이 없다. 경제가 발달한 일부 지역에서 민간대출이 크게 성행하자, 나머지 지역에서도 심상치 않은 조짐이 목격되고 있다. 특히 일부 경제 낙후 지역, 중서부 지역에서부터 산간벽지에 이르기까지 너 나 할 것 없이 '돈에 투자'하는 열풍이 불기 시작했다.

싸홍(泗洪) 현은 장쑤(江蘇) 성에서 가장 낙후된 지역 중 하나지만 아이러니하게도 세계 명차(名車)의 전시장이기도 하다. BMW, 인피니티, 캐딜락, 허머(Hummer), 페라리, 람보르기니, 마세라티 등 세계적인 럭셔리 브랜드를 대표하는 자동차의 수와 종류만 놓고 봤을 때 이곳이 별 볼 일 없는 가난한 동네라는 사실이 언뜻 이해되지 않을 정도다. 심지어 싸홍 현 관할 내 스지샹(石集鄕)은 'BMW 마을'이라고 불린다. 이처럼 경제와 일상 사이의 심각한 '괴리 현상'이 나타나게 된 원인을 넘쳐나는 고리대에서 찾을 수 있다. 싸홍 현 내 스지, 칭양(青陽), 청터우(城頭) 등은 집집마다 한 푼 두

2) 출처: '줄행랑치는 대부업체, 야반도주하는 저장 대출업자들, 벼랑 끝으로 내몰린 중소기업', 〈남방주말〉, http://www.infzm.com/content/63368

푼 모은 돈으로 고리대를 할 만큼 고리대가 성행하고 있다. 고리대에 쏟아부은 돈은 제각각이었지만 이자가 비정상적으로 높다는 현상만은 일치한다. 5만 위안을 빌려줬을 때 이자가 1할 5푼이라면 사람들이 왜 돈을 고리대에 쏟아붓는지 절로 고개가 끄덕여질 것이다. 비이성적으로 높은 이자율, '돈이라면 못 할 것이 없다'며 중간에서 대출금을 교묘하게 빼돌리는 대출업자에 이르기까지 온갖 비리와 불법행위가 가세하면서 상식적으로 도저히 납득할 수 없는 '벼락부자'가 가난한 마을에서 대거 탄생했다.

네이멍구 자치구의 대표적 도시인 오르도스(Ordos)는 풍부한 자연 자원으로 유명하지만 '대출 도시'라는 또 다른 이름으로 불리기도 한다. 천혜의 풍부한 자연 자원을 무기 삼아 오르도스는 놀라운 속도로 재화를 쌓으며 중국 내에서 유명세를 떨쳤을 뿐만 아니라 거부(巨富)를 '대량 생산'해냈다. 짧은 시간 동안 부의 기적을 직접 목격했거나 경험한 사람들은 호화 자동차, 호화 주택에 정신이 팔려 앞다투어 대출업에 뛰어들었고, 경제 발전 지역의 벼락부자들이 거둔 성공의 '레시피'를 베끼는 데 바빴다. 정규 금융기관이 손에 꼽을 정도로 자본시장의 등장은 여전히 깜깜무소식인 데 반해, 민간 부문의 재화가 순식간에 팽창하며 민간대출 확산을 위한 온상을 제공했다. 그 정도가 얼마나 심각한지, 민간대출의 영향력이 '민심을 파고들었다'는 수준에서 '부모 자식 관계까지 파고들었다'는 이야기로 발전했을 정도다. 쉽게 말해서 아버지가 아들에게 돈을 빌리면 원금은 물론, 높은 이자도 함께 갚아야 한다는 농담 아닌 농담이 널리 퍼져 있다. 금융이라는 관점에서 볼 때, 대출 행위로 발생하는 이자는 비난할 것이 못 되지만 자본시장이 거의 백지나 다름없던 오르도스에서 대출업이 마치 '시장의 법칙'으로 취급받으며 승승장구한다는 점은 결코 좌시할 수 없는 문제라 하겠다. 민간대출이 일상적으로 성행하고 있지만 경제적 활력은 물론, 금융 기반이 상대적으로 탄탄한 장쑤 지역에 비해 오르도스는 안정적인 기반이 턱없이 부족하다. 쉽게 말해서 거대한 몸집의 민간대출 자금과, 빈번한 대출 행위가 벌어지고 있지만 이를 안정적으로 받쳐줄 수 있는 신용 시스템이 존재하지 않기 때문에 리스크는 물론, 중독성 · 후유증이 클 수밖에 없다. 여기서 벗어나기 위해서는 오직 천혜의 자원이나 기타 장점을 최대한 활용해 **자수성가**하는 수밖에 없다.

**자수성가**
어려운 여건 속에서도 꿋꿋이 제 길을 걸으며 성공하는 것을 가리키는데, 무자본 창업과 일맥상통한다. 《주자어류(朱子語類)》 중에 "오늘날 변변치 않은 집안에서 태어난 사내가 그 가문을 일으켜 세우는 것이야말로 최고로 영광을 드높이는 것이다."라는 구절이 있다.

## 금융질서에 미치는 영향

집요할 정도로 비상식적인 추종과 탐욕은 마치 철없는 아이처럼 무서울 것 하나 없다며 마구잡이로 뻗어나간다. 고리대가 '급전'이 필요한 중소기업에 '수혈'해 주는 것은 물론, 고통에 허덕이는 기업에 '기사회생'할 수 있는 기회를 제공한다고 주장하는 인간의 탐욕 때문에 고리대는 자생할 수 있는 기름진 토양을 얻었다.

'체외 순환'을 통해 금융 시스템으로 유입된 민간자본은 여전히 금융 부문의 거시 조정이라는 큰 틀 안에서 '**삼불관(三不管)** 세계'에 머물고 있다. 이러한 상황은 운영 시스템의 비합법성, 불규칙성 및 리스크를 무한대로 증식시켜 금융질서에 반드시 지대한 영향을 주게 된다.

**삼불관(三不管)**
지명으로, 옛날에는 텐진 시 남쪽 지역을 가리켰다. 청나라 말엽 텐진이 일본과 프랑스에 조계지로 할양되면서 3개국 사이에 묘한 기류가 형성됐다. 프랑스와 일본 영사관은 해당 지역을 관할할 권리가 없었고, 중국의 지방정부 역시 수수방관하면서 3개국 모두 관리하지 않는다 하여 삼불관(三不管)으로 불리기 시작했다. 이제는 아무도 관심을 두지 않는 지역이나 사건을 가리키는 데 사용된다.

민간대출은 정식 '신분'이 없는 탓에 법적 보호는 물론, 이자 규모에 대한 구체적인 정책이나 법적 규정이 없기 때문에 민간대출에 대한 정부의 통제력을 약화시키고 금리를 인상시키는 현상을 유발한다. 2011년에 들어서면서 중국 내 수많은 중소기업이 줄줄이 자금을 찾아 헤매자, 대출 금리 역시 빠르게 치솟았다.

높은 이자에 힘입어 민간대출의 마수는 혈연, 지연, 학연, 인간관계 등을 총동원해 '아는 사람끼리 이루어진 대출 시장' 밖으로 뻗어나간 것은 물론, 전체 대출 시스템을 한층 약화시켰다. 사실상 대출업자는 합법과 불법 사이에서 아슬아슬 줄타기를 하는 민간대출에 법적 보호 장치가 부족하다는 점을 잘 알고 있기 때문에 대출로 인한 리스크를 줄이기 위해 최대한 빨리 나름의 '법칙'을 만들어 냈다. 이를테면 이우에 있는 한 대출업 종사자는 자신만의 '3대 대출 금지원칙'을 자랑하기도 했다. 즉 반경 100km 내 고객, 한 테이블에서 같이 밥을 먹은 적이 없는 고객, 공장 내 기계를 100% 가동하지 않는 고객에게 대출해 주지 않는다는 것이다. 하지만 민간대출이 날마다 기승을 부리자, 해당 업자도 경쟁에서 살아남기 위해 자신도 모르게 대출 조건을 낮추고 말았다. 위의 3대 대출 금지 원칙도 '믿을 만한 사람 같다'라는 애매모호한 말로 흐지부지됐다. 이처럼 너 나 할 것 없이 모두가 이익에 눈이 멀어 이성, 상식 모두 내팽개치는 상황에서 오로지 두 눈에만 의지해 사람의 됨됨이나 신뢰를 파악한다는 것은 사실상 불가능하다.

그런 점에서 주로 대출을 애용하는 중소기업 역시 믿을 만한 상대가 못 된다. 걸핏하면 자금난에 허덕이는 중소기업은 대출받지 못하면 죽겠다며 배수진을 치거나 대출만 받으면 가능성은 있다는 절박한 의지로 무장한 채 사방으로 돈을 빌리러 다닌다. 이성적으로 판단했을 때, 고리대의 이자율이 자사의 경영 이윤율보다 월등히 높다면 고리대를 빌리는 행위는 '죽기 아니면 까무러치기' 식의 도박과 다름없다. 혹여 예상치 못한 상황으로, 제때 상환하지 못한다면 기업은 높은 이자를 결코 감당하지 못한다.

고리대로 확보한 자금으로 주식이나 부동산에 투자하는 행위 역시 대출의 또 다른 용도라 하겠다. 하지만 한 치 앞도 내다보기 어려운 혼란한 증시에서 큰손은 쉬지 않고 증시를 주물럭거리고, 부동산 시장 역시 강도 높은 규제책으로 바닥으로 추락했다. 한마디로 말해서 현재 중국 시장에서는 승자와 패자를 가려내기 어려운 시험이 펼쳐지고 있다.

옛말에 교만한 것은 오래가기 어려우니 마치 바람에 흩날리는 먼지와 같고, 성한 것은 반드시 쇠하기 마련이니 한낱 봄에 꾸는 꿈과 같다고 했다. 꿈결 같던 시대는 허망하게 사라지고, 잔혹한 '청산(淸算)'시대가 본격적으로 서막을 올리기 시작했다.

# 청산시대

오늘날 우리는 현대 대도시를 배회하는 원시시대의 집단 사냥꾼이다. 이론가들은 인간이 지닌 수많은 나쁜 습관이 바로 여기서 기인한다고 설명한다. 아이스크림이 없던 시절에는 사탕 사업이 성장하기를 바라고, 별 소식이 없을 때는 열심히 이런저런 쓸데없는 소식을 퍼 나르느라 바쁘다. 셀린 디옹이 없던 시절에는 클래식 음악에 환호했다. 우리에게는 코끼리를 사냥했던 과감함과 용기, 별 볼 일 없는 이익에 전전긍긍하지 않는 투자 본능이 있다.

–폴 크루그먼(Paul R. Krugman), 《대폭로(*The Great Unraveling*(Losing Our Way in the New Century))》

## '도망치는' 사장님

오감을 자극하는 시대에, 우리가 살아가는 나날도 더 이상 놀라움으로 다가오지 않는다. 돈을 빌리는, 그리고 돈을 빌려주는 수많은 사람은 남보다 더 많은 재화를 차지하기 위해 위험을 무릅쓰고 소중한 자산을 기꺼이 내놓는다. 누구라도 제 것을 건드리면 가만히 두지 않겠다는 끔찍한 살기를 풍기는 그들에게서 자본의 범람을 막겠다는 의지는 물론 찾아볼 수 없다. 2011년 하반기에 들어서면서 중국의 주요 매스컴은 앞다투어 자극적인 문구를 쏟아내기 시작했다. '야반도주', '파산', '자살', '배상'과 같은 고리대의 '악행'을 고발하는 단어가 속속 등장한 것이다.

**폴 크루그먼(Paul R. Krugman)**

미국의 경제학자로, 신세대 자유경제학파의 대표 인물이다. 1991년 존 베이츠 클라크(John Bates Clark) 상을 수상한 데 이어 2008년 노벨 경제학상을 차지했다. MIT 대학교에서 경제학을 가르치고 있는 폴 크루그먼은 국제무역, 국제금융, 통화위기 및 환율 변동 분야에서 적극적인 연구 활동을 펼치고 있다. 크루그먼이 제시한 신국제무역이론은 소득 증가와 불완전 경쟁이 국제무역에 미치는 영향력을 본격적으로 분석했다는 평가를 받고 있다.

몰래 도망친 사업주와 생산을 중단한 기업에 관한 구체적인 데이터가 제시되지는 않았지만 짐작건대 그 수는 상당하리라. 사회와 매스컴으로부터 주목을 받은 업체는 규모나 인지도 면에서 상당한 존재감을 자랑하는 대기업이었지만 통계 대상에도 들지 못한 중소기업까지 헤아려 봤을 때 충격적인 결과가 기다리고 있다는 것쯤은 쉽게 짐작할 수 있다. 이처럼 고리대가 있는 곳이라면 듣기에도, 그리고 보기에도 자극적인 부정적인 표현이 마치 그림자처럼 따라다니며 고리대에 대한 사람들의 공포와 적개심을 더욱 증폭시켰다.

실제로 저장 일대는 고리대 시스템을 구성하는 요소가 증발한 '재난 지역'으로 전락했다. 쉽게 말해서 거액의 채무를 감당하지 못한 사업가(채무자)가 종적을 감추는 사건이 속속 등장하며, 여기에 관련된 수많은 채권자가 패가망신하는 사태가 이어지고 있다. 그러다 보니 돈을 빌려주기도, 돈을 빌리기도 어려운 상황이 계속해서 되풀이됐다. 매스컴을 장식한 유명 사업가도 적지 않은데, 그 수가 점점 늘어나자 봉황망(鳳凰網)을 비롯한 주요 언론으로부터 대대적인 스포트라이트를 받기도 했다. 이보다 더욱 안타까운 사실은, 해당 사건들이 종결되지 않은 채 지금 이 순간에도 계속되고 있다는 점이다.

## 혼자만 잘살 순 없다

악몽이 마침내 시작됐다. 고리대 자금 시스템이 일단 분열되면 그 시스템에 몸을 담고 있는 모든 참여자는 홀로 호의호식할 수 없다.

고리대 시스템에서 가장 먼저 붕괴 조짐이 나타나는 부분은 주로 하위에 속하는 채무자다. 대출 금리가 워낙 높다 보니 자금 비용이 크게 증가해 가뜩이나 취약한 자금 사정이 더욱 악화되는 악순환에 빠져든다. 그러다 보니 저장 지역에서는 고리대는 끝이 없는 블랙홀과 다름없다며 부동산처럼 폭리를 취할 수 있는 업종에 종사하는 업체나 되어야 고리대를 감당할 수 있을 것이라는 농담 아닌 농담이 유행하기도 했다. 실제로 높은 이자를 감당하지 못한 채무자는 더 이상 어찌해 볼 방도가 없다며 결국 도주, 자살과 같은 극단적인 방식을 선택했다. 도망치면 그만이지 자살할 필요까지 뭐 있겠냐고 물을 수도 있겠지만 경영주로서는 선택의 여지가 없다. 하던 사업을 포기하고 도망친다는 것은 오랫동안 힘들게 쌓아 왔던 신용을 한꺼번에 잃는다는 것과 다름없다. 상인으로서 신용을 잃는다는 것은, 앞으로 남은 생애 동안 남으로부터 신용을 받지 못해 재기가 불가능하다는 뜻이기 때문이다. 설상가상으로 폭력 조직과 연계한 채권자에게 돈을 빌렸다가 도망치기라도 했다면 차라리 죽는 것이 낫다고 할 정도로 여생을 고통 속에서 살아갈 수 있다.

채무자가 대출금을 제때 상환하지 못해 야반도주했다면, 중간업자 이를테면 고리대 업자나 담보인은 꼼짝없이 불행의 구렁텅이로 끌려 들어갈 수밖에 없다. 앞에 등장한 허진 역시 이러한 악몽을 겪었다. 의류업체를 운영하고 있다는 사업주에게 370만 위안을 빌려준 허진은 4일 뒤 은행으로부터 500만 위안을 추가로 대출 받은 채무자가 '증발'했다는 소식을 접했다. 설상가상으로 채권자의 명의로 된 재산마저 일찌감치 이전된 상태였다. 놀란 마음에 허진은 공안부에 도움을 청했지만 대출 이자가 법정 기준금리보다 4배나 높은 터라 법적 보호를 받을 수 없었다. 결국 허진은 꼼짝없이 거액의 대출금을 제 손으로 메워야 했다.

그 외에도 상당수의 고리대 업자가 채무자가 야반도주하는 바람에 자신 역시 '도망자' 신세로 전락했다. 이러한 수렁에 빠지지 않기 위해서 고리대 업자는 상환할 힘이 없는 채무자에게 온갖 수단과 방법 가리지 않고 돈을 내놓으라며 닦달한다. 무리한 방식으로 그동안 간신히 채무를 상환하던 채무자가 더 이상 압박을 감당하지 못하고 도망치면, 채권자는 놀란 가슴을 부여잡고 은행으로 달려가 돈을 인출하고 고리대 업자 역시 36계 줄행랑을 선택하게 된다.

고리대 자금 시스템을 구성하는 하단에서부터 서서히 붕괴 조짐이 나타나면, 상위에 속하는 자금 공급책 즉 채권자 역시 손에 쥔 모래알처럼 자금이 빠져나가는 상황을 피하기 어렵다. 높은 이자를 챙기기는커녕 힘들게 모았던 원금마저 모두 날릴 수 있다.

**쑤예뉘(蘇葉女)**

2011년 10월 15일 오르도스 시 둥성(東勝) 구 경제범죄조사팀이 재판에 나서자, 절망한 쑤예뉘는 며칠 동안 일절 음식을 입에 대지 않아 결국 링거 신세를 져야 했다.

대출업계에서 모르는 이가 없다고 할 정도로 유명한 오르도스의 '**쑤예뉘(蘇葉女)** 사건'은 중국 대출업계의 참담한 현실을 고스란히 보여주고 있다. 평범한 노동자로 사업을 일으킨 여성 창업주 쑤예뉘는 고리대로 융자를 받아 문어발식 확장에 나섰는데, 그 분야가 미용 업체, 요식 업체, 종합식품 업체, 부동산 업체 등 다양한 분야를 아우른다. 남의 돈을 '쿨하게' 쓸 줄 알았던 쑤예뉘는 상품방, 별장, 호화 자동차를 대량 매입했을 뿐만 아니라 고급 백화점 등을 참새 방앗간 가듯 들락거렸다. 설상가상으로 도박에 빠진 쑤예뉘는 거액의 판돈을 내놓기도 하고 복권을 대량 사들이기도 했다. 하지만 신용도 좋고 이자도 높게 쳐주는 데다 평소 잘 아는 사람이 나서서 소개까지 하자, 많은 사람이 쑤예뉘에게 돈을 빌려주겠다며 줄을 서는 상황마저 발생했다. 그중에는 오르도스 현지인뿐만 아니라 주변 지역이나 심지어 퉁랴오(通遼), 허난(河南) 등지에서 높은 이자를 노리고 '원정' 온 이도 적지 않았다. 쑤예뉘가 도대체 얼마나 많은 돈을 빌렸는지 구체적인 데이터가 발표되지는 않았지만 그 규모가 약 8억 3,000만 위안에서 10억 위안 사이이며, 피해자가 4,000명에 달할 것이라는 추측이 난무 하다.

고리대의 '중독'에 빠져든 사람들이 점점 늘어나면서 손에 쥐고 있던 마지막 한 푼까지 고리대라는 블랙홀에 던져 넣는 현상이 증가하고 있다. 이러한 추세는 현지 금융 질서를 심각하게 교란시켰을 뿐만 아니라, 자금난을 해결하기 위해 마지막으로 고리대에 손을 내민 현지 업체들을 상대로 금리를 인상시켜 폭리를 취하는 사태까지 촉발시켰다. 가뜩이나 위태롭던 일부 업체는 벼랑 끝에 내몰리자, 더 이상 압박감을 견디지 못하고 한밤중에 도망치거나 파산하고 말았다. 마치 도미노처럼 업체 한 곳이 쓰러지면 해당 업체와 관련된 업체 열 곳이 다음날 문을 닫았다. 요컨대 상당수 업체가 연거푸 파산하면서 현지에서 오랫동안 고생하며 키워 온 사업 기반이 하루아침에 와르르 무너져 내리는 비극이 연출되고 말았다.

부귀영화도 결국에는 한낱 기분 좋은 꿈일 뿐이다. 영원히 꿈꾸며 살 수 없는 인간은 언젠가는 그 꿈에서 깨어나야 한다. 꿈에 취해 사느라 넋 놓고 있다가 갑자기 꿈에서 깨어나면, 반겨주는 것이라고는 냉혹한 현실뿐이다. 모든 것에는 원인과 결과가 있는 법이다. 기업 수익 감소, 낮은 은행 금리, 과도한 통화정책, 융자 플랫폼의 개방성 및 투명성 결핍 등의 여러 요소가 한데 뒤엉키면서 고리대에 취해 모든 것을 잃고 마는 비극적인 드라마가 현재 중국에서 펼쳐지고 있다.

# '눈 가리고 아웅 하는' 게임

가장 흥미로운 과목은 동물학, 식물학뿐이었다. 물론 역사도 관심이 가긴 했지만 내가 배운 역사 교과서와는 내용이 달랐다.

그는 학생에게 항상 멍청한 질문을 던진다. 하지만 아이러니하게도 제대로 된 질문보다 대답하기 더 어렵다.

순간 나는 내가 두려워하는 것이 거지가 아니라 그의 손이라는 것을 깨달았다. 내게서 뭔가를 가져갈 거지가 무서운 것이 아니라, 내게서 뭔가를 훔쳐낼 손 말이다.

**-미하일 조셴코**, 《행복의 열쇠(*The way to Happiness*)》

## 중소기업의 몸부림

**미하일 조셴코 (Mikhail Zoshchenko)**

미하일 조셴코(1895~1958), 구소련의 유명한 풍자 작가로, 1913년 상트페테르부르크대학교에서 법률을 전공했다. 1915년 자원입대한 조셴코는 전선에서 독가스에 노출되는 부상을 당했다. 1918년 홍군(紅軍)에 참가했다가 1919년 병으로 제대한 뒤 1921년에 문단에 데뷔했다.

관련 데이터에 따르면 원저우 지역의 민간대출 중 35%가 사업 경영에 사용된다고 한다.[3] '기형적'이라고 밖에 달리 표현할 길이 없는 높은 이자를 요구하는 고리대는 심신을 해치는 독(毒)이다. 하지만 한 푼이라도 궁한 중소기업으로서는 그 유혹을 뿌리치지 못하고 서서히 중독된다.

치열한 경쟁 속에서 중소기업의 생존은 그 어느 때보다도 위협받고 있다. 상당수 기업이 더 이상은 버틸 수 없다며, 모든 것을 체념한 표정을 짓는다. 우리는 한평생 녹록지 않은 시간을 보낸다. 때로는 무거운 삶의 무게를 묵묵히 견뎌야 하고, 때로는 자신이 그어 놓은 한계

3) 출처: '갈 곳 없는 자영업자, 돈이 돈을 낳는 원저우', 〈경제관찰보(經濟觀察報)〉

에 부딪혀 좌절하기도 한다. 이리저리 부딪히며 상처투성이가 됐지만 그래도 마지막 순간에는 열심히 살아온, 그리고 살아남은 자신을 보며 환한 미소를 짓는다. 하지만 현재 중국에서 이 역시 빛바랜 추억이 되고 말았다. 눈부시게 빛났던 민간경제에서 더 이상 희망의 빛을 발견하기 어려워지고 있다는 뜻이다. 볼멘소리를 하는 것은 몇몇 특정 업체만이 아니다. 중소기업에게 2011년은 자신의 생존력을 시험하는 가장 고된 시간이었다. 오죽하면 금융위기 때도 이 정도는 아니었다며 울상 짓는 업체도 있었다.

비바람이 거세게 몰아닥치는 경제계에서 중소기업은 크게 두 가지 운명에 처했다. 하나는 산업 사슬의 말단에 자리 잡았다는 이유 하나만으로 눈물을 머금고 구조조정을 실시해야 했고, 나머지 하나는 자금난에 시달리며 기업 운영에 어려움을 겪어야 했다.

단기적으로 봤을 때, 시장화의 물결이 날로 높아지는 중국의 경제 환경이 중소기업에게 성공으로 향하는 '탄탄대로'를 제공해 주고 있다고 단정지어 말하기는 어렵다. 어쩌면 더 냉혹한 적자생존의 법칙이 발동될지도 모를 일이다. '효율, 공정'이라는 원칙을 강조하는 시장이라지만, 그 잔혹성은 때로 남의 사정 따위는 아랑곳하지 않고 투기를 해서라도 자신만 잘되면 된다고 생각하는 이기주의, 민생을 무시한 잦은 정책 변동이 가져다주는 혼란과는 비교도 되지 않는다. 강을 건널 때 처음에는 돌을 짚어가며 조심조심 강을 건너지만 강이 깊지 않다는 걸 알게 되면, 용기와 노력을 동원해 성큼성큼 걸어 나간다. 반대로 강이 깊어지면 신중한 결정과 재빠른 판단, 민첩한 행동이 필요하다. 용기와 노력, 혹은 혈기만으로 강을 건너려다가 빠져 죽을 수도 있기 때문이다.

인구 보너스 효과의 실종, 원자재 비용 인상, 위안화 평가절상 등 다양한 요소가 한데 얽혀지면서 대부분의 경영주는 한 치 앞도 보이지 않는 '암흑기'를 보내고 있다.

먼저 '**일손 대란**'을 가지고 이야기해 보겠다. 문제가

**일손 대란**

노동력 부족 현상을 가리키는 일손 대란이 수년 동안 계속 발생하는 원인은 세계경제 흐름, 농민공의 대우 문제와 관련 있다. 일손 대란은 기업의 노력만으로 해결될 수 없으며, 관련 부서의 적극적인 지도와 개입을 필요로 한다.

얼마나 심각한지 쓸 만한 일손을 구하기가 하늘의 별 따기보다 어렵다는 이야기를 중국 어디에서도 쉽게 들을 수 있을 정도다. 유능한 직원을 잡아두기 위해 기업들은 온갖 대책을 내놨는데, 결과적으로 기업의 경영 부담을 한층 가중시키고 말았다. 경제학자 장우창은 《신(新)노동법과 잠식이론(원제: 新勞動法與蠶食理論)》에서 임금 인상에 관한 원인을 분석했다. "중국의 최저 임금과 신노동법은 너무 일찍 도입됐다. 지금 공장 문을 닫고 있는 업체들은 100% 하청으로 먹고 살던 소규모 공장으로, 사정이 워낙 열악하다 보니 **지대(租值)**는 두말할 것도 없고, 사장과 대립각을 세우는 노조마저 모조리 실종됐다." 기존의 임금으로는 필요한 직원을 찾을 수 없기 때문에 기업으로서는 조업은커녕 내일 생사조차 알 수 없을 정도로 일손 대란에 시달리고 있다. 저렴한 임금과 비효율적인 자원 투입에 의존하는 생산방식은 옛이야기가 되어 버렸고, 앞으로 중국은 위안화 평가절상, 인구 보너스 효과 실종 같은 시험을 치러야 할 것이다. 시험을 무사히 통과하려면 시장의 법칙에 따라 낙후된 제조업에서 벗어나 산업 업그레이드를 추진해야 한다. 중국의 경제 구조가 더 나은 방향으로 나아가기 위한 필수 코스다. 이러한 상황에서 경제 구조의 변화에 빠르게 적응하는 것 외에 기업에게 선택의 여지란 존재하지 않는다. 브랜드, 기술, 인재만이 거친 경제의 물살을 헤치고 나갈 수 있는 든든한 버팀목이기 때문이다.

**지대(租值)**

일정 기간 동안 생산요소의 소득-투입 사이의 차액, 생산 요소의 비용을 분석하는 것을 가리킨다. 수치상으로 '고정비용'과 동일한, 총소득과 총비용의 차이를 말한다.

구조조정 역시 기업의 생사를 결정하는 중요한 요소로, 그 과정은 잔혹하기 짝이 없다. 인정사정 봐주며 서서히 진행되는 것이 아니라, '될 성싶은 떡잎'만 추려내기 위해 마구잡이로 몰아친다. 잔혹하게 들릴지 몰라도 옥석을 가리는 과정에서 상당수 기업이 도태되는 상황은 피할 수 없는 운명이다. 치열한 경쟁 끝에, 남다른 생존력으로 시장경제 발전에 적응하며 구조조정의 물살에 합류해 성공을 거둔 우수한 중소기업도 적지 않다.

효과적인 구조조정은 정책적 보호를 필요로 한다. 냉정한 시장의 법칙에 휘말려 궁지에 몰린 중소기업을 구제하기 위해 정부는 상대적으로 완화된 정책, 융자 환경을 제공해 줌으로써 중소기업이 구조조정이라는 시험을 무사히 통과할 수 있도록 지원해야 한다. 하지만 아쉽게도 구조조정이 진행되는 와중에 자금난이 터져 가뜩이나 위태로운 중소기업을 벼랑 끝으로 떠밀고 말았다. 실물경제의 수익률은 지속적으로 감소했고 지속 가능한 발전을 지원하는 자금이 고갈되면서 중소기업은 그야말로 목숨이 오락가락하는 '사경'을 헤맸다. 생사를 알 수 없는 중소기업에게 구조조정을 외쳐대 봤자 쇠귀에 경 읽는 것과 다를 바 없다. 밤낮 가리지 않고 환하게 불을 밝힌 공장에서 쉬지 않고 요란스러운 기계 소리가 들리던 풍경은 어느새 추억이 됐다. 1일 3교대로 일해도 주문을 맞추지 못할 만큼 바쁘게 돌아가던 중국의 공장은 1일 2교대, 심지어 1일 1교대로 인력을 운영하고 있다. 그나마 매일 출근하는 것만 해도 고마울 지경이었다. 일부 근로자 중에는 1주일에 3일만 출근하는 사람도 적지 않고, 공장 문을 닫아걸고 조업을 중단한 곳도 점점 늘어나는 추세다.

## '자금난'

많은 기업의 **자금사슬**이 점점 꼬이면서 사회적 문제로 발전하게 된 첫 번째 원인으로 자금난 악화가 지목됐다. 금융위기에 대응하기 위해 풀린 대규모 신용대출은 결국 인플레이션 현상 심화라는 커다란 후유증을 남기고 말았다. 2010년 하반기부터 은행에서 신용대출 규모를 줄이면서 '계획적 규제'라는 그림자가 또다시 어른거리기 시작했다. 신용대출 규제에 편중된 정부 정책으로 대기업, 지방정부는 돈을 구하는 데 한층 어려움을 겪게 됐다. 신용대출 제한으로 금리가 인상되면서 평소 은행에서 VIP 취급받던 대기업마저 눈물 콧물 짜며 고충을 털어놓을 정도로 자금을 확보하기가 더욱 어려워진 것이다. 여

**자금 사슬**

기업의 정상적인 생산 경영에 필요한 기본적인 자금순환사슬을 가리킨다. 현금-자산-현금(부가가치 발생)으로 진행되는 순환은 기업의 경영 과정이다. 기업이 정상적으로 운영되려면 자금 사슬이 막힘없이 돌아가야 한다.

기에 환율 평가절상에 따른 효과가 검증되지 않았기 때문에, 신용대출 규제는 한결 순조롭게 진행됐다. 그 결과 은행의 신용대출 규모가 큰 폭으로 줄어들었고, 상부 보고용 일평균 예금-대출 및 신용대출권 역시 몰수됐다.

신용대출이 감소하면서 수많은 프로젝트가 자금줄이 막혀 좌초할 위기에 처했다. 기업과 지방정부가 한 푼의 자금이라도 더 얻기 위해서 발품을 팔며 중앙정부에 매달리자, 차별적인 융자 현상 역시 점차 심화됐다. 쉽게 말해서 국유기업과 지방정부는 자금 배급이 제한된 상태에서 상대적으로 우위에 처했지만, 민간기업 특히 중소기업은 지급대상 명단에서 가장 먼저 탈락당하는 수모를 겪어야 했다. 금융으로 대표되는 중요 자원이 특정 세력에게만 편중되는 현상이 여전히 지속되고 있는 것이다.

신용대출이 인위적으로 감소되기 전만 해도 중소기업은 정식 금융기관으로부터 대출을 일부 얻어낼 수 있었지만, 자금난이 가중되면서 중소기업을 향한 은행의 문은 굳게 닫혔고 돈을 융통하기가 한결 어려워졌다. 아울러 중소기업의 발전과 상부상조 관계에 있던 합법적인 민간 금융 시스템 역시 제대로 된 기반을 갖추는 데 실패했다. **'신 36조'**('민간투자의 건전한 성장을 독려 · 지도하기 위한 국무원 의견'을 신 36조라 부른다)의 경우, 민간투자의 금융 부문 진출을 독려하는 정부 정책으로 대략적인 내용은 다음과 같다.

**신(新) 36조**

'비공유 경제 36조'가 반포된 지 5년 뒤인 2010년 5월 13일에 재차 발표된 신(新) 36조는 '민간 투자의 건전한 발전을 독려 · 지도하기 위한 국무원 의견'을 가리킨다. 기존의 비공유 경제 36조와 구별하기 위해 '신(新) 36조'라고 부른다.

*민간자본이 금융기관으로 발돋움하기 위한 노력과 작업을 응원한다. 효과적인 관리 감독 강화, 합법적인 경영 시스템 발전 촉진, 금융 리스크 대처라는 전제하에 금융기구에 대한 주식 지분 제한을 완화한다. 민간자본이 주주라는 형태로 시중은행에 대한 증자를 통해 주식 지분을 확대하거나, 농촌 소비자 신용조합, 도시 소비자 신용조합의 시스템 개조 작업에 참여하는 행위를 긍정적으로 평가한다. 또한 민간자본이 농촌 은행(Rural Bank), 대출업체, 농촌 신용협동조합 등 금융기구를 설립하는 작업에 참여 · 발기*

*하는 행위를 응원하며, 농촌 은행 혹은 지역사회 은행 중 법인은행의 최저 출자비율 제한을 완화한다. 중소기업의 대출 세전 전액을 대손충당금으로 간주하는 정책을 실시하고, 중소형 금융기구의 부실채권 정산 심사 과정을 간소화한다. 소액 대출사의 단일 투자자가 보유한 주식 지분 비율 제한을 적당한 수준으로 완화하고, 소액 대출사의 농업 관련 업무에 대해 농촌 은행과 동등한 재정 보조 정책을 제공한다. 민간자본의 신용담보사 설립을 촉구하고, 신용담보사의 리스크 보상 시스템과 리스크 분담 시스템을 정비한다. 그 밖에도 민간자본의 금융 중개 서비스 기구 설립, 증권·보험 등 금융기구의 시스템 개조 작업 참여 등을 대대적으로 지원한다.*

좋은 정책임에는 틀림없지만 더 나은 정책이 등장하기를 기대한다. 게다가 문서상의 정책이 현실화되기까지 그 과정은 생각처럼 그리 쉽지 않다. 그 밖에도 일부 지방 부서에서는 민간자본을 100% 신뢰하지 않는다. 괜히 한 번 봐줬다가 큰코다칠 수 있다는 걱정에 두고 보겠다는 태도로 일관하다 보니 정책이 지지부진하게 집행되고 만다.

몇 년 전만 해도 희희낙락하던 소액 대출사는 정부의 엄격한 통제하에 이제는 마음대로 숨 한 번 쉬기 힘들어졌다. 게다가 업체 수는 증가했지만 취급하고 있는 자본 규모가 크지 않기 때문에 이들은 '자금난'에 시달리는 관련 업체에 '단비'를 뿌려주지 못했을 뿐만 아니라, 수익 창출이라는 본능을 이기지 못하고 대출사업에 마구잡이로 진출해 고리대의 주범으로 전락하고 말았다. 수익 감소에다 자금난까지 겹치면서 제조업을 위시한 중소기업은 생명의 위협마저 느끼고 있다. 수년 동안 피땀 흘려 가꾼 성과가 하루아침에 무너지는 것을 가만히 두고 볼 수만은 없다는 생각에, 중소기업은 언젠가는 사정이 좋아질 것이라며 이를 악물고 하루하루 버틴다. 그러다가 더 이상 버틸 수 없다고 판단되면 고리대를 통해 다시 한 번 활로를 찾자며 '도박판'에 뛰어든다. 요컨대 돈줄이 마른 중소기업에게 고리대는 회생할 수 있는 시간을 벌기 위한 임시방편이자, 최후의 선택이다. 이들은 고리대를 통해 경영 정상화를 유지하거나 만기대출을 상환하려 한다. 중소기업은 유행에 민감하게 반응하는 데다 자본 회전속도가 빠르다. 주문을 받아 어느 정도 자금을 마련한 뒤 다음 생산을 위해 자금을 일부 대출받으면, 연이자로 대출금리를 지불하며 가까스로 버틸 수밖에 없다. 하지만 대출금리가 치솟으면 정상적인 경영 상태를 유지하는 업체마저 이자를 갚느라 허리가 휠 지경이다. 설상가상으로 한 번 두 번 대출을 연체하기 시작하면 다시는 돌아올 수 없는 길로 들어서고 만다.

고리대로 대출을 받은 상당수 업체가 제때 돈을 갚지 못할 경우 은행으로부터 빚 독촉에 시달릴 뿐만 아니라, 대출 신용마저 추락하는 악순환의 늪에 빠지기 십상이다. 발등에 떨어진 불을 끄기 위해 일부 기업에서는 단기 대부로 빌린 고리대로 자금 회전에 나선다. 즉 고리대를 통해 확보한 자금으로 만기대출을 먼저 상환한 뒤 다시 고리대를 갚기 위해 은행에서 대출을 받는다. 고리대로 대출을 상환하는 행위는 기업의 실제 자금 사정을 은폐하는 속임수나 다름없다. 다시 말해서 은행 대출의 '질'이 떨어지기 때문에 기업에 위기가 찾아올 경우, 적지 않은 금융 혼란을 일으킬 수 있다. 게다가 자금난이 날로 가중되는 상황에서, 모든 은행이 대출을 갚기만 하면 다음에 또다시 돈을 빌려주겠다고 확답하기도 어렵다. 그러다 보니 배수진을 친 채 고리대를 통해 대출을 상환하려는 일부 업체는 은행이 이랬다저랬다 하는 바람에 계획이 틀어져 난처한 상황에 처할 수 있다. 기업 역시 겉으로는 웃고 있지만 속으로는 뜨거운 눈물을 쏟아내고 있다. 자금난에 시달리는 기업이 점점 늘어나고 있어 돈주머니를 쥐고 있는 은행의 눈치를 보느라 자존심이고 뭐고 다 내버렸다. '주인님' 명령이라면 뭐든지 따라야 한 푼이라도 더 얻어낼 수 있기 때문이다.

# 하늘에서 '돈'이 떨어진다?

> 국가가 보유한 은행과 증권시장은 더욱 심각한 모럴 헤저드와 이익 불균형을 가져올 수 있다. 국가의 신용이라는 방패를 내세운 금융은 잠시나마 편의를 가져다줄 수는 있지만, 금융업의 참신한 창의력을 질식시킬 수 있고 금융이 필요로 하는 제도 변혁을 방해한다. 게다가 불공정한 자원 분배로 상당수 자원이 '체면 세우기 사업'에 낭비될 수 있다. 민간 금융이 자유롭게 성장할 수 있는 공간 없이 현대적인 법치 시스템도 존재할 수 없고, 나아가 현대적인 금융 시스템도 세워질 수 없다.
>
> -천즈빈

## 현실이라는 유리벽

민간대출은 때로 시대의 분화구인 듯하다. 탐욕과 이익에 눈이 먼 비이성적 행태가 마치 시뻘건 마그마처럼 펄펄 끓어오르고, 이익을 추구하는 욕망이 그 주변을 뿌옇게 에워싸 민간금융을 안개 속으로 밀어넣고 만다.

마치 동전의 양면처럼 이익과 리스크가 한데 뒤엉켜 있는 것을 보고, 많은 사람은 비이성적인 상태에서 사람의 본능을 담보 삼은 자본 게임이 펼쳐지고 있다는 것을 알아챘다. 그렇지만 제 운명을 시험해 보겠다며 도박판에 뛰어드는 사람은 여전히 적지 않다. 짧은 시간 동안 재빨리 축적된 자금은 도대체 어디에서 비롯된 것일까? 집요하게 대출만 고집하는 까닭은 또 무엇이란 말인가?

30여 년 동안에 걸친 개혁개방으로 민간에는 구체적인 숫자를 알 수 없어 그저 '어마어마하다'고 밖에 표현할 수 없는 거대한 자본이 축적됐다. 태생적으로 이익을 좇는 민간자본은 '돈이 돈을 낳는 꿈'을 이루기 위해서 사방에서 출구를 찾아 헤맸다. 하지만 그 속내를 자세히 들여다보면 민간자본이 꿈을 실천할 수 있는 길이 넓어지기는커녕 오히려 점점 좁아지고 있다는 것을 발견할 수 있다.

'Made in China'는 한때 민간자본에 쉬지 않고 에너지를 공급해 주는 공장이었고, 민간자본 역시 Made in China의 영광을 든든하게 지원해 준 버팀목이었다. 둘 사이의 관계는 '닭이 먼저냐? 달걀이 먼저냐?'라고 할 만큼 떼려야 뗄 수 없는 연계성을 유지하고 있었다. 하지만 'Made in China'의 매력이 점점 사라지면서 과거의 영광과 꿈은 더 이상 활활 타오르지 못하고 어둠 속을 헤매고 있다. 적자생존의 법칙이 난무하는 시장경제에서 'Made in China'는 열성 유전자, 대량 복제, 수익 감소 등으로 산업 사슬의 밑바닥으로 굴러 떨어져 적은 이익으로 목숨을 부지해야 하는 비참한 상황에서 헤어나지 못하고 있다. 수익이 기대되지 않자, 대규모 자본이 **제조업**을 발밑에 부리기 시작했다. 그 결과, 일부 중소기업 경영주 중에서는 아예 공장을 팔아버리고 '채권자'로 제2의 전성기를 꿈꾸는 사람이 나타나기도 했다.

> **Made in China**
> 중국 경제의 고속 성장을 견인하는 강력한 엔진으로, 약 1억 명에 가까운 취업 인구를 흡수했다. Made in China는 사회 안정 및 미래 개혁과 직결되어 있는 중요한 문제로, 중국 제조업의 업그레이드를 통해 산업 구조를 한 단계 끌어올리는 역할을 담당하게 될 것이다.

> **제조업**
> 시장의 수요에 따라 제조 과정을 통해 자원(원자재, 에너지, 설비, 자금, 기술, 정보, 인력 등)을 사람들이 사용할 수 있는 공업품, 생필품으로 바꾸는 업종을 가리킨다. 제조업은 중국 경제 성장의 주요 동력원이자 경제 전환의 기반으로, 국제 경쟁력을 뒷받침하는 토대라 할 수 있다.

제조업에 비해 에너지, 광산업, 금융 등의 부문은 상대적으로 많은 이익을 기대할 수 있는 업종으로, 민간자본이 호시탐탐 노리던 비옥한 '땅'이었다. 하지만 민간자본에 대한 지독한 공포감 때문에 현실이라는 유리벽은 여전히 높았다. 이러한 현상이 나타나게 된 원인으로 애매모호한 정책적 태도가 지목된다. 이를테면 전력, 통신, 철도, 민간항공, 석유 등 업종에서 민간자본의 진출을 정책 문서상으로는 허용하고 있지만 진입을 위한 다양하고 자세한 세칙이 뒷받침되지 못했다. 그래서 보이지 않는 기존의 유리벽은 여전히 굳건함을 자랑하고, 민간자본은 '먹음직스러운 고기' 주변만 어슬렁거릴 뿐 입도 대지 못하고 있는 상황이 연출됐다.

또 한편으로는, 민간자본의 시장 진출을 허용하고 자세한 세칙이 수반된다고 하더라도 민간자본의 시장 진출이 순조롭게 이뤄질 수 없다고 이야기할 수 있는 분명한 이유가 존재한다. 과거 이런저런 이유로 민간자본의 진출이 금지된 부문은 현재 국유기업이 활개 치는 세상이었다. 독점권을 가진 국유기업의 영역에 민간자본이 발을 들여놓는다면 자원, 자금, 기술을 둘러싸고 치열한 '영역 싸움'이 벌어질 것이 뻔하다. 그 때문에 기분이 상한 국유기업은 민간자본을 무대 밖으로 데리고 나가라며 정부에게 압박을 가할 것이다.

양치기 소년의 이야기처럼 천둥소리만 요란했지 가랑비가 '졸졸' 내리는 상황이 반복될수록 민간자본의 인내심과 열정도 한계에 달했다. 그 결과, 정책이 주도하는 수많은 영역에서 민간자본은 더 이상 '맞장구'치지 않고 침묵을 지키기 시작했다. 정책에 대한 신뢰도가 바닥까지 추락한 이들은 탁상에서 나온 정책이 현실이라는 영역에 발을 들여놓는 순간 쓸모없는 종이 쓰레기가 되는 것은 아닌지, 하루에도 몇 번씩 변덕을 부리는 정책 때문에 결국 거시 규제책에 따른 손해를 자신 혼자 짊어져야 하는 것은 아닌지 걱정한다.

산전수전 공중전까지 다 겪은 민간자본이라고 하지만 쉬지 않고 변하는 정책을 예측하기란 결코 쉬운 일이 아니다. 멍하니 손 놓고 있다가 거시 규제책이라는 '늑대'가 덥석 달려드는 것은 아닌지 전전긍긍하고 있을 뿐만 아니라, 다양한 부문을 대상으로 한 투자 역시 종종 정책이라는 유리벽에 부딪히는 상황을 목격하고 있다. 그 결과, 높은 이윤을 보장하면서 문턱도 낮고 법적 구속력이 허술하기 짝이 없는 민간대출이 민간자본의 '도원향(桃園鄕)'으로 떠오르게 됐다.

## 끊임없이 몸집을 불려가는 돈에 대한 타고난 탐욕

자본은 본능적으로 이익을 추구한다. 그런 자본에 도덕이라는 모자를 억지로 씌운 채 탐욕스럽다고 비난해 봐야 '개더러 짖지 말라'고 하는 것과 진배없다. 이익을 추구하지 않는 자본이란 경제가 아니라 자선일 뿐이다. 자본이 마음껏 능력을 선보일 수 있는 합리적인 루트를 사회가 제공했는지, 보다 합리적이고 안전하며 건전한 이익 생산 방식을 찾아냈는지가 중요하다.

민간대출은 눈덩이처럼 점점 몸집을 불리고 있을 뿐만 아니라, 그 증가세마저 두 눈을 의심케 할 정도로 빠르다. 이러한 현상이 나타나게 된 원인으로 민간자본이 실물 경제에서 비롯됐다는 점 외에도 은행, 상장사와 개인 등 '새롭고 혈기 넘치는 피'를 끊임없이 공급한 사회적 분위기가 지목된다.

마르크스는 자본의 위험한 본능에 대해 이렇게 경고했다. "이윤이 10%가 되면 자본은 어디든 파고들려 하고, 20%가 되면 활기를 띠기 시작하다가 50%가 되면 위험마저 감수한다. 그러다가 이윤이 100%가 되면 인간이 만든 모든 법률을 짓밟으려 하고 300%까지 치솟으면 교수형을 당할 수 있다는 죽음의 공포마저 이겨낸다."[4]

경제 주체에게 이윤은 가장 매혹적인 존재다. 은행조차 고리대의 유혹을 참지 못하고 호시탐탐 기회만 노리고 있지 않은가? 중국의 금융기관은 정부 지시에 따라 금리를 정하기 때문에 자체적으로 금리를 결정할 수 있는 권한이 크지 않아 은행의 금리 변동 폭은 작을 수밖에 없다. 일종의 변형된 형태의 가격 규제로서, 자금의 공급-수요가 금리에 미치는 영향력이 상대적으로 적은 편이다. 시장의 논리에 따르면 신용대출이 감소할 경우, 자금에 대한 기업의 수요가 증가해 이자도 빠르게 올라야 하지만 금리 규제라는 족쇄에 발목 잡혀 있는 한, 금리는 정부가 만든 '작은 울타리' 안

---

4) 《마르크스 전집》, 중국공산당 중앙 마르크스 엥겔스 레닌 스탈린 저작편역국 편역 출판, 제17권

에서 요동칠 뿐이다. 은행 금리가 이도 저도 아닌 애매한 포지션을 취하고 있는 것과는 대조적으로, 민간대출은 무서운 기세를 자랑한다. 얼마나 많은 이윤을 남기는지 은행조차 '질투'할 정도니 말 다한 셈이다. 상장사, 국유기업 등 자금 사정이 넉넉한 업체들 역시 속속 채권자의 행렬에 가담하고 있다. 인민망의 통계 데이터에 따르면, 2011년 9월 1일 현재 상장사 가운데 위탁대출을 발표한 사례는 모두 117건으로, 관련 업체가 64곳에 달한다고 한다. 이 중 35개 업체의 대출 규모는 같은 기간 은행의 대출 규모를 한참 앞질렀는데, 그 규모가 무려 169억 3,500만 위안에 달한다. 동기 대비 성장률이 38.2%나 되는 셈이다. 대출을 위탁한 상장사는 대부분 중국철도공사(中國中鐵股份有限公司, China Railway Group), 중량부동산(中粮地産, COFCO Property), **항저우 지에바이(杭州解百)**, 현대제약 등과 같은 국유 주식회사였다.[5)]

**항저우 지에바이(杭州解百)**

항저우 시후(西湖)에 위치한 항저우 지에바이는 90여 년의 유구한 역사를 자랑하는 중국 전통업체로, 전신(前身)은 항저우 해방로(解放路) 백화상점(百貨商店)이다. 현재 중국 10대 백화점 무역연합회 회원 중 하나로 활약 중인 항저우 지에바이는 저장 성에서 가장 큰 규모의 상점으로 성장했다.

상장사가 대출을 위탁하는 것은 이들 역시 대출에 민감하기 때문이다. 대비 차원에서 자회사에 대출금을 제공할 경우 기준 금리를 적용한다고 해도 원체 저렴한 대출 금리를 제공하기 때문에 자회사의 자금 사정을 크게 개선하는 데 일조한다. 이와 달리 아무 관련 없는 업체와 거래할 때는 비싼 대출 금리를 적용하다 보니, 채무자는 주로 담보물이나 저당을 잡아야 한다. 실제로 **장둥(江動)그룹**이 동팡통신(東方通信)에서 대출받을 때 장후이(江淮)에너지 유통주 5,000만 주를 담보로 내놓기도 했다.

**장둥(江動)그룹**

'장쑤 장후이(江淮) 에너지(動力) 주식회사'의 약칭인 장둥그룹의 전신은 1930~1940년대 국공합작 당시 활약했던 신사군(新四軍)의 총기 수리점이다. 장쑤 성 옌청(鹽城) 시 공업 경제를 선도하는 대표적 업체다.

상장사가 대출을 위탁하는 현상이 성행하는 보다 근본적인 이유는 더 많은 이익을 추구하기 위해서다. 이를테면 위탁 대출은 상장사에 막대한 이익을 가져다줄 뿐만 아니라, 재무

5) 출처: '64개 상장사가 170억 규모의 고리대 운영, 연이자만 최고 24.5%', 인민망, http://finance.people.com.cn/stock/GB/155572303.html

제표를 마음대로 조작할 수 있는 여건을 제공해 준다. 경공업 기기를 주로 취급하는 징산(京山)이라는 업체는 6,000만 위안을 연이자 15%로 위탁 대출했는데, 6개월 동안 벌어들인 대출 이자만 무려 450만 위안에 달했다. 아이러니하게도 그해 징산의 1분기 순이윤은 겨우 174만 위안에 그쳤다. ST보다오(波導)의 2011년 재무 보고서에 따르면, 상장사 주주의 순이윤은 3,514만 5,800위안을 기록했는데, 그 가운데 외부에 대출을 위탁해 올린 수익이 전체의 50.47%에 달하는 1,773만 8,300위안인 것으로 나타났다.

하지만 상장사의 위탁 대출은 관련 법규를 위반했다는 혐의를 받고 있다. 증권감독위원회가 발표한 '상장사 증권 발행 관리 방법' 제10조와 선전증권거래소가 발표한 '중샤오반 상장사 자금 모집 관리 세칙' 제10조, 제11조의 규정에 따르면, 상장사는 자금을 모집하더라도 프로젝트에서 실제 필요로 하는 규모 이상의 자금을 운용할 수 없으며, 전액 예금이라는 형태를 띠고 있어야 한다. 금융권 업체를 제외하고 자금을 금융거래나 재무투자에 사용해서도 안 된다.

**찰스 킨들버그 (Charles P. Kindleberger)**

미국 뉴욕 출신으로, 1976년 퇴임할 때까지 33년간 MIT대학교에서 교편을 잡았다. 국제통화전문가인 찰스 킨들버그는 역사적인 관점에서 경제 문제를 분석하는 것으로 유명하며, 마셜 플랜을 구상·추진한 주요 학자 중 한 명이다. 1978년 독일 킬(Kiel) 세계경제연구원으로부터 실력을 인정받았을 뿐만 아니라, 1983년 애덤 스미스 상을 수상했다. 주요 작품으로는 《금융위기의 역사: 열광, 공포, 그리고 붕괴(*Manias, Panics and Crashes: A History of Financial Crises*)》가 있다.

상장사의 위탁 대출로 중국의 금융 자원이 제대로 분배되지 못하고 금융 생태계가 악화일로를 걷고 있다. 아울러 손가락 하나 까딱하지 않고도 재미를 본 상장사는 대출을 통한 가치 창출에 더욱 의존하게 되어 본연의 임무를 망각했다.

**찰스 킨들버그(Charles P. Kindleberger)**는 열광과 붕괴는 한때 일반적인 비이성 혹은 폭민(暴民)심리가 결합해 탄생한 결과물이라고 설명했다.

# 대출의 길을 묻다

> 큰 바람이 분다.
> 바람,
> 내 뒤에서 피어오른,
> 뿌연 먼지가,
> 새하얀 구름을 누렇게 물들인다.
> 나는 마음을 심는다.
> 싹을 틔울 수 있을까?
> 그래, 분명히 그럴 것이다.
>
> **-구청(顧城)**, 〈나는 밭을 간다〉

## 민간대출에 '합법적인 활로'를 제공하라

거대한 강이 동쪽으로 흐른다. 원래는 먼 곳으로 쉬지 않고 흘러가려 했으나, 극도의 초조함과 셀 수 없이 많은 광기 어린 이야기에 물들어 목적지를 찾지 못한 채 헤매고 있다. 허허벌판이나 다름없는 열악한 환경에서 자라난 중소기업은 민간대출과 함께 순식간에 앞날을 예측할 수 없는 바다으로 내동댕이쳐졌다.

서광은 항상 의도치 않은 순간에 작은 틈새로 찾아든다. 사경을 헤매던 민간대출과 중소기업을 살리기 위한 정책적 '구명 튜브'가 2011년 10월 원저우, 광저우 등지를 찾은 국가 지도자의 손에서 처음 모습을 드러냈다. 원자바오(溫家寶) 총리가 중소기업

**구청(顧城)**

당대 낭만파 시인으로, 직관적이고 인상적인 어구로 어린 시절의 이야기를 천진난만하게 그려냈다. 특히 "어두운 밤은 내게 검은 눈동자를 주었지만, 나는 그 눈으로 빛을 찾아냈다."는 시구는 많은 사람들로부터 큰 사랑을 받았다. 와이헤케 섬(Waiheke Island)에 은거했던 구청은 1993년 뉴질랜드에 있는 아파트에서 부인을 살해한 뒤 자살했다.

이 난관을 극복할 수 있도록 전 사회가 독려해 주고 지원해 줄 것을 호소한 뒤로, 소득세 징수 50% 감면 등의 '햇빛정책'이 연거푸 쏟아지기 시작했다.

장기적으로 봤을 때, 현재 민간자본의 생존 환경을 개선하는 작업은 중국의 금융 환경에 한결 합리적인 생존 공간과 유통 루트를 제공해 줌으로써 중국의 금융 체질을 개선시키는 데 도움이 될 뿐만 아니라 중소기업에 한결 건전한 융자 환경을 제공해 줄 수 있을 것이다.

중국의 금융 무대에서 민간자본의 그림자는 줄곧 찾아볼 수 없었지만 민간자본은 무대 가장자리와 '회색 지대'를 부지런히 맴돌며 다수의 민간기업에게 사업 자금을 제공해 줬다. 다양한 발전 단계에 처해 있던 다수의 민간기업, 특히 규모가 작은 중소기업일수록 정식 금융기관으로부터 대출을 받기 어려웠기 때문에, 민간대출은 자연스레 새로운 대안으로 떠오를 수밖에 없었다.

**천즈우(陳志武)**

1960년대 후반에 태어난 천즈우는 중국의 유명한 경제학자로, 예일대학교 종신교수다. 주식, 채권, 선물, 선물옵션 및 거시경제 분야에서 두드러진 활약을 보이고 있다.

민간대출에 대한 경제학자 **천즈우(陳志武)**의 평가에서 현재 금융 규제가 망쳐놓은 금융 환경을 한눈에 살펴볼 수 있다.

*중국에서는 채권자와 채무자에 대한 오래된 고정관념이 존재한다. 이를테면 채무자는 현재 형편이 그리 넉넉하지는 않지만 성실하면서도 착한 성격의 소유자라고 생각하지만, 채권자는 돈이라면 뭐든지 할 수 있다는 악독업자, 기득권자로 그려지는 경우가 태반이었다. 그래서 돈을 빌리려는 쪽이 억울한 피해를 입지 않도록 정부의 간섭이 필요하다고 주장했다. 물론 이러한 생각이 무조건 틀렸다고는 볼 수 없다. 다만 정부가 민간금융을 전면 금지한 상태에서 서민의 자금난을 해결해 줄 수 있는 더 나은 방법을 제시하지 못하다 보니 국유은행과 합법적인 지방 신용협동조합은 그저 서민에게서 예금만 빨아들이고 대출 수요를 만족시켜 주지 못했다. 갈 곳을 잃은 서민들은 돈을 찾아 지하로 숨어들 수밖에 없었고 필요한 자금을 마련하기 위해서라면 비싼 이자를 치르는 수밖에 없었다.*[6]

민간자본은 증시의 '개미부대'를 떠올린다. 다시 말해서 규모는 크지만 여기저기 분산되어 있다가 이익을 좇아 재빨리 모여들거나 이익을 위해서라면 하지 못할 것이 없다는 각오로 덤벼든다. 그 때문에 생각지도 못했던 많은 틈새로 파고든 민간자본은 현지 경제에 커다란 영향력을 발휘하고 있지만, 동시에 오랫동안 합법적인 정책 테두리 밖에 있었던 탓에 정부 관련 부서의 감시망에서 벗어날 수 있었다. 이러한 성향 탓에 기존의 민간대출이 위험수위까지 오르면 일벌백계하는 차원에서 단기적인 단속에 나서면 된다고 생각하는 감독 부서가 늘어나기 시작했다.

관련 부서에서 추진하는 정책에 빈틈이 있거나 관련 법제의 부재 등으로 민간자본이라는 '**녹림군(綠林軍)**'은 더욱 기승을 부리며 혼란을 가중시키고 있다. 높은 리스크, 무질서한 경영, 불법 추심 등 다양한 문제가 끝도 없이 쏟아져 나오면서 민간자본을 바라보는 정부와 사회의 눈길도 어느새 차가워졌다.

**녹림군(綠林軍)**

중국 역사상 유명한 농민 의군(義軍) 중 하나로, 신(新)나라 말엽, 천하가 혼란에 빠지자 형주(荊州) 녹림산(綠林山) 일대에 살던 호걸들이 난을 일으켰다 하여 녹림군이라고 부른다. 경시(更始) 원년(元年) 녹림군이 장안(長安)을 공격하면서 신나라는 역사의 뒤안길로 사라졌다. 경시 3년 적미군(赤眉軍)과 유수(劉秀)가 이끄는 대군으로부터 양면공격을 받은 녹림군은 결사항전 했지만 결국 적미군에게 투항하고 흔적도 없이 사라졌다. 녹림군의 봉기는 비록 무위에 그쳤지만 '녹림'이라는 두 글자는 훗날 영웅호걸을 칭하는 이름으로 널리 알려졌다.

그렇다고 채무자를 엄하게 단속하는 방법 역시 현명하지 못한 선택이다. 첫째, 합법적인 금융기구의 대출 규모가 제아무리 크다고 해도 민간자본이 필요로 하는 모든 수요를 메울 수는 없는 노릇이다. 그리고 은행의 경우, 상황을 더욱 빛나게 만들어 주는 '조연'의 자리에 만족해 왔다. 그런 그들에게 중소기업을 위해 총대를 짊어지라고 한다면 은행은 결코 받아들이지 않을 것이다. 게다가 금융 리스크도 키울 수 있다. 둘째, 민간자본의 규모가 크다고 해서 억지로 탄압하거나 숨통을 죄려 한다면 여태껏 지하에 조용히 숨어 있던 민간자본이 살아남기 위해 오히려 더욱 기승을 부리며 지상 위로 쏟아져 나올 수 있다.

6) 천즈우, 《금융의 논리》, 국제문화출판공사(國際文化出版公司), 2009년 8월

## 금융의 논리 : 규제 철폐

손가락 하나 꼼짝하지 못할 정도로 민간대출을 옭아매는 것보다 민간기업과 공생할 수 있는 활로를 마련하고 양성화시키는 편이 훨씬 현명한 선택이라 하겠다. 이와 함께 민간기업을 탄탄대로로 이끌 수 있는 대책에 대한 진지한 고민 역시 중요하다.

'외국계 자본'에 대한 중국 금융권의 남다른 짝사랑에 대해 경제학자 후주류우(胡祖六)는 이렇게 이야기했다. "중국에는 HSBC, 시티뱅크 혹은 골드만 삭스(Goldman Sachs) 같은 국제적 경험과 인지도를 지닌 민간 투자자가 있습니다. 누가 봐도 한눈에 알 수 있을 만큼 남다른 우위를 지닌 이들은 시중은행에 상품 기술과 경영 노하우를 직접적으로 제공할 수 있을 뿐만 아니라, **'끼리끼리(門當乎對)'** 만나야 한다는 중국의 전통적인 문화 개념에도 들어맞습니다." 풍부한 경험, 탁월한 전문성을 보유한 해외 자본에 비해 '노는 돈'으로 이자나 챙기겠다는 중국의 민간자본은 소액 대출 은행, 지역 은행과 같은 소규모 금융기관에 한층 적합하다.

**끼리끼리(門當乎對)**

원(元)나라 때 왕실보(王實甫)가 지은 잡 곡《서상기(西廂記)》 2권 1절에 "비록 두 가문의 지위가 맞지 않으나(門當乎對)……"라는 구절이 등장한다. 명나라 능몽초(凌蒙初)가 지은 《이각박안경(二刻拍案驚)》 제11권에도 "만생(滿生)과 주씨(朱氏)는 잘 어울리는(門當乎對) 가문 출신으로, 빼어난 외모의 두 젊은이가 서로를 어여삐 여기니 풀칠을 한 듯 떨어질 줄 모른다."라는 구절이 있다. 門當乎對(문당호대)는 결혼을 앞둔 두 젊은 남녀의 사회 · 경제적 지위가 어울린다는 뜻으로 두루 사용됐으나 본문에서는 조건이 비슷하다는 의미로 풀이했다.

민간대출의 양성화 과정에서 정부는 인도자, 동시에 감시자로서의 역할에 충실해야 한다. 보다 많은, 그리고 다양한 기관이 민간대출 부문으로 진출해 민간자본을 합법화하도록 인도하는 동시에, 민간대출에 대한 관리 감독을 강화하고 합법화 경영을 보장함으로써 폭력조직 연루, 융자 사기 등의 문제에 휘말리지 않고 기형적인 이자 구조에서 벗어날 수 있도록 감시해야 한다.

고리대가 점점 기승을 부리는 현재 중국의 금융개혁은 과거와 현재, 그리고 미래에 대한 고민을 모두 아우르는 방향으로 나아가야 한다.

언뜻 건전해 보이는 금융 시스템이지만 경탄을 자아내는 중국의 경제 성장과 항상 정비례를 이루는 것은 아니다. 오히려 참신한 금융을 주문하는 목소리가 더욱 크다. 쉽게 말해서 국가 금융 시스템이라는 큰 틀에서 정부의 관여와 개입이 탄력적으로 이루어져야 한다는 뜻이다. 중국에서 정부는 여전히 은행의 소유주이자 관리자다. 이러한 특징 때문에 자금에 대한 정부의 규제력이 강화될수록 은행 경영에 대한 사법, 시장 기구의 감독과 구속력은 힘을 잃게 된다. 민간경제 성장과 어깨를 나란히 할 수 있는 민간 금융 시스템을 구축하는 일이야말로 금융 규제 철폐, 금융 개혁 실시를 위한 중요한 밑거름으로서, 금융 부문의 독점 현상을 해소하고 보다 합리적이면서도 공정한 금융 환경을 마련하는 데 이바지할 것이다.

## 중국의 미스터리는 계속된다

《중국투자참고(원제: 中國投資參考)》의 편집장 진치(金奇)는 '더 이상 말을 듣지 않는 중국 경제'라는 부제를 달며 중국의 경제 발전이 직면하고 있는 난관에 대해 거침없이 이야기했다.

*"베이징(=중국 정부)에서 새로운 경기 부양책을 내놓는다면 이전과는 다른 모습을 발견하게 될 것이다. 다시 말해서 2009년처럼 신속하면서도 단호한 시장 반응을 더 이상 기대할 수 없다는 뜻이다. 물론 베이징에도 여러 무기가 수두룩하다. 정부 채권을 발행하거나 은행 및 지방정부 내 투자회사에 대한 규제를 강화한다거나, 이를 위해 외환 보유고의 일부인 3조 2,000만 위안을 동원할 수도 있다. 하지만 2009년과 같은 즉각적인 효과를 가져다주지 못할 것이다. 게다가 또 다른 현실적인 문제 역시 해결할 수 없다. 높은 수익을 제공하는 그림자 금융 시스템이 지속적으로 존재한다면, 자금이 국유은행에서* ***그림자 은행(影子銀行)****으로 흘러들어 가*

**그림자 은행(影子銀行)**

은행으로서의 일부 기능을 갖추고는 있지만 관리 감독을 전혀 받지 않거나 제한적인 관리를 받고 있는 비금융기관을 가리킨다. '그림자 은행'은 신용대출시장, 자본시장, 금융파생상품 및 대형 원자재 상품 거래 등에서 주로 활동한다. 2007년 세간의 주목을 받기 전까지, 시장과 정부의 관리 감독으로부터 자유로웠던 그림자 은행은 마땅한 해결책이 없을 정도로 중국 사회 전반에 걸쳐 막강한 영향력을 휘두르고 있다.

*정부가 주도하는 경기 부양책에 동원되는 자금을 한층 감소시킬 것이다."*

중국 경제는 굴기하는 순간부터 고난의 연속이었다. 중국 경제가 떠안고 있는 문제에 대해 이러쿵저러쿵 떠드는 사람은 셀 수 없이 많았지만 누구도 명확한 해결책을 제시하지 못했다. 경기에 따라 온갖 추측과 소문이 쏟아져 나오며 중국 경제는 한 치 앞도 보이지 않는 길을 혼자서 헤쳐 왔다. 세계적인 금융위기가 확산되는 와중에 중국 경제는 특유의 활력을 선보였지만 그 후의 경기 회복기에는 전례 없던 도전에 시달려야 했다. 시장파와 계획파가 핏대를 세우며 논쟁을 벌였던 이슈들이 마구잡이로 쏟아지기 시작한 것이다.

"그대를 위해서, 혹은 나를 위해서 운명은 왕좌를 남겼던 것일까? 자, 이제 우리의 용기를 증명해 보자."[7] 중국의 미스터리는 계속될 것이다. 전례를 찾아볼 수 없는 대담한 용기와 세상을 뒤집을 만한 힘으로 쉬지 않고 새로운 답을 찾아가는 것 외에 우리에게 남은 선택권은 없다!

7) 고대 로마 《아이네이드(The Aeneid)》

## 참고문헌

(미국) 대니 로드릭 지음, 장쥔쿼, 허우용즈 옮김, 《더 나은 세계화를 말하다(*One Economics, Many Recipes*)》, 중신출판사, 2009-06-01

(영국) 마틴 자크 지음, 《중국이 세계를 지배하면(*When China Rules the World: The End of Western World and the Birth*)》, 중신출판사, 2010년 1월

(미국) 아서 헨더슨 스미스 지음, 친위에(秦悅) 옮김, 《지나인의 기질(*Chinese Characteristics*)》, 학림출판사, 2001년 5월

(미국) 엘빈 토플러 지음, 황밍지엔(黃明堅) 옮김, 《제3의 물결(*The Third Wave*)》, 중신출판사, 2006년 6월

(미국) 밀턴 프리드먼 지음, 《화폐적 폐해(*Money Mischief*)》, 상무인서관, 2006년 7월

(미국) 피터 헤슬러 지음, 리쉬에순(李雪順) 옮김, 《중국을 여행하며(尋路中國, *Country Driving*)》, 상해역문(上海譯文)출판사, 2011년 1월

장우창, 《중국 경제 개혁 30주년(원제: 中國經濟改革三十週年)》, 중신출판사, 2009년 10월

저우치런, 《중국은 뭘 잘 했는가?(원제: 中國做對了甚幺)》, 베이징대학(北京大學)출판사, 2010년 1월

링즈쥔, 《1978년, 더 이상의 방황은 없다(원제: 1978歷史不再徘徊)》, 인민출판사, 2008년 5월

마리청, 《30년 전쟁: 개혁개방의 4대 논쟁에 대한 기록(交鋒三十年: 改革開放四次大爭論親歷記)》, 봉황출판전매집단, 강소인민출판사, 2008년 10월

왕안, 《주식 투자자의 세상—중국 증권 시장 30년의 기록(원제: 股爺天下—中國證券市場30年記》, 중신출판사, 2011년 9월

량샤오성, 《중국 사회계층 분석(원제: 中國社會各階層分析)》, 문화예술출판사, 2011년 1월

탕더강, 《만청 70년(원제: 晚晴70年)》, 악록서점, 1999년

중국바로알기시리즈 2

# 중국의 미스터리

## 부(富)의 대탄생에 얽힌 비밀

초판 1쇄 인쇄 | 2014년 3월 15일
초판 1쇄 발행 | 2014년 3월 20일
지은이 | 가오창(高强) · 위이(於一)
옮긴이 | 이지은
발행인 | 강희일 · 박은자
발행처 | 다산출판사
디자인 | 민하디지털아트 (02)3274-1333

주소 | 서울시 마포구 대흥로 6길 8 다산빌딩 402호
전화 | (02)717-3661
팩스 | (02)716-9945
이메일 | dasanpub@hanmail.net
홈페이지 | www.dasanbooks.co.kr
등록일 | 1979년 6월 5일
등록번호 | 제3-86호(윤)



ISBN 978-89-7110-421-7 04320
ISBN 978-89-7110-410-1(세트)
정가 14,000원